公路工程地质勘察手册

《公路工程地质勘察手册》编委会 编

人民交通出版社股份有限公司

北 京

内 容 提 要

本手册以公路工程地质勘察为重点，兼顾建筑工程、城乡规划、市政工程、城市轨道交通工程、火力发电厂等工程地质/岩土工程勘察的相关内容。全书15章，涵盖勘察阶段及工程勘察等级、岩土的分类和鉴定、地基计算、路线路基、岩溶滑坡、桥涵、隧道、采空区、地震及水文地质等工程勘察的基本内容和数据。

本手册是从事公路工程地质勘察，特别是我国南方山区、重丘区和岩溶发育区公路工程地质勘察、设计人员的实用工具书。

图书在版编目(CIP)数据

公路工程地质勘察手册 /《公路工程地质勘察手册》编委会编. — 北京：人民交通出版社股份有限公司，2022.12

ISBN 978-7-114-18250-1

Ⅰ.①公… Ⅱ.①公… Ⅲ.①道路工程—地质勘察—手册 Ⅳ.①U412.22-62

中国版本图书馆 CIP 数据核字（2022）第 186624 号

Gonglu Gongcheng Dizhi Kancha Shouce
书　　名：公路工程地质勘察手册
著 作 者：《公路工程地质勘察手册》编委会
责任编辑：牛家鸣　周　凯
责任校对：席少楠
责任印制：刘高彤
出版发行：人民交通出版社股份有限公司
地　　址：(100011)北京市朝阳区安定门外外馆斜街3号
网　　址：http://www.ccpcl.com.cn
销售电话：(010)59757973
总 经 销：人民交通出版社股份有限公司发行部
经　　销：各地新华书店
印　　刷：北京市密东印刷有限公司
开　　本：787×1092　1/16
印　　张：22.5
字　　数：545千
版　　次：2022年12月　第1版
印　　次：2022年12月　第1次印刷
书　　号：ISBN 978-7-114-18250-1
定　　价：120.00元

(有印刷、装订质量问题的图书，由本公司负责调换)

《公路工程地质勘察手册》编委会

主　　　编	张晓航　王瑞甫
常务副主编	龙万学
副　主　编	李春峰　曾　耀　何文勇　杨胜波
编　　　委	陈开强　安邦超　刘朝跃　李怀国
	陈　勇　唐　军　刘发祥　李　东
	肖　涛　尧　林　张世娟　王　静
	周　娟　曹　俊　彭宇肸　石天文
	廖廷周　张位华　魏小楠　赵振宇
	徐呈祥　何　云　王　琦　姜　波
	高　杨

前言 Foreword

通过本手册可快速查找公路工程地质勘察中常用的有关数据、规范相关定义和划分标准,使工程地质勘察工作逐步实现标准化,并做到知其然,更知其所以然。

本手册的特点是结合贵州实际进行编制,因此如黄土、冻土等内容均没有列入。本手册中同一数据项,列出了不同行业或不同地区规范的数据,目的是使大家更深入地了解该项成果的研究现状和研究水平。

全书共分15章,第1~第11章,介绍了勘察阶段及工程勘察等级,岩石的分类和鉴定,土的分类和鉴定,地基计算,路线、路基,岩溶、滑坡,桥涵,隧道,采空区,地震,地形地貌、水文地质、水和土的腐蚀性评价等相关内容和数据的摘录;第12章是工程建设标准强制性条文摘录;第13章是相关知识及资料,可供快速查找有关方法和数据;第14章列出了本手册摘录/涉及的规范、规程、标准、细则、指南及手册名录;第15章就公路工程地质勘察常用图例、工程勘察报告格式等作为附录列出,以供读者参考。

本手册是在2009年作为内部资料的《公路工程地质勘察手册》的基础上补充、修改而成,反映了十余年来新修订和新颁发的公路工程和岩土工程勘察、设计有关规范、规程以及工程地质勘察中新技术、新经验成果。

本手册结合贵州实际,在岩溶、滑坡、高边坡、潜在不稳定斜坡和红黏土等的地质勘察方面突出贵州特色,对山区、重丘区和岩溶发育区公路工程地质勘察、设计提供了翔实资料。

编制本手册的过程中,承蒙公司董事长张林、副董事长漆贵荣、总工程师杨健的关心、指导,有关专家审阅书稿,仅此表示衷心感谢。由于作者水平所限,难免有不当之处,恳请各位读者批评指正。

使用中发现的问题或缺漏请函告贵州省交通规划勘察设计研究院股份有限公司(贵州省贵阳市国家高新区金阳科技产业园阳关大道附100号,邮政编码:550081;联系电话:0851-85817355),以便修改补充。

作　者
2021 年 7 月
贵州贵阳

目 录
Contents

1 勘察阶段及工程勘察等级 ································· 1
  1.1 场地稳定性和建设适宜性 ························· 1
  1.2 勘察阶段 ··· 4
  1.3 工程勘察等级 ·· 7
  1.4 勘察大纲 ··· 13
2 岩石的分类和鉴定 ·· 14
  2.1 按坚硬程度 ··· 14
  2.2 按风化程度 ··· 15
  2.3 按完整程度 ··· 16
  2.4 岩石地基承载力及公路隧道围岩基本物理力学参数 ··· 22
  2.5 岩石分类和鉴定中常见问题的说明 ············ 30
3 土的分类和鉴定 ·· 33
  3.1 一般土分类 ··· 33
  3.2 碎石土 ··· 34
  3.3 砂土 ·· 40
  3.4 粉土、粉质黏土、黏土 ························· 43
  3.5 特殊土 ··· 49
  3.6 土体物理力学指标 ································ 56
4 地基计算 ·· 57
  4.1 基础埋置深度 ····································· 57
  4.2 承载力计算 ··· 61
  4.3 变形计算 ·· 69
  4.4 稳定性计算 ··· 70
5 路线、路基 ·· 77
  5.1 路线 ·· 77
  5.2 路基 ·· 78
6 岩溶、滑坡 ·· 97
  6.1 岩溶 ·· 97

	6.2 滑坡	107
7	桥涵	138
	7.1 桥梁涵洞分类和桥涵设计洪水频率	138
	7.2 地基的容许承载力	138
	7.3 桩基础	139
	7.4 基坑涌水量计算	159
8	隧道	170
	8.1 隧道控制因素	170
	8.2 隧道围岩分级及基本物理力学参数	172
	8.3 洞口及洞门	173
	8.4 小净距隧道	174
	8.5 连拱隧道	175
	8.6 浅埋隧道	175
	8.7 偏压隧道	177
	8.8 特殊地质隧道	178
	8.9 隧道涌水量预测	185
9	采空区	193
	9.1 术语	193
	9.2 勘察要求	196
	9.3 《采空区公路设计与施工技术细则》(JTG/T D31-03—2011)的相关规定	200
	9.4 路基采空区处治加固方法	210
	9.5 《建筑物、水体、铁路及主要井巷煤柱留设与压煤开采规范(2017年版)》的相关规定	211
10	地震	213
	10.1 《中国地震动参数区划图》(GB 18306—2015)的相关规定	213
	10.2 强震区和地震液化勘察	230
	10.3 抗震设防标准	233
11	地形地貌、水文地质、水和土的腐蚀性评价	245
	11.1 地形地貌	245
	11.2 水文地质	246
	11.3 水和土的腐蚀性评价	260
12	工程建设标准强制性条文摘录	265
	12.1 《岩土工程勘察规范(2009年版)》(GB 50021—2001)摘录	265
	12.2 《建筑与市政地基基础通用规范》(GB 55003—2021)摘录	267
	12.3 《建筑抗震设计规范(2016年版)》(GB 50011—2010)摘录	269
	12.4 《市政工程勘察规范》(CJJ 56—2012)摘录	271
	12.5 《城市轨道交通岩土工程勘察规范》(GB 50307—2012)摘录	272
	12.6 特别说明	273

13 相关知识及资料 ··· 274
13.1 建设工程及建筑分类 ··· 274
13.2 贵州省基础地质资料 ··· 276
13.3 水文地质 ··· 285
13.4 全国气候分区图 ··· 293
13.5 真倾角、视倾角、斜坡百分率 ··· 293
13.6 三角函数表 ··· 296
13.7 面积、体积、表面积 ··· 297
13.8 计量单位及其换算 ··· 300
13.9 锚杆(索)岩体与锚固体强度特征值 ··· 304
13.10 钢筋有关数据 ··· 309
13.11 混凝土有关数据 ··· 314
13.12 样品加工中标准筛及磨矿细度换算 ··· 317
13.13 希腊字母 ··· 318
13.14 矿物(相对)硬度计 ··· 318
13.15 稀盐酸鉴别岩石 ··· 319
13.16 常用材料和构件自重 ··· 319
13.17 土石工程分级 ··· 324
13.18 隧道绝对瓦斯涌出量计算 ··· 325

14 本手册摘录/涉及的规范、规程、标准、细则、指南及手册名录 ··· 327

15 附录 ··· 330
15.1 公路工程地质勘察常用图例 ··· 330
15.2 公路工程工点勘察报告 ··· 335
15.3 岩土工程勘察纲要 ··· 346
15.4 房屋建筑工程岩土工程勘察报告 ··· 347
15.5 房屋建筑和构筑物主要基础类型 ··· 348
15.6 探槽、探井(坑)、坑道原始编录及图式 ··· 348

1 勘察阶段及工程勘察等级

1.1 场地稳定性和建设适宜性

1.1.1 《城乡规划工程地质勘察规范》(CJJ 57—2012)的相关规定

(1)场地稳定性可划分为不稳定、稳定性差、基本稳定和稳定四级,其分级应符合下列规定:
①符合下列条件之一的,应划分为不稳定场地:
A.强烈全新活动断裂带;
B.对建筑抗震的危险地段;
C.不良地质作用强烈发育,地质灾害危险性大地段。
②符合下列条件之一的,应划分为稳定性差场地:
A.微弱或中等全新活动断裂带;
B.对建筑抗震的不利地段;
C.不良地质作用中等~较强烈发育,地质灾害危险性中等地段。
③符合下列条件之一的,应划分为基本稳定场地:
A.非全新活动断裂带;
B.对建筑抗震的一般地段;
C.不良地质作用弱发育,地质灾害危险性小地段。
④符合下列条件的,应划分为稳定场地:
A.无全新活动断裂带;
B.对建筑抗震的有利地段;
C.不良地质作用不发育。
注:从不稳定开始,向稳定性差、基本稳定、稳定推定,以最先满足的为准。
(2)工程建设适宜性可划分为不适宜、适宜性差、较适宜和适宜四级。
①工程建设适宜性的定性分级标准见表1.1-1。

工程建设适宜性分级 表 1.1-1

级别	分级要素	
	工程地质与水文地质条件	场地治理难易程度
不适宜	(1)场地不稳定 (2)地形起伏大,地面坡度大于50% (3)岩土种类多,工程性质很差 (4)洪水或地下水对工程建设有严重威胁 (5)地下埋藏有待开发的矿藏资源	(1)场地平整很困难,应采取大规模工程防护措施 (2)地基条件和施工条件差,地基专项处理及基础工程费用很高 (3)工程建设将诱发严重次生地质灾害,应采取大规模工程防护措施,当地缺乏治理经验和技术 (4)地质灾害治理难度很大,且费用很高
适宜性差	(1)场地稳定性差 (2)地形起伏较大,地面坡度大于或等于25%且小于50% (3)岩土种类多,分布很不均匀,工程性质差 (4)地下水对工程建设影响较大,地表易形成内涝	(1)场地平整较困难,需采取工程防护措施 (2)地基条件和施工条件较差,地基处理及基础工程费用较高 (3)工程建设诱发次生地质灾害概率较大,需采取较大规模工程防护措施 (4)地质灾害治理难度较大或费用较高
较适宜	(1)场地基本稳定 (2)地形有一定起伏,地面坡度大于10%且小于25% (3)岩土种类较多,分布较不均匀,工程性质较差 (4)地下水对工程建设影响较小,地表排水条件尚可	(1)场地平整较简单 (2)地基条件和施工条件一般,基础工程费用较低 (3)工程建设可能诱发次生地质灾害,采取一般工程防护措施可以解决 (4)地质灾害治理简单
适宜	(1)场地稳定 (2)地形平坦,地貌简单,地面坡度小于或等于10% (3)岩土种类单一,分布均匀,工程性质良好 (4)地下水对工程建设无影响,地表排水条件良好	(1)场地平整简单 (2)地基条件和施工条件优良,基础工程费用低廉 (3)工程建设不会诱发次生地质灾害

注:1.表中未列条件,可按其对场地工程建设的影响程度比照推定。
2.划分每一级别场地建设适宜性分级,符合表中条件之一即可。
3.从不适宜开始,向适宜性差、较适宜、适宜推定,以最先满足的为准。
4.划分为适宜的场地,可不进行工程建设适宜性定量评价。

②工程建设适宜性的定量评价应在定性评价的基础上进行。《城乡规划工程地质勘察规范》(CJJ 57—2012)推荐采用"评价单元多因子加权指数和法"进行工程建设适宜性定量评价,各评价单元的工程建设适宜性判定标准见表 1.1-2。

评价单元的工程建设适宜性判定标准 表 1.1-2

评价单元的适宜性指数	工程建设适宜性分级
$I_S < 20$	不适宜
$20 \leq I_S < 45$	适宜性差
$45 \leq I_S < 70$	较适宜
$I_S \geq 70$	适宜

1.1.2 《地质灾害危险性评估规范》(GB/T 40112—2021)的相关规定

(1)地质环境条件复杂程度分类见表1.1-3,建设项目重要性分类见表1.1-4,地质灾害危险性分级见表1.1-5。

地质环境条件复杂程度分类　　　　表1.1-3

条　件	类　别		
	复　杂	中　等	简　单
区域地质背景	区域地质构造条件复杂,建设场地有全新世活动断裂,地震基本烈度＞Ⅷ度,地震动峰值加速度＞0.20g	区域地质构造条件较复杂,建设场地附近有全新世活动断裂,地震基本烈度Ⅶ～Ⅷ度,地震动峰值加速度0.10g～0.20g	区域地质构造条件简单,建设场地附近无全新世活动断裂,地震基本烈度≤Ⅵ度,地震动峰值加速度＜0.10g
地形地貌	地形复杂,相对高差＞200m,地面坡度以＞25°为主,地貌类型多样	地形较简单,相对高差50～200m,地面坡度以8°～25°为主,地貌类型较单一	地形简单,相对高差＜50m,地面坡度＜8°,地貌类型单一
地层岩性和岩土工程地质性质	岩性岩相复杂多样,岩土体结构复杂,工程地质性质差	岩性岩相变化较大,岩土体结构较复杂,工程地质性质较差	岩性岩相变化小,岩土体结构较简单,工程地质性质良好
地质构造	地质构造复杂,褶皱、断裂发育,岩体破碎	地质构造较复杂,有褶皱、断裂分布,岩体较破碎	地质构造简单,无褶皱、断裂,裂隙发育
水文地质条件	具三层以上含水层,水位年际变化＞20m,水文地质条件不良	有二至三层含水层,水位年际变化5～20m,水文地质条件较差	单层含水层,水位年际变化＜5m,水文地质条件良好
地质灾害及不良地质现象	发育强烈,危害较大	发育中等,危害中等	发育弱或不发育,危害小
人类活动对地质环境的影响	人类活动强烈,对地质环境的影响、破坏严重	人类活动较强烈,对地质环境的影响、破坏较严重	人类活动一般,对地质环境的影响、破坏小

建设项目重要性分类　　　　表1.1-4

建设工程重要性	项　目　类　别
重要	城市总体规划区、村庄集镇规划区、放射性设施、军事和防空设施、核电、高速铁路、二级(含)以上公路、铁路、城市轨道交通、机场、大型水利工程、电力工程、港口码头、矿山、集中供水水源地、跨度＞30m或高度＞50m的建设工程、垃圾处理场、水处理厂、油气管道工程、储油气库、学校、医院、剧院、体育场馆、娱乐场所等
较重要	新建村庄集镇、三级(含)以下公路、中型水利工程、电力工程、港口码头、矿山、集中供水水源地、跨度＞24～30m或高度＞24～50m的建设工程、垃圾处理场、水处理厂等
一般	小型水利工程、电力工程、港口码头、矿山、集中供水水源地、跨度≤24m或高度≤24m的建设工程、垃圾处理场、水处理厂等

地质灾害危险性分级　　　　表1.1-5

危害程度	发育程度①		
	强发育	中等发育	弱发育
危害大	危险性大	危险性大	危险性中等
危害中等	危险性大	危险性中等	危险性中等
危害小	危险性中等	危险性小	危险性小

注：①地质灾害发育程度分级详见《地质灾害危险性评估规范》(GB/T 40112—2021)第4章。该规范按滑坡、崩塌、泥石流、岩溶坍塌、采空塌陷、地裂缝、地面沉降、不稳定斜坡分别列出发育程度分级标准。

（2）建设用地适宜性分级见表1.1-6。

建设用地适宜性分级　　　　表1.1-6

级　别	分级说明
适宜	地质环境复杂程度简单，工程建设遭受地质灾害的可能性小，建设工程遭受地质灾害的可能性小，危险性小，易于处理
基本适宜	不良地质现象中等发育，地质构造、地层岩性变化较大，工程建设引发地质灾害的可能性中等，建设工程遭受地质灾害的可能性中等，危险性中等，但可采取措施予以处理
适宜性差	地质灾害发育强烈，地质构造复杂，软弱结构成发育区，工程建设引发地质灾害的可能性大，建设工程遭受地质灾害的可能性大，危险性大，防治难度大

1.2　勘察阶段

1.2.1　《公路工程地质勘察规范》(JTG C20—2011)与《公路工程地质勘察规范》(JTJ 064—98)对比

《公路工程地质勘察规范》(JTG C20—2011)（即新规范）与《公路工程地质勘察规范》(JTJ 064—98)（即旧规范）对比情况见表1.2-1。

公路工程地质勘察新、旧规范对比　　　　表1.2-1

JTG C20—2011		JTJ 064—98	
预可行性研究阶段工程地质勘察（简称"预可勘察"）	了解	预可勘察	概略了解
工程可行性研究阶段工程地质勘察（简称"工可勘察"）	初步查明	工可勘察	了解
初步设计阶段工程地质勘察（简称"初步勘察"）	基本查明	初步勘察	初步查明
施工图设计阶段工程地质勘察（简称"详细勘察"）	查明	详细勘察	查明

注：1.技术复杂、基础资料缺乏和不足的建设项目或建设项目中的特大桥、长隧道、大型地质灾害治理等，必要时采用三阶段勘察，即初步设计阶段勘察、技术设计阶段勘察和施工图设计阶段勘察。

2.施工阶段，根据需要可进行施工勘察。

1.2.2 《岩土工程勘察规范(2009年版)》(GB 50021—2001)的相关规定

可行性研究勘察:对拟建场地的稳定性和适宜性作出评价。

初步勘察:对场地内拟建建筑地段的稳定性作出评价。初步查明地质构造、地层结构、岩土工程特性、地下水埋藏条件;查明场地不良地质作用的成因、分布、规模和发展趋势;对抗震设防烈度大于或等于6度的场地,应对场地和地基的地震效应作出初步评价;初步判定水和土对建筑材料的腐蚀性;对高层建筑,应对可能采取的地基基础类型、基坑开挖与支护、工程降水方案进行初步分析评价。

详细勘察:应按单体建筑物或建筑群提出详细的岩土工程资料和设计、施工所需的岩土参数;对建筑地基作出岩土工程评价,并对地基类型、基础形式、地基处理、基坑支护、工程降水和不良地质作用的防治等提出建议。

施工勘察及监测:基坑或基槽开挖后,岩土条件与勘察资料不符或发现必须查明的异常情况时,应进行施工勘察;在工程施工或使用期间,当地基土、边坡体、地下水等发生未曾估计到的变化时,应进行监测,并对工程和环境的影响进行分析评价。

1.2.3 《地质灾害防治条例》的相关规定

第二十一条:在地质灾害易发区内进行工程建设应当在可行性研究阶段进行地质灾害危险性评估,并将评估结果作为可行性研究报告的组成部分;可行性研究报告未包含地质灾害危险性评估结果的,不得批准其可行性研究报告。

1.2.4 《地质灾害危险性评估规范》(GB/T 40112—2021)的相关规定

地质灾害危险性评估的主要工作内容是:收集评估区工程建设规划、设计等相关文件,以及环境地质条件和前期地质灾害调查等相关成果;调查评估区地质环境条件和基本特征;调查分析评估区各类地质灾害的发育程度、危害程度和诱发因素;对评估区各类地质灾害危险性进行现状评估、预测评估和综合评估;对建设场地的适宜性进行评价;提出地质灾害防治措施建议。

1.2.5 《城乡规划工程地质勘察规范》(CJJ 57—2012)的相关规定

总体规划勘察:以工程地质测绘和调查为主,并辅以必要的地球物理勘探、钻探、原位测试和室内试验工作。调查规划区的工程地质条件,对规划区的场地稳定性和工程建设适宜性进行总体评价。

详细规划勘察:采用工程地质测绘和调查、地球物理勘探、钻探、原位测试和室内试验等综合勘察手段。在总体规划勘察成果的基础上,初步查明规划区内的工程地质条件和水文地质条件,对规划区的场地稳定性和工程建设适宜性作出分析和评价。

1.2.6 《市政工程勘察规范》(CJJ 56—2012)的相关规定

可行性研究勘察:以搜集资料、工程地质测绘和调查为主,必要时应进行适当的勘探、测试及试验。对拟建场地稳定性和工程建设适宜性作出评价。

初步勘察：初步查明拟建场地的岩土工程条件，提出初步设计所需的建议及岩土参数。

详细勘察：总体要求是"查明"。针对工程特点和场地岩土条件，进行岩土工程分析与评价，提供设计和施工所需的岩土参数及有关结论和建议。

施工勘察：根据施工阶段的需要进行。应在详细勘察的基础上，针对施工方法、施工措施的特殊要求或施工过程中出现的工程地质或岩土工程问题，开展施工阶段勘察工作，其勘察工作内容和工作成果应当满足施工阶段设计和施工的相关要求。

1.2.7 《城市轨道交通岩土工程勘察规范》(GB 50307—2012)的相关规定

可行性研究勘察：调查城市轨道交通工程线路场地的岩土工程条件、周边环境条件，研究控制线路方案的主要工程地质问题和重要工程周边环境，为线位、站位、线路敷设形式、施工方法等方案的设计与比选、技术经济论证、周边工程环境保护及编制可行性研究报告提供地质资料。

初步勘察：初步查明城市轨道交通工程线路、车站、车辆基地和相关附属设施的工程地质和水文地质条件，分析评价地基基础形式和施工方法的适宜性，预测可能出现的岩土工程问题，提供初步设计所需的岩土参数，提出复杂或特殊地段岩土治理的初步建议。

详细勘察：查明各类工程场地的工程地质和水文地质条件，分析评价地基、围岩及边坡稳定性，预测可能出现的岩土工程问题，提出地基基础、围岩加固与支护、边坡治理、地下水控制、周边环境保护方案建议，提供设计、施工所需的岩土参数。

施工勘察：根据施工阶段的需要进行。应针对施工方法、施工工艺的特殊要求和施工中出现的工程地质问题等开展工作，提供地质资料，满足施工方案调整和风险控制的要求。

1.2.8 《火力发电厂岩土工程勘察规范》(GB/T 51031—2014)的相关规定

(1)初步可行性研究阶段勘察：对拟选厂址的稳定性和地质条件作出评价，评价厂址的适宜性，推荐两个或两个以上场地相对稳定、工程地质条件较好的厂址方案。对厂址的评价应包含下列内容：

①厂址区域地质构造情况、厂址稳定性，不良地质作用发育情况及其避开可能性与治理难易程度。

②地震动参数以及场地对建筑抗震的影响。

③地基岩土特征及拟采用的地基类型，岩土工程治理难易程度。

④地形起伏及对场地利用和整平的影响。

(2)可行性研究阶段勘察：对各厂址的稳定性作出最终评价，评价应符合下列规定：

①应进一步对厂址的场地和工程地质条件作出评价，分析工程建设可能引发的地质环境问题。

②应分析评价地基基础形式，确定地基类型。

③应对厂区总平面布置提出建议，对地基基础方案进行初步论证。

④应推荐工程地质条件较优的厂址。

(3)初步设计阶段勘察:查明厂址的工程地质条件、岩土特性及不同地段的差异,对拟建建筑地段的地基均匀性和稳定性作出评价,推荐适宜的地基方案,并应对其他岩土体整治工程进行方案论证。当采用桩基础或进行地基处理时,初步设计阶段宜同步进行原体试验。

(4)施工图设计阶段勘察:根据不同建筑地段的类别、特点、重要性及确定的地基基础方案和不良地质作用的防治措施,详细评价各建筑地段的工程地质条件和岩土特性,提供地基基础和不良地质作用整治设计、施工所必需的岩土工程资料。

(5)对于复杂的工程地质条件或有特殊施工要求的重要建(构)筑物,必要时应进行施工勘察。

1.3 工程勘察等级

1.3.1 《公路工程地质勘察规范》(JTG C20—2011)的相关规定

将场地工程地质条件复杂程度划分为复杂、较复杂、简单三类。旧规范只有复杂、简单两类。

(1)符合下列条件之一者,为工程地质条件复杂:
①地形地貌复杂;
②岩土种类多,性质变化大,基岩面起伏变化剧烈;
③特殊性岩土和不良地质强烈发育;
④抗震危险地段;
⑤地下水对工程有显著影响,水文地质条件复杂。

(2)符合下列条件之一者,为工程地质条件较复杂:
①地形地貌较复杂;
②岩土种类较多,性质变化较大,基岩面起伏变化较大;
③特殊性岩土和不良地质较发育;
④抗震不利地段;
⑤地下水对工程有影响,水文地质条件较复杂。

(3)符合下列条件者,为工程地质条件简单:
①地形地貌简单;
②岩土种类单一,性质变化不大,基岩面平缓;
③特殊性岩土和不良地质不发育;
④抗震有利地段;
⑤地下水对工程无影响,水文地质条件简单。

1.3.2 《岩土工程勘察规范(2009年版)》(GB 50021—2001)的相关规定

根据工程重要性等级、场地复杂程度和地基复杂程度等级,按下列条件划分岩土工程勘察等级:

甲级:在工程重要性、场地复杂程度和地基复杂程度等级中,有一项或多项为一级。

乙级:除勘察等级为甲级和丙级以外的勘察项目。

丙级:工程重要性、场地复杂程度和地基复杂程度等级均为三级。

注:建筑在岩质地基上的一级工程,场地复杂程度等级和地基复杂程度等级均为三级时,岩土工程勘察等级可定为乙级。

(1)根据工程的规模和特征,以及由于岩土工程问题造成工程破坏或影响正常使用的后果,可分为三个工程重要性等级:

一级工程:重要工程,后果很严重。

二级工程:一般工程,后果严重。

三级工程:次要工程,后果不严重。

(2)根据场地的复杂程度,可按下列规定分为三个场地等级:

①符合下列条件之一者为一级场地(复杂场地):

A.对建筑抗震危险的地段;

B.不良地质作用强烈发育;

C.地质环境已经或可能受到强烈破坏;

D.地形地貌复杂;

E.有影响工程的多层地下水、岩溶裂隙水或其他水文地质条件复杂,需专门研究的场地。

②符合下列条件之一者为二级场地(中等复杂场地):

A.对建筑抗震不利的地段;

B.不良地质作用一般发育;

C.地质环境已经或可能受到一般破坏;

D.地形地貌较复杂;

E.基础位于地下水位以下的场地。

③符合下列条件者为三级场地(简单场地):

A.抗震设防烈度小于或等于6度,或对建筑抗震有利的地段;

B.不良地质作用不发育;

C.地质环境基本未受破坏;

D.地形地貌简单;

E.地下水对工程无影响。

注:①从一级开始,向二级、三级推定,以最先满足的为准;下一条同此规定。
  ②对建筑抗震有利、不利和危险地段的划分,按现行国家标准《建筑抗震设计规范》(GB 50011)的规定确定。

(3)根据地基的复杂程度,可按下列规定分为三个地基等级:

①符合下列条件之一者为一级地基(复杂地基):

A.岩土种类多,很不均匀,性质变化大,需特殊处理;
B.严重湿陷、膨胀、盐渍、污染的特殊性岩土,以及其他情况复杂,需作专门处理的岩土。
②符合于列条件之一者为二级地基(中等复杂地基):
A.岩土种类较多,不均匀,性质变化较大;
B.除本条第1款规定以外的特殊性岩土。
③符合下列条件者为三级地基(简单地基):
A.岩土种类单一,均匀,性质变化不大;
B.无特殊性岩土。

1.3.3 《地质灾害危险性评估规范》(GB/T 40112—2021)的相关规定

地质灾害危险性评估分级见表1.3-1。

地质灾害危险性评估分级　　　　　表1.3-1

建设项目重要性	地质环境条件复杂程度		
	复杂	中等	简单
重要	一级	一级	二级
较重要	一级	二级	三级
一般	二级	三级	三级

注:地质环境条件复杂程度见表1.1-3,建设项目重要性见表1.1-4。

1.3.4 《城乡规划工程地质勘察规范》(CJJ 57—2012)的相关规定

根据项目重要性等级和场地复杂程度等级将规划勘察等级划分为:
甲级:在规划项目重要性等级和场地复杂程度等级中,有一项或多项为一级。
乙级:除勘察等级为甲级以外的勘察项目。
(1)城乡规划项目重要性等级划分见表1.3-2。

项目重要性等级划分　　　　　表1.3-2

规划项目重要性等级	规划编制任务特点
一级	(1)20万人口以上的城市、镇总体规划、详细规划和各种专项规划(含修订或者调整) (2)研究拟订国家重点工程、大型工程项目规划选址
二级	(1)20万人口以下的城市、镇总体规划、详细规划和各种专项规划(含修订或者调整) (2)中、小型建设工程项目规划选址的可行性研究
三级	乡、村庄的规划编制

(2)城乡规划场地复杂程度等级划分见表1.3-3。

场地复杂程度等级划分　　　　　　　　　　　　表 1.3-3

场地复杂程度等级	场地工程地质特点
一级(复杂)	符合下列条件之一者为一级场地(复杂场地)： (1)对建筑抗震危险的地段 (2)不良地质作用和地质灾害发育强烈 (3)地质环境已经或可能受到强烈破坏 (4)地形和地貌类型复杂 (5)工程地质、水文地质条件复杂
二级(中等复杂)	符合下列条件之一者为二级场地(中等复杂场地)： (1)对建筑抗震不利地段 (2)不良地质作用和地质灾害一般发育 (3)地质环境已经或可能受到一般破坏 (4)地形和地貌类型较复杂 (5)工程地质、水文地质条件较复杂
三级(简单)	符合下列条件者为三级场地(简单场地)： (1)抗震设防烈度小于或等于6度或对建筑抗震的一般、有利地段 (2)不良地质作用和地质灾害不发育 (3)地质环境基本未受破坏 (4)地形和地貌简单 (5)工程地质、水文地质条件简单

1.3.5 《市政工程勘察规范》(CJJ 56—2012)的相关规定

根据市政工程的重要性、场地复杂程度和岩土条件复杂程度，将市政工程勘察等级划分为甲、乙、丙三级，详见表 1.3-4。

工程勘察等级划分　　　　　　　　　　　　表 1.3-4

等级	划分条件
甲级	在工程重要性等级、场地复杂程度等级、岩土条件复杂程度等级中有一项或多项为一级的
乙级	除甲级和丙级以外的勘察项目
丙级	工程重要性等级、场地复杂程度等级、岩土条件复杂程度等级均为三级

(1)市政工程的重要性等级划分见表 1.3-5。

重要性等级划分　　　　　　　　　　　　表 1.3-5

工程类别		一 级	二 级	三 级
道路工程		快速路和主干路	次干路	支路、公交场站和城市广场的道路与地面工程
桥涵工程		特大桥、大桥	除一级、三级之外的城市桥涵	小桥、涵洞及人行地下通道
隧道工程		均按一级	—	—
室外管道工程	顶管或定向钻方法施工	均按一级	—	—
	明挖法施工	$z > 8m$	$5m \leq z \leq 8m$	$z < 5m$

续上表

工程类别	一级	二级	三级
给排水厂站工程	大型、中型厂站	小型厂站	—
堤岸工程	桩式堤岸和桩基加固的混合式堤岸	圬工结构或钢筋混凝土结构的天然地基堤岸	土堤

注:1.根据设计路面标高与原地面标高的相对关系,道路工程可分为一般路基、高路堤、陡坡路堤和路堑。高路堤、陡坡路堤和路堑的工程重要性等级宜在表1.3-4基础上提高一级。
　　2.z 为管道工程基坑开挖深度。

(2)市政工程的场地复杂程度等级划分见表1.3-6。

场地复杂程度划分　　　　　　　　表1.3-6

等级	场地复杂程度	划 分 依 据
一级	复杂	地形地貌复杂;抗震危险地段;不良地质作用强烈发育;地质环境已经或可能受到强烈破坏;地下水对工程的影响大;周边环境条件复杂
二级	中等复杂	地形地貌较复杂;抗震不利地段;不良地质作用一般发育;地质环境已经或可能受到一般破坏;地下水对工程的影响一般;周边环境条件中等复杂
三级	简单	地形地貌简单;抗震一般或有利地段;不良地质作用不发育;地质环境基本未受破坏;地下水对工程无影响;周边环境条件简单

注:1.等级划分只需满足划分依据中任何一个条件即可。
　　2.从一级开始,向二级、三级推定,以最先满足为准。

(3)市政工程的岩土条件复杂程度等级划分见表1.3-7。

岩土条件复杂程度划分　　　　　　　　表1.3-7

等级	岩土条件复杂程度	划 分 依 据
一级	复杂	岩土种类多,很不均匀;围岩或地基、边坡的岩土性质变化大;存在需要进行专门治理的特殊性岩土
二级	中等复杂	岩土种类较多,不均匀;围岩或地基、边坡的岩土性质变化较大;特殊性岩土不需要进行专门治理
三级	简单	岩土种类单一,均匀;围岩或地基、边坡的岩土性质变化不大;无特殊性岩土

注:1.等级划分只需满足划分依据中任何一个条件即可。
　　2.从一级开始,向二级、三级推定,以最先满足为准。

1.3.6 《城市轨道交通岩土工程勘察规范》(GB 50307—2012)的相关规定

根据工程的重要性等级、场地复杂程度等级和工程周边环境风险等级,将城市轨道交通岩土工程勘察等级划分为甲、乙、丙三级:

甲级:在工程重要性等级、场地复杂程度和工程周边环境风险等级中,有一项或多项为一级的勘察项目。

乙级:除勘察等级为甲级和丙级以外的勘察项目。

丙级:工程重要性等级、场地复杂程度等级均为三级且工程周边环境风险等级为四级的勘察项目。

(1)城市轨道交通的工程重要性等级划分见表1.3-8。

工程重要性等级划分 表1.3-8

工程重要性等级	工程破坏的后果	工程规模及建筑类型
一级	很严重	车站主体、各类通道、地下区间、高架区间、大中桥梁、地下停车场、控制中心、主变电站
二级	严重	路基、涵洞、小桥、车辆基地内的各类房屋建筑、出入口、风井、施工竖井、盾构始发(接收)井
三级	不严重	次要建筑物、地面停车场

(2)城市轨道交通的场地复杂程度按下列条件划分：

①符合下列条件之一者为一级场地(或复杂场地)：

A.建筑抗震危险和不利的地段；

B.不良地质作用强烈发育；

C.特殊性岩土需要专门处理；

D.地形地貌复杂；

E.地基、围岩或边坡的岩土性质较差；

F.地下水对工程影响较大需要进行专门研究和治理。

②符合下列条件之一者为二级场地(或中等复杂场地)：

A.建筑抗震一般地段；

B.不良地质作用一般发育；

C.特殊性岩土不需要专门处理；

D.地形地貌较复杂；

E.地基、围岩或边坡的岩土性质一般；

F.地下水对工程影响较小。

③符合下列条件者为三级场地(或简单场地)：

A.抗震设防烈度小于或等于6度或对建筑抗震有利的地段；

B.不良地质作用不发育；

C.地基、围岩或边坡的岩土性质较好；

D.地形地貌简单；

E.地下水对工程无影响。

(3)工程周边环境风险等级可根据工程周边环境与工程相互影响程度及破坏后果的严重程度进行划分：

一级环境风险：工程周边环境与工程相互影响很大，破坏后果很严重。

二级环境风险：工程周边环境与工程相互影响大，破坏后果严重。

三级环境风险：工程周边环境与工程相互影响较大，破坏后果较严重。

四级环境风险：工程周边环境与工程相互影响小，破坏后果轻微。

1.3.7 《火力发电厂岩土工程勘察规范》(GB/T 51031—2014)的相关规定

根据地基基础设计等级、建筑场地复杂程度等级,将火力发电厂工程勘察等级划分为甲、乙、丙三级:

甲级:地基基础设计等级为甲级,或为复杂场地。
乙级:除勘察等级为甲级和丙级以外的勘察项目。
丙级:地基基础设计等级为丙级,且为简单场地。

(1)火力发电厂建(构)筑物的地基基础设计等级应符合现行国家标准《大中型火力发电厂设计规范》(GB 50660)的有关规定。

(2)火力发电厂的场地复杂程度等宜分为复杂场地、中等复杂场地、简单场地,并宜符合下列规定:

①符合下列条件之一者宜为复杂场地:
A.地形起伏大,地形坡度在8°以上,地貌单元在三种以上;
B.地层层次多,且岩土性质变化大;
C.地基土为不均匀岩土和特殊岩土,或地基变形计算深度内基岩面起伏大;
D.水文地质条件复杂,有影响工程的多层地下水;
E.地质构造复杂,不良地质作用发育,存在高边坡或不稳定边坡影响;
F.50年超越概率10%的地震动峰值加速度为0.40g,地震基本烈度为Ⅸ度。

②除复杂场地和简单场地以外的场地宜为中等复杂场地。

③符合下列所有条件者宜为简单场地:
A.地形较平整,地形坡度在3°以内,地貌单元单一;
B.地层结构简单,且岩土性质均匀,非特殊性土;
C.地质构造简单,无不良地质作用;
D.地下水对地基基础无不良影响;
E.50年超越概率10%的地震动峰值加速度小于或等于0.05g,地震基本烈度小于或等于Ⅵ度。

1.4 勘察大纲

(1)《公路工程地质勘察规范》(JTG C20—2011)要求,在开展地质勘察之前,应编制项目地质勘察大纲。

(2)交通运输部《关于进一步加强公路勘察设计工作的若干意见》(交公路发〔2011〕504号)要求,要认真编制好地质勘察指导书和做好地质勘察专项外业验收工作。

(3)经批准的勘察大纲,既是勘察工作保质保量、规范进行工作的基础,又是地质勘察专项验收的主要依据,故认真编制勘察大纲至关重要。

(4)《房屋建筑和市政基础设施工程勘察文件编制深度规定(2020年版)》对"勘察纲要"的编制要求,详见本手册附录15.3节。

2 岩石的分类和鉴定

2.1 按坚硬程度

(1)《公路工程地质勘察规范》(JTG C20—2011)和《公路隧道设计规范 第一册 土建工程》(JTG 3370.1—2018)按岩石单轴饱和抗压强度 R_C 划分,见表2.1-1。

岩石坚硬程度划分(按 R_C)　　　　　表2.1-1

坚硬程度	坚硬岩	较坚硬岩	较软岩	软岩	极软岩
R_C(MPa)	>60	60~30	30~15	15~5	<5

(2)《岩土工程勘察规范(2009年版)》(GB 50021—2001)、《建筑地基基础设计规范》(GB 50007—2011)、《公路桥涵地基与基础设计规范》(JTG 3363—2019)按岩石单轴饱和抗压强度标准值 f_rk 划分,见表2.1-2。

岩石坚硬程度划分(按 f_rk)　　　　　表2.1-2

坚硬程度	坚硬岩	较坚硬岩	较软岩	软岩	极软岩
f_rk(MPa)	f_rk>60	$60 \geqslant f_\mathrm{rk} >30$	$30 \geqslant f_\mathrm{rk} \geqslant 15$	$15 \geqslant f_\mathrm{rk} >5$	$\leqslant 5$

注:1.《建筑地基基础设计规范》(GB 50007—2011):试样尺寸为φ50×100mm,数量不少于6个。
　　2.任意高径比的抗压强度 R 按下式换算成高径比为2:1的标准抗压强度值 R_C , $R_\mathrm{C}=8R/(7+2D/H)$ 。

(3)《公路工程地质勘察规范》(JTJ 064—98)、《公路桥涵地基与基础设计规范》(JTJ 024—85)按饱和单轴极限抗压强度 R_a 划分见表2.1-3,两标准已作废,仅供参考。

岩石坚硬程度划分(按 R_a)　　　　　表2.1-3

岩石类别	硬质岩石	软质岩石	极软岩石
R_a(MPa)	>30	5~30	<5

(4)《公路工程地质勘察规范》(JTG C20—2011)、《工程岩体分级标准》(GB/T 50218—2014):当无条件取得岩石单轴饱和抗压强度 R_C 实测值时,可采用实测的岩石点荷载强度指数 $I_\mathrm{S(50)}$ 的换算值,其换算公式为:

$$R_\mathrm{C} = 22.82 I_\mathrm{S(50)}^{0.75}$$

《公路隧道设计细则》(JTG/T D70—2010)中列出 $I_\mathrm{S(50)}$ 值与岩石坚硬程度定性值的对应关系,见表2.1-4。

$I_{S(50)}$ 与岩石坚硬程度定性对比表 　　　表2.1-4

坚硬程度	坚硬岩	较坚硬岩	较软岩	软岩	极软岩
$I_{S(50)}$(MPa)	>3.63	3.63~1.44	1.44~0.57	0.57~0.13	<0.13

注:据《工程岩体试验方法标准》(GB/T 50266—2013),点荷载试样尺寸及数量:
① 当采用岩芯试件做径向试验时,试件的长度与直径之比应大于1;做轴向试验时,加载两点间距与直径之比宜为0.3~1.0。同一含水状态下和同一加载方向下的岩芯试件数量每组宜为5~10个。
② 当采用方块体或不规则块体试件做试验时,试件尺寸宜为50mm±35mm;加载两点的间距与加载处平均宽度之比宜为0.3~1.0;每组试件数量宜为15~20个。

(5)岩石软化系数 K_R:岩石饱和状态下的单轴极限抗压强度与其风干状态下的单轴极限抗压强度的比值。这一指标反映岩石浸水后对其强度的影响。

$$\begin{cases} K_R > 0.75 & 不软化岩石 \\ K_R \leq 0.75 & 软化岩石 \end{cases}$$

2.2 按风化程度

(1)风化系数 K_f:风化岩石单轴饱和抗压强度与新鲜岩石单轴饱和抗压强度的比值。其划分情况见表2.2-1。

岩石风化程度划分(按风化系数 K_f) 　　　表2.2-1

风化程度	全风化	强风化	中等风化	微风化	未风化
《公路工程地质勘察规范》(JTG C20—2011)《岩土工程勘察规范(2009年版)》(GB 50021—2001)	—	<0.4	0.4~0.8	0.8~0.9	0.9~1.0
《公路桥涵地基与基础设计规范》(JTJ 024—85)仅供参考	<0.2	0.2~0.4	0.4~0.8（弱风化）	>0.8	—

注:《岩土工程勘察术语标准》(JGJ/T 84—2015)同此定义。

(2)波速比 K_v:风化岩石与新鲜岩石压缩波速度之比,其对应关系见表2.2-2。

岩石风化程度划分(按波速比 K_v) 　　　表2.2-2

风化程度	全风化	强风化	中等风化	微风化	未风化
《公路工程地质勘察规范》(JTG C20—2011)	0.2~0.4	0.4~0.6	0.6~0.8	0.8~0.9	0.9~1.0
《岩土工程勘察规范(2009年版)》(GB 50021—2001)	0.2~0.4	0.4~0.6	0.6~0.8	0.8~0.9	0.9~1.0

(3)岩体纵波波速 V_p:《岩土工程勘察规范》(GB 50021—1994)用 V_p 值划分岩体风化程度,见表2.2-3,仅供参考。

岩石风化程度划分(按岩体纵波波速 V_p) 　　　表2.2-3

风化程度	全风化		强风化		中风化		微风化		未风化	
岩类	硬岩	软岩	硬岩	软岩	硬岩	软岩	硬岩	软岩	硬岩	软岩
V_p(km/s)	0.5~1.0	0.3~0.7	1.0~2.0	0.7~1.5	2.0~4.0	1.5~3.0	4.0~5.0	3.0~4.0	>5.0	>4.0

(4)坚固度:岩体的动弹性模量与该岩体的岩石试件的动弹性模量的比值。《建筑岩土工程勘察基本术语标准》(JGJ 84—92)划分见表2.2-4,仅供参考。

岩石风化程度划分(按坚固度)　　　　　　　　　　　　　　　　　表2.2-4

风化程度	全风化的	强风化的	半风化的	微风化的	新鲜的
坚固度	<0.2	0.2~0.35	0.35~0.5	0.5~0.75	>0.75

(5)《岩土工程勘察规范(2009年版)》(GB 50021—2001)、《公路工程地质勘察规范》(JTG C20—2011)岩石风化程度划分见表2.2-5。

岩石风化程度划分(主要按野外特征)　　　　　　　　　　　　　　表2.2-5

风化程度	野外特征	风化程度参数指标	
		波速比 K_v	风化系数 K_f
未风化	岩质新鲜,偶见风化痕迹	0.9~1.0	0.9~1.0
微风化	结构基本未变,仅节理面有浸染或略有变色,有少量风化裂隙	0.8~0.9	0.8~0.9
中风化	结构部分破坏,沿节理面有次生矿物,风化裂隙发育,岩体被切割成岩块。用镐难挖,岩芯钻方可钻进	0.6~0.8	0.4~0.8
强风化	结构大部分破坏,矿物成分显著变化,风化裂隙很发育,岩体破碎,用镐可挖,干钻不易钻进	0.4~0.6	<0.4
全风化	结构基本破坏,但尚可辨认,有残余结构强度,可用镐挖,干钻可钻进	0.2~0.4	—

2.3 按完整程度

(1)完整性系数 K_v:岩体压缩波(即纵坡/疏密波/P波)波速与岩块压缩波波速之比的平方,即:

$$K_v = \left(\frac{V_{P体}}{V_{P石}}\right)^2 = \left(\frac{V_{Pm}}{V_{Pr}}\right)^2$$

按《岩土工程勘察规范(2009年版)》(GB 50021—2001)、《公路工程地质勘察规范》(JTG C20—2011)、《公路桥涵地基与基础设计规范》(JTG 3363—2019)、《公路隧道设计规范》(JTG 3370.1—2018)、《贵州建筑岩土工程技术规范》(DB52/T 046—2018),K_v 指数与完整性划分见表2.3-1。

岩体完成程度划分(按 K_v)　　　　　　　　　　　　　　　　　　表2.3-1

完整程度	完整	较完整	较破碎	破碎	极破碎	备 注
K_v	>0.75	0.75~0.55	0.55~0.35	0.35~0.15	<0.15	《岩土工程勘察规范(2009年版)》(GB 50021—2001)、《公路工程地质勘察规范》(JTG C20—2011)、《贵州建筑岩土工程技术规范》(DB52/T 046—2018)
K_v	>0.75	(0.75,0.55]	(0.55,0.35]	(0.35,0.15]	≤0.15	《公路桥涵地基与基础设计规范》(JTG 3363—2019)、《公路隧道设计规范》(JTG 3370.1—2018)

《公路工程地质勘察规范》(JTJ 064—98)完整性系数代号用 C_m,其物理意义同上,对应关系见表2.3-2,仅供参考。

岩体完成程度划分(按 C_m)　　　　　表2.3-2

完整程度	完整性好	完整性较好	完整性差
C_m	>0.75	0.75~0.45	<0.45

(2)《贵州省建筑岩土工程技术规范》(DBJ52/T 046—2018)直接用波速 V_p 作为"组合评价因素"之一划分岩体完整性程度,其对应关系见表2.3-3。

岩体完成程度划分(按 V_p)　　　　　表2.3-3

完整程度	完整	较完整	较破碎	破碎	极破碎
V_p(m/s)	>5000	4000~5000	3000~4000	2000~3000	<2000
	(>4500)	(3500~4500)	(2500~3500)	(1500~2500)	(<1500)

注:表中括号内波速值为软质岩石的岩体波速 V_p 值。

(3)以往公路勘察中曾用裂隙系数 L 判定岩体完整程度,计算公式如下,划分情况见表2.3-4。

$$L = \frac{V_{P岩块}^2 - V_{P岩体}^2}{V_{P岩块}^2}$$

岩体完成程度划分(按 L)　　　　　表2.3-4

完整程度	极好	良好	一般	破碎	极破碎
L	<0.25	0.25~0.5	0.5~0.65	0.65~0.8	>0.8

(4)《公路工程地质勘察规范》(JTG C20—2011)中岩体节理发育程度分类见表2.3-5。

岩体节理发育程度分类　　　　　表2.3-5

节理发育程度①	不发育	发育	很发育	极发育
节理间距 d(mm)	$d>400$	$200<d≤400$	$20<d≤200$	$d≤20$

注:①这里所指节理泛指分割岩体的各种结构面。

(5)《工程岩体分级标准》(GB/T 50218—2014)用岩体体积节理数 J_v(条/m³)定性确定岩体完整程度,其与 K_v 对应关系见表2.3-6。

岩体完成程度与 K_v、J_v 对应关系　　　　　表2.3-6

完整程度	完整	较完整	较破碎	破碎	极破碎	备注
K_v	>0.75	0.75~0.55	0.55~0.35	0.35~0.15	≤0.15	每一测点的统计面积不小于 2×5m²
J_v(条/m³)①	<3	3~10	10~20	20~35	>35	

注:①建议《公路工程地质勘察规范》(JTG C20—2011)、《公路隧道设计规范》(JTG 3370.1—2018)使用时,当 $K_v=0.15$,对应岩体为极破碎。

(6)岩石质量指标 RQD:《岩土工程勘察规范(2009年版)》(GB 50021—2001)和《贵州建筑岩土工程技术规范》(DB52/T 046—2018)都有以 RQD 值作为岩体质量组合评价因素之一,其具体划分见表2.3-7。

岩石质量指标（按RQD） 表2.3-7

岩体完整程度	好的/完整	较好的/较完整	较差的/较破碎	差的/破碎	极差的/极破碎
RQD值(%)	>90	75~90	50~75	25~50	<25

必须说明的是，普通钻进工艺达不到规定的进行RQD值统计要求，故以往工作中统计的RQD值多数是不确切的。

（7）《公路工程地质勘察规范》（JTG C20—2011）岩体完整程度定性划分见表2.3-8。

岩体完整程度定性划分 表2.3-8

名称	结构面发育程度		主要结构面的结合程度	主要结构面类型	相应结构类型
	组数	平均间距(m)			
完整	1~2	>1.0	好或一般	节理、裂隙、层面	整体状或巨厚层状结构
较完整	1~2	>1.0	差	节理、裂隙、层面	块状或厚层状结构
	2~3	1.0~0.4	好或一般		块状结构
较破碎	2~3	1.0~0.4	差	节理、裂隙、层面、小断层	裂隙块状或中厚层状结构
	>3	0.4~0.2	好		镶嵌碎裂结构
			一般		中、薄层状结构
破碎	>3	0.4~0.2	差	各种类型结构面	裂隙块状结构
		<0.2	一般或差		碎裂状结构
极破碎	无序	—	很差	—	散体状结构

注：平均间距指主要结构面（1~2组）间距的平均值；所谓主要结构面是指岩体内相对发育，即张开度较大、充填物较差、成组性较好的结构面。

（8）《岩土工程勘察规范（2009年版）》（GB 50021—2001）、《贵州省建筑岩土工程技术规范》（DBJ52/T 046—2018）岩体基本质量等级划分见表2.3-9。

岩体基本质量等级划分 表2.3-9

坚硬程度	完整程度				
	完整	较完整	较破碎	破碎	极破碎
坚硬岩	Ⅰ	Ⅱ	Ⅲ	Ⅳ	Ⅴ
较硬岩	Ⅱ	Ⅲ	Ⅳ	Ⅳ	Ⅴ
较软岩	Ⅲ	Ⅳ	Ⅳ	Ⅴ	Ⅴ
软岩	Ⅳ	Ⅳ	Ⅴ	Ⅴ	Ⅴ
极软岩	Ⅴ	Ⅴ	Ⅴ	Ⅴ	Ⅴ

（9）隧道围岩基本质量指标BQ值。

《公路工程地质勘察规范》（JTG C20—2011）隧道围岩基本质量指标计算如下：

$$BQ = 90 + 3R_c + 250K_v$$

当 $R_c > 90K_v + 30$ 时，应以 $R_c = 90K_v + 30$ 和 K_v 代入计算BQ值；

当 $K_v > 0.04R_c + 0.4$ 时，应以 $K_v = 0.04R_c + 0.4$ 和 R_c 代入计算BQ值。

围岩基本质量指标修正值：
$$[BQ] = BQ - 100(K_1 + K_2 + K_3)$$
式中：K_1——地下水状态影响修正系数（表2.3-10）；
K_2——主要软弱结构面产状影响修正系数（表2.3-11）；
K_3——初始应力状态影响修正系数（表2.3-12）。
当无表中所示情况时，修正系数取零。[BQ]出现负值时，应按特殊情况处理。

地下水状态影响修正系数　　表2.3-10

地下水出水状态	BQ			
	>450	450~351	350~251	<250
潮湿或点滴状出水	0	0.1	0.2~0.3	0.4~0.6
淋雨状或涌流状出水，水压<0.1MPa或单位出水量<10L/(min·m)	0.1	0.2~0.3	0.4~0.6	0.7~0.9
淋雨状或涌流状出水，水压>0.1MPa或单位出水量>10L/(min·m)	0.2	0.4~0.6	0.7~0.9	1.0

主要软弱结构面产状影响修正系数　　表2.3-11

结构面产状及其与洞轴线的组合关系	结构面走向与洞轴线夹角<30°，结构面倾角30°~75°	结构面走向与洞轴线夹角>60°，结构面倾角>75°	其他组合
K_2	0.4~0.6	0~0.2	0.2~0.4

初始应力状态影响修正系数　　表2.3-12

初始应力状态[①]	BQ				
	>550	550~451	450~351	350~251	<250
极高应力	1.0	1.0	1.0~1.5	1.0~1.5	1.0
高应力	0.5	0.5	0.5	0.5~1.0	0.5~1.0

注：①高初始应力地区岩体在开挖过程中的主要现象见表2.3-13，可据此评估围岩的初始应力情况。

高初始应力地区岩体在开挖过程中的主要现象　　表2.3-13

应力情况	主要现象	R_c/σ_{max}
极高应力区	1.硬质岩：开挖过程中有岩爆发生，有岩块弹出，洞壁岩体发生剥离，新生裂缝多，成洞性差；基坑有剥离现象，成形性差 2.软质岩：岩芯常有饼化现象，开挖过程中洞壁岩体有剥离，位移极为显著，甚至发生大位移，持续时间长，不易成洞；基坑发生显著隆起或剥离，不易成形	<4
高应力区	1.硬质岩：开挖过程中可能出现岩爆，洞壁岩体有剥离和掉块现象，新生裂缝较多，成洞性差；基坑时有剥离现象，成形性一般尚好 2.软质岩：岩芯时有饼化现象，开挖过程中洞壁岩体位移显著，持续时间较长，成洞性差；基坑有隆起现象，成形性较差	4~7

注：σ_{max}为垂直洞轴线方向的最大初始应力。

《公路隧道设计细则》（JTG/T D70—2010）：高地应力地区有关地层地应力分级见表2.3-14的规定；岩爆的判据及描述见表2.3-15。

高地应力地区有关地层地应力分级 表 2.3-14

岩质(MPa)	R_c/σ_{max}		
	分级描述		
	极高	高	较高
硬质岩($R_c \geq 60$)	≥2	2~4	4~6
较硬岩($R_c = 30~60$)	≥3	3~5	5~7
软质岩($R_c \leq 30$)	≥4	4~6	6~8

岩爆判据及描述 表 2.3-15

岩爆级别	R_c/σ_{max}	分级描述
I	>7	开挖中将无岩爆发生
II	4~7	开挖中可能出现岩爆,洞壁岩体有剥离和掉块现象,新生裂纹较多,成洞性较差
III	<4	开挖中常有岩爆发生,洞壁岩体发生剥离,新生裂纹多,成洞性差

《公路工程地质勘察规范》(JTG C20—2011):公路隧道围岩分级见表 2.3-16。

公路隧道围岩分级 表 2.3-16

围岩级别	围岩或土体主要定性特征	BQ 或[BQ]
I	坚硬岩,岩体完整,整体状或巨厚层状结构	>550
II	坚硬岩,岩体较完整,块状或厚层状结构 较坚硬岩,岩体完整,块状整体结构	550~451
III	坚硬岩,岩体较破碎,巨块(石)碎(石)状镶嵌结构 较坚硬岩或较软硬岩层,岩体较完整,块体状或中厚层结构	450~351
IV	坚硬岩,岩体破碎,碎裂结构 较坚硬岩,岩体较破碎~破碎,镶嵌碎裂结构 较软岩或软硬岩互层,且以软岩为主,岩体较完整~较破碎,中薄层状结构	350~251
IV	压密或成岩作用的黏性土及砂性土 黄土(Q_1、Q_2) 钙质、铁质胶结的碎石土(碎石、卵石、块石等)	—
V	较软岩,岩体破碎 软岩,岩体较破碎~破碎 极破碎各类岩体,碎裂状松散结构	≤250
V	半坚硬至硬塑状黏性土及稍湿至潮湿的碎石土;黄土(Q_3、Q_4);非黏性土呈松散结构,黏性土及黄土呈松软结构	—
VI	软塑状黏性土及潮湿、饱和粉细砂、软土等	—

注:本表不适用于特殊条件的围岩分级,如膨胀性围岩、多年冻土等。

《公路隧道设计细则》(JTG/T D70—2010)对公路隧道围岩的基本质量分级进行细化,定性特征详见该细则表6.3.1。围岩级别划分情况见表2.3-17。

围岩级别划分　　　　　　　　表2.3-17

岩质围岩分级									土质围岩分级			
I	II	III		IV			V		IV₃	V		VI
I	II	III₁	III₂	IV₁	IV₂	IV₃	V₁	V₂	IV₃	V₁	V₂	VI
≥551	550~451	450~401	400~351	350~316	315~285	284~251	250~211	210~150	—	—	—	—

需要指出的是,表2.3-16、表2.3-17所列为BQ值,若采用[BQ]值,应按表2.3-17分级标准用[BQ]重新进行围岩分级。

(10)《公路隧道设计规范　第一册　土建工程》(JTG 3370.1—2018):各级围岩自稳能力判断见表2.3-18。

围岩自稳能力判断　　　　　　　　表2.3-18

围岩级别	自稳能力
I	跨度≤20m,可长期稳定,偶有掉块、无塌方
II	跨度10~20m,可基本稳定,局部可发生掉块或小塌方 跨度<10m,可长期稳定,偶有掉块
III	跨度10~20m,可稳定数日~1个月,可发生小~中塌方 跨度5~10m,可稳定数月,可发生局部块体位移及小~中塌方 跨度<5m,可基本稳定
IV	跨度>5m,一般无自稳能力,数日~数月内可发生松动变形、小塌方,进而发展为中~大塌方。埋深小时,以拱部松动破坏为主,埋深大时,有明显塑性流动变形和挤压破坏 跨度<5m,可稳定数日~1个月
V	无自稳能力,跨度5m或更小时,可稳定数日
VI	无自稳能力

注:1.小塌方:塌方高度<3m,或塌方体积<30m³。
　　2.中塌方:塌方高度3~6m,或塌方体积30~100m³。
　　3.大塌方:塌方高度>6m,或塌方体积>100m³。

(11)《公路隧道设计细则》(JTG/T D70—2010):各级围岩自稳能力判断见表2.3-19。

围岩自稳能力判断　　　　　　　　表2.3-19

围岩级别		自稳性
基本级别	亚级	
I	—	跨度20m,可长期稳定,偶有掉块、无塌方
II	—	跨度10~20m,可基本稳定,局部可发生掉块或小塌方 跨度10m,可长期稳定,偶有掉块

续上表

围岩级别		自 稳 性
基本级别	亚级	
Ⅲ	Ⅲ$_1$	跨度>18m,可发生中~大塌方 跨度10~18m,可暂时稳定,可发生小~中塌方 跨度10m,基本稳定
Ⅲ	Ⅲ$_2$	跨度>14m,可发生中~大塌方 跨度7~14m,可暂时稳定,可发生小~中塌方 跨度7m,基本稳定
Ⅳ	Ⅳ$_1$	跨度>9m,可发生中~大塌方 跨度7~9m,暂时稳定,可发生小塌方 跨度<7m,可基本稳定
Ⅳ	Ⅳ$_2$	跨度>7m,可发生中~大塌方 跨度6~7m,暂时稳定,可发生小塌方 跨度<6m,可稳定
Ⅳ	Ⅳ$_3$	跨度>5m,可暂时稳定~不稳定,可直接发生中~大塌方 跨度≤5m,可基本稳定
Ⅴ	Ⅴ$_1$	跨度>6m,完全无自稳性 跨度4~6m,可暂时稳定,可发生中~大塌方 跨度<4m,可基本稳定
Ⅴ	Ⅴ$_2$	跨度>4m,完全无自稳性 跨度3~4m,可暂时稳定,可发生中~大塌方 跨度<3m,可基本稳定
Ⅵ	—	无自稳性

注:塌方分级同表2.3-18注。

2.4 岩石地基承载力及公路隧道围岩基本物理力学参数

(1)《公路桥涵地基与基础设计规范》(JTG 3363—2019):岩石地基承载力特征值 f_{a0} 见表2.4-1。

岩石地基承载力特征值(单位:kPa)　　　　表2.4-1

坚硬程度	节理发育程度		
	节理不发育	节理发育	节理很发育
坚硬岩、较硬岩	>3000	3000~2000	2000~1500
较软岩	3000~1500	1500~1000	1000~800

续上表

坚硬程度	节理发育程度		
	节理不发育	节理发育	节理很发育
软岩	1200~1000	1000~800	800~500
极软岩	500~400	400~300	300~200

《公路桥涵地基与基础设计规范》(JTJ 024—85):岩石的容许承载力$[\sigma_0]$见表2.4-2,该规范已废止,仅供参考。

岩石的容许承载力(单位:kPa)　　　　表2.4-2

岩 类	碎 石 状	碎 块 状	大 块 状
硬质岩(R_a^j>30MPa)	1500~2000	2000~3000	>3000
软质岩(R_a^j=5~30MPa)	800~1200	1000~1500	1500~3000
极软岩(R_a^j<5MPa)	400~800	600~1000	800~1200

注:1.大块状:岩体多数分割成>400mm以上岩块。
　　2.碎块状:岩体多数分割成200~400mm的岩块。
　　3.碎石状:岩体多数分割成20~200mm的岩块。

(2)《铁路工程地质勘察规范》(TB 10012—2019):岩石地基基本承载力σ_0见表2.4-3。

岩石地基基本承载力(单位:kPa)　　　　表2.4-3

节理发育程度		节理很发育	节理发育	节理不发育或较发育
节理间距(cm)		2~20	20~40	>40
岩石类别	硬质岩	1500~2000	2000~3000	>3000
	较软岩	800~1000	1000~1500	1500~3000
	软岩	500~800	700~1000	900~1200
	极软岩	200~300	300~400	400~500

注:1.对于溶洞、断层、软弱夹层、易溶岩岩石等,应个别研究确定。
　　2.裂隙张开或有泥质充填时,应取最低值。

(3)自《建筑地基基础设计规范》(GB 50007—2002)起,取消了有关承载力的条文和附录,要求"勘察单位应根据试验和地区经验确定地基承载力等设计参数"。以下按已作废的《建筑地基基础设计规范》(GBJ 7—89)附录五表5-1列出岩石承载力标准值f_k,见表2.4-4,仅供参考。

岩石承载力标准值(单位:kPa)　　　　表2.4-4

风化程度	强风化	中等风化	微风化
硬质岩石	500~1000	1500~2500	≥4000
软质岩石	200~500	700~1200	1500~2000

(4)《贵州建筑地基基础设计规范》(DBJ52/T 045—2018):岩石地基承载力特征值f_{ak}见表2.4-5。

岩石地基承载力特征值(单位:kPa) 表 2.4-5

风化程度	强风化(破碎)	中等风化(较破碎)	微风化(完整)
硬质岩石	750~2000	2000~6000	>6000
软质岩石	220~750	750~2200	2200~5000
极软质岩石	180~300	300~750	750~2200

注:1. f_{ak} 取用大于4000kPa时,应由试验确定。
2. 软硬夹层或互层时,据《贵州建筑岩土工程技术规范》(DB52/T 046—2018)可参照下列规定确定承载力:
①当岩层产状水平或缓倾斜时:
A. 基础直接置于软质岩上,按软质岩承载力确定。
B. 基础直接置于硬质岩上,可根据基础类型和硬质岩夹软质岩石在基底下厚度,按表2.4-6确定:

软硬夹层或互层时承载力确定 表 2.4-6

基础类型	基底硬质岩石厚度 H(m)	承载力确定方法
扩展式独立基础	$H/B \geq 1.5$	硬质岩石承载力
	$H/B = 1.0~1.4$	硬质岩石承载力的80%~90%
	$H/B = 0.5~0.9$	硬质岩石承载力的50%~60%
桩墩式基础	$H/D \geq 3.0$	硬质岩石承载力
	$H/D = 2.0~2.9$	硬质岩石承载力的80%~90%
	$H/D = 1.0~1.9$	硬质岩石承载力的50%~60%
条形基础	$H/B \geq 3.0$	硬质岩石承载力
	$H/B = 2.0~2.9$	硬质岩石承载力的80%~90%
	$H/B = 1.0~1.9$	硬质岩石承载力的50%~60%

注:B——扩展式或条形基础的宽度(m);
D——桩、墩式基础的基底直径(m)。

②当岩层产状陡倾斜或直立时,按下式计算确定:

$$f_{az} = f_{aR} + k(f_{ay} - f_{aR})$$

式中:f_{az}——软硬互层岩组的承载力特征值综合值(kPa);
f_{aR}——软质岩的承载力特征值(kPa);
f_{ay}——硬质岩的承载力特征值(kPa);
k——硬层在夹层或互层综合承载力中的贡献率。

$$k = \left[h_y - \left(\frac{1}{n+1}\right)\right] \bigg/ \left[1 - \left(\frac{1}{n+1}\right)\right]$$

式中:n——软岩层的承载力比值,$n = f_{ay}/f_{aR}$;
h_y——硬层的厚度比。

$$h_y = d_y / \sum d$$

式中:d_y——硬层厚度(m);
$\sum d$——硬层与软层的总厚度(m)。

上述 f_{az} 计算式使用条件:
A. $n > 2$。
B. 基础底面应力范围内无临空面。
C. 基础跨越且尺寸大于夹层或互层中单层的平面出露宽度三倍以上。

(5)重庆市《工程地质勘察规范》(DBJ50/T-043—2016):岩质地基极限承载力标准值 P_u 见表2.4-7。

岩质地基极限承载力标准值(单位:kPa) 表 2.4-7

岩石类别	极破碎	破碎	较破碎	较完整	完整
坚硬岩及较硬岩	800~1200	1200~1800	1800~3600	3600~9600	9600~12000
较软岩	500~800	800~1200	1200~1800	1800~3600	3600~9600
软岩	500~800		800~1200	1200~1800	1800~3600
极软岩	500~800			800~1200	1200~1800

注:1.表中岩石类别系根据对实际岩石强度的判断确定(已包括风化因素)。
2.本表适用于工程重要性安全等级为二级的初勘和三级的初勘、详勘。

(6)《工程岩体分级标准》(GB/T 50218—2014):地基各级别岩体基岩承载力基本值 f_0 可按表 2.4-8 确定。

岩石地基承载力基本值(单位:MPa) 表 2.4-8

岩体级别	Ⅰ	Ⅱ	Ⅲ	Ⅳ	Ⅴ
f_0	>7.0	7.0~4.0	4.0~2.0	2.0~0.5	≤0.5

(7)表 2.4.1~表 2.4.8 列出的岩质地基承载力值只适用于工程预估和安全等级为三级的工程。

《建筑地基基础设计规范》(GB 50007—2011):对破碎、极破碎的岩石地基承载力特征值,可根据平板载荷试验确定;对完整、较完整和较破碎的岩石地基承载力特征值,也可根据室内单轴饱和抗压强度进行计算,岩石单轴饱和抗压强度试验值按下式计算标准值:

$$f_{rk} = \psi \cdot f_{rm}$$

式中:f_{rk}——岩石饱和单轴抗压强度标准值(kPa);

f_{rm}——岩石饱和单轴抗压强度平均值(kPa);

ψ——统计修正系数。

$$f_{rm} = \frac{1}{n}\sum f_{ri}$$

$$\psi = 1 - \left(\frac{1.704}{\sqrt{n}} + \frac{4.678}{n^2}\right)\delta_{fr}$$

f_{ri}——第 i 个岩样饱和单轴抗压强度试验值;

δ_{fr}——变异系数,$\delta_{fr} = \sigma_{fr}/f_{rm}$;

n——试样个数。

$$\delta_{fr} = \frac{1}{f_{rm}}\sqrt{\frac{\sum f_{ri}^2 - nf_{rm}^2}{n-1}}$$

$$\sigma_{fr} = \sqrt{\frac{\sum f_{ri}^2 - nf_{rm}^2}{n-1}} \text{(即标准差)}$$

《土工试验方法标准》(GB/T 50123—2019)对变异性指标分类见表 2.4-9。

变异性分类 表 2.4-9

变异系数 δ	<0.1	[0.1,0.2)	[0.2,0.3)	[0.3,0.4)	≥0.4
变异性	很小	小	中等	大	很大

①《岩土工程勘察规范(2009年版)》(GB 50021—2001)和《建筑地基基础设计规范》(GB 50007—2011)中完整、较完整和较破碎的岩石地基承载力特征值 f_a 按下式计算：

$$f_a = \psi_f \times f_{rk} = f_{ak}$$

式中：ψ_f——折减系数，根据岩体完整程度以及结构面的间距、宽度、产状和组合，由地方经验确定。无经验时，完整岩体可取 0.5；较完整岩体可取 0.2~0.5；较破碎岩体可取 0.1~0.2。

注：上式中的折减系数，与《建筑桩基技术规范》(JGJ 94—2008)中嵌岩端承桩嵌岩深径比为 0 时的端阻修正系数大体对应，即极软岩、软岩取 0.6，较坚硬岩、坚硬岩取 0.45；在《公路桥涵地基与基础设计规范》(JTG 3363—2019)中，与支承在基岩上或嵌入基岩内的钻挖孔桩单桩轴向受压容许承载力计算公式中的 C_1 系数大体对应，即对于中风化岩体，其取值为 0.3~0.45。

②重庆市《工程地质勘察规范》(DBJ50/T-043—2016)。

A.当岩体完整、较完整和较破碎时，岩质地基极限承载力标准值可由岩石抗压强度标准值乘以地基条件系数确定：

岩体完整：地基条件系数取 1.7~1.4(坚硬岩与较硬岩取小值)；

岩体较完整：地基条件系数取 1.4~1.1；

岩体较破碎：地基条件系数取 1.1~0.7。

地基条件系数是由岩体完整性决定的折减系数和因空间条件不同决定的增大系数的一个综合系数。

B.重庆市《工程地质勘察规范》(DBJ50-043—2005)认为，2.4.7 条中统计修正系数 ψ 计算公式只适用于风险概率 $\alpha=0.05$、变异系数 $\delta \leq 0.3$ 时的情况，仅供参考。

当变异系数大于 0.3 时，应查明误差过大的原因，必要时应增加式样数量或重新划分统计单元；当变异系数大于 0.4 时，统计修正系数可按经验取值。

风险概率 α 应根据工程安全系数取值见表 2.4-10。

风险概率 α 取值　　　　表 2.4-10

工程安全等级	风险概率 α	置信概率 P_s
一级	0.025	0.975
二级	0.050	0.950
三级	0.100	0.900

某一风险概率的统计修正系数：

$$\psi_a = 1 \pm \frac{t_a}{\sqrt{n}}\delta$$

式中：t_a——概率系数，见表 2.4-11。

③重庆市《建筑地基基础设计规范》(DBJ50-047—2016)。

A.地基承载力特征值应根据地基极限承载力标准值按下式确定：

$$f_{ak} = \gamma_f \cdot f_{uk}$$

式中：f_{ak}——地基承载力特征值(kPa)；

f_{uk}——地基极限承载力标准值(kPa)，由工程地质勘察报告提供；

γ_f——地基极限承载力分项系数，对土质地基取0.50，对岩质地基取0.33。

B.当岩体完整、较完整、较破碎时，岩质地基承载力特征值可由天然岩石单轴抗压强度标准值乘以折减系数估算。折减系数对完整岩体取0.47~0.57，对较完整岩体取0.37~0.47，对较破碎岩体取0.23~0.37。

注：施工期及使用期岩体可能遭水浸泡时可采用饱和试样。

概率系数 t_a 取值　　　　　　表2.4-11

$n-1$	$\alpha(P_s)$ 0.050(0.950)	0.025(0.975)	$n-1$	$\alpha(P_s)$ 0.050(0.950)	0.025(0.975)	$n-1$	$\alpha(P_s)$ 0.050(0.950)	0.025(0.975)
1	6.31	12.71	13	1.77	2.16	25	1.71	2.06
2	2.92	4.30	14	1.76	2.14	26	1.71	2.06
3	2.35	3.18	15	1.75	2.13	27	1.70	2.05
4	2.13	2.78	16	1.75	2.12	28	1.70	2.05
5	2.02	2.57	17	1.74	2.11	29	1.70	2.05
6	1.94	2.45	18	1.73	2.10	30	1.70	2.04
7	1.90	2.37	19	1.72	2.09	40	1.68	2.02
8	1.86	2.30	20	1.72	2.09	60	1.67	2.00
9	1.83	2.26	21	1.72	2.08	80	1.66	1.98
10	1.81	2.23	22	1.72	2.07	100	1.66	1.98
11	1.80	2.20	23	1.71	2.07	120	1.66	1.98
12	1.78	2.18	24	1.71	2.06	∞	1.65	1.96

(8)隧道围岩物理力学参数及结构面抗剪强度。

①《公路隧道设计规范　第一册　土建工程》(JTG 3370.1—2018)：如无实测数据时，各级围岩的物理力学指标标准值取值按表2.4-12选用。

公路隧道围岩物理力学指标标准值　　　　　　表2.4-12

围岩级别	重度 γ (kN/m³)	弹性抗力系数 k (MPa/m)	变形模量 E (GPa)	泊松比 μ	内摩擦角 φ (°)	黏聚力 c (MPa)	计算摩擦角 φ_c (°)
Ⅰ	>26.5	1800~2800	>33	<0.2	>60	>2.1	>78
Ⅱ		1200~1800	20~33	0.2~0.25	50~60	1.5~2.1	70~78
Ⅲ	24.5~26.5	500~1200	6~20	0.25~0.3	39~50	0.7~1.5	60~70
Ⅳ	22.5~24.5	200~500	1.3~6	0.3~0.35	27~39	0.2~0.7	50~60
Ⅴ	17~22.5	100~200	1~2	0.35~0.45	20~27	0.05~0.2	40~50
Ⅵ	15~17	<100	<1	0.4~0.5	<20	<0.2	30~40

注：1.选用计算摩擦角时，不再计内摩擦角和黏聚力。

2.本表数值不包括黄土地层。

②《公路隧道设计规范　第一册　土建工程》(JTG 3370.1—2018)：如无实测数据时，岩体结构面抗剪断峰值强度可按表2.4-13选用。

岩体结构面抗剪断峰值强度　　　　　　　　　　　　　　　表 2.4-13

序号	两侧岩体的坚硬程度及结构面的结合程度	内摩擦角 φ(°)	黏聚力 c(MPa)
1	坚硬岩,结合好	>37	>0.22
2	坚硬~较坚硬岩,结合一般 较软岩,结合好	37~29	0.22~0.12
3	坚硬~较坚硬岩,结合差 较软岩~软岩,结合一般	29~19	0.12~0.08
4	较坚硬岩~较软岩,结合差~结合很差 软岩,结合差;软质岩的泥化面	19~13	0.08~0.05
5	较硬岩及全部软质岩,结合很差 软质岩泥化层本身	<13	<0.05

③《公路隧道设计细则》(JTG/T D70—2010):如无实测数据时,各级岩质围岩的基本物理力学参数取值可按表 2.4-14 采用、其他物理力学参数取值可按表 2.4-15 采用、岩体结构面抗剪断峰值强度同表 2.4-13。

岩质围岩基本物理力学参数　　　　　　　　　　　　　　　表 2.4-14

围岩级别		重度 γ (kN/m³)	弹性抗力系数 k (MPa/m)	变形模量 E (GPa)	泊松比 μ	内摩擦角 φ (°)	黏聚力 c (MPa)
基本级别	亚级						
Ⅰ	—	26~28	1800~2800	>33	<0.2	>60	>2.1
Ⅱ	—	25~27	1200~1800	20~33	0.2~0.25	50~60	1.5~2.1
Ⅲ	Ⅲ₁	24~25	850~1200	10.7~20	0.25~0.26	44~50	1.1~1.5
	Ⅲ₂	23~24	500~850	7~10.7	0.26~0.3	39~44	0.7~1.1
Ⅳ	Ⅳ₁	22~23	400~500	3.8~7	0.3~0.31	35~39	0.5~0.7
	Ⅳ₂	21~22	300~400	2.4~3.8	0.31~0.33	30~35	0.3~0.5
	Ⅳ₃	20~21	200~300	1.3~2.4	0.33~0.35	27~30	0.2~0.3
Ⅴ	Ⅴ₁	18~20	150~200	1.3~2	0.35~0.39	22~27	0.12~0.2
	Ⅴ₂	17~18	100~150	1~1.3	0.39~0.45	20~22	0.05~0.12

注:表中数字不适用于膨胀性岩体等特殊岩体。

岩质围岩其他物理力学参数　　　　　　　　　　　　　　　表 2.4-15

围岩级别		计算摩擦角 φ_c (°)	普氏坚固系数 f	圬工与围岩的 摩擦系数	弹性波速 V_p (km/s)
基本级别	亚级				
Ⅰ	—	>78	15~20	0.60~0.70	>4.5
Ⅱ	—	70~78	8~15	0.55~0.65	3.5~4.5
Ⅲ	Ⅲ₁	65~70	6~8	0.50~0.55	3.2~4.0
	Ⅲ₂	60~65	3~6	0.45~0.50	2.5~3.2
Ⅳ	Ⅳ₁	57~60	2.3~3	0.42~0.45	2.5~3.0
	Ⅳ₂	54~57	1.7~2.3	0.38~0.42	2.0~2.5
	Ⅳ₃	50~54	1~1.7	0.35~0.38	1.5~2.0
Ⅴ	Ⅴ₁	45~50	1.1~1.5	0.30~0.35	1.4~2.0
	Ⅴ₂	40~45	0.8~1.1	0.25~0.30	1.0~1.4

④《公路隧道设计细则》(JTG/T D70—2010):当无实测数据时,各级土质围岩的物理力学参数取值可按表2.4-16、表2.4-17采用。

土质围岩基本物理力学参数取值　　　　　　　　　表2.4-16

围岩级别		土体类别	重度γ（kN/m³）	弹性抗力系数k（MPa/m）	变形模量E（GPa）	泊松比μ	内摩擦角φ（°）	黏聚力c（MPa）
基本级别	亚级							
Ⅳ	Ⅳ₃	黏质土	20~23	200~300	0.030~0.045	0.25~0.33	30~45	0.060~0.250
		砂质土	18~19		0.024~0.030	0.29~0.31	33~40	0.012~0.024
		碎石土	22~24		0.050~0.075	0.15~0.30	43~50	0.019~0.030
Ⅴ	Ⅴ₁	黏质土	18~20	150~200	0.015~0.030	0.33~0.37	20~30	0.030~0.060
		砂质土	16.5~18		0.009~0.024	0.31~0.33	30~33	0.006~0.012
		碎石土	20~22		0.033~0.050	0.20~0.30	37~43	0.008~0.019
	Ⅴ₂	黏质土	16~18	100~150	0.005~0.015	0.37~0.43	15~20	0.015~0.030
		砂质土	15~16.5		0.003~0.009	0.33~0.36	25~30	0.003~0.006
		碎石土	17~20		0.010~0.033	0.25~0.35	30~37	<0.008
Ⅵ	—	黏质土	14~16	<100	<0.005	0.43~0.50	<15	<0.015
		砂质土	14~15		0.003~0.0005	0.36~0.42	10~25	<0.003

土质围岩其他物理力学参数取值　　　　　　　　　表2.4-17

围岩级别		计算摩擦角φ_c（°）	普氏坚固系数f	圬工与围岩的摩擦系数	弹性波速V_p（km/s）
基本级别	亚级				
Ⅳ	Ⅳ₃	50~54	1.0~1.7	0.35~0.38	1.5~2.0
Ⅴ	Ⅴ₁	45~50	1.1~1.5	0.30~0.35	1.4~2.0
	Ⅴ₂	40~45	0.8~1.1	0.25~0.30	1.0~1.4
Ⅵ	—	30~40	0.3~1.0	≤0.25	<1.0

注:表中数字不适用于黄土、冻土及软土等特殊土体。

⑤《工程岩体分级标准》(GB/T 50218—2014):岩体物理力学参数取值建议按表2.4-18,岩体结构面抗剪断峰值强度同表2.4-13。

工程岩体物理力学参数取值　　　　　　　　　表2.4-18

岩体基本质量级别	重度γ（kN/m³）	抗剪断峰值强度		变形模量E（GPa）	泊松比μ
		内摩擦角φ（°）	黏聚力c（MPa）		
Ⅰ	>26.5	>60	>2.1	>33	<0.20
Ⅱ		60~50	2.1~1.5	33~16	0.20~0.25
Ⅲ	26.5~24.5	50~39	1.5~0.7	16~6	0.25~0.30
Ⅳ	24.5~22.5	39~27	0.7~0.2	6~1.3	0.30~0.35
Ⅴ	<22.5	<27	<0.2	<1.3	>0.35

(9)岩体物理力学指标。

据岩样室内试验成果提出岩体物理力学指标时,应分别处理:

①岩石重度平均值即为标准值,但仍需进行统计计算并列出变异系数和统计修正系数。岩样平均重度即为岩体重度。

②岩体 c、φ 值据岩样标准值折减求得:

A.岩体黏聚力标准值通常采用岩样标准值的0.2折减。建议按重庆市《工程地质勘察规范》(DBJ50/T-043—2016)折减系数采用:

完整岩体:0.40;

较完整岩体:0.30;

较破碎岩体:0.20。

B.《公路路基设计规范》(JTG D30—2015)岩体内摩擦角折减系数:

裂隙不发育:0.90~0.95;

裂隙较发育:0.85~0.90;

裂隙发育:0.80~0.95;

碎裂结构:0.75~0.80。

C.《建筑边坡工程技术规范》(GB 50330—2013)岩体内摩擦角折减系数:

完整岩体:0.90~0.95;

较完整岩体:0.85~0.90;

较破碎岩体:0.80~0.95。

D.重庆市《工程地质勘察规范》(DBJ50/T-043—2016)岩体内摩擦角折减系数:

岩体完整:0.95;

较完整岩体:0.90;

较破碎岩体:0.85。

③岩体变形模量和弹性模量建议按重庆市《工程地质勘察规范》(DBJ50/T-043—2016)由岩石的变形模量和弹性模量乘以0.6~0.8的折减系数(完整时取较大值,较破碎时取较小值)确定。

④岩样泊松比标准值一般情况下可视为岩体标准值,需要时可按岩样标准值0.8及以上折减。

⑤岩体等效内摩擦角 φ_e:是考虑黏聚力在内的假想内摩擦角,又称似内摩擦角或综合摩擦角。

2.5 岩石分类和鉴定中常见问题的说明

(1)以上的岩石分类,实际上是岩石的工程地质分类,工程勘察中对岩石/岩体/岩组进行判别时,应首先描述岩石的地质基本特征,再描述工程地质特征,如"强风化深灰色致密中厚层状石灰岩,节理裂隙发育,岩石破碎……"。

(2)岩石基本名称的描述是颜色+结构+构造+岩性,如"灰色细粒厚层状砂岩,褐红色中粒变晶块状变余砂岩"等。注意,地质学上的结构、构造和建设工程中的结构、构造的含义就大小而论刚好是相反的。

这里引申出以下基本概念:

①颜色:全、强风化层用次生色,中、微、未风化层用新鲜岩石的颜色。

②结构分类:岩石颗粒结构分类在建设工程的各类规范中没有具体规定,建议以《区域地质图图例》(GB/T 958—2015)有关规定为基础。结合该图例,贵州的分类如下:

正常沉积岩:粗粒(2~0.5mm)、中粒(0.5~0.25mm)、细粒(0.25~0.075mm)、致密(<0.075mm)。

副变质岩:粗粒变晶(>3mm)、中粒变晶(3~1mm)、细粒变晶(1~0.25mm)、显微变晶(<0.25mm)。

③层状岩层的厚度分类应按表2.5-1规定。《公路工程地质勘察规范》(JTG C20—2011)同此规定。

层状岩层厚度分类(单位:m)　　　　表2.5-1

规　范	薄层	中厚层	厚层	巨厚层
《岩土工程勘察规范(2009年版)》(GB 50021—2001)	≤0.1	0.1~0.5	0.5~1.0	>1.0

④韵律沉积层中,当不同层厚岩土层厚度比大于1/3时,称为"互层";厚度比为1/10~1/3时,称为"夹层";厚度比小于1/10时,称为"夹×层"(×代表厚度小的岩层名称)。

(3)泥岩:是由黏土矿物含量95%~100%组成的岩石,是黏土岩的同义语。若具层理且层厚≤0.1m即称为页岩;黏土质页岩习惯上就称页岩即可,不必再加"黏土质"。

(4)石英砂岩,习惯上就称"砂岩"即可;岩屑砂岩、长石石英砂岩不可简称为砂岩。

(5)泥灰岩/泥质白云岩。

据《建筑岩土工程勘察基本术语标准》(JGJ 84—92):黏土矿物含量为25%~50%的石灰岩称为泥灰岩,不称泥质石灰岩/泥质灰岩;对黏土矿物含量为25%~50%的白云岩称为泥质白云岩,少有用泥云岩的,仅供参考。

(6)关于过渡性岩石的命名原则,通常是按表2.5-2的规定进行。

过渡性岩石命名原则　　　　表2.5-2

▲矿物含量(%)	★矿物含量(%)	岩石名称
0~5	95~100	★岩,例:白云岩
5~25	75~95	含▲质★岩,例:含泥质白云岩
25~50	50~75	▲质★岩,例:泥质白云岩

(7)据《工程地质手册(第五版)》:岩石的极限抗拉强度平均是极限抗压强度的3%~5%,岩石的极限抗弯强度平均是极限抗压强度的7%~12%;岩石的极限抗剪强度等于或略小于极限抗弯强度。几种常见岩石的抗拉强度、抗剪强度和抗弯强度之间的经验关系见表2.5-3。

几种常见岩石抗拉、抗剪和抗弯强度经验关系值　　　　　表2.5-3

岩 石 名 称	抗拉强度/抗压强度	抗剪强度/抗压强度	抗弯强度/抗压强度
花岗岩	0.028	0.068~0.09	0.07~0.08
石灰岩	0.059	0.06~0.15	0.119
砂岩	0.029	0.06~0.078	0.09~0.095

注:1.重庆市《建筑地基基础设计规范》(DBJ50-047—2016):重庆地区侏罗系地层岩石试件单轴抗拉强度与抗压强度的比值约为:砂岩0.04~0.07,泥岩0.07~0.12。

2.重庆市《工程地质勘察规范》(DBJ50/T-043—2016):当岩体完整、较完整时,岩体抗拉强度标准值可根据结构面产状和岩体完整性由岩石抗拉强度标准值折减确定。当结构面不起控制作用时折减系数:完整取0.50,较完整取0.40。

3 土的分类和鉴定

3.1 一般土分类

一般土是按粒径分类,粒径小于0.075mm的黏性土按塑性分类。

(1)《岩土工程勘察规范(2009年版)》(GB 50021—2001)、《公路工程地质勘察规范》(JTG C20—2011)、《建筑地基基础设计规范》(GB 50007—2011)中一般土分类标准见表3.1-1。

一般土分类标准　　　　表3.1-1

粒径(mm)							I_p		
200	20	2	0.5	0.25	0.075	≤10		10~17	>17
漂石/块石	卵石/碎石	圆砾/角砾	粗砂	中砂	细砂、粉砂	粉土		粉质黏土	黏土
碎石土			砂土					黏性土	

注:塑性指数 $I_p = \omega_l - \omega_p$,即液限与塑限的差值,代表土的可塑程度。

(2)《公路工程地质勘察规范》(JTJ 064—1998)中一般土分类见表3.1-2,该标准已作废,仅供参考。

一般土分类标准　　　　表3.1-2

粒径(mm)							I_p		
200	20	2	0.5	0.25	0.1	1~7		7~17	>17
漂石/块石	卵石/碎石	圆砾/角砾	粗砂	中砂	细砂、粉砂	亚砂土		亚黏土	黏土
碎石土			砂土				黏性土/细粒土		

(3)《公路土工试验规程》(JTG 3430—2020)中一般土分类见表3.1-3。

一般土分类标准　　　　表3.1-3

200	60	20	5	2	0.5	0.25	0.075	0.002(mm)
巨粒组		粗粒组						细粒组
漂石(块石)	卵石(小块石)	砾(角砾)			砂			粉粒	黏粒
		粗	中	细	粗	中	细		

有关细粒土、黏性土划分见表3.1-4,仅供参考。

有关细粒土、黏性土划分　　　　　　表 3.1-4

《公路桥涵地基与基础设计规范》(JTJ 024—85)		《公路土工试验规程》(JTJ 051—93)	
亚砂土	$1<I_p\leqslant 7$	低塑性黏性土	$I_p>2$
		粉质低塑性黏性土	$I_p>2$
		粉土	$I_p>2$
亚黏土	$7<I_p\leqslant 17$	中塑性黏土	$I_p>10$
		粉质中塑性黏土	$I_p>10$
黏土	$I_p>17$	塑性黏土	$I_p>26$
		极高塑性黏土	$I_p>40$

3.2 碎 石 土

(1)《岩土工程勘察规范(2009 年版)》(GB 50021—2001)、《公路工程地质勘察规范》(JTG C20—2011)、《建筑地基基础设计规范》(GB 50007—2011)。

颗粒直径大于 2mm,且其质量大于总质量 50% 的土称为碎石土。据颗粒大小及形状(多数系成因不同所致)细分为:

①漂石/块石:颗粒直径大于 200mm 的质量大于总质量 50% 的土。

②卵石/碎石:颗粒直径大于 20mm 的质量大于总质量 50% 的土。

③圆砾/角砾:颗粒直径大于 2mm 的质量大于总质量 50% 的土。

(2)《公路土工试验规程》(JTG 3430—2020)。

①巨粒组质量大于总质量 75% 的土称为漂(卵)石。

②巨粒组质量为总质量 50%~75%(含 75%)的土称为漂(卵)石夹土。

③巨粒组质量为总质量 15%~50%(含 50%)的土称为漂(卵)石质土。

④巨粒组质量小于或等于总质量 15% 的土,可扣除巨粒,按粗粒土或细粒土的相应规定分类定名。巨粒土的详细分类如图 3.2-1 所示。

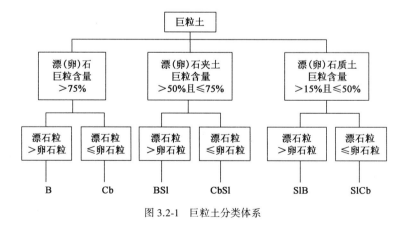

图 3.2-1 巨粒土分类体系

注:1.巨粒土分类体系中的漂石换成块石,B 换成 B_a,即构成相应的块石分类体系。

2.巨粒土分类体系中的卵石换成小块石,Cb 换成 Cb_a,即构成相应的小块石分类体系。

巨粒组土粒质量小于或等于总质量15%,且巨粒组土粒与粗粒组土粒质量之和大于总土质量50%的土称为粗粒土。粗粒土中砾粒组质量大于砂粒组质量的土称为砾类土。砾类土应根据其中细粒含量和类别以及粗粒组的级配进行分类,如图3.2-2所示。

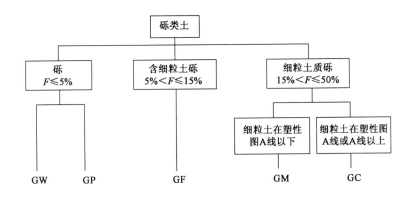

图 3.2-2 砾类土分类体系

注:砾类土分类体系中的砾石换成角砾,G 换成 G_a,即构成相应的角砾土分类体系。

(3)碎石土的鉴定指标中以"密实度"最为重要,《岩土工程勘察规范(2009 年版)》(GB 50021—2001)、《公路工程地质勘察规范》(JTG C20—2011)以野外观察用"骨架颗粒含量和排列""可挖性"以及"可钻性"三个因素综合判别,将碎石土密实程度划分为"松散、中密、密实"三类。近年来,判定碎石土密实度多在野外观察的基础上,采用圆锥动力触探成果划分,有关资料摘录如下。

①《岩土工程勘察规范(2009 年版)》(GB 50021—2001)、《公路工程地质勘察规范》(JTG C20—2011)中碎石土密实度划分见表3.2-1。

碎石土密实度划分　　　　表 3.2-1

密实度	松散	稍密	中密	密实	很密
$N_{63.5}$	≤5	5~10	10~20	>20	
N_{120}	≤3	3~6	6~11	11~14	>14

注:实测锤击数($N'_{63.5}$、N'_{120})修正后方为表中所列锤击数,修正系数详见表3.2-2、表3.2-3。

重型圆锥动力触探修正系数　　　　表 3.2-2

L(m)	$N'_{63.5}$								
	5	10	15	20	25	30	35	40	≥50
2	1.00	1.00	1.00	1.00	1.00	1.00	1.00	1.00	
4	0.96	0.95	0.93	0.92	0.90	0.89	0.87	0.86	0.84
6	0.93	0.90	0.88	0.85	0.83	0.81	0.79	0.78	0.75
8	0.90	0.86	0.83	0.80	0.77	0.75	0.73	0.71	0.67
10	0.88	0.83	0.79	0.75	0.72	0.69	0.67	0.64	0.61

续上表

$L(m)$	$N'_{63.5}$								
	5	10	15	20	25	30	35	40	≥50
12	0.85	0.79	0.75	0.70	0.67	0.64	0.61	0.59	0.55
14	0.82	0.76	0.71	0.66	0.62	0.58	0.56	0.53	0.50
16	0.79	0.73	0.67	0.62	0.57	0.54	0.51	0.48	0.45
18	0.77	0.70	0.63	0.57	0.53	0.49	0.46	0.43	0.40
20	0.75	0.67	0.59	0.53	0.48	0.44	0.41	0.39	0.36

注:L为杆长。

超重型圆锥动力触探修正系数 表3.2-3

$L(m)$	N'_{120}										
	1	3	5	7	9	10	15	20	25	30	35	40
1	1.00	1.00	1.00	1.00	1.00	1.00	1.00	1.00	1.00	1.00	1.00	1.00
2	0.96	0.92	0.91	0.90	0.90	0.90	0.90	0.89	0.89	0.88	0.88	0.88
3	0.94	0.88	0.86	0.85	0.84	0.84	0.84	0.83	0.82	0.82	0.81	0.81
5	0.92	0.82	0.79	0.78	0.77	0.77	0.76	0.75	0.74	0.73	0.72	0.72
7	0.90	0.78	0.75	0.74	0.73	0.72	0.71	0.70	0.68	0.68	0.67	0.66
9	0.88	0.75	0.72	0.70	0.69	0.68	0.67	0.66	0.64	0.63	0.62	0.62
11	0.87	0.73	0.69	0.67	0.66	0.66	0.64	0.62	0.61	0.60	0.59	0.58
13	0.86	0.71	0.67	0.65	0.64	0.63	0.61	0.60	0.58	0.57	0.56	0.55
15	0.86	0.69	0.65	0.63	0.62	0.61	0.59	0.58	0.56	0.55	0.54	0.53
17	0.86	0.68	0.63	0.61	0.60	0.60	0.57	0.56	0.54	0.53	0.52	0.50
19	0.85	0.66	0.62	0.60	0.58	0.58	0.56	0.54	0.52	0.51	0.50	0.48

注:L为杆长。

②《贵州建筑地基基础设计规范》(DBJ52/T 045—2018)砂卵石土密实度划分见表3.2-4。

砂卵石土密实度划分 表3.2-4

密实度	松散	稍密	中密	密实
N_{120}	≤4	4~7	7~10	>10

③重庆市《工程地质勘察规范》(DBJ50/T-043—2016)。

平均粒径小于或等于50mm,且最大粒径不超过100mm的碎石土和平均粒径大于50mm或最大粒径大于100mm且小于500mm的碎石土的密实度分别用$N_{63.5}$和N_{120}判定,其值见表3.2-5。

碎石土密实度划分　　　表3.2-5

$N_{63.5}$（未经修正）	密　实　度	N_{120}（未经修正）
≤7	松散	≤4
7~15	稍密	4~7
15~30	中密	7~12
>30	密实	12~15
	很密	>15

④《成都地区建筑地基基础设计规范》（DB51/T 5026—2001）碎石土密实度划分见表3.2-6。

碎石土密实度划分　　　表3.2-6

密实度	松散	稍密	中密	密实
$N_{63.5}$（未修正）	≤7	7~15	15~30	>30
N_{120}（未修正）	≤4	4~7	7~10	>10

⑤《岩土工程手册（第三版）》用"相对密实度 D_r"划分碎石土和砂土密实度。

$$D_r = \frac{e_{max} - e}{e_{max} - e_{min}} = \frac{p_{d_{max}}(p_d - p_{d_{min}})}{p_d(p_{d_{max}} - p_{d_{min}})}$$

式中：e——天然孔隙比；

p_d——干密度（g/cm³）。

D_r 在 1.00~0.67 之间为密实的；

D_r 在 0.67~0.33 之间为中密的；

D_r 在 0.33~0.00 之间为松散的。

由于碎石土颗粒大且级配差大，故实际工作中孔隙比的测试比较困难，因此以 D_r 值划分碎石土类密实度现已很少采用。

(4) 碎石土鉴定中的另一重要指标是土的潮湿度，以饱和度 S_r 划分见表3.2-7。

$$S_r = \frac{w}{e} \cdot \gamma_0$$

式中：w——天然含水率（%）；

e——孔隙比；

γ_0——土的比重。

碎石土潮湿度划分　　　表3.2-7

S_r 值	≤0.5	0.5~0.8	>0.8
潮湿度分类	稍湿	潮湿/很湿	饱和

(5) 碎石土承载力。

①《公路桥涵地基与基础设计规范》（JTG 3363—2019）碎石土地基承载力特征值 f_{a0} 见表3.2-8。

碎石土地基承载力特征值（单位：kPa）　　　　　　　　　　　表3.2-8

土　名	密　实	中　密	稍　密	松　散
卵石	1200~1000	1000~650	650~500	500~300
碎石	1000~800	800~550	550~400	400~200
圆砾	800~600	600~400	400~300	300~200
角砾	700~500	500~400	400~300	300~200

注：1. 由硬质岩组成，填充砂土者取高值；由软质岩组成，填充黏土者取低值。
　　2. 漂石、块石的$[f_{a0}]$值，可参照卵石、碎石适当提高。
　　3. 半胶结的碎石土，可按密实度的同类土的$[f_{a0}]$值提高10%~30%。
　　4. 松散的碎石土在天然河床中很少遇见，需特别注意鉴定。

②《贵州建筑地基基础设计规范》（DBJ52/T 045—2018）碎石土地基承载力特征值f_{ak}见表3.2-9。

碎石土地基承载力特征值（单位：kPa）　　　　　　　　　　　表3.2-9

土　名	稍　密	中　密	密　实
卵石	300~500	500~800	800~1000
碎石	250~400	400~700	700~900
圆砾	200~300	300~500	500~700
角砾	200~250	250~400	400~600

注：1. 表中数值适用于骨架颗粒全部由中砂、粗砂或硬塑、坚硬状态的黏性土或稍密的粉土所充填。
　　2. 当粗颗粒为中等风化或强风化时，可按其风化程度适当降低承载力；当颗粒间半胶结状时，可适当提高承载力。

③《铁路工程地质勘察规范》（TB 10012—2019）碎石类土地基基本承载力σ_0见表3.2-10。

碎石类土地基基本承载力（单位：kPa）　　　　　　　　　　　表3.2-10

土　名	密　实　度			
	松散	稍密	中密	密实
卵石土、粗圆砾土	300~500	500~650	650~1000	1000~1200
碎石土、粗角砾土	200~400	400~550	550~800	800~1000
细圆砾土	200~300	300~400	400~600	600~850
细角砾土	200~300	300~400	400~500	500~700

注：1. 半胶结的碎石类土可按密实类的同类土的表值提高10%~30%。
　　2. 由硬质岩块组成，充填砂类土者用高值；由软质岩块组成，充填黏土者用低值。
　　3. 自然界中很少见松散的碎石类土，定为松散者应慎重。
　　4. 漂石土、块石土的基本承载力值，可参照卵石土、碎石土的表值适当提高。

④ 自《建筑地基基础设计规范》（GB 50007—2002）起取消了有关承载力的条文和附录，已作废的《建筑地基基础设计规范》（GBJ 7—89）中碎石土承载力同表3.2-9。

⑤《贵州建筑地基基础设计规范》（DBJ52/T 045—2018）砂卵石地基承载力特征值f_a、变形模量E_0及N_{120}间对应关系见表3.2-11。

砂卵石地基承载力特征值 f_a、变形模量 E_0 值　　　　表 3.2-11

N_{120}	3	4	5	6	7	8	9	10	11	12	14	16
f_a(kPa)	240	320	400	480	560	640	720	800	850	900	950	1000
E_0(MPa)		16.0	21.0	26.0	31.0	36.5	42.0	47.5	53.0	56.5	60.0	62.5	65.0

砂卵石地基的压缩模量 E_s 可根据下式计算：

$$E_s = \frac{1}{\beta}E_0$$

$$\beta = 1 - \frac{2\mu^2}{1-\mu}$$

式中：μ——砂卵石土的泊松比，0.22~0.30。

成都地区砂卵石地基 β 值见表 3.2-12。

成都地区砂卵石地基 β 值　　　　表 3.2-12

N_{120}	4~7	7~10	>10
β	0.88~0.80	0.80~0.74	0.74

⑥铁路系统碎石土地基的基本承载力 σ_0 与 $N_{63.5}$ 关系依据《铁路工程地质原位测试规程》(TB 10018—2018)得，见表 3.2-13。

碎石土地基承载力　　　　表 3.2-13

$N_{63.5}$	3	4	5	6	7	8	9	10	12	14
σ_0(kPa)	140	170	200	240	280	320	360	400	480	540
$N_{63.5}$	16	18	20	22	24	26	28	30	35	40
σ_0(kPa)	600	660	720	780	830	870	900	930	970	1000

⑦已作废的《工业与民用建筑工程地质勘察规范》(TJ 21—77)中，冲、洪积成因的碎石土 f_k 与 $N_{63.5}$ 关系见表 3.2-14，仅供参考。

冲、洪积成因的碎石土 f_k 值　　　　表 3.2-14

$N_{63.5}$	3	4	5	6	8	10	12
f_k(kPa)	140	170	200	240	320	400	480

⑧水利水电部门相关规定中 N_{120} 与 f_k 关系见表 3.2-15，仅供参考。

碎石土 f_k 值　　　　表 3.2-15

N_{120}	3	4	5	6	8	10	12	14	≥16
f_k(kPa)	250	300	400	500	640	720	800	850	900

⑨重庆市《工程地质勘察规范》(DBJ50/T-043—2016)。

A.碎石土地基极限承载力标准值 f_k 见表 3.2-16。

碎石土地基极限承载力标准值（单位：kPa）　　　　　　表3.2-16

土　类	密　实　度		
	稍密	中密	密实
卵石	480~800	800~1280	1280~1600
碎石	400~640	640~1120	1120~1440
圆砾	320~480	480~800	800~1280
角砾	320~400	400~640	640~1120

B.该规范2005年版对长江Ⅰ级、Ⅱ级阶地上的卵石土地基极限承载力标准值f_k可根据未修正的超重型动力触探锤击数按下式确定，仅供参考。

$$f_k = 1000 \times (0.1 + 0.2 N_{120}) \quad \text{本公式仅适用于 } 2 \leq N_{120} \leq 10)$$

$$N_{120} = N'_{120}$$

⑩《成都地区建筑地基基础设计规范》（DB51/T 5026—2001）。

A.卵石土、圆砾土极限承载力标准值f_{uk}与$N_{63.5}$关系见表3.2-17。

卵石土、圆砾土极限承载力标准值（单位：kPa）　　　　　　表3.2-17

$N_{63.5}$	4	5	6	8	10
卵石土	—	400	480	640	800
圆砾土	320	400	480	640	800

B.卵石土极限承载力标准值f_{uk}与N_{120}关系见表3.2-18。

卵石土极限承载力标准值　　　　　　表3.2-18

N_{120}	4	5	6	7	8	9	10	12	14	16	18	20
卵石土	700	860	1000	1160	1340	1500	1640	1800	1950	2040	2140	2200

注：$N_{63.5} = N'_{63.5}$。

C.$E_0 = 15 + 2.7 N_{120}$，$E_s = 6.2 + 5.9 N_{120}$。其中，E_0为变形模量（MPa），E_s为压缩模量（MPa）。

3.3　砂　　土

（1）关于砂土的定义，各规范间有微小差别，即使是同一部门（如公路）有关规范间也不完全一致（详见3.1节所列），这里以《岩土工程勘察规范（2009年版）》（GB 50021—2001）、《公路桥涵地基与基础设计规范》（JTG 3363—2019）为准，对砂土作以下定义：

粒径大于2mm的颗粒质量不超过总质量的50%，粒径大于0.075mm的颗粒质量超过总质量的50%的土，定名为砂土。

砾砂：粒径大于2mm的颗粒质量占总质量25%~50%。

粗砂：粒径大于0.5mm的颗粒质量超过总质量50%。

中砂：粒径大于0.25mm的颗粒质量超过总质量50%。

细砂：粒径大于0.075mm的颗粒质量超过总质量85%。

粉砂:粒径大于 0.075mm 的颗粒质量超过总质量 50%。

《公路土工试验规程》(JTG 3430—2020):粒径大于 0.075mm 的颗粒超过全重 50% 的土定为细砂,没有"粉砂"一类的划分,其砂类土详细分类如图 3.3-1 所示。

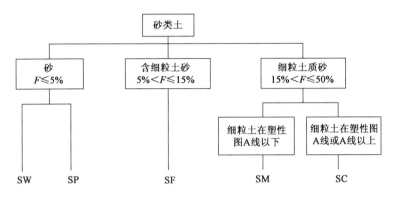

图 3.3-1 砂类土分类体系

(2)砂类土的鉴定指标以"密实度"最为重要,现将有关规定摘录如下:

①现行有关规范中砂土的密实度划分采用标准贯入试验,其划分情况见表 3.3-1。

砂土密实度划分   表 3.3-1

密实度	标准贯入试验锤击数实测值 N	《公路工程地质勘察规范》(JTG C20—2011)《岩土工程勘察规范(2009 年版)》(GB 50021—2001)	《公路桥涵地基与基础设计规范》(JTJ 024—85),仅供参考	
			N	D_r
密实	>30	>30	30~50	≥0.67
中密	15~30	15~30	10~29	0.67~0.33
稍密	10~15	10~15	5~9 稍松	0.33~0.20
松散	≤10	≤10	<5 极松 / 松散	<0.20

注:1.标准贯入试验锤质量 63.5kg,落距 76cm,贯入深度 30cm。
2.D_r 值计算公式同 3.2(3)⑤条。

②已作废规范曾用孔隙比 e 划分砂土密实度,见表 3.3-2,仅供参考。

$$e = \frac{V_0}{V_s}$$

式中:V_0——土的孔隙体积;
V_s——固体颗粒体积。

砂土密实度(按孔隙比 e)   表 3.3-2

分类	密实	中密	稍密	松散
砾砂、粗砂、中砂	<0.6	0.6~0.75	0.75~0.85	>0.85
细砂、粉砂	<0.7	0.7~0.85	0.85~0.95	>0.95

③《工程地质手册(第五版)》中 $N_{63.5}$ 与砂土密实度、孔隙比 e 关系见表3.3-3。

砂土密实度划分 表3.3-3

土的分类	$N_{63.5}$	砂土密实度	孔 隙 比
砾砂	<5	松散	>0.65
	5~8	稍密	0.65~0.50
	8~10	中密	0.50~0.45
	>10	密实	<0.45
粗砂	<5	松散	>0.80
	5~6.5	稍密	0.80~0.70
	6.5~9.5	中密	0.70~0.60
	>9.5	密实	<0.60
中砂	<5	松散	>0.90
	5~6	稍密	0.90~0.80
	6~9	中密	0.80~0.70
	>9	密实	<0.70

(3)砂土的湿度亦是砂土状态的重要判别指标。

《公路工程地质勘察规范》(JTG C20—2011)以饱和度 S_r 划分砂土的湿度。砂土的饱和度 S_r 是指土中孔隙水体积与孔隙体积的比值,即:

$$S_r = \frac{V_w}{V_0} \times 100\%$$

$$\begin{cases} 稍湿:S_r \leq 50\% \\ 潮湿:S_r = 50\% \sim 80\% \\ 饱和:S_r > 80\% \end{cases}$$

(4)砂土承载力。

①《公路桥涵地基与基础设计规范》(JTG 3363—2019)砂土地基承载力特征值 f_{a0} 见表3.3-4。

砂土地基承载力特征值(单位:kPa) 表3.3-4

土 名	湿 度	密 实 度			
		密实	中密	稍密	松散
砾砂、粗砂	与湿度无关	550	430	370	200
中砂	与湿度无关	450	370	330	150
细砂	水上	350	270	230	100
	水下	300	210	190	—
粉砂	水上	300	210	190	—
	水下	200	110	90	—

②《建筑地基基础设计规范》(GBJ 7—89)中标准贯入试验锤击数 N 与承载力标准值 f_k 关系见表3.3-5,仅供参考。

砂土地基承载力标准值(单位:kPa)　　　　　表3.3-5

N	10	15	30	50
中、粗砂	180	250	340	500
粉、细砂	140	180	250	340

③《铁路工程地质勘察规范》(TB 10012—2019)砂类土地基基本承载力 σ_0 见表3.3-6。

砂类土地基基本承载力(单位:kPa)　　　　　表3.3-6

砂土名称	湿　度	密　实　度			
		松散	稍密	中密	密实
砾砂、粗砂	与湿度无关	200	370	430	550
中砂	与湿度无关	150	330	370	450
细砂	稍湿或潮湿	100	230	270	350
	饱和		190	210	300
粉砂	稍湿或潮湿		190	210	300
	饱和		90	110	200

④《成都地区建筑地基基础设计规范》(DB51/T 5026—2001)砂土地基极限承载力标准值与 $N_{63.5}$ 关系见表3.3-7。

砂土地基极限承载力标准值(单位:kPa)　　　　　表3.3-7

$N_{63.5}=N'_{63.5}$	2	3	4	5	6	8	10
中、粗、砾砂	—	240	320	400	480	640	800
粉、细砂	160	220	280	330	380	450	—

⑤《铁路工程地质原位测试规程》(TB 10018—2018)冲积、洪积成因的中砂、砾砂土地基承载力与 $N_{63.5}$ 关系见表3.3-8。

冲积、洪积成因的中砂、砾砂土地基承载力(单位:kPa)　　　　　表3.3-8

$N_{63.5}$	3	4	5	6	7	8	9	10
承载力		120	150	180	220	260	300	340	380

3.4 粉土、粉质黏土、黏土

3.4.1 分类

在砂土与狭义黏土之间,事实上存在着过渡性的土类,它们的工程地质性质与砂土和黏土都有所不同,因而引起了人们广泛注意,但各规范在土类划分及命名时均有所不同,见表3.4-1。

粉土、粉质黏土、黏土划分沿革表　　　　表3.4-1

规范	粒径	I_p		
《岩土工程勘察规范(2009年版)》（GB 50021—2001）《公路工程地质勘察规范》（JTG C20—2011）	<0.075mm	≤10	10~17	>17
		粉土	粉质黏土	黏土
			黏性土	
《公路工程地质勘察规范》（JTJ 064—98）	<0.1mm	I_p		
		1~7	7~17	>17
		亚砂土	亚黏土	黏土
《公路土工试验规程》（JTG 3430—2020）	<0.075mm		0.002mm	
		粉粒		黏粒

注:1.粉土:粒径大于0.075mm的颗粒质量不超过总质量的50%,且塑性指数小于或等于10的土。大体对应《公路工程地质勘察规范》(JTJ 064—98)所称的亚砂土或《公路土工试验规程》(JTG 3430—2020)所称的粉质土。

2.粉质黏土:塑性指数大于10且小于17的黏性土定名为粉质黏土,大体对应《公路工程地质勘察规范》(JTJ 064—98)所称的亚黏土。

3.黏土:塑性指数大于17的黏性土。

《公路土工试验规程》(JTG 3430—2020)中细粒土详细分类如图3.4-1所示。

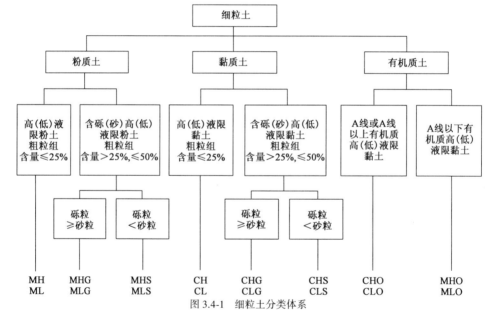

图3.4-1 细粒土分类体系

注:1.w_L<50%称低液限。显然,高液限土抗抵外力强度大于低液限土。

2.有机质含量≥5%且小于10%的土称有机质土,≥10%的称有机土。

3.4.2 粉土

(1)粒径大于0.075mm的颗粒质量不超过总质量的50%,且塑性指数小于或等于10的土称为粉土。

(2)密实度划分见表3.4-2。

密 实 度 划 分   表3.4-2

	孔隙比 e	密实度
《岩土工程勘察规范(2009年版)》(GB 50021—2001) 《公路工程地质勘察规范》(JTG C20—2011)	<0.75	密实
	0.75~0.90	中密
	>0.90	稍密

（3）湿度分类见表3.4-3。

湿 度 划 分   表3.4-3

	天然含水率 $w(\%)$	湿度
《岩土工程勘察规范(2009年版)》(GB 50021—2001) 《公路工程地质勘察规范》(JTG C20—2011)	<20	稍湿
	20~30	湿
	>30	很湿

（4）承载力。

① 《公路桥涵地基与基础设计规范》(JTG 3363—2019)粉土地基承载力特征值 f_{a0} 见表3.4-4。

粉土地基承载力特征值（单位:kPa）   表3.4-4

天然含水率 $w(\%)$		10	15	20	25	30	35
孔隙比 e	0.5	400	380	355	—	—	—
	0.6	300	290	280	270	—	—
	0.7	250	235	225	215	205	—
	0.8	200	190	180	170	165	—
	0.9	160	150	145	140	130	125

② 《建筑地基基础设计规范》(GBJ 7—89)虽已被新规范所取代，但新规范中没有提供承载力表，故仍用《建筑地基基础设计规范》(GBJ 7—89)所列粉土承载力基本值 f_0，见表3.4-5，仅供参考。

粉土承载力基本值（单位:kPa）   表3.4-5

第一指标 孔隙比 e	第二指标含水率 $w(\%)$						
	10	15	20	25	30	35	40
0.5	410	390	(365)	—	—	—	—
0.6	310	300	280	(270)	—	—	—
0.7	250	240	225	215	(205)	—	—
0.8	200	190	180	170	(165)	—	—
0.9	160	150	145	140	130	(125)	—
1.0	130	125	120	115	110	105	(100)

注：有括号者仅供内插，第二指标折算系数 $\xi=0$。

③《铁路工程地质勘察规范》(TB 10012—2019)粉土地基基本承载力 σ_0 见表3.4-6。

粉土地基基本承载力(单位:kPa)　　表3.4-6

e	$w(\%)$						
	10	15	20	25	30	35	40
0.5	400	380	(355)	—	—	—	—
0.6	300	290	280	(270)	—	—	—
0.7	250	235	225	215	(205)	—	—
0.8	200	190	180	170	165	—	—
0.9	160	150	145	140	130	(125)	—
1.0	130	125	120	115	110	105	(100)

注:1.有括号者仅供内插。
　　2.在湖、塘、沟、谷与河漫滩地段以及新近沉积的粉土,应根据当地的经验取值。

④重庆市《工程地质勘察规范》(DBJ50/T-043—2016)粉土地基极限承载力平均值 f_0 见表3.4-7。

粉土地基极限承载力平均值(单位:kPa)　　表3.4-7

第一指标 孔隙比 e	第二指标含水率 $w(\%)$						
	10	15	20	25	30	35	40
0.5	695	660	(620)	—	—	—	—
0.6	525	510	475	(455)	—	—	—
0.7	425	405	380	360	(345)	—	—
0.8	340	320	305	285	(280)	—	—
0.9	270	255	245	235	220	(210)	—
1.0	220	210	200	195	185	175	(170)

注:1.有括号者供内插用。
　　2.第二指标折减系数 ξ 取0。
　　3.在湖、塘、沟、谷及河漫滩地段新近沉积的粉土,其工程地质一般较差,其承载力应根据实际情况确定。

⑤《工程地质手册(第五版)》《油气管道工程地质勘察技术规定》粉土承载力与 $N_{63.5}$ 关系见表3.4-8。

粉 土 承 载 力(单位:kPa)　　表3.4-8

$N_{63.5}$	1	2	3	4	5	6
承载力	80	107	136	165	195	(224)

⑥《工程地质手册(第五版)》黏性土、粉土承载力与 $N_{63.5}$ 关系见表3.4-9。

黏性土、粉土承载力(单位:kPa)　　表3.4-9

$N_{63.5}$	1	1.5	2	3	4	5	6	7	8	9	10	11	12
f_k	60	90	120	150	180	210	240	265	290	320	350	375	400
状态	流塑		软塑		可塑					硬塑~坚硬			

3.4.3 粉质黏土、黏土

(1)塑性指数大于10的土定名为黏性土。

黏性土应根据塑性指数I_p分为粉质黏土及黏土,其划分标准见表3.4-1第一项。

(2)黏性土的状态根据液性指数I_L划分:

①《岩土工程勘察规范》(GB 50021—2001)、《公路工程地质勘察规范》(JTG C20—2011)、《公路桥涵地基与基础设计规范》(JTG 3363—2019)、《建筑地基基础设计规范》(GB 50007—2011)、《贵州建筑地基基础设计规范》(DBJ52/T 045—2018)据液性指数I_L将黏性土状态划分如下:

$$\begin{cases} 状态 & I_L \\ 坚硬 & \leqslant 0 \\ 硬塑 & 0 \sim 0.25 \\ 可塑 & 0.25 \sim 0.75 \\ 软塑 & 0.75 \sim 1.0 \\ 流塑 & >1.0 \end{cases}$$

液性指数为土抵抗外力的量度,其值越大,抵抗外力能力越小。

$$I_L = \frac{w - w_P}{w_L - w_P} = \frac{w - w_P}{I_P}$$

式中:w——天然含水率(%);

w_P——塑限含水率(%)/塑限;

w_L——液限含水率(%)/液限。

②《公路桥涵地基与基础设计规范》(JTJ 024—85)规定如下,仅供参考。

$$\begin{cases} 坚硬、半坚硬状态 & I_L < 0 \\ 可塑状态 \begin{cases} 硬塑 & I_L = 0 \sim 0.5 \\ 软塑 & I_L = 0.5 \sim 1.0 \end{cases} \\ 流塑状态 & I_L \geqslant 1.0 \end{cases}$$

(3)《公路工程地质勘察规范》(JTG C20—2011)中对黏性土压缩性划分为:

$$\begin{cases} 低压缩性:a_{0.1 \sim 0.2} < \text{MPa}^{-1} \\ 中压缩性:0.1 \leqslant a_{0.1 \sim 0.2} \leqslant 0.5\text{MPa}^{-1} \\ 高压缩性:a_{0.1 \sim 0.2} \geqslant 0.5\text{MPa}^{-1} \end{cases}$$

注:1.$a_{0.1 \sim 0.2}$为0.1~0.2MPa(100~200kPa)压力范围内的压缩系数。《建筑地基基础设计规范》(GB 50007—2011)地基土压缩性分级同上。

2.当由压缩系数确定压缩模量时,压缩模量标准值应按下式确定:

$$E_S = \frac{1 + e_0}{a}$$

式中:E_S——土体压缩模量(MPa);

e_0——土体孔隙比;

a——土体压缩系数(MPa^{-1})。

(4)黏性土承载力。

①《公路桥涵地基与基础设计规范》(JTG 3363—2019)。

A.一般黏性土地基承载力特征值f_{a0}见表3.4-10。

一般黏性土地基承载力特征值(单位:kPa)　　　　　表3.4-10

e	I_L												
	0	0.1	0.2	0.3	0.4	0.5	0.6	0.7	0.8	0.9	1.0	1.1	1.2
0.5	450	440	430	420	400	380	350	310	270	240	220	—	—
0.6	420	410	400	380	360	340	310	280	250	220	200	180	—
0.7	400	370	350	330	310	290	270	240	220	190	170	160	150
0.8	380	330	300	280	260	240	230	210	180	160	150	140	130
0.9	320	280	260	240	220	210	190	180	160	140	130	120	100
1.0	250	230	220	210	190	170	160	150	140	120	110	—	—
1.1	—	—	160	150	140	130	120	110	100	90	—	—	—

注:1.土中含有粒径大于2mm的颗粒质量超过总重30%以上者,f_{a0}可适当提高。

2.当$e<0.5$时,取$e=0.5$;当$I_L<0$时,取$I_L=0$。

3.超过表列范围的一般黏性土,$f_{a0}=57.22E_S^{0.57}$。

4.一般黏性土地基承载力基本容许特征值f_{a0}取值大于300kPa时,应有原位测试数据作依据。

B.老黏性土(Q_3及以前)地基承载力特征值f_{a0}见表3.4-11。

老黏性土地基承载力特征值(单位:kPa)　　　　　表3.4-11

E_S(MPa)	10	15	20	25	30	35	40
f_{a0}	380	430	470	510	550	580	620

注:当老黏性土$E_S<10$MPa时,$[f_{a0}]$按一般黏性土确定(表3.4-10)。

C.新近沉积黏性土(Q_4文化期以来)地基承载力特征值f_{a0}见表3.4-12。

新近沉积黏性土地基承载力特征值(单位:kPa)　　　　　表3.4-12

e	I_L		
	≤0.25	0.75	1.25
≤0.8	140	120	100
0.9	130	110	90
1.0	120	100	80
1.1	110	90	—

②《贵州建筑地基基础设计规范》(DBJ52/T 045—2018)黏性土地基承载力基本值f_0见表3.4-13。

黏性土地基承载力基本值(单位:kPa)　　　　　表3.4-13

e	I_L					
	0	0.25	0.5	0.75	1.0	1.20
0.5	475	430	390	(360)	—	—
0.6	400	360	325	295	(265)	—

续上表

e	I_L					
	0	0.25	0.5	0.75	1.0	1.20
0.7	325	295	265	240	210	170
0.8	275	240	220	200	170	135
0.9	230	210	190	170	135	105
1.0	200	180	160	135	115	—
1.1	—	160	135	115	105	—

注：1. 第一指标孔隙比 e，第二指标液性指数 I_L。
2. 变异系数计算中的第二指标折算系数 $\xi=0.1$。
3. 有括号者仅供内插。

③《铁路工程地质勘察规范》(TB 10012—2019)：Q_4 冲、洪积黏性土地基基本承载力 σ_0 同表 3.4-10；Q_3 及其以前冲、洪积黏性土地基基本承载力 σ_0 见表 3.4-11。

④重庆市《工程地质勘察规范》(DBJ50/T-043—2016)：黏性土地基极限承载力平均值 f_0 见表 3.4-14。

黏性土地基极限承载力平均值（单位：kPa） 表 3.4-14

第一指标孔隙比 e	第二指标 I_L					
	0.00	0.25	0.50	0.75	1.00	1.20
0.5	805	730	660	(610)	—	—
0.6	680	610	550	500	(450)	—
0.7	550	500	450	405	355	285
0.8	465	405	370	340	285	225
0.9	390	355	320	285	225	195
1.0	340	305	270	225	195	—
1.1	—	270	225	195	175	—

注：1. 有括号者仅供内插用。
2. 第二指标折减系数 ξ 取 0.1。

3.4.4 回归修正系数

据室内试验土的物理力学指标确定地基土承载力标准值或极限承载力标准值时，对粉土、黏性土等，查表所得基本值或平均值均应乘以回归修正系数方为标准值。

$$\psi_f = 1 - \left(\frac{2.884}{\sqrt{n}} + \frac{7.918}{n^2}\right)\delta$$

3.5 特 殊 土

3.5.1 红黏土

1）定义

《贵州建筑岩土工程技术规范》(DB52/T 046—2018)：颜色为棕红、褐黄，覆盖于碳酸盐岩系之上,液限大于或等于50%的高塑性①黏土判定为红黏土。红黏土具有失水收缩、裂隙发育、上硬下软的特征。红黏土经搬运、沉积后仍保留其特征,且液限大于45%的土判定为次生红黏土。

《岩土工程勘察规范(2009年版)》(GB 50021—2001)对红黏土定义与上述相同;《公路土工试验规程》(JTG 3430—2020)中的红黏土定为高液限粉土,液限 w_L >55%。

注:I_p >25。

2)分类

红黏土除按成因分类外,应按以下特征进行工程分类,依据《贵州建筑岩土工程技术规范》(DBJ52/T 046—2018)。

(1)红黏土的状态分类见表3.5-1。

红黏土状态分类　　表3.5-1

状　态	含水比 a_w	比贯入阻力 P_s (kPa)
坚硬	$a_w \leq 0.55$	$P_s \geq 2300$
硬塑	$0.55 < a_w \leq 0.70$	$2300 > P_s \geq 1300$
可塑	$0.70 < a_w \leq 0.85$	$1300 > P_s \geq 700$
软塑	$0.85 < a_w \leq 1.00$	$700 > P_s \geq 200$
流塑	$a_w > 1.00$	$P_s < 200$

注:$a_w = w/w_L$。其中,w 为天然含水率;w_L 为液限。

(2)红黏土的结构类型分类见表3.5-2。

红黏土结构类型分类　　表3.5-2

土体结构	类　别	灵敏度 S_t①	裂隙发育特征
致密状	Ⅰ	$S_t > 1.2$	偶见裂隙(<1条/m)
块状	Ⅱ	$1.2 \geq S_t > 0.8$	较多裂隙(1~5条/m)
碎块状	Ⅲ	$S_t \leq 0.8$	富裂隙(>5条/m)

注:①灵敏度是指原状土的无侧限抗压强度与相应重塑土的无侧限抗压强度之比;《岩土工程勘察规范(2009年版)》(GB 50021—2001)无此项要求。

(3)红黏土的复浸水特性分类见表3.5-3。

红黏土复浸水特性分类　　表3.5-3

类　别	I_r 与 I_r' 关系	复浸水特性
Ⅰ	$I_r \geq I_r'$	收缩后浸水膨胀,能恢复到原位
Ⅱ	$I_r < I_r'$	收缩后浸水膨胀,不能恢复到原位

注:$I_r = w_L/w_P$ =液限/塑限。其中,$I_r' = 1.4 + 0.0066 w_L$;I_r 为液塑比;I_r' 为临界液塑比。

3)承载力

(1)《贵州建筑地基基础设计规范》(DBJ52/T 045—2018)红黏土承载力特征值 f_{ak} 见表3.5-4。

红黏土承载力特征值(单位:kPa) 表 3.5-4

含水比 a_w	0.50	0.55	0.60	0.65	0.70	0.75	0.80	0.85	0.90	0.95	1.00
红黏土	350	300	260	230	210	190	170	150	130	120	110
次生红黏土	250	220	190	170	150	140	130	120	110	105	100

(2)《公路桥涵地基与基础设计规范》(JTJ 024—85)、《铁路工程地质勘察规范》(TB 10012—2001)西南地区碳酸盐类岩层的残积红黏土的容许承载力$[\sigma_0]$见表 3.5-5,仅供参考。

残积红黏土容许承载力 表 3.5-5

E_s(MPa)	4	6	8	10	12	14	16	18	20
$[\sigma_0]$(kPa)	190	220	250	270	290	310	320	330	340

(3)《建筑地基基础设计规范》(GBJ 7—89)红黏土承载力基本值f_0见表 3.5-6,仅供参考,$f_k = f_0 \cdot \varphi_f$。

红黏土承载力基本值(单位:kPa) 表 3.5-6

土的名称	第二指标液塑比 $I_r = w_L/w_p$	第一指标含水比 a_w					
		0.5	0.6	0.7	0.8	0.9	1.0
红黏土	≤1.7	380	270	210	180	150	140
红黏土	≥2.3	280	200	160	130	110	100
次生红黏土		250	190	150	130	110	100

注:第二指标折减系数 $\xi = 0.4$。

(4)重庆市《工程地质勘察规范》(DBJ50/T-043—2016)红黏土极限承载力平均值,见表 3.5-7。

红黏土极限承载力平均值(单位:kPa) 表 3.5-7

土的名称	第二指标液塑比 I_r	第一指标含水比 a_w					
		0.5	0.6	0.7	0.8	0.9	1.0
红黏土	≤1.7	645	455	355	305	255	235
红黏土	≥2.3	475	340	270	220	185	170
次生红黏土		425	320	255	220	185	170

注:第二指标折减系数 $\xi = 0.4$。

3.5.2 软土

1)定义

(1)《岩土工程勘察规范(2009 年版)》(GB 50021—2001):天然孔隙比大于或等于1.0,且天然含水率大于液限的细粒土,包括淤泥、淤泥质土、泥炭、泥炭质土等。

(2)《岩土工程勘察术语标准》(JGJ/T 84—2015):天然含水率大、孔隙比高、压缩性高、承载力低,软塑至流塑状态的黏性土,包括淤泥、淤泥质土、泥炭、泥炭质土等。

(3)《公路桥涵地基与基础设计规范》(JTG 3363—2019):软土为滨海、湖沼、谷地、河滩等处天然含水率高、孔隙比大、抗剪强度低的细粒土,包括淤泥、淤泥质土、泥炭、泥炭质土等,其鉴别指标见表3.5-8。

软土鉴别指标　　　　　　　　　　　　　　　　表3.5-8

天然含水率$w(\%)$	天然孔隙比e	直剪内摩擦角φ	十字板剪切强度C_u	压缩系数a_{1-2}
≥35或液限	≥1.0	宜小于5°	<35kPa	宜大于0.5MPa^{-1}

(4)《公路工程地质勘察规范》(JTG C20—2011):在静水或缓慢流水环境中沉积,具有表3.5-9特性的土应判定为软土。

软土特征　　　　　　　　　　　　　　　　　　表3.5-9

天然含水率$w(\%)$	天然孔隙比e	压缩系数$a_{0.1-0.2}$(MPa^{-1})	十字板剪切强度C_u(kPa)	标贯N	静力触探比贯入阻力P_s(kPa)
$w \geq w_L$	≥1.0	>0.5	<35	<3	≤750

(5)《公路工程地质勘察规范》(JTJ 064—98):滨海、湖泊、谷地、河滩沉积的天然含水率大于液限,天然孔隙比大于或等于1.0,压缩系数大于0.5MPa^{-1},不排水抗剪强度小于30kPa的细粒土,仅供参考。

(6)《铁路工程地质勘察规范》(TB 10012—2019):静水或缓慢流水环境中沉积的粉土、黏性土。具有含水率大($w>w_L$)、孔隙比大($e>1.0$)、压缩性高($a_{0.1-0.2} \geq 0.5$MPa^{-1})、强度低($P_s<700$kPa)特点。

(7)《公路路基设计规范》(JTG D30—2015):软土指天然含水率高、孔隙比大、压缩性高、抗剪强度低的细粒土。泛指软黏土、淤泥质土、淤泥、泥炭质土、泥炭等软弱土。

综上所述,软土应为:天然含水率大于液限、天然孔隙比大于或等于1.0的高压缩性、低承载力的粉土及黏性土。

2)分类

(1)《公路工程地质勘察规范》(JTG C20—2011)依据天然孔隙比和有机质含量对定义内的软土分类见表3.5-10。

软土分类　　　　　　　　　　　　　　　　　　表3.5-10

土类	淤泥质土	淤泥	泥炭质土	泥炭
天然孔隙比e	$1.0 \leq e \leq 1.5$	$e>1.5$	$e>3$	$e>10$
有机质含量(%)	3~10	3~10	10~60	>60

(2)《岩土工程勘察规范(2009年版)》(GB 50021—2001)软土分类基本同表3.5-10,只是有机质含量小于5%分为无机土,淤泥质土、淤泥统属为有机质土,且有机质含量为5%~10%。

(3)《建筑地基基础设计规范》(GB 50007—2011)软土分类:

淤泥质土　　　　　$w>w_L$
粉土或黏性土　　　$1.0 \leq e<1.5$
泥炭质土　　　　　有机质含量10%~60%
泥炭　　　　　　　有机质含量>60%

(4)《岩土工程手册(第三版)》:土中的有机质含量试验,是通过测定土中有机碳再乘以

1.724 经验系数换算成有机质,以烘干土的质量百分比表示。

3) 承载力

(1)《公路桥涵地基与基础设计规范》(JTG 3363—2019):软土地基承载力特征值 f_{a0} 应由载荷试验或其他原位测试取得。载荷试验和原位测试确有困难时,对于中小桥、涵洞基底未经处理的软土地基修正后的承载力特征值 f_a 可采用以下两种方法确定。

①根据原状土强度指标确定软土地基修正后的承载力特征值 f_a:

$$f_a = \frac{5.14}{m} k_p C_u + \gamma_2 h$$

式中:f_a——修正后的软土地基土承载力特征值(kPa);

m——抗力修正系数,视软土灵敏度及基础长宽比等因素选用 1.5～2.5;

C_u——地基土不排水抗剪强度标准值(kPa);

γ_2——基底以上土层的加权平均重度(kN/m³);换算时若持力层在水面以下,且不透水时,不论基底以上土的透水性如何,一律采用饱和重度;当透水时,水中部分土层则采取浮重度;

h——基底埋置深度(m);

k_p——系数:

$$k_p = \left(1 + 0.2 \frac{b}{l}\right)\left(1 - \frac{0.4H}{blC_u}\right)$$

b——基础宽度(m),有偏心作用时,取 $b-2e_b$;

l——垂直于 b 边的基础长度(m),有偏心作用时,取 $l-2e_l$;

H——由作用(标准值)引起的水平分力(kN);

e_b、e_l——偏心作用在宽度和长度方向的偏心距。

②根据原状土天然含水率 w 按表 3.5-11 确定软土地基承载力特征值 f_{a0},然后按下式求修正后的地基承载力特征值 f_a:

$$f_a = f_{a0} + \gamma_2 h$$

式中的 f_{a0} 值按表 3.5-11 选用。

软土地基承载力特征值　　　　表 3.5-11

天然含水率 w(%)	36	40	45	50	55	65	75
f_{a0}(kPa)	100	90	80	70	60	50	40

③经排水固结方法处理的软土地基,其承载力特征值 f_{a0} 应通过载荷试验或其他原位测试方法确定;经复合地基方法处理的软土地基,其承载力特征值应通过载荷试验确定;然后计算修正后的软土地基地基承载力特征值 f_a。

(2)《铁路桥涵地基和基础设计规范》(TB 10093—2017)、《铁路工程地质勘察规范》(TB 10012—2017)。

①软土地基容许承载力 $[\sigma]$。

$$[\sigma] = \frac{1}{k} 5.14 C_u + \gamma h$$

式中：h——基础底面的埋置深度(m)；

γ——基底以上土的天然重度的平均值(kN/m^3)；如持力层在水面以下，且为透水者，水中部分应采用浮重度；如为不透水者及基底以上水中部分土层无论性质如何，均采用饱和重度；

C_u——不排水抗剪强度(kPa)；

k——安全系数，可视软土的灵敏度及建筑物对变形的要求等同样适用1.5~2.5。

②一般建筑物基础，其基本承载力 σ_0 同表3.5-11确定。

(3)重庆市《工程地质勘察规范》(DBJ50/T-043—2016)：淤泥及淤泥质土地基极限承载力平均值 f_0 见表3.5-12。

淤泥、淤泥质土地基极限承载力平均值　　表3.5-12

天然含水率 w(%)	36	40	45	50	55	65	75
极限承载力平均值 f_0(kPa)	150	135	120	105	90	75	60

(4)《公路桥涵地基与基础设计规范》(JTG 3363—2019)：在软弱地基或软土上修建桥涵基础，必要时应对地基进行加固，可采用砂砾垫层、砂石桩、砂井预压等方法。

砂砾垫层顶面尺寸应为基底尺寸每边加宽不小于0.3m；垫层厚度不宜小于0.5m，且不宜大于3m。

垫层承载力特征值 f_a 宜通过现场确定，无试验资料时，可参考表3.5-13采用。

垫层承载力特征值　　表3.5-13

施工方法	垫层材料	压实系数 λ_c		修正后的承载力特征值 f_a(kPa)
		重型击实试验	轻型击实试验	
碾压、振实或夯实	碎石、卵石	≥0.94	≥0.97	200~300
	砂夹石(其中碎石、卵石占总质量30%~50%)			200~250
	土夹石(其中碎石、卵石占总质量30%~50%)			150~200
	中砂、粗砂、砾砂			150~200

注：1.压实系数 λ_c 为土的控制干密度 ρ_d 与最大干密度 ρ_{dmax} 的比值。

2.ρ_{dmax} 宜采用击实试验确定；碎石最大干密度可取2.0~2.2t/m^3。

3.5.3 填土

1)定义及分类

(1)《公路工程地质勘察规范》(JTG C20—2011)：人类活动堆填、弃置的建筑垃圾、生活垃圾、工业废料、冲(吹)填土、填筑土，应定名为填土。其分类及特征见表3.5-14。

填土分类及特征　　表3.5-14

类型	特　征
素填土	由碎石土、砂土、粉土和黏性土等一种或几种材料组成，不含杂质或含杂质很少
杂填土	含有大量建筑垃圾、工业废料或生活垃圾等杂物，土质不均
冲填土	由水力冲填泥沙形成，土层分布不均，多呈透镜状、薄片状
填筑土	经分层碾压或夯实填筑的土，一般成分单一，土质较均匀

(2)《岩土工程勘察规范(2009年版)》(GB 50021—2001):填土根据物质组成和堆填方式,可分为下列四类:

①素填土:由碎石土、砂土、粉土、黏性土等一种或几种材料组成,不含杂质或含杂质很少。

②杂填土:含有大量建筑垃圾、工业废料或生活垃圾等杂物。

③冲填土:由水力冲填泥砂形成。

④压实填土:按一定标准控制材料成分、密度、含水率,分层压实或夯实而成。

(3)《贵州建筑岩土工程技术规范》(DBJ52/T 046—2018)。

①非压实填土:由生产和生活废弃物在地表自然堆积而成,按其物质组成可分为:

A.素填土:由碎石土、砂土、粉土、黏性土等一种或几种材料组成,不含杂质或含杂质很少。

B.杂填土:含有大量建筑垃圾、生活垃圾等杂物混合组成。

C.工业废料土:由炉渣、煤灰、煤矸石等组成。

D.混合填土:由上述两种以上填土混合而成。

②压实填土:对选定的填料按压实标准,有组织分层填筑的土层。按压实方法可分为:

A.机械振动碾压填土。

B.强夯压实填土。

2)承载力

(1)宜采用载荷试验确定。

(2)《建筑地基基础设计规范》(GBJ 7—89):堆填10年以上黏性素填土或5年以上粉性素填土,可据压缩模量按表3.5-15确定f_{ak}值,仅供参考。

素填土承载力标准值　　　　表3.5-15

E_{s1-2}(MPa)	7	5	4	3	2
f_{ak}(kPa)	160	135	115	85	65

对黏性土或粉土组成的素填土,可据N_{10}按表3.5-16确定f_{ak}值。

素填土承载力标准值　　　　表3.5-16

N_{10}	10	20	30	40
f_{ak}(kPa)	85	115	135	160

(3)《贵州建筑岩土工程技术规范》(DBJ52/T 046—2018)。

①满足地基承载力和变形要求,并采取改善建筑物对地基变形适应能力的措施,当符合下列条件之一时,可作为不超过六层的混合结构及六层以下体形简单的轻型框架结构房屋的地基:

A.完成自重固结的素填土、性能稳定的工业废料填土;

B.压缩模量$E_s \geq 10$MPa的黏性素填土、比贯入阻力$P_s \geq 0.8$MPa和轻型动力触探锤击数$N \geq 10$。

②属下列条件之一者,不得作为地基使用:

A.富含有机质生活垃圾的杂填土和混合填土;

B.对建筑材料有腐蚀、可能自燃的工业废料填土;

C.未完成自重固结的新填土；

D.具湿陷性的填土。

(4)《贵州建筑地基基础设计规范》(DBJ52/T 045—2018)。

未经加固或新近填筑的黏性土填土中的端承桩基，应考虑桩周土固结对桩产生的负摩擦作用。

(5)《铁路工程地质手册(第二版)》(铁道部第一勘察设计院,1999年)。

①堆填时间超过10年的黏性土以及超过5年的粉土，素填土承载力标准值据E_s确定(表3.5-15)。

②黏性土、粉土组成的素填土，据N_{10}确定承载力标准值(表3.5-16)。

③压实填土地基承载力标准值应按实验确定，当无实验数据时，可按表3.5-17采用。

压实填土地基承载力标准值　　　　表3.5-17

填土类别	压实系数 λ_c	承载力标准值f_k(kPa)
碎石、卵石	0.94~0.97	200~300
砂夹石(其中碎石、卵石占全重30%~50%)		200~250
土夹石(其中碎石、卵石占全重30%~50%)		150~200
粉质黏土、粉土($8<I_p<14$)		130~180

(6)重庆市《建筑地基基础设计规范》(DBJ50-047—2016)。

压实填土地基承载力特征值应根据试验确定，当进行初步设计时，压实填土地基承载力特征值可按表3.5-18估算。

压实填土地基承载力特征值　　　　表3.5-18

填土类别	压实系数 λ_c	地基承载力特征值f_{ak}(kPa)
砂夹石(碎石卵石占全重30%~50%)	0.94~0.98	250~300
土夹石(碎石卵石占全重30%~50%)		190~200
粉土		130~180

3.6　土体物理力学指标

根据土样室内试验确定的土的各项指标平均值，除c、φ值外其余即为土体各项指标标准值。

(1)c、φ值用统计计算后的标准值。若$\delta>0.3$，应进行处理(补取样、重新统计分组等)，若经处理$\delta\geq0.4$，则统计修正系数采用经验值。

(2)其余各项指标平均值即为标准值，但仍需进行变异系数计算。

(3)裂隙发育是红黏土的重要特征。裂隙使抗剪强度大幅降低，故红黏土的抗剪强度宜采用三轴剪切试验。当用直剪仪快剪指标时，参数应以修正：对c值乘以0.6~0.8、对φ值乘以0.8~1.0。

4 地基计算

4.1 基础埋置深度

4.1.1 《公路桥涵地基与基础设计规范》(JTG 3363—2019)的相关规定

(1)桥涵墩台基础(不包括桩基础)基底埋置深度:

①涵洞基础,在无冲刷处(岩石地基除外),应设在地面或河床底以下埋深不小于1m处;如有冲刷,基底埋深应在局部冲刷线以下不小于1m;如河床上有铺砌层时,基础底面宜设置在铺砌层顶面以下不小于1m。

②非岩石河床桥梁墩台基底埋深安全值可按表4.1-1确定。

非岩石河床桥梁墩台基底埋深安全值(单位:m)　　表4.1-1

桥梁类别	总冲刷深度(m)				
	0	5	10	15	20
大桥、中桥、小桥(不铺砌)	1.5	2.0	2.5	3.0	3.5
特大桥	2.0	2.5	3.0	3.5	4.0

注:1.总冲刷深度为自河床面算起的河床自然演变冲刷、一般冲刷与局部冲刷深度之和。
2.表列数值是墩台基底埋入总冲刷深度以下的最小值;若对设计流量、水位和原始断面资料无把握或不能获得河床演变准确资料时,其值宜适当加大。
3.若桥位上下游有已建桥梁,应调查已建桥梁的特大洪水冲刷情况,新建桥梁墩台基础埋置深度不宜小于已建桥梁的冲刷深度,且宜酌加必要的安全值。
4.如河床上有铺砌层时,基础底面宜设置在铺砌层顶面以下不小于1m。

③岩石地基桥墩冲刷及基底埋深参考数据见表4.1-2。

岩石地基桥墩冲刷及基底埋深参考数据表　　表4.1-2

岩石特征				调查资料		建议埋入岩面深度(按施工枯水季平均水位至岩面的距离分级)(m)		
岩石类别	极限抗压强度(MPa)	调查到有冲刷的桥墩岩石特征		桥梁座数	各桥的最大冲刷深度(m)	$h<2m$	$h=2\sim10m$	$h>10m$
		岩石名称	特征					
I	极软岩	<5	胶结不良的长石砂岩、炭质页岩等	成分以长石为主,石英凝灰碎屑、云母次之;以黏土及铁质胶结,胶结不良,用手可捏成散沙,淋滤现象明显,但岩质均匀,节理、裂隙不发育。其他岩石如风化严重,节理、裂隙发育,强度小于5MPa,用镐、锹易挖动者	2	0.65~3.0	3~4	4~5	5~7

续上表

岩石特征				调查资料		建议埋入岩面深度（按施工枯水季平均水位至岩面的距离分级）(m)		
岩石类别	极限抗压强度（MPa）	调查到有冲刷的桥墩岩石特征		桥梁座数	各桥的最大冲刷深度(m)	$h<2m$	$h=2\sim10m$	$h>10m$
		岩石名称	特征					
Ⅱ 软质岩	5~15	黏土岩、泥质页岩等	成分以黏土为主，方解石、绿泥石、云母次之；胶结成分以泥质为主，钙质铁质次之；干裂现象严重，易风化，处于水下岩石整体性好，不透水，暴露后易干裂成碎块，碎块较坚硬，但遇水后崩解成土状	10	0.4~2.0	2~3	3~4	4~5
	15~30	砂质页岩、砂页岩互层、砂岩、砾岩等	砂页岩成分同上，夹砂颗粒；砂岩以石英为主，长石、云母次之，圆砾石砂粒黏土等组成。胶结物以泥质、钙质为主，砂质次之，层理、节理较明显，砂页岩在水陆交替处易干裂、崩解	9	0.4~1.25	1~2	2~3	3~4
Ⅲ 硬质岩	较硬岩、坚硬岩 >30	板岩、钙质砂岩、矽质岩、石灰岩、花岗岩、流纹岩、石英岩等	岩石坚硬，强度虽大于30MPa，但节理、裂隙、层理非常发育，应考虑冲刷；如岩体完整，节理、裂隙、层理少，风化很微弱，可不考虑冲刷，但基底也宜埋入岩面0.2~0.5m	9	0.4~0.7	0.2~1.0	0.2~2.0	0.5~3.0

注：1.在条件较好的情况下，可选用埋深数值的下限；在条件较差的情况下，可选用埋深数值的上限；情况特殊的桥，例如在水坝下游或流速特大等，可不受表列数值限制。
  2.表列调查最大冲刷值系参考桥中冲刷最深的桥墩，建议埋深值亦按此值推广使用；处于非主流部分及流速较小的桥墩，可按具体情况适当减少埋深。
  3.岩石栏内系调查到的岩石具体名称，使用时应以岩石强度作为选用表中数值的依据。
  4.表列埋深数值系由岩面算起包括风化层部分，已风化成松散砂粒或土状的除外。
  5.要考虑岩性随深度变化的因素，应以基底的岩石为准，并适当考虑基底以上岩石的可冲刷性质。
  6.表中建议埋深系指扩大基础或沉井的埋深，如用桩基可作为最大冲刷线的位置。
  7.岩石类别栏内，带括号者均为现行规范岩石坚硬程度类别之规定。

(2)桩基按嵌岩设计时，其嵌入基岩中的有效深度可按下列公式计算：

①对圆形桩，可按下式计算：

$$h_r = \frac{1.27H + \sqrt{3.81\beta f_{rk}dM_H + 4.84H^2}}{0.5\beta f_{rk}d}$$

②对矩形桩，可按下式计算：

$$h_r = \frac{H + \sqrt{3\beta f_{rk}bM_H + 3H^2}}{0.5\beta f_{rk}b}$$

式中：h_r——桩嵌入基岩中(不计强风化层、全风化层及局部冲刷线以上基岩)的有效深度(m)，不应小于0.5m；
　　　H——基岩顶面处的水平力(kN)；
　　　M_H——基岩顶面处的弯矩(kN·m)；
　　　b——垂直于弯矩的平面桩边长(m)；
　　　β——岩石的垂直抗压强度换算为水平抗压强度的折减系数，取0.5~1.0，应根据岩层侧面构造确定，节理发育岩石取小值，节理不发育岩石取大值；
　　　f_{rk}——岩石饱和单轴抗压强度标准值(kPa)。

(3)《公路桥涵地基与基础设计规范》(JTG D63—2007)规定：当河床岩层有冲刷时，桩基须嵌入基岩，嵌岩桩按桩底嵌固设计。其应嵌入基岩中的深度，可参考下列公式计算。

①圆形桩：

$$h = \sqrt{\frac{M_H}{0.0655\beta f_{rk} d}}$$

②矩形桩：

$$h = \sqrt{\frac{M_H}{0.0833\beta f_{rk} b}}$$

式中：h——桩嵌入基岩中(不计强风化层和全风化层)的有效深度(m)，不应小于0.5m；
　　　M_H——在基岩顶面处的弯矩(kN·m)；
　　　f_{rk}——岩石饱和单轴抗压强度标准值(kPa)，黏土质岩取天然湿度单轴抗压强度标准值；
　　　β——系数，$\beta=0.5\sim1.0$，根据岩层结构面发育程度而定，节理发育的取小值；节理不发育的取大值；
　　　d——桩身直径(m)；
　　　b——垂直于弯矩作用平面桩的边长(m)。

4.1.2 《建筑地基基础设计规范》(GB 50007—2011)的相关规定

(1)基础的埋置深度，应按下列条件确定：
①建筑物的用途，有无地下室、设备基础和地下设施，基础的形式和构造；
②作用在地基上的荷载大小和性质；
③工程地质和水文地质条件；
④相邻建筑物的基础埋深；
⑤地基土冻胀和融陷的影响。

(2)高层建筑基础的埋置深度应满足地基承载力、变形和稳定性要求。位于岩石地基上的高层建筑，其基础埋深应满足抗滑稳定性要求。

(3)在满足地基稳定和变形要求的前提下，当上层土地基的承载力大于下层土时，宜利用上层土作持力层。除岩石地基外，基础埋深不宜小于0.5m。

(4)在抗震设防区，除岩石地基外，天然地基上的箱形和筏形基础其埋置深度不宜小于建筑物高度的 1/15;桩箱或桩筏基础的埋置深度(不计桩长)不宜小于建筑物高度的 1/18。

(5)基础宜埋置在地下水位以上,当必须埋在地下水位以下时,应采取地基土在施工时不受扰动的措施。

当基础埋置在易风化的岩层上时,施工时应在基础开挖后立即铺筑垫层。

(6)当存在有相邻建筑时,新建筑物的基础埋深不宜大于原有建筑基础。当埋深大于原有建筑基础时,两基础之间应保持一定的净距,其数值应根据原有建筑荷载大小、基础形式和土质情况确定。当上述要求不能满足时,应采取分段施工、设临时加固支撑、打板桩、地下连续墙等施工措施,或加固原有建筑物地基。

4.1.3 《贵州建筑地基基础设计规范》(DBJ52/T 045—2018)的相关规定

(1)天然地基上的箱形/筏形基础,其基础埋置深度不宜小于建筑物高度的 1/15;对桩基/桩筏/桩箱基础,基础埋置深度(不计桩长)不宜小于建筑物高度的 1/20。

(2)位于岩石地基上的高层建筑,其基础埋置深度应满足抗滑稳定性的要求。

4.1.4 《贵州建筑岩土工程技术规范》(DBJ52/T 046—2018)的相关规定

(1)岩石地基的验算应符合下列原则:

①Ⅰ~Ⅲ类基本质量等级岩体上的一级建筑物和 20 层以下二级建筑物,跨度小于或等于 30m 的单层厂房和仓库、跨度小于或等于 12m 或 3 层及以上的多层厂房和仓库、三级建筑物的基础埋深应满足抗滑要求。

②Ⅳ~Ⅴ类基本质量等级的岩体、软硬互层岩组、变形模量差异 2 倍以上的一级建筑和 20 层或高度 60m 及以上的二级建筑、跨度大于 30m 的单层厂房和仓库、跨度大于 12m 或 6 层及以上的多层厂房或仓库应作变形验算。在受力层范围内存在软弱层时,应进行下卧层承载力及变形验算。

(2)岩石地基岩土工程施工与检测:

①岩石地基的施工爆破应考虑不同岩质条件、爆破方式,预留人工开挖的适当深度。硬质岩石宜预留 500~700mm,软质岩石应预留 700~1000mm。

②人工挖孔嵌岩灌注桩在嵌岩段宜采用微差微分爆破或预裂爆破,以充分发挥其侧阻嵌固力。

③岩石地基施工时须对地基持力层的岩性特征、岩质单元及承载力进行核定,并判定有无软弱及风化层。

④易风化和崩解的岩石地基基础施工挖至预定深度,经检验合格后应及时浇灌封闭。

⑤人工挖孔桩应进行桩壁的编录,当开挖至预定深度时应进行桩端持力层检验。

⑥机械成孔的大直径钻孔灌注桩至预定深度时必须检测孔深、孔底沉渣,并应有一定比例的小口径钻探,检验受力层内的岩土情况。

⑦施工中降水工程,应预留观测孔或设置观测点,监测地下水位和降水对周边环境的影响。

⑧地下室深基坑的施工,应对支护结构、周边建筑物及附近地下管线等市政设施的沉降、

位移进行监测。

⑨位于斜坡上的岩石地基,宜根据需要和要求进行边坡水平位移和竖向变形的监测。

⑩加强施工过程中的信息反馈,出现异常应分析其原因和潜在的危害性,提出处理措施及建议,必要时应进行施工勘察。

4.1.5 重庆市《建筑地基基础设计规范》(DBJ50-047—2016)的相关规定

(1)在满足地基基础的强度、变形和稳定性要求的条件下,基础宜浅埋。

(2)(天然浅基础)基础埋置深度:土质地基不宜小于0.5m,岩质地基不宜小于0.2m。

(3)位于倾斜岩土层上的条形基础可在基础的长度方向设置台阶,土质地基和强风化岩质地基每级台阶的高度不宜大于0.5m,台阶的高宽比不宜大于1∶0.5;中等风化和微风化岩质地基每级台阶的高度不宜大于1.0m,台阶的高宽比不宜大于1∶1.0。

(4)抗震设防区,高层建筑基础埋深对土质地基不宜小于建筑物高度的1/15;桩基或桩筏基础的承台或筏板埋深不宜小于建筑物高度的1/18。岩质地基高层建筑埋深可不受此限制,但应满足抗滑和抗倾覆要求。

(5)确定新建筑物的基础埋深应考虑与原有建筑物相邻基础的相互影响。

4.2 承载力计算

4.2.1 地基承载力基本概念

1)定义

(1)地基极限承载力:使地基土发生剪切破坏而即将失去整体稳定性时相应的最小基础底面压力。

(2)地基容许承载力:作用在基底的压应力不超过地基的极限承载力,并且有足够的安全度,而且所引起的变形不能超过建筑的容许变形。满足以上两项要求的地基单位面积上所能承受的荷载即是地基的容许承载力。

2)确定地基承载力应考虑的因素

地基承载力大小不仅取决于地基岩土性质,还受到以下因素制约:

(1)基础形状的影响;

(2)荷载倾斜与偏心的影响;

(3)覆盖层抗剪强度的影响;

(4)地下水位的影响;

(5)下卧层的影响;

(6)基底倾斜、相邻基础、加荷速率影响等。

以上各项影响判断详见《工程地质手册(第五版)》454页。

3)确定地基承载力的基本方法

(1)现场载荷试验。

(2)按理论公式计算：
①按塑性状态计算；
②按极限状态计算。
(3)按查表法确定地基承载力。
(4)按岩石饱和单轴抗压强度试验确定完整、较完整和较破碎岩质地基承载力。

总之，地基承载力特征值可由载荷试验或其他原位测试、公式计算，并结合当地工程实践经验等方法综合确定。具体确定时，按下列方法综合考虑：

(1)对一级建筑物，采用载荷试验、理论公式计算及原位试验综合确定；
(2)对二级建筑物，可按当地有关规范查表或原位试验确定，有些二级建筑物尚应结合理论计算确定；
(3)对三级建筑物，可根据邻近建筑物的经验确定。

4)有关术语的说明

(1)地基承载力特征值是在一定的基础埋深和基础宽度条件下的地基容许承载力，由工程地质勘察报告提出。

《岩土工程勘察规范(2009年版)》(GB 50021—2001)中代号为f_k；《建筑地基基础设计规范》(GB 50007—2011)中代号为f_{ak}；《公路桥涵地基与基础设计规范》(JTG 3363—2019)中代号为f_{a0}，并称"地基承载力特征值"，相当于原称的$[\sigma_0]$；铁路系统称"地基基本承载力"，符号为σ_0。

《岩土工程勘察规范(2009年版)》(GB 50021—2001)、《建筑地基基础设计规范》(GB 50007—2011)修正后地基承载力特征值代号为f_a；《公路桥涵地基与基础设计规范》(JTG 3363—2019)代号为f_a，相当于原称的"地基土修正后的容许承载力"$[\sigma]$；铁路系统中用$[\sigma]$，称地基容许承载力。

(2)修正后的地基承载力特征值即设计值。由设计人员根据勘察报告提供的"地基承载力特征值"计算确定。

4.2.2 地基承载力

1)特征值

(1)《建筑地基基础设计规范》(GB 50007—2011)规定：建筑物基础短边宽度不大于3m，埋置深度不大于0.5m的地基的承载力特征值，符号用f_{ak}。

(2)《公路桥涵地基与基础设计规范》(JTG 3363—2019)规定：建筑物基础短边宽度不大于2m，埋置深度不大于3m的地基承载力特征值，符号用f_{a0}，由载荷试验或其他原位测试取得，其值不大于地基极限承载力的1/2。

(3)岩石地基承载力。

$$f_{ak} = f_a$$
$$f_{ak} = f_{rk} \cdot \psi_f$$

式中：f_{rk}——岩石单轴饱和抗压强度标准值；
ψ_f——折减系数，见2.4(7)①条。

2)设计值

(1)《建筑地基基础设计规范》(GB 50007—2011)的有关规定。

①当基础宽度大于3m或埋置深度大于0.5m时,从载荷试验或其他原位测试、经验值等方式确定的地基承载力特征值f_{ak},应按下式进行深宽修正:

$$f_a = f_{ak} + \eta_b \gamma (b-3) + \eta_d \gamma_m (d-0.5)$$

式中:f_a——修正后的地基土承载力特征值,即设计值;

f_{ak}——地基土承载力特征值(kPa);

γ——基础底面以下土的重度(kN/m³),地下水位以下取浮重度(kN/m³);

γ_m——基础底面以上土的加权平均重度,地下水位以下取有效重度(kN/m³);

b——基础底面宽度(m);当基础地面宽度小于3m时按3m取值,大于6m时按6m取值;

d——基础埋置深度(m);宜自室外地面高程起算;在填方整平地区,可自填方地面高程起算,但填土在上部结构物施工后完成时,应从天然地面高程起算;对于地下室,当采用箱基或筏基时,基础埋置深度自室外地面高程起算;当采用独立基础或条形基础时,应从室内地面高程算起;

η_b、η_d——基础宽度和埋置深度的地基承载力修正系数。按基底下土的类别查表4.2-1取值。

基础宽度、埋置深度地基承载力修正系数　　　　表4.2-1

土　类		η_b	η_d
淤泥和淤泥质土		0	1.0
人工填土、e或$I_L \geq 0.85$黏性土		0	1.0
红黏土	含水比$a_w > 0.8$	0	1.2
	含水比$a_w \leq 0.8$	0.15	1.4
大面积压实填土	压实系数大于0.95,黏粒含量$\rho_c \geq 10\%$的粉土	0	1.5
	最大干密度大于2.1t/m³的级配砂石	0	2.0
粉土	黏粒含量$\rho_c \geq 10\%$的粉土	0.3	1.5
	黏粒含量$\rho_c < 10\%$的粉土	0.5	2.0
e及I_L均小于0.85的黏性土		0.3	1.6
粉砂、细砂(不包括很湿与饱和时的稍密状态)		2.0	3.0
中砂、粗砂、砾砂和碎石土		3.0	4.4

注:1.强风化和全风化的岩石,可参照所风化成的相应土类取值,其他状态下的岩石不修正。据《贵州建筑地基基础设计规范》(DBJ52/T 045—2018):全风化岩石η_d取2.0,强风化岩石η_d取3.0,η_b都取0。
2.地基承载力特征值按《建筑地基基础设计规范》附录D深层平板载荷试验确定时,η_d取0。
3.大面积压实填土指填土范围大于两倍基础宽度的填土。

②当偏心距e小于或等于0.033倍基础底面宽度时,根据土的抗剪强度指标确定地基承载力特征值,可按下式计算,并应满足变形要求:

$$f_a = M_b \gamma b + M_d \gamma_m d + M_c c_k$$

式中： f_a——由土的抗剪强度指标确定地基承载力特征值(kPa)；
　　　　b——基础底面宽度(m)，大于6m时按6m取值，对于砂土小于3m时按3m取值；
　　　　c_k——基底下一倍短边宽度的深度范围内土的黏聚力标准值(kPa)；
M_b、M_d、M_c——承载力系数，按表4.2-2取值。

承载力系数 M_b、M_d、M_c　　　　表4.2-2

土的内摩擦角标准值 φ_k(°)	M_b	M_d	M_c
0	0	1.00	3.14
2	0.03	1.12	3.32
4	0.06	1.25	3.51
6	0.10	1.39	3.71
8	0.14	1.55	3.93
10	0.18	1.73	4.17
12	0.23	1.94	4.42
14	0.29	2.17	4.69
16	0.36	2.43	5.00
18	0.43	2.72	5.31
20	0.51	3.06	5.66
22	0.61	3.44	6.04
24	0.80	3.87	6.45
26	1.10	4.37	6.90
28	1.40	4.93	7.40
30	1.90	5.59	7.95
32	2.60	6.35	8.55
34	3.40	7.21	9.22
36	4.20	8.25	9.97
38	5.00	9.44	10.80
40	5.80	10.84	11.73

注：φ_k为基底下一倍短边宽度的深度范围内土的内摩擦角标准值(°)。

③对于完整、较完整、较破碎的岩石地基承载力特征值可按岩石地基载荷试验方法确定；对破碎、极破碎的岩石地基承载力特征值，可根据平板载荷试验确定。对完整、较完整、较破碎的岩石地基承载力特征值，也可根据室内饱和单轴抗压强度按下式进行计算：

$$f_a = \psi_r \cdot f_{rk}$$

式中：f_a——岩石地基承载力特征值(kPa)；
　　　f_{rk}——岩石饱和单轴抗压强度标准值(kPa)；

ψ_r——折减系数。根据岩体完整程度及结构面的间距、宽度、产状和组合,由地方经验确定。无经验时,对完整岩体可取 0.5;对较完整岩体可取 0.2~0.5;对较破碎岩体可取 0.1~0.2。

注:1.上述折减系数未考虑施工因素及建筑物使用后风化作用的继续。

2.对于黏土质岩,在确保施工期及使用期不致遭水浸泡时,也可采用天然湿度的试样,不进行饱和处理。

④当地基受力层范围内有软弱下卧层时,应符合下列规定:

A.应按下式验算软弱下卧层的地基承载力:

$$p_z + p_{cz} \leqslant f_{az}$$

式中:p_z——相应于作用的标准组合时,软弱下卧层顶面处的附加压力值(kPa);

p_{cz}——软弱下卧层顶面处土的自重压力值(kPa);

f_{az}——软弱下卧层顶面处经深度修正后的地基承载力特征值(kPa)。

B.对条形基础和矩形基础,上式中的 p_z 值可按下列公式进行简化计算:

条形基础:

$$p_z = \frac{b(p_k - p_c)}{b + 2z\tan\theta}$$

矩形基础:

$$p_z = \frac{lb(p_k - p_c)}{(b + 2z\tan\theta)(l + 2z\tan\theta)}$$

式中:b——矩形基础或条形基础底边的宽度(m);

l——矩形基础底边的长度(m);

p_c——基础底面处土的自重压力值(kPa);

z——基础底面至软弱下卧层顶面的距离(m);

θ——地基压力扩散线与垂直线的夹角(°),可按表 4.2-3 取值。

地基压力扩散角   表 4.2-3

E_{S1}/E_{S2}	z/b	
	0.25	0.50
3	6°	23°
5	10°	25°
10	20°	30°

注:1.E_{S1} 为上层土压缩模量,E_{S2} 为下层土压缩模量。

2.z/b<0.25 时取 $\theta=0°$,必要时宜由试验确定;z/b>0.50 时 θ 值不变。

3.z/b 在 0.25 与 0.50 之间可插值使用。

(2)《公路桥涵地基与基础设计规范》(JTG 3363—2019)规定经深、宽修正后的地基土承载力特征值 f_a 按下式计算。当基础位于水中不透水地层上时,f_a 按平均常水位至一般冲刷线的水深每米再增大 10kPa。

$$f_a = f_{a0} + k_1\gamma_1(b - 2) + k_2\gamma_2(h - 3)$$

式中：f_a——修正后的地基承载力特征值(kPa)，即设计值；

b——基础底面的最小边宽(m)，当 $b<2m$ 时取 $b=2m$，当 $b>10m$ 时取 $b=10m$；

h——基底埋置深度(m)，自天然地面起算，有水流冲刷时自一般冲刷线起算，当 $h<3m$ 时取 $h=3m$，当 $h/b>4$ 时取 $h=4b$；

γ_1——基底持力层土的天然重度(kN/m³)，若持力层在水面以下且为透水者，应取浮重度；

γ_2——基底以上土层的加权平均重度(kN/m³)，换算时若持力层在水面以下，且不透水时，不论基底以上土的透水性如何，一律取饱和重度；当透水时，水中部分土层则应取浮重度；

k_1、k_2——基底宽度、深度修正系数，据基底持力层土的类别按表4.2-4取值。

基底宽度、深度修正系数　　　　表4.2-4

系数	黏 性 土			粉土	砂 土								碎 石 土			
	老黏性土	一般黏性土		新近沉积黏性土		粉砂		细砂		中砂		砾砂、粗砂		碎石、圆砾、角砾		卵石	
		$I_L \geq 0.5$	$I_L < 0.5$			中密	密实	中密	密实	中密	密实	中密	密实	中密	密实	中密	密实
k_1	0	0	0	0	0	1.0	1.2	1.5	2.0	2.0	3.0	3.0	4.0	3.0	4.0	3.0	4.0
k_2	2.5	1.5	2.5	1.0	1.5	2.0	2.5	3.0	4.0	4.0	5.5	5.0	6.0	5.0	6.0	6.0	10.0

注：1. 稍密和松散状态下的砂、碎石土，k_1、k_2 值可取表中数值的50%。
2. 强风化和全风化的岩石，可参照所风化的相应土类取值，其他状态下岩石不修正。

（3）岩质地基是指完整、较完整、较破碎岩体为持力层的地基。破碎、极破碎岩体按土质地基取值。岩质地基承载力设计值 f_a 不进行深宽修正，即：

$$f_a = f_{ak} = [f_a]$$

关于桩的承载力计算在7.3节另行列出。

（4）根据室内试验测得的物理力学指标平均值确定地基承载力特征值时，黏性土、软土等查表得出的承载力是基本值 f_0 的，要乘以回归修正系数方为标准值 f_k。

$$f_k = f_0 \cdot \psi_f$$

式中：f_0——地基土承载力基本值；

ψ_f——回归修正系数。

$$\psi_f = 1 - \left(\frac{2.884}{\sqrt{n}} + \frac{7.918}{n^2}\right)\delta$$

$$\delta = \frac{\sigma}{\mu}$$

$$\mu = \frac{\sum_{i=1}^{n} \mu_i}{n}$$

$$\sigma = \frac{\sqrt{\left(\sum_{i=1}^{n} \mu_i^2 - n\mu^2\right)}}{n-1}$$

式中:δ——变异系数,当表中并列两个指标时,$\delta = \delta_1 + \xi\delta_2$;

σ——标准差;

μ——土性指标试验平均值。

(5)《公路路基设计规范》(JTG D30—2015)的相关规定。

①路基应以路床顶面回弹模量为设计标准,以路床顶面竖向应变为验算指标。

A.路基在平衡湿度状态下,路床顶面回弹模量不应低于现行《公路沥青路面设计规范》(JTG D50)和《公路水泥混凝土路面设计规范》(JTG D40)的有关规定。

B.沥青路面路床顶面竖向应变的计算值应满足沥青路面永久变形的控制要求。水泥混凝土路面路床顶面竖向应变可不作控制。

②新建公路路基回弹模量设计值 E_0 应按式(4.2-1)确定,并满足式(4.2-2)的要求。

$$E_0 = K_S K_n M_R \quad (4.2\text{-}1)$$

$$E_0 \geqslant [E_0] \quad (4.2\text{-}2)$$

式中:E_0——平衡湿度状态下路基回弹模量设计值(MPa);

$[E_0]$——路面结构设计的路基回弹模量要求值(MPa),应符合现行《公路沥青路面设计规范》(JTG D50)或《公路水泥混凝土路面设计规范》(JTG D40)的有关规定;

M_R——标准状态下的回弹模量值(MPa);

K_S——路基回弹模量湿度调整系数,为平衡湿度(含水率)状态下的回弹模量与标准状态下的回弹模量之比,新建公路路床应处于干燥或中湿状态;路基设计可按下列方法预估湿度状态,确定回弹模量湿度调整系数:

可按《公路路基设计规范》(JTG D30—2015)附录C的有关规定,根据路基相对高度、路基土组类别及毛细水上升度确定路基干湿类型,并预估路基结构的平衡湿度;路基回弹模量湿度调整系数可按《公路路基设计规范》(JTG D30—2015)附录D确定;

K_n——干湿循环或冻融循环条件下路基土模量折减系数,通过试验确定;初步设计时,非冰冻地区可根据土质类型、失水率确定,季节冻土地区可根据冻结温度、含水率确定,折减系数可取 0.7~0.95;非冰冻区粉质土、黏质土,失水率大于30%取小值,反之取较大值,粗粒土取大值;季节冻土地区粉质土、黏质土冻结温度低于−15℃,冻前含水率高取小值,反之取较大值,粗粒土取大值;

M_R——标准状态下路基动态回弹模量值(MPa)。

标准状态下路基动态回弹模量值应按下列方法确定:

A.路基填料的回弹模量按《公路路基设计规范》(JTG D30—2015)附录A通过试验获得。

B.受试验条件限制时,可根据土组类别及粒料类型由表4.2-5、表4.2-6查取回弹模量参考值。

C.初步设计阶段,也可按下式由填料的CBR值估算标准状态下填料的回弹模量值:

$$\begin{cases} M_R = 17.6 \text{CBR}^{0.64} & (2 < \text{CBR} \leqslant 12) \\ M_R = 22.1 \text{CBR}^{0.55} & (12 < \text{CBR} < 80) \end{cases}$$

式中:CBR——填料最小承载比。

标准状态下路基土回弹模量参考值 表 4.2-5

土 组	取值范围(MPa)
砾(G)	110~135
含细粒土砾(GF)	100~130
粉土质砾(GM)	100~125
黏土质砾(GC)	95~120
砂(S)	95~125
含细粒土砂(SF)	80~115
粉土质砂(SM)	65~95
黏土质砂(SC)	60~90
低液限粉土(ML)	50~90
低液限黏土(CL)	50~85
高液限粉土(MH)	30~70
高液限黏土(CH)	20~50

注：1. 对砾和砂，D_{60}（通过率为60%时的颗粒粒径）大时，模量取高值，D_{60}小时，模量取低值。

2. 对其他含细粒的土组，小于0.075mm颗粒含量大和塑性指数高时，模量取低值，反之模量取高值。

3. 同等条件下，轻、中等及重交通荷载时路基土回弹模量取较小值，特重、极重交通条件下取较大值。

标准状态下粒料回弹模量参考值 表 4.2-6

粒料类型	取值范围(MPa)
级配碎石	180~400
未筛分碎石	180~220
级配砾石	150~300
天然砂砾	100~140

③当路基湿度状态、路基填料 CBR、路床回弹模量和竖向应变等不能满足要求时，应根据气候、土质、地下水赋存和料源等条件，经技术经济比选后，对路床采取处理措施。处理措施详见《公路路基设计规范》(JTG D30—2015)3.2.8条。

(6)《城市道路工程设计规范》(CJJ 37—2012)的相关规定。

①快速路和主干路路基顶面设计回弹模量值不应小于30MPa；次干路和支路不应小于20MPa。当不满足上述要求时，应采取措施提高回弹模量。

②道路路基应处于干燥或中湿状态；对潮湿或过湿路基，必须采取措施改善其湿度状况或适当提高路基回弹模量。

注：1. 土质路基的干湿类型，根据不利季节，由路槽底面以下0~80cm深度内的平均液性指数确定。

过湿类型：平均液性指数大于1.00；

潮湿类型：平均液性指数0.75~1.00；

中湿类型：平均液性指数0.50~0.75；

干燥类型：平均液性指数小于0.50。

2.回弹模量:土体在部分侧限条件下,卸载过程中竖向应变与回弹应变的比值。

4.3 变形计算

4.3.1 《建筑地基基础设计规范》(GB 50007—2011)的相关规定

(1)建筑物的地基变形计算值,不应大于地基变形允许值。

建筑物的地基变形允许值应按表 4.3-1 规定采用。对表中未包含的建筑物,其地基变形允许值应根据上部结构对地基变形的适应能力和使用上的要求确定。

建筑物地基变形允许值　　　　　　　表 4.3-1

变形特征		地基土类别	
		中、低压缩性土	高压缩性土
砌体承重结构基础的局部倾斜		0.002	0.003
工业与民用建筑相邻柱基的沉降差	框架结构	$0.002l$	$0.003l$
	砌体墙填充的边排柱	$0.0007l$	$0.001l$
	当基础不均匀沉降时不产生附加应力的结构	$0.005l$	$0.005l$
单层排架结构(柱距为6m)柱基的沉降量(mm)		(120)	200
桥式吊车轨面的倾斜（按不调整轨道考虑）	纵 向	0.004	
	横 向	0.003	
多层和高层建筑的整体倾斜	$H_g \leq 24$	0.004	
	$24 < H_g \leq 60$	0.003	
	$60 < H_g \leq 100$	0.0025	
	$H_g > 100$	0.002	
体型简单的高层建筑基础的平均沉降量(mm)		200	
高耸结构基础的倾斜	$H_g \leq 20$	0.008	
	$20 < H_g \leq 50$	0.006	
	$50 < H_g \leq 100$	0.005	
	$100 < H_g \leq 150$	0.004	
	$150 < H_g \leq 200$	0.003	
	$200 < H_g \leq 250$	0.002	
高耸结构基础的沉降量(mm)	$H_g \leq 100$	400	
	$100 < H_g \leq 150$	300	
	$150 < H_g \leq 200$	200	

注:1.本表数值为建筑物地基实际最终变形允许值。
　2.有括号者仅适用于中压缩性土。
　3.l 为相邻柱基的中心距离(mm);H_g 为自室外地面起算的建筑物高度(m)。
　4.倾斜指基础倾斜方向两端点的沉降差与其距离的比值。
　5.局部倾斜指砌体承重结构沿纵向6~10m内基础两点的沉降差与其距离的比值。

(2)勘察报告中应提出重度 γ 值和压缩模量 E_s 值。碎石类土若通过原位测试得到的是变形模量 E_0,在设计计算时应换算成 E_s 值。据测试报告中提出的 γ、E_s 平均值,可视为标准值,但标准差、变异系数等仍应进行计算,当变异系数 δ>0.3 时,应进行处理。

4.3.2 《公路桥涵地基与基础设计规范》(JTG 3363—2019)的相关规定

墩台的沉降,应符合下列规定:

(1)相邻墩台间的不均匀沉降差值(不包括施工中的沉降),不应使桥面形成大于 0.2% 的附加纵坡(折角)。

(2)外超静定结构桥梁墩台间不均匀沉降差值,还应满足结构受力要求。

4.3.3 《贵州建筑地基基础设计规范》(DBJ52/T 045—2018)的相关规定

(1)均质较完整岩石地基的最终变形量可采用弹性理论公式计算,且认为建筑物施工期间已完成全部变形量。

$$s = bp_0 \frac{1-\mu^2}{E_0} K_{con}$$

式中:s——最终变形量(mm);
  p_0——对应于荷载效应准永久组合时基础底面处的附加压力(kPa);
  b——基础短边尺寸(m);
  E_0——岩石的变形模量(MPa);
  μ——岩石的泊松比;
  K_{con}——变形系数,按表 4.3-2 采用。

变形系数　　　　　　　　　　　表 4.3-2

L/b	圆形	1.0	1.5	2.0	3.0	4.0	5.0	≥10
K_{con}	0.79	0.88	1.08	1.22	1.44	1.61	1.72	2.12

注:L 为矩形基础底面长边尺寸。

(2)在土岩组合地基中,七层及七层以下的砌体房屋,当条形基础下土层最小厚度大于或等于 3 倍基础宽度、独立基础下土层最小厚度大于或等于 2.5 倍基础宽度时,可按匀质地基考虑,但计算地基土的应力时应考虑下卧刚性岩层的影响。

4.4 稳定性计算

4.4.1 《公路桥涵地基与基础设计规范》(JTG 3363—2019)的相关规定

(1)桥梁墩台基础抗倾覆稳定系数 k_0 按下式计算:

$$k_0 = \frac{s}{e_0}$$

$$e_0 = \frac{\sum P_i e_i + \sum H_i h_i}{\sum P_i}$$

式中：s——在截面重心至合力作用点的延长线上，自截面重心至验算倾覆轴的距离(m)；

e_0——所有外力的合力 R 在验算截面上的作用点对基底中心轴的偏心距；

P_i——不考虑其分项系数和组合关系的作用标准组合或偶然作用(地震除外)标准组合引起的竖向力(kN)；

e_i——竖向力 P_i 对验算截面重心的力臂(m)；

H_i——不考虑其分项系数和组合系数的作用标准组合或偶然作用(地震除外)标准组合引起的水平力(kN)；

h_i——水平力对验算截面的力臂(m)。

(2)桥梁墩台基础抗滑稳定系数 k_c 按下式计算：

$$k_c = \frac{\mu \sum P_i + \sum H_{iP}}{\sum H_{ia}}$$

式中：$\sum P_i$——竖向力总和；

$\sum H_{ip}$——抗滑稳定水平力总和；

$\sum H_{ia}$——滑动水平力总和；

μ——基础底面与地基之间的摩擦系数，通过试验确定。当缺少实际资料时，可参照表4.4-1采用。

基础底面与地基之间的摩擦系数　　　　　　　　　　表4.4-1

地基土分类	μ	地基土分类	μ
黏土(流塑~坚硬)、粉土	0.25	软岩(极软岩~较软岩)	0.40~0.60
砂土(粉砂~砾砂)	0.30~0.40	硬岩(较硬岩、坚硬岩)	0.60~0.70
碎石土(松散~密实)	0.40~0.50		

基础底面与地基之间的摩擦系数 μ 值，依据《公路路基设计规范》(JTG D30—2015)，见表4.4-2，以表4.4-2为主，结合表4.4-1采用 μ 值更为合理。

基础底面与地基之间的摩擦系数　　　　　　　　　　表4.4-2

地基土分类	μ	地基土分类	μ
软塑黏土	0.25	碎石类土	0.50
硬塑黏土	0.30	软质岩石	0.40~0.60
砂类土、黏砂土、半干硬黏土	0.30~0.40	硬质岩石	0.60~0.70
砂类土	0.40		

(3)验算墩台抗倾覆和抗滑动的稳定性时，稳定系数不应小于表4.4-3规定。

墩台抗倾覆、抗滑稳定系数　　　　表 4.4-3

作用组合		验算项目	稳定系数
使用阶段	永久作用(不计混凝土收缩及徐变、浮力)和汽车、人群的标准值效应组合	抗倾覆	1.5
		抗滑动	1.3
	各种作用的标准值组合	抗倾覆	1.3
		抗滑动	1.2
施工阶段作用的标准值组合		抗倾覆	1.2
		抗滑动	1.2

4.4.2 《建筑地基基础设计规范》(GB 50007—2011)的相关规定

(1)地基稳定性可采用圆弧滑动面法进行验算。最危险的滑动面上诸力对滑动中心所产生的抗滑力与滑动力矩应符合下式要求：

$$\frac{M_R}{M_S} \geq 1.2$$

式中：M_S——滑动力矩(kN·m)；

M_R——抗滑力矩(kN·m)。

(2)位于稳定土坡坡顶的建筑地基(图4.4-1)，应符合下列规定：

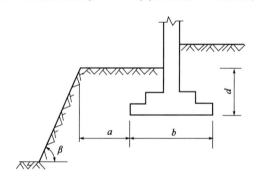

图 4.4-1　位于稳定土坡坡顶的建筑地基

a-基础底面外边缘线至坡顶的水平距离(m)；b-垂直于坡顶边缘线的基础底面边长(m)；d-基础埋置深度(m)；β-边坡坡角(°)

①对于条形基础或矩形基础，当垂直于坡顶边缘线的基础底面边长小于或等于3m时，其基础底面外边缘线至坡顶的水平距离应符合下式要求，且不得小于2.5m。

条形基础

$$a \geq 3.5b - \frac{d}{\tan\beta}$$

矩形基础

$$a \geq 2.5b - \frac{d}{\tan\beta}$$

②当基础底面外边缘线至坡顶的水平距离不满足上式的要求时,可根据基底平均压力按公式 $M_R/M_S \geq 1.2$ 确定基础距坡顶边缘的距离和基础埋深。

③当边坡坡角大于45°、坡高大于8m时,尚应按式 M_R/M_S 验算坡体稳定性。

(3)建筑物基础存在浮力作用时应进行抗浮稳定性验算,并应符合下列规定:

①对于简单的浮力作用情况,基础抗浮稳定性应符合下式要求:

$$\frac{G_k}{N_{w,k}} \geq K_w$$

式中:G_k——建筑物自重及压重之和(kN);

$N_{w,k}$——浮力作用值(kN);

K_w——抗浮稳定安全系数,一般情况下可取1.05。

②抗浮稳定性不满足设计要求时,可采用增加压重或设置抗浮构件等措施。在整体满足抗浮稳定性要求而局部不满足时,也可采用增加结构刚度的措施。

4.4.3 《贵州建筑地基基础设计规范》(DBJ52/T 045—2018)的相关规定

(1)土质地基以及强风化和全风化岩石地基,其地基稳定性可采用圆弧滑动面法验算,其稳定安全系数不应小于1.35。

(2)具有外倾结构面的岩石地基,应考虑岩石结构面的最不利组合。按刚体极限平衡计算法验算,其稳定安全系数不应小于1.35。

(3)地质条件复杂或破坏后果严重的边坡工程,当按(1)、(2)条方法验算时,其稳定安全系数还应提高。

4.4.4 《公路路基设计规范》(JTG D30—2015)的相关规定

1)岩溶地基

(1)对岩溶顶板岩层未被节理裂隙切割或虽被切割但胶结良好的完整顶板,可按厚跨比法确定溶洞顶板的安全厚度。当顶板的厚度与路基跨越溶洞的长度之比大于0.8时,溶洞的顶板岩层可不做处理。

(2)溶洞距路基的安全距离应符合下列规定:

①对位于路基两侧的溶洞,应判定其对路基的影响。对开口的溶洞,可参照自然边坡来判断其稳定性及其对路基的影响;对地下溶洞,可按坍塌时的扩散角 β 计算确定溶洞距路基的安全距离(图4.4-2)。

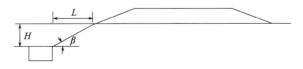

图4.4-2 溶洞距路基的安全距离

$$L = H\cot\beta$$

$$\beta = \frac{45° + \dfrac{\varphi}{2}}{K}$$

式中：L——溶洞距路基的安全距离(m)；

H——溶洞顶板厚度(m)；

β——坍塌扩散角(°)；

K——安全系数，取 1.10~1.25，高速公路、一级公路应取大值；

φ——岩石内摩擦角(°)。

②溶洞顶板岩层上有覆盖土层时，岩土界面处用土体稳定坡率(综合内摩擦角)向上延长坍塌扩散线与地面相交，路基边坡坡脚应处于距交点不小于 5m 以外的范围。

③路基坡脚处于溶洞坍塌扩散线的影响范围之外，该溶洞可不做处理。

(3)对路基范围的溶洞、落水洞，应根据溶洞大小、深度、充水情况、所处位置及施工条件，采取下列处理措施：

①对有排泄要求的溶洞、落水洞，不得进行封堵处理，应采取设置钢筋混凝土盖板、桥涵等构造物跨越，保护岩溶地区地下水系。

②对稳定路堑边坡上的干溶洞，洞内宜采用干砌片石填塞。

③对位于路基基底的裸露和埋藏较浅的溶洞，可采取回填封闭、钢筋混凝土盖板跨越、支撑加固或构造物跨越等处理措施。

④对有充填物的溶洞，可采用注浆法、旋喷法等加固措施；当不满足设计要求时，宜采用构造物跨越。

⑤地表下土洞埋藏较浅时，可采用回填夯实、冲击碾压或强夯等处理措施，并做好地表水引排封闭处理；土洞埋藏较深时，宜采取注浆、复合地基等处理措施。

(4)对影响路基稳定的岩溶水应采取疏导、引排等措施，并符合下列要求：

①对路基上方的岩溶泉和冒水洞，宜采用排水沟将水截留至路基外。

②对路基基底的岩溶泉和冒水洞，宜设置桥涵将水排出路基。

③堵塞溶洞岩溶水的部分出水口时，所留出水口应能满足该区域排水畅通的要求。

④对地表水，应做好排水设置集中引排。

(5)路基位于溶蚀洼地时，应设置完善的排水系统，做好地表排水设施，将地表水引入邻近沟谷或对路基无害的落水洞中；积水不能排除时，路基应采用渗水性良好的砂砾、碎石土等填筑，并应高于积水位 0.5m。

2)软土地区路基设计应遵循的原则

(1)应调查收集沿线的地形、地貌、工程地质、水文地质、气象、地震等资料，按现行《公路工程地质勘察规范》(JTG C20)的有关规定，采用适宜的勘探方法进行综合勘探试验和现场原位测试，并进行统计与分析，合理确定软土物理力学性质指标。

(2)软土地基上路堤稳定系数应符合表4.4-4的要求。当计算的稳定系数小于表4.4-4规定值时，应针对稳定性进行地基处理设计。

4 地基计算

软土地基上路堤稳定系数　　　　　表 4.4-4

指　　标	固结应力法		改进总强度法		简化 Bishop 法、Janbu 法
	不考虑固结	考虑固结	不考虑固结	考虑固结	
直剪快剪指标	1.1	1.2	—	—	—
静力触探、十字板剪指标	—	—	1.2	1.3	—
三轴有效剪切指标	—	—	—	—	1.4

注：当需要考虑地震力时，表列稳定安全系数减少 0.1。

3）红黏土路基

（1）红黏土路基设计宜避免高路堤及深路堑。如不能避免，宜与桥隧方案进行综合比选确定。

（2）红黏土路基设计应充分考虑气候环境、水对路基性能的影响，做好路基结构防排水与湿度控制措施的设计，连续施工、及时封闭。

（3）红黏土若具有膨胀性时，应按膨胀土路基设计。

（4）红黏土不应直接作为路基填料，其中压缩系数大于 $0.5MPa^{-1}$ 的红黏土不得用于填筑路堤。

注：1.《公路路基设计规范》（JTG D30—2004）规定：挖方路基应根据红黏土的工程性质、公路等级，对路堑路床 0.8m 范围内的红黏土进行超挖，并换填渗水性良好的砂砾或外掺石灰等材料处治。

2.膨胀土膨胀潜势判别见表 4.4-5。

红黏土膨胀潜势分类　　　　　表 4.4-5

膨胀潜势	非膨胀土	弱膨胀土	中等膨胀土	强膨胀土
自由膨胀率（%）	<40	40~65	65~90	>90

4.4.5 《岩土工程勘察规范(2009年版)》（GB 50021—2001）的相关规定

红黏土地基均匀性划分见表 4.4-6。

红黏土地基均匀性分类　　　　　表 4.4-6

地基均匀性	地基压缩层范围内岩土组成
均匀地基	全部由红黏土组成
不均匀地基	由红黏土和岩石组成

4.4.6 重庆市《建筑地基基础设计规范》（DBJ50-047—2016）的相关规定

基础设计应满足下式中抗倾覆、抗滑移的稳定要求。

抗倾覆稳定性验算
$$\frac{M_k}{M_g} \geqslant 1.6$$

抗滑移稳定性验算
$$\frac{Q_k}{Q_h} \geqslant 1.3$$

式中：M_g、Q_h——作用在基础上的倾覆力矩、滑动力；

M_k、Q_k——作用在基础上的抗倾覆力矩、抗滑动力。

5 路线、路基

本章所述内容,如未说明资料来源,则都是引自《公路路线设计规范》(JTG D20—2017)或《公路路基设计规范》(JTG D30—2015)。

5.1 路　　线

5.1.1 公路分级

(1)高速公路:专供汽车分方向、分车道行驶,全部控制出入的多车道公路,车道数≥4,设计交通量宜在15000辆小客车/日以上。

(2)一级公路:供汽车分方向、分车道行驶,可根据需要控制出入的多车道公路,车道数≥4,设计交通量宜在15000辆小客车/日以上。

(3)二级公路:供汽车行驶的双车道公路,设计交通量宜为5000~15000辆小客车/日。

(4)三级公路:供汽车、非汽车交通混合行驶的双车道公路,设计交通量宜为2000~6000辆小客车/日。

(5)四级公路:供汽车、非汽车交通混合行驶的双车道或单车道公路,双车道四级公路设计交通量宜在2000辆小客车/日以下;单车道四级公路设计交通量宜在400辆小客车/日以下。

5.1.2 设计速度

设计速度见表5.1-1。

设计速度　　　　表5.1-1

公路等级	高速公路			一级公路			二级公路		三级公路		四级公路
设计速度(km/h)	120	100	80	100	80	60	80	60	40	30	30	20

5.1.3 路基横断面

(1)公路路基横断面形式应根据公路功能、技术等级、交通量和地形等条件确定。高速公路、一级公路应根据需要采用整体式或分离式路基横断面形式;双向十车道及以上车道数的高速公路可采用复合式断面形式;二级公路、三级公路、四级公路应采用整体式路基横断面形式。

(2)公路路基横断面中各组成部分宽度应根据公路技术等级、交通量与交通组成、横断面各组成部分的功能综合确定,《公路路线设计规范》(JTG D70—2017)取消了《公路路线设计规范》(JTG D20—2006)对各级公路路基宽度的具体规定,改变了对各级公路路基宽度总宽度和各部分宽度"双控"的做法。

(3)车道宽度根据设计速度确定,见表5.1-2。

车 道 宽 度   表5.1-2

设计速度(km/h)	120	100	80	60	40	30	20
车道宽度(m)	3.75	3.75	3.75	3.50	3.50	3.50	3.00

注:1.八车道及以上公路在内侧车道(内侧第1、2车道)仅限小客车通行时,其车道宽度可采用3.5m。
2.以通行中、小型客运车辆为主且设计速度为80km/h及以上的公路,经论证车道宽度可采用3.5m。
3.四级公路采用单车道时,车道宽度应采用3.5m。
4.设置慢车道的二级公路,慢车道宽度应采用3.5m。
5.需要设置非机动车道和人行道的公路,非机动车道和人行道等的宽度宜视实际情况确定。

5.1.4 公路最大纵坡规定

公路最大纵坡规定见表5.1-3。

最 大 纵 坡   表5.1-3

设计速度(km/h)	120	100	80	60	40	30	20
最大纵坡(%)	3	4	5	6	7	8	9

注:1.设计速度为120km/h、100km/h、80km/h的高速公路,受地形条件或其他特殊情况限制时,经技术经济论证,最大纵坡可增加1%。
2.改扩建公路设计速度为40km/h、30km/h、20km/h的利用原有公路的路段,经技术经济论证,最大纵坡可增加1%。
3.四级公路位于海拔2000m以上或积雪冰冻地区的路段,最大纵坡不应大于8%。
4.大、中桥的纵坡不宜大于4%,桥头引道纵坡不宜大于5%。
5.隧道内纵坡应大于0.3%并小于3%,但短于100m的隧道不受此限。高速公路、一级公路的中、短隧道,当条件受限制时,经技术经济论证,最大纵坡可适当加大,但不宜大于4%。

5.1.5 路线方案

路线方案应由面到带、由带到线考虑各类影响因素,通过综合论证确定。

(1)应查明沿线工程地质、水文情况,重大自然灾害和地质病害的分布、范围、状态及其对工程的影响程度,对路线方案选择有重大影响的地质灾害,应进行综合评估,并对绕越、避让或处治方案进行比选论证。

(2)应研究特大桥、特长隧道等布置方案对路线走廊带及线位布局的影响,并进行方案比选论证。一般桥梁和隧道,其布设宜服从路线总体走向和几何线形设计等要求。

(3)对于公路路基高填深挖的路段,应进行高填路基与桥梁、深挖路堑与隧道方案综合比选论证。

5.2 路 基

5.2.1 一般规定

(1)路基设计应收集公路沿线的气候、水文、地形地貌、地质、地震、筑路材料等资料,做好沿线地质、路基填料勘察试验工作,查明地层岩土性质、厚度、空间分布特征及有关物理力学参数。

(2)路基设计宜避免高填深挖。不能避免时,当路基中心填方高度超过20m、中心挖方深度超过30m时,宜结合路线方案与桥梁、隧道等构造物或分离式路基作方案比选。

(3)沿河及受水浸淹的路基边缘高程,应高出表5.2-1规定设计洪水频率的计算水位加壅水高度、波浪侵袭高度及0.5m的安全高度之和。

路基设计洪水频率(××年一遇)   表5.2-1

公路等级	高速公路	一级公路	二级公路	三级公路	四级公路
路基设计洪水频率	1/100	1/100	1/50	1/25	按具体情况确定

注:区域内唯一通道的公路路基设计洪水频率可采用高一个等级公路的标准。

(4)路基设计应根据当地自然条件和工程地质条件,选择适当的路基横断面形式和边坡坡度。沿河路基不宜侵占河道,应根据冲刷情况,设置必要的防护支挡工程,并妥善处理路基废方,避免河床堵塞、河流改道或冲毁沿线构造物、农田、房屋等。

(5)路基填料应满足路基强度和回弹模量要求。土石方调配设计应对移挖作填、集中取(弃)土、填料改良处理等方案进行技术经济比较,充分利用挖方材料,节约土地。

(6)路基设计应控制路基工后沉降量。对软弱地基、路基与桥涵结构物连接处、路基填挖交界处、高路堤、陡坡路堤等,应采取综合措施,防止路基不均匀变形。

(7)路基设计应考虑水和冰冻对路基性能的影响,设置完善的防排水系统或防冻害设施,以及必要的路基防护工程。

(8)高速公路和一级公路的高路堤、陡坡路堤和深路堑等均应采用动态设计。动态设计必须以完整的施工图设计为基础,适用于路基施工阶段。

5.2.2 路堤

(1)《公路工程地质勘察规范》(JTG C20—2011)规定:填土高度大于20m,或填土高度虽未达到20m但基底有软弱地层发育,填筑的路堤有可能失稳、产生过量沉降及不均匀沉降时,应按高路堤进行勘察。初勘阶段每段高路堤的横向勘探断面数量不得少于1条,每条勘探横断面上的钻孔数量不得少于1个;详勘阶段在确定路线上查明工程地质条件,勘探内容及工作深度符合初勘要求,地质条件复杂时应增加勘探断面数量。

(2)《公路工程地质勘察规范》(JTG C20—2011)规定:地面横坡坡率陡于1∶2.5,或坡率虽未陡于1∶2.5但路堤有可能沿斜坡产生横向滑移时,应按陡坡路堤进行勘察。初勘阶段每段陡坡路堤的横向勘探断面数量不宜少于1条,每条勘探横断面上的勘探点数量不宜少于2个,地质条件复杂时应增加勘探断面数量;详勘阶段在确定路线上查明工程地质条件,勘探内容及工作深度符合初勘要求。

(3)当地质条件良好,边坡高度不大于20m时,边坡坡率不宜陡于表5.2-2。

(4)对边坡高度大于20m的路堤,边坡形式宜采用阶梯形,边坡坡率按有关规定由稳定性分析计算确定,并应进行工点设计。高路堤与陡路堤稳定安全系数不得小于表5.2-3所列数值。

边坡高度≤20m时路堤边坡坡率 表 5.2-2

填料类别	边坡坡率	
	上部高度($H≤8m$)	下部高度($H≤12m$)
细粒土	1:1.5	1:1.75
粗粒土	1:1.5	1:1.75
巨粒土	1:1.3	1:1.50

高路堤、陡路堤稳定安全系数 表 5.2-3

分析内容	地基强度指标	分析工况	稳定安全系数	
			二级及二级以上公路	三、四级公路
路堤的堤身稳定性、路堤和地基的整体稳定性	采用直剪的固结快剪或三轴固结不排水剪指标	正常工况	1.45	1.35
		非正常工况Ⅰ	1.35	1.25
	采用快剪指标	正常工况	1.35	1.30
		非正常工况Ⅰ	1.25	1.15
路堤沿线斜坡地基或软弱层滑动的稳定性	—	正常工况	1.30	1.25
		非正常工况Ⅰ	1.20	1.15

注:1.区域内唯一通道的三、四级公路重要路段,高路堤与陡路堤的稳定安全系数可采用二级公路标准。
2.当地基稳定性系数小于本表要求时,应改善基底条件,设置支挡结构物、加筋等加固措施,保证路基稳定。

(5)填石路堤边坡坡率不宜陡于表5.2-4的规定。

填石路堤边坡坡率 表 5.2-4

填石料种类	边坡高度(m)			边坡坡率	
	全部高度	上部高度	下部高度	上部高度	下部高度
硬质岩石($R_c≥60MPa$)	20	8	12	1:1.10	1:1.30
中硬岩石($R_c=30~60MPa$)	20	8	12	1:1.30	1:1.50
软质岩石($R_c=5~30MPa$)	20	8	12	1:1.50	1:1.75

(6)高路堤与陡坡路堤应进行施工监测,监测设计应明确监测路段、监测项目、监测点的数量及位置、监测要求等。监测周期应为公路建成营运后不少于1年。

5.2.3 路堑与边坡

(1)《公路工程地质勘察规范》(JTG C20—2011)规定:土质边坡垂直挖方高度超过20m,岩质边坡垂直挖方高度超过30m,或挖方边坡需特殊设计时,应按深路堑进行勘察。初勘阶段每段深路堑横向勘探断面的数量不得少于1条,每条勘探横断面上的勘探点数量不宜少于2个;详勘阶段在确定路线上查明工程地质条件,勘探内容及工作深度符合初勘要求,地质条件变化复杂时应增加勘探断面数量。

(2)《建筑边坡工程技术规范》(GB 50330—2013)规定:岩质边坡分类见表5.2-5,结构面结合程度划分见表5.2-6,边坡工程安全等级划分见表5.2-7。

岩质边坡分类   表 5.2-5

边坡岩体类型	判定条件			
	岩体完整程度	结构面结合程度	结构面产状	直立边坡自稳能力
Ⅰ	完整	结构面结合良好或一般	外倾结构面或外倾不同结构面的组合线倾角>75°或<27°	30m高的边坡长期稳定,偶有掉块
Ⅱ	完整	结构面结合良好或一般	外倾结构面或外倾不同结构面的组合线倾角27°~75°	15m高的边坡稳定,15~30m高的边坡欠稳定
Ⅱ	完整	结构面结合差	外倾结构面或外倾不同结构面的组合线倾角>75°或<27°	15m高的边坡稳定,15~30m高的边坡欠稳定
Ⅱ	较完整	结构面结合良好或一般	外倾结构面或外倾不同结构面的组合线倾角>75°或<27°	边坡出现局部落块
Ⅲ	完整	结构面结合差	外倾结构面或外倾不同结构面的组合线倾角27°~75°	8m高的边坡稳定,15m高的边坡欠稳定
Ⅲ	较完整	结构面结合良好或一般	外倾结构面或外倾不同结构面的组合线倾角27°~75°	8m高的边坡稳定,15m高的边坡欠稳定
Ⅲ	较完整	结构面结合差	外倾结构面或外倾不同结构面的组合线倾角>75°或<27°	8m高的边坡稳定,15m高的边坡欠稳定
Ⅲ	较破碎	结构面结合良好或一般	外倾结构面或外倾不同结构面的组合线倾角>75°或<27°	8m高的边坡稳定,15m高的边坡欠稳定
Ⅲ	较破碎(碎裂镶嵌)	结构面结合良好或一般	结构面无明显规律	8m高的边坡稳定,15m高的边坡欠稳定
Ⅳ	较完整	结构面结合差或很差	外倾结构面以层面为主,倾角多为27°~75°	8m高的边坡不稳定
Ⅳ	较破碎	结构面结合一般或差	外倾结构面或外倾不同结构面的组合线倾角27°~75°	8m高的边坡不稳定
Ⅳ	破碎或极破碎	碎块间结合很差	结构面无明显规律	8m高的边坡不稳定

注:1.结构面指原生结构面和构造结构面,不包括风化裂隙。
 2.外倾结构面系指倾向与坡向的夹角小于30°的结构面。
 3.不包括全风化基岩;全风化基岩可视为土体。
 4.Ⅰ类岩体为软岩,应降为Ⅱ类岩体;Ⅰ类岩体为较软岩且边坡高度大于15m时,可降为Ⅱ类。
 5.当地下水发育时,Ⅱ、Ⅲ类岩体可根据具体情况降低一档。
 6.强风化岩应划为Ⅳ类;完整的极软岩可划为Ⅲ类及Ⅳ类。
 7.当边坡岩体较完整、结构面结合差或很差、外倾结构面或外倾不同结构面的组合线倾角27°~75°、结构面贯通性差时,可划为Ⅲ类。
 8.当有贯通性较好的外倾结构面时应验算沿该结构面破坏的稳定性。

当无外倾结构面及外倾不同结构面组合时,完整、较完整的坚硬岩、较硬岩宜划为Ⅰ类,较破碎的坚硬岩、较硬岩宜划为Ⅱ类;完整、较完整的较软岩、软岩宜划为Ⅱ类,较破碎的较软岩、软岩可划为Ⅲ类。

确定岩质边坡的岩体类型时,由坚硬程度不同的岩石互层组成且每层厚度小于或等于5m的岩质边坡宜视为由相对软弱岩石组成的边坡。当边坡岩体由两层以上单层厚度大于5m的岩体组成时,可分段确定边坡岩体类型。

已有变形痕迹的边坡宜在勘察期间进行变形监测。

结构面结合程度划分 表5.2-6

结合程度	结合状况	起伏粗糙程度	结构面张开度(mm)	充填状况	岩体状况
结合良好	铁硅钙质胶结	起伏粗糙	≤3	胶结	硬岩或较软岩
结合一般	铁硅钙质胶结	起伏粗糙	3~5	胶结	硬岩或较软岩
结合一般	铁硅钙质胶结	起伏粗糙	≤3	胶结	软岩
结合一般	分离	起伏粗糙	≤3(无充填时)	无充填或岩块、岩屑充填	硬岩或较软岩
结合差	分离	起伏粗糙	≤3	干净无充填	软岩
结合差	分离	平直光滑	≤3(无充填时)	无充填或岩块、岩屑充填	各种岩层
结合差	分离	平直光滑		岩块、岩屑夹泥或附泥膜	各种岩层
结合很差	分离	平直光滑略有起伏		泥质或泥夹岩屑充填	各种岩层
结合很差	分离	平直很光滑	≤3	无充填	各种岩层
结合极差	结合极差			泥化夹层	各种岩层

注:1.起伏度:当$R_A \leq 1\%$,平直;当$1\% < R_A \leq 2\%$时,略有起伏;当$2\% < R_A$时,起伏。其中$R_A = A/L$,A为连续结构面起伏幅度(cm),L为连续结构面取样长度(cm),测量范围内L一般为1.0~3.0m之间。
2.粗糙度:很光滑,感觉非常细腻如镜面;光滑,感觉比较细腻,无颗粒感觉;较粗糙,可以感觉到一定的颗粒状;粗糙,明显感觉到颗粒状。

边坡工程安全等级 表5.2-7

边坡类型		边坡高度H(m)	破坏后果	安全等级
岩质边坡	岩体类型为Ⅰ类或Ⅱ类	$H \leq 30$	很严重	一级
			严重	二级
			不严重	三级
	岩体类型为Ⅲ类或Ⅳ类	$15 < H \leq 30$	很严重	一级
			严重	二级
		$H \leq 15$	很严重	一级
			严重	二级
			不严重	三级

续上表

边坡类型	边坡高度 H(m)	破坏后果	安全等级
土质边坡	10<H≤15	很严重	一级
		严重	二级
	H≤10	很严重	一级
		严重	二级
		不严重	三级

注:1.一个边坡工程的各段,可根据实际情况采用不同的安全等级。
2.对危险性极严重、环境和地质条件复杂的边坡工程,其安全等级应根据工程情况适当提高。
3.很严重:造成重大人员伤亡或财产损失;严重:可能造成人员伤亡或财产损失;不严重:可能造成财产损失。

破坏后果很严重、严重的下列边坡工程,其安全等级应定为一级:
①由外倾软弱结构面控制的边坡工程;
②工程滑坡地段的边坡工程;
③边坡滑塌区有重要建(构)筑物的边坡工程。
边坡滑塌区范围可按下式估算:

$$L = \frac{H}{\tan\theta}$$

式中:L——边坡坡顶滑塌区外缘至坡底边缘的水平投影距离(m);

H——边坡高度(m);

θ——坡底无荷载时边坡的破裂角(°)。对直立土质边坡,可取$45°+\varphi/2$,φ为土体的内摩擦角。对斜面土质边坡,可取$(\beta+\varphi)/2$,β为坡面与水平面的夹角,φ为土体的内摩擦角。对岩质边坡:无外倾结构面的岩质边坡,坡顶无建筑荷载的永久性边坡和坡顶有荷载的临时性边坡和基坑边坡,θ角按$45°+\varphi/2$确定,Ⅰ类岩体边坡可取75°左右;坡顶无建筑荷载的临时性边坡和基坑边坡的θ角,Ⅰ类岩体边坡取82°、Ⅱ类岩体边坡取72°、Ⅲ类岩体边坡取62°、Ⅳ类岩体边坡取$45°+\varphi/2$。当有外倾结构面时,θ取无外倾结构面岩质边坡θ角和外倾结构面倾角两者中的较小值。当边坡沿外倾软弱结构面破坏时,θ值可取该外倾结构面的倾角。

(3)《建筑边坡工程技术规范》(GB 50330—2013)规定:边坡工程勘察等级应根据边坡工程安全等级和地质环境复杂程度按表5.2-8划分。

边坡工程勘察等级 表5.2-8

边坡工程安全等级	边坡地质环境复杂程度		
	复杂	中等复杂	简单
一级	一级	一级	二级
二级	一级	二级	三级
三级	二级	三级	三级

边坡地质环境复杂程度可按下列标准判别:
①地质环境复杂:组成边坡的岩土体种类多,强度变化大,均匀性差,土质边坡潜在滑动面多,岩质边坡受外倾结构面或外倾不同结构面组合控制,水文地质条件复杂。

②地质环境中等复杂:介于地质环境复杂和地质环境简单之间。

③地质环境简单:组成边坡的岩土体种类少,强度变化小,均匀性好,土质边坡潜在滑动面少,岩质边坡受外倾结构面或外倾不同结构面组合控制,水文地质条件简单。

(4)《公路工程地质勘察规范》(JTG C20—2011)中结构面结合程度划分见表5.2-9。

结构面结合程度划分　　　　　　　　　　　　　　　　表5.2-9

结合程度	好	一般	差	很差
结构面特征	张开度小于1mm,无充填物 张开度1~3mm,为硅质或铁质胶结 张开度大于3mm,结构面粗糙,为硅质胶结	张开度1~3mm,为铁质或泥质胶结 张开度大于3mm,结构面粗糙,为铁质或钙质胶结	张开度1~3mm,结构面平直,为泥质或泥质和钙质胶结 张开度大于3mm,多为泥质或岩屑充填	泥质充填或泥夹岩屑充填,充填物厚度大于起伏差

(5)一般挖方边坡坡率。

①土质路堑。

A.边坡高度不大于20m时,土质路堑边坡坡率不宜陡于表5.2-10的规定值。

边坡高度≤20m时土质路堑边坡坡率　　　　　　　　　　表5.2-10

土的类别		边坡坡率
黏土、粉质黏土、塑性指数大于3的粉土		1:1.00
中密以上的中砂、粗砂、砾砂		1:1.50
卵石土、碎石土、圆砾土、角砾土	胶结和密实	1:0.75
	中密	1:1.00

B.《建筑边坡工程技术规范》(GB 50330—2013)规定的土质边坡坡率允许值见表5.2-11。

土质边坡坡率允许值　　　　　　　　　　　　　　　　表5.2-11

边坡土体类别	状　态	边坡坡率允许值	
		坡高小于5m	坡高5~10m
碎石土	密实	1:0.35~1:0.50	1:0.50~1:0.75
	中密	1:0.50~1:0.75	1:0.75~1:1.00
	稍密	1:0.75~1:1.00	1:1.00~1:1.25
黏性土	坚硬	1:0.75~1:1.00	1:1.00~1:1.25
	硬塑	1:1.00~1:1.25	1:1.25~1:1.50

注:1.碎石土的充填物为坚硬或硬塑状态的黏性土。

2.对于砂土或充填物为砂土的碎石土,其边坡坡率允许值应按砂土或碎石土的自然休止角确定。

C.《贵州建筑岩土工程技术规范》(DBJ52/T 046—2018)规定的土质边坡坡率允许值见表5.2-12。

土质边坡坡率允许值 表 5.2-12

土的类型	状态	边坡坡率允许值	
		坡高小于 5m	坡高 5~10m
碎石土	密实	1:0.35~1:0.50	1:0.50~1:0.75
	中密	1:0.50~1:0.75	1:0.75~1:1.00
	稍密	1:0.75~1:1.00	1:1.00~1:1.25
红黏土	硬塑	1:1.00~1:1.25	1:1.25~1:1.50
	可塑	1:1.25~1:1.50	1:1.50~1:1.75
粉质黏土	坚硬	1:0.75	—
	硬塑	1:1.00~1:1.25	—
	可塑	1:1.25~1:1.50	—
黏性土	坚硬	1:0.75~1:1.00	1:1.00~1:1.25
	硬塑	1:1.00~1:1.25	1:1.25~1:1.50
	可塑	1:1.25~1:1.50	—

注:1.红黏土边坡下部基座为软塑土时不适用。
2.坡高大于 10m 时,可设两种坡率或中间设一平台。

D.重庆市《工程地质勘察规范》(DBJ50/T-043—2016)规定的土质边坡坡率允许值见表 5.2-13。

土质边坡坡率允许值 表 5.2-13

边坡土质类别	状态	坡率允许值	
		$h \leqslant 5m$	$5m < h \leqslant 10m$
碎(卵)石土	密实	1:0.35~1:0.50	1:0.50~1:0.75
	中密	1:0.50~1:0.75	1:0.75~1:1.00
	稍密	1:0.75~1:1.00	1:1.00~1:1.25
黏性土	坚硬	1:0.75~1:1.00	1:1.00~1:1.25
	硬塑	1:1.00~1:1.25	1:1.25~1:1.50
	可塑	1:1.25~1:1.50	—
素填土	密实	1:0.75~1:1.00	1:1.00~1:1.25
	中密	1:1.00~1:1.25	1:1.25~1:1.50
	稍密	1:1.25~1:1.50	—

注:1. h 表示边坡高度。
2.碎石土的充填物为坚硬或硬塑状态的黏性土。
3.对于砂土或充填物为砂土的碎石土,其边坡坡率允许值应按自然休止角确定。
4.素填土系指 20~200mm 的硬质颗粒含量超过全重 50%的素填土。
5.临时性边坡可取表中上限值。
6.当填土地面的天然坡度大于 20%时,尚应验算其稳定性。

重庆市《建筑地基基础设计规范》(DBJ50-047—2006)规定土质基坑侧壁直立开挖最大深度 h 可按下式计算：

$$h = \gamma_k \frac{2c_k\sqrt{k_a} - qk_a}{\gamma k_a}$$

式中：γ_k——取 0.67；
　　　γ——土的天然重度；
　　　q——基坑顶部荷载；
　　　k_a——主动土压力系数 $=\tan^2(45-\varphi_k/2)$；
　　　c_k、φ_k——土的黏聚力、内摩擦角标准值。

E.《铁路路基设计规范》(TB 10001—2016)规定：边坡高度不大于20m时，土质边坡坡率见表5.2-14；当存在不利地层分界面、滑动面、地下水出露等特殊情况，需通过稳定分析计算确定。

路堑边坡坡率　　　　　　　　　　　　　　　　　表5.2-14

土的类别		边坡坡率
黏土、粉质黏土、塑性指数大于3的粉土		1：1.00～1：1.50
中密以上的中砂、粗砂、砾砂		1：1.50～1：1.75
漂石土、卵石土、碎石土、粗砾土、细砾土	胶结和密实	1：0.50～1：1.25
	中密	1：1.25～1：1.50

②岩质路堑。

A.边坡高度不大于30m时，边坡坡率见表5.2-15。

边坡高度≤30m时岩质边坡坡率　　　　　　　　表5.2-15

边坡岩体类型①	风化程度	边坡坡率	
		$H<15m$	$H=15\sim30m$
Ⅰ类	未风化、微风化	1：0.10～1：0.30	1：0.10～1：0.30
	弱风化	1：0.10～1：0.30	1：0.30～1：0.50
Ⅱ类	未风化、微风化	1：0.10～1：0.30	1：0.30～1：0.50
	弱风化	1：0.30～1：0.50	1：0.50～1：0.75
Ⅲ类	未风化、微风化	1：0.30～1：0.50	—
	弱风化	1：0.50～1：0.75	—
Ⅳ类	弱风化	1：0.50～1：1.00	—
	强风化	1：0.75～1：1.00	—

注：①岩质边坡的岩体分类见表5.2-16，此表与《建筑边坡工程技术规范》(GB 50330—2002)分类相同，与《建筑边坡工程技术规范》(GB 50330—2013)(本书表5.2-5)略有差异，列出仅供参考。边坡岩体类型划分仍按表5.2-5规定。

边 坡 岩 体 类 型　　　　　　　　表 5.2-16

边坡岩体类型	岩体完整程度	结构面结合程度	结构面产状	直立边坡自稳能力
Ⅰ	完整	结构面结合良好或一般	外倾结构面或外倾不同结构面的组合线倾角大于75°或小于35°	30m高边坡长期稳定,偶有掉块
Ⅱ	完整	结构面结合良好或一般	外倾结构面或外倾不同结构面的组合线倾角大于75°或小于35°	15m高边坡稳定,15～30m高的边坡欠稳定
Ⅱ	完整	结构面结合差	外倾结构面或外倾不同结构面的组合线倾角35°～75°	
Ⅱ	较完整	结构面结合良好或一般或差	外倾结构面或外倾不同结构面的组合线倾角小于35°,有内倾结构面	边坡出现局部塌落
Ⅲ	完整	结构面结合差	外倾结构面或外倾不同结构面的组合线倾角35°～75°	8m高的边坡稳定,15m高的边坡欠稳定
Ⅲ	较完整	结构面结合良好或一般	外倾结构面或外倾不同结构面的组合线倾角35°～75°	
Ⅲ	较完整	结构面结合差	外倾结构面或外倾不同结构面的组合线倾角大于75°或小于35°	
Ⅲ	较完整（碎裂镶嵌）	结构面结合良好或一般	结构面无明显规律	
Ⅳ	较完整	结构面结合差或很差	外倾结构面以层面为主,倾角多为35°～75°	8m高的边坡不稳定
Ⅳ	不完整（散体、碎裂）	碎块间结合很差	—	

注:1.边坡岩体分类中未含有软弱结构面控制的边坡和倾倒崩塌型破坏的边坡。
　　2.Ⅰ类岩体为软岩、较软岩时,应降为Ⅱ类岩体。
　　3.当地下水发育时,Ⅱ、Ⅲ类岩体可视情况降低一档。
　　4.强风化岩和极软岩可划为Ⅳ类岩体。
　　5.表中外倾结构面系指倾向与坡向的夹角小于30°的结构面。

B.《贵州建筑岩土工程技术规范》(DB22/46—2004)规定的岩质边坡坡率允许值见表5.2-17,仅供参考。

岩质边坡坡率允许值　　　　　　　　表 5.2-17

岩石类型	风化程度	边坡坡率允许值	
		坡高小于8m	坡高8～20m
硬质岩石 f_{rk}>30MPa	微风化	1∶0.10～1∶0.20	1∶0.20～1∶0.35
	中风化	1∶0.20～1∶0.35	1∶0.35～1∶0.50
	强风化	1∶0.35～1∶0.50	1∶0.50～1∶0.75
软质岩石	微风化	1∶0.35～1∶0.50	1∶0.50～1∶0.75
	中风化	1∶0.50～1∶0.75	1∶0.75～1∶1.00
	强风化	1∶0.75～1∶1.00	1∶1.00～1∶1.25

注:本表不适用于下列边坡:
　　1.软弱结构面(层面、节理面)外倾且倾角大于25°但小于边坡角;
　　2.软弱结构面外倾,走向与边坡走向斜交夹角小于35°,视倾角大于30°,且小于边坡角。

C.《建筑边坡工程技术规范》(GB 50330—2013)规定的岩质边坡坡率允许值见表5.2-18。

岩质边坡坡率允许值　　　　　　表 5.2-18

边坡岩体类型	风化程度	坡率允许值		
		$H<8m$	$8m<H\leqslant15m$	$15m<H\leqslant25m$
Ⅰ类	未/微风化	1:0.00~1:0.10	1:0.10~1:0.15	1:0.15~1:0.25
	中等风化	1:0.10~1:0.15	1:0.15~1:0.25	1:0.25~1:0.35
Ⅱ类	未/微风化	1:0.10~1:0.15	1:0.15~1:0.25	1:0.25~1:0.35
	中等风化	1:0.15~1:0.25	1:0.25~1:0.35	1:0.35~1:0.50
Ⅲ类	未/微风化	1:0.25~1:0.35	1:0.35~1:0.50	—
	中等风化	1:0.35~1:0.50	1:0.50~1:0.75	—
Ⅳ类	中等风化	1:0.50~1:0.75	1:0.75~1:1.00	—
	强风化	1:0.75~1:1.00	—	—

注:1.H 为边坡高度。
　　2.Ⅳ类强风化包括各类风化程度的极软岩。
　　3.全风化岩体可按土质边坡坡率取值。

D.重庆市《工程地质勘察规范》(DBJ50/T-043—2016)规定的岩质边坡坡率允许值见表5.2-19。

岩质边坡坡率允许值　　　　　　表 5.2-19

边坡岩体类型	边坡岩体类型	坡率允许值(高宽比)		
		$H<8m$	$8m\leqslant H<15m$	$15m\leqslant H<30m$
Ⅰ类	微风化	1:0.00~1:0.10	1:0.10~1:0.15	1:0.15~1:0.25
	中等风化	1:0.10~1:0.15	1:0.15~1:0.25	1:0.25~1:0.35
Ⅱ类	微风化	1:0.10~1:0.15	1:0.15~1:0.25	1:0.25~1:0.35
	中等风化	1:0.15~1:0.25	1:0.25~1:0.35	1:0.35~1:0.50
Ⅲ类	微风化	1:0.25~1:0.35	1:0.35~1:0.50	—
	中等风化	1:0.35~1:0.50	1:0.50~1:0.75	—
Ⅳ类	中等风化	1:0.50~1:0.75	1:0.75~1:1.00	—
	强风化	1:0.75~1:1.00	—	—

注:1.H 为边坡高度。
　　2.Ⅳ类中等风化岩石指较破碎的极软岩和破碎~极破碎的各类岩石。
　　3.全风化岩体可按土质边坡坡率取值。
　　4.临时性边坡可取表中上限值。

5.2.4　深路堑与高边坡

(1)土质边坡高度超过20m、岩质边坡高度超过30m的深路堑边坡以及不良地质、特殊岩土地段等需特殊设计的边坡,应按独立工点进行勘察设计。

(2)依据《公路工程地质勘察规范》(JTG C20—2011),深路堑初勘阶段应基本查明以下内容:
①挖方路段的地貌类型、地形起伏变化情况及横向坡度、斜坡的自然稳定状况;

②斜坡上覆盖层厚度、土质类型、地层结构、含水状态、胶结程度和密实度；
③覆盖层与基岩接触面的形态特征及起伏变化情况；
④基岩的岩性及组合情况、岩石的风化程度和边坡岩体结构类型；
⑤层理、节理、断层、软弱夹层等结构面产状、规模及倾向路基的情况；
⑥岩、土的物理力学性质，控制边坡稳定的结构面的抗剪强度；
⑦地下水的出露位置、流量、动态控制及对边坡稳定的影响；
⑧地表水的类型、分布、径流及对边坡稳定性的影响；
⑨深路堑边坡的稳定性。

编者注：实践证明，在多数情况下，初勘做好了，大多可满足施工图设计要求。

A.公路岩质边坡岩体结构分类见表5.2-20。

岩质边坡岩体结构分类　　　　　　　表5.2-20

序号	边坡结构分类		岩石类型	岩体特征	边坡稳定特征
	类型	亚类			
1	块体结构	—	岩浆岩、中深变质岩、厚层沉积岩、火山岩	岩体成块状、厚层状，结构面不发育，多为刚性结构面，贯穿性软弱结构面少见	边坡稳定性好，易形成高陡边坡，失稳形态多沿某一结构面崩塌或复合结构面滑动。滑动稳定性受结构面抗剪强度及岩石抗剪断强度控制
2	层状结构	层状同向结构	各种厚度的沉积岩、层状变质岩和复杂多次喷发的火山岩	边坡与层面同向，倾向夹角小于30°，岩体多呈互层和层间错动带，常为贯穿性软弱结构面	层面或软弱夹层，形成滑动面，坡脚切断后易产生顺层滑动，倾角较陡时可形成溃屈破坏。稳定性受坡角与岩层倾角组合、顺坡向软弱结构面的发育程度及其强度所控制
		层状反向结构		边坡与层面反向，倾向夹角大于150°，岩体特征同上	岩层较陡时易产生倾倒弯曲松动变形；坡脚有软弱地层发育时，上部易拉裂，局部崩塌滑动。共轭节理的组合交线倾向路基时，可产生楔体滑动。边坡稳定性受坡角与岩层倾角组合、岩层厚度、层间结合能力及反倾结构面发育程度所控制
		层状斜向结构		边坡与层面斜交或垂直，倾向夹角30°~150°，岩体特征同上	易形成层面与节理组成楔形体滑动或崩塌。层面与坡面走向夹角越大稳定性越高
		层状平叠结构		近于水平的岩层构成的边坡，岩体特征同上	坡脚有软弱地层或层间有软弱层发育时，在孔隙水压力或卸荷作用下产生向临空面方向的滑移或错落、崩塌、拉裂倾倒
3	碎裂结构	—	各种岩石的构造影响带、破碎带、蚀变带或风化破碎岩体	岩体结构面发育，岩体宏观的工程力学特征已基本不具备由结构面造成的各向异性	边坡稳定性较差，坡角取决于岩块间的镶嵌情况和岩块间的咬合力，可产生崩塌、弧形滑动

续上表

序号	边坡结构分类 类型	边坡结构分类 亚类	岩石类型	岩体特征	边坡稳定特征
4	散体结构		各种岩石的构造破碎及其强烈影响带、强风化破碎带	由碎屑泥质物夹大小不等的岩块组成,呈土夹石或石夹土状,软弱结构面发育呈网状	边坡稳定性差,坡角取决于岩体的抗剪强度,滑动面呈圆弧状

B.公路岩质边坡破坏类型分类见表5.2-21。

岩质边坡破坏类型　　　　　　　　表 5.2-21

序号	变形破坏 类型	变形破坏 亚类	变形破坏特征	变形破坏机制	破坏面形态
1	崩塌		边坡上局部岩体向临空方向拉裂、移动、崩落,崩落的岩体其主要运动形式为自由坠落或沿坡面的跳跃、滚动	拉裂、剪切—滑移。岩体存在临空面,在重力作用下,岩体向临空方向拉裂、剪切—滑移、崩落	切割崩塌体的结构面组合
2	滑动	平面形	边坡岩层、岩体沿某一外倾的层理、节理或断层整体向下滑移	剪切—滑移。结构面临空,边坡岩层、岩体沿某一贯通性结构面向下产生剪切—滑移	平面
2	滑动	圆弧形	具有散体结构或碎裂结构的岩体沿弧形滑动面滑移,坡脚隆起	剪切—滑移。坡面临空,边坡过高,岩体发生剪切破坏,滑裂面上的抗滑力小于下滑力	圆弧
2	滑动	楔形体	两个或三个结构面组合而成的楔形体,沿两个滑动面交线方向滑动	剪切—滑移。结构面临空,交线倾向路基,楔体沿相交的两结构面向下剪切—滑移	两个倾向相反,交线倾向路基的结构面组合
2	滑动	折线形	边坡岩体追踪两个或两个以上的外倾结构面产生沿折线形滑动面的滑动	剪切—滑移。边坡岩体沿外倾的层理、节理或断裂构成的折线形滑面产生剪切—滑移	折线
3	错落		坡脚岩体破碎或岩质软弱,边坡的岩体,沿陡倾结构面发生整体下坐(错)位移	鼓胀、下沉、剪切—滑移。结构面临空,坡脚失去支撑,岩体沿陡倾结构面下坐、滑移	与边坡平行的陡倾节理或断层与坡脚缓倾层理
4	倾倒		具有层状方向结构的边坡,在重力作用下,其表部岩层向边坡下方发生弯曲倾倒	弯曲—拉裂—滑动。反倾岩层结构面在重力作用产生的弯矩作用下弯曲、拉裂、折断、滑动	沿软弱层面与反倾向节理面追踪形成

续上表

序号	变形破坏类型	亚类	变形破坏特征	变形破坏机制	破坏面形态
5	溃屈		岩层倾角与坡角大体一致层状同向结构边坡,上部岩层沿软弱面蠕滑,下部岩层鼓起、弯折、剪断,岩层沿上部层面和下部剪切面滑动	滑移—弯曲。顺坡向层间剪应力大于层间结合力,上部岩层沿软弱面蠕滑,由于下部受阻而发生纵向弯曲、鼓起、弯折、剪断,最终滑面贯通后滑动	层面与下部剪断面的组合
6	滑塌		边坡表面的风化岩体,沿某一弧形或节理、层理组合而成的滑动面产生局部的滑动—坍塌	剪切—滑动—坍塌。风化岩体强度降低发生剪切破坏或滑动面上的抗滑力小于下滑力,风化岩体产生局部滑动并伴有坡面坍塌	圆弧或层理、节理等结构面的组合
7	碎落		边坡表面的风化岩石,在水流和重力作用下,呈片状或碎块状剥离母体、沿坡面滚落、堆积的现象	拉裂。岩体存在临空面,在结合力小于重力时,发生碎落	

(3)边坡岩体强度

①结构面抗剪强度指标标准值无实验数据时可据表5.2-22采用,结构面结合程度判断见表5.2-23。

结构面抗剪强度指标标准值　　　　表5.2-22

结构面类型		结构面结合程度	内摩擦角 $\varphi(°)$	黏聚力 c(MPa)
硬性结构面	1	结合好	>35°	>0.13
	2	结合一般	35~27	0.13~0.09
	3	结合差	27~18	0.09~0.05
软弱结构面	4	结合很差	18~12	0.05~0.02
	5	结合极差(泥化层)	根据地区经验确定	

注:1.表中数值已考虑结构面的时间效应。
　2.极软岩、较软岩取表中低值。
　3.岩体结构面连通性差时,取表中的高值。
　4.岩体结构面浸水时取表中的低值。

结构面结合程度分类　　　　表5.2-23

结合程度	结构面特征
结合好	张开度小于1mm,胶结良好,无充填;张开度1~3mm,硅质或铁质胶结
结合一般	张开度1~3mm,钙质胶结;张开度大于3mm,表面粗糙,钙质胶结
结合差	张开度1~3mm,表面平直,无胶结;张开度大于3mm,岩屑充填或岩屑夹泥质充填
结合很差 结合极差(泥化层)	表面平直光滑,无胶结;泥质充填或泥夹岩屑充填,充填物厚度大于起伏差;分布连续的泥化夹层;未胶结的或强风化的小型断层破碎带

有实测资料时岩体内摩擦角可由岩块内摩擦角标准值按岩体裂隙发育程度与表 5.2-24 所列折减系数的乘积确定。

岩体内摩擦角折减系数 表 5.2-24

边坡岩体特性	内摩擦角的折减系数
裂隙不发育	0.90~0.95
裂隙较发育	0.85~0.90
裂隙发育	0.80~0.85
碎裂结构	0.75~0.80

边坡岩体性能指标标准值可按地区经验确定，重要边坡应通过试验确定。

②《公路隧道设计规范　第一册　土建工程》(JTG 3370.1—2018)规定的岩体结构面抗剪断峰值强度见表 5.2-25。

结构面抗剪断峰值强度 表 5.2-25

序号	两侧岩体的坚硬程度及结构面的结合程度	内摩擦角 φ(°)	黏聚力 c(MPa)
1	坚硬岩，结合好	>37	>0.22
2	坚硬~较坚硬岩，结合一般较软岩，结合好	37~29	0.22~0.12
3	坚硬~较坚硬岩，结合差较软岩~软岩，结合一般	29~19	0.12~0.08
4	较坚硬~较软岩，结合差~很差软岩，结合差；软岩的泥化面	19~13	0.08~0.05
5	较坚硬岩及全部软质岩，结合很差软质岩泥化层本身	<13	<0.05

③《建筑边坡工程技术规范》(GB 50330—2013)规定的结构面抗剪强度指标标准值见表 5.2-26，结构面结合程度判定见表 5.2-6。

结构面抗剪强度指标标准值 表 5.2-26

结构面类型		结构面结合程度	内摩擦角 φ(°)	黏聚力 c(MPa)
硬性结构面	1	结合好	>35°	>0.13
	2	结合一般	35~27	0.13~0.09
	3	结合差	27~18	0.09~0.05
软弱结构面	4	结合很差	18~12	0.05~0.02
	5	结合极差(泥化层)	<12	<0.02

注：1.除第 1 项和第 5 项外，结构面两壁岩性为极软岩、软岩时取较低值。
2.取值时应考虑结构面的贯通程度。
3.结构面浸水时取较低值。
4.临时性边坡可取高值。
5.已考虑结构面的时间效应。
6.未考虑结构面参数在施工期和运营期受其他因素影响发生变化，当判定为不利因素时，可进行适当折减。

边坡岩体内摩擦角折减系数同 2.4(9)②条规定，黏聚力折减系数建议按 2.4(9)②条取值。

边坡岩体等效内摩擦角标准值见表5.2-27。

岩体等效内摩擦角标准值　　　　表5.2-27

边坡岩体类型	Ⅰ	Ⅱ	Ⅲ	Ⅳ
等效内摩擦角 φ_c(°)	φ_c>72	72≥φ_c>62	62≥φ_c>52	52≥φ_c>42

注:1.适用于高度不大于30m的边坡;当高度大于30m时,应做专门研究。
　2.边坡高度较大时取较小值,高度较小时宜取较大值;当边坡岩体变化较大时,应按同等高度段分别取值。
　3.已考虑结构面的时间效应;对于Ⅱ、Ⅲ、Ⅳ类岩质临时边坡可取上限值,Ⅰ类岩质临时边坡可根据岩体强度及完整程度取大于72°的数值。
　4.适用于完整、较完整的岩体;破碎、较破碎的岩体可根据地方经验适当折减。

④重庆市《工程地质勘察规范》(DBJ50/T-043—2016)规定的结构面抗剪强度及岩体性质指标见表5.2-28~表5.2-31。

A.当无条件进行试验时,岩体结构面抗剪强度指标在初步设计阶段可根据岩体结构面的结合程度按表5.2-28确定。

岩体结构面抗剪强度　　　　表5.2-28

结构面类型		结构面结合程度	内摩擦角 φ_s(°)	黏聚力 c_s(kPa)
硬性结构面	1	结合良好	>35°	>130
	2	结合一般	35~27	130~90
	3	结合差	27~18	90~50
软弱结构面	4	结合很差	18~12	50~20
	5	结合极差(泥化层)	<12	<20

注:1.除结合极差外,结构面两壁岩性为极软岩、软岩时取表中较低值。
　2.未完全贯通时,应根据贯通程度乘以增大系数1.1~1.5。
　3.结构面浸水时取较低值。
　4.临时性边坡可取高值。
　5.已考虑结构面的时间效应。
　6.未考虑结构面参数在施工期和运营期受其他因素影响发生变化。

B.岩体结构面结合程度分类同表5.2-23。

C.边坡岩体等效内摩擦角标准值同表5.2-27,重庆市《工程地质勘察规范》(DBJ50-043—2005)规定的等效内摩擦角标准值见表5.2-29,仅供参考。

岩体等效内摩擦角标准值　　　　表5.2-29

边坡岩体类型	Ⅰ	Ⅱ	Ⅲ	Ⅳ
等效内摩擦角 φ_c(°)	82~72	72~62	62~52	52~42

注:1.表中数据适用于高度5~25m的边坡,高度小于5m时,取值可高于上限;高度大于25m时,应专门研究。
　2.边坡高度较大时取较小值,高度较小时取较大值;当边坡岩体变化较大时应按同等高度段分别取值。
　3.表中数值已考虑时间效应。

D.初勘时完整和较完整的边坡岩体性质指标可按表5.2-30选用。

边坡岩体性质指标 表 5.2-30

岩石类别	重度 γ (kN/m³)	抗拉强度 f_1(MPa)	变形模量 E_0(MPa)	泊松比 ν	内摩擦角 φ(°)	黏聚力 c(MPa)
坚硬岩	24.5~26.5	>0.75	>4500	<0.20	>44	>1.80
软硬岩	23.0~25.0	0.5~0.75	2500~4500	0.10~0.25	41~44	1.00~1.80
较软岩	24.0~25.0	0.25~0.50	1500~3000	0.20~0.30	36~41	0.50~1.00
软岩	23.5~25.0	0.15~0.25	1000~2000	0.25~0.33	30~36	0.25~0.50
极软岩	23.5~24.5	<0.15	<1000	>0.33	<30	<0.25

E.无试验资料时,岩土与基底摩擦系数与锚固体极限黏结强度可按表 5.2-31 确定。

基底摩擦系数与锚固体极限黏结强度标准值 表 5.2-31

岩土种类	土的状态	摩擦系数 μ	极限黏结强度标准值 q_s(kPa)
黏性土	坚硬	0.30~0.40	65~100
	硬塑	0.25~0.30	50~65
	可塑	0.20~0.25	40~50
	软塑		20~40
粉土		0.25~0.30	30~50
砂土	松散	0.35~0.45	60~100
	稍密		100~140
	中密		140~210
	密实		200~280
碎石土	稍密	0.40~0.50	120~160
	中密		160~220
	密实		220~300
坚硬岩 较硬岩		0.65~0.75	2200~3200
			1200~2200
较软岩 软岩 极软岩		0.40~0.60	760~1200
			360~760
			270~360

注:1.表中岩土与锚固体极限黏结强度标准值适用于注浆强度等级为 M30,且为初步设计时选用,施工时应通过试验检验。
    2.表中岩石的基底摩擦系数适用于岩体完整和较完整时。

(4)土体抗剪强度通常用室内试验确定。需要时宜采用原位剪切试验或反算法确定。

(5)边坡稳定性计算按有关规范规定,此处不详列。

①边坡稳定性状态依据《建筑边坡工程技术规范》(GB 50330—2013)按边坡稳定性系数 F_s 划分,见表 5.2-32。

边坡稳定性分类 表5.2-32

边坡稳定性系数 F_s	<1.00	$1.00 \leqslant F_s < 1.05$	$1.05 \leqslant F_s < F_{st}$	$F_s \geqslant F_{st}$
边坡稳定性状态	不稳定	欠稳定	基本稳定	稳定

②边坡稳定安全系数 F_{st}。

A. 各等级公路路堑边坡稳定系数不得小于表5.2-33所列稳定安全系数值。对非正常工况Ⅱ，路堑边坡稳定性分析方法及稳定安全系数应符合《公路工程抗震规范》(JTG B02—2013)的规定。

路堑边坡稳定性安全系数 表5.2-33

分析工况	路堑边坡稳定安全系数 F_{st}	
	高速公路、一级公路	二级及二级以下公路
正常工况	1.20~1.30	1.15~1.25
非正常工况Ⅰ	1.10~1.20	1.05~1.15

注：1. 路堑边坡地质条件复杂或破坏后危害严重时，稳定安全系数取大值；地质条件简单或破坏后危害较轻时，稳定安全系数取小值。
2. 路堑边坡破坏后的影响区域内有重要建筑物(桥梁、隧道、高压输电塔、油气管道等)、村庄和学校时，稳定安全系数取大值。
3. 施工边坡的临时稳定安全系数不应小于1.05。

《公路路基设计规范》(JTG D30—2004)规定的路堑边坡稳定安全系数见表5.2-34，仅供参考。

路堑边坡稳定安全系数 表5.2-34

公路等级	路堑边坡稳定安全系数 F_{st}	
高速公路、一级公路	正常工况	1.20~1.30
	非正常工况Ⅰ	1.10~1.20
	非正常工况Ⅱ	1.05~1.10
二级及二级以下公路	正常工况	1.15~1.25
	非正常工况Ⅰ	1.05~1.15
	非正常工况Ⅱ	1.02~1.05

注：1. 非正常工况Ⅰ是指边坡处于暴雨或连续降雨状态下的工况。
2. 非正常工况Ⅱ是指边坡处于地震等荷载作用状态下的工况。

B. 《建筑边坡工程技术规范》(GB 50330—2013)规定的边坡稳定安全系数见表5.2-35。

边坡稳定安全系数 表5.2-35

边坡类型		安全等级		
		一级	二级	三级
永久边坡	一般工况	1.35	1.30	1.25
	地震工况	1.15	1.10	1.05
临时边坡		1.25	1.20	1.15

注：1. 地震工况时，安全系数仅适用于塌滑区内无重要建(构)筑物的边坡。
2. 对地质条件复杂或破坏后危害严重的边坡工程，其稳定安全系数应适当提高。

《建筑边坡工程技术规范》(GB 50330—2002)规定的边坡稳定系数 K_s 见表 5.2-36,仅供参考。

边坡工程安全系数　　　　　　　表 5.2-36

计算方法	边坡工程安全系数		
	一级边坡	二级边坡	三级边坡
平面滑动法/折线滑动法	1.35	1.30	1.25
圆弧滑动法	1.30	1.25	1.20

C.《岩土工程勘察规范(2009 年版)》(GB 50021—2001)的相关规定。

边坡稳定性评价,应在确定边坡破坏模式的基础上进行,可采用工程地质类比法、图解分析法、极限平衡法、有限单元法进行综合评价。各区段条件不一致时,应分区段分析。

边坡稳定系数 F_s 的取值,对新设计的边坡,重要工程宜取 1.30~1.50,一般工程宜取 1.15~1.30,次要工程宜取 1.05~1.15。采用峰值强度时取大值,采用残余强度时取小值。验算已有边坡稳定时,F_s 取 1.10~1.25。

6 岩溶、滑坡

贵州公路建设和运营中最常见的不良地质问题是岩溶及滑坡,故专列此章,以便查阅相关资料。

6.1 岩 溶

贵州碳酸盐岩出露面积10.9万 km^2,居全国第三位;碳酸盐岩出露面积约占全省总面积的61.9%,居全国第一位。

6.1.1 岩溶地貌

(1)《公路工程地质勘察规范》(JTG C20—2011)规定的岩溶地貌类型见表6.1-1。

岩溶地貌类型　　　　　　　　　　　　表6.1-1

名　称	含义及形成条件	特　征
溶痕	地表水沿可溶性岩层进行溶蚀所形成的微小沟道	宽仅数厘米到十余厘米,长几厘米至数米,常见于石灰岩或石芽表面
溶隙	地表水沿可溶岩裂隙渗流溶蚀所形成的沟隙	宽几厘米至1~2m,长几米至几十米
溶沟、溶槽	地表水沿可溶性岩石的裂隙进行溶蚀和机械侵蚀所形成的小型沟槽	深度由数厘米至数米,甚至更大
石芽	溶沟、溶槽间残留的"脊"和笋状突起	石芽和溶沟、溶槽是共生的,其高度一般不超过3m
落水洞	由岩体中的裂隙受水流溶蚀、机械侵蚀以及塌陷而成的地表通往地下暗河或溶洞的通道	呈垂直、陡倾斜或弯折状,宽度一般很少超过10m,深度可达百米至数百米,按形态可分为圆形、井状、裂隙状
溶洞	由地下水对可溶性岩石进行溶蚀和机械侵蚀而形成的呈水平状通道	大小与形状多种多样,大部分洞身曲折,支洞多,在地下水位以上,无经常流水,常见有不同高度重叠分布的大型复杂溶洞
暗河	地下水位以下的溶洞	洞中水流汇集成河,有时与干谷相伴存在
漏斗	岩溶地区呈漏斗形或蝶形的封闭洼地,由溶蚀作用或溶洞洞顶塌陷而成	上大下小,底部常有落水洞或竖井
干谷	河水经河谷底部的漏斗和落水洞等流入地下,使原来的河段失去排水作用,形成干涸的河谷	当暴雨季节或地下水排泄不畅时,才有暂时性的水流

续上表

名　称	含义及形成条件	特　征
溶蚀洼地	岩溶作用形成的小型封闭洼地,一般认为溶蚀洼地是由相邻漏斗逐渐加宽、合并而成	大多呈狭长形,一般长度大于宽度1～5倍,深度小于30m,长度可达千米,底部较平坦,有时有小湖泊
岩溶盆地（波立谷）	是一种大致呈椭圆形的大型封闭洼地。在一定的构造条件下,经长期溶侵蚀作用形成,如溶蚀洼地扩大合并,溶洞、暗河崩塌,地表干谷的扩大加深等	其延长方向常与构造线一致,长达几公里,面积可达数平方公里至数百平方公里,四周斜坡陡峭,谷底平坦,堆积物较厚,常有落水洞、峰林和暗河
岩溶湖	岩溶地区的溶蚀洼地或溶洞底部积水而成的地面或地下湖泊。由漏斗、落水洞淤塞、积水而成,或由于直接与地下水含水层有水力联系的低洼地区积水而成	一般规模较小,当溶蚀洼地底部为隔水岩层,堆积层较厚的残坡积物或湖盆底低于潜水面时,水流汇集成地面的岩溶湖。溶洞中的大型积水洼地为地下的岩溶湖,亦称地下湖
峰林	耸立在岩溶平原上的孤立石峰。是在地壳相对稳定的条件下,岩溶地貌发育到后期的产物	山坡陡峭,一般均在45°以上,相对高度可达100～200m,多分布于平原上
石灰华	岩溶泉水至出口处,因环境变化,溶于水的钙质分离沉积而成	经常呈多孔状
石钟乳	含碳酸钙的水从洞顶板下滴时,钙质沉淀形成自上而下的长条形沉积物	挂于洞顶
石笋、石柱	由含碳酸钙的水滴到洞底,钙质沉积而成	发育于溶洞底部的竹笋状突起的,成为石笋;当石钟乳与石笋连接在一起时成为石柱
残余堆积物	由不被水溶解的残余物组成的堆积物	如 Fe_2O_3、Al_2O_3
其他堆积物	洞穴坍塌的石灰岩碎块、水流搬运物,及人类、动植物化石等	—

(2)《公路工程地质勘察规范》(JTJ 064—98)规定的岩溶地貌分类见表6.1-2,仅供参考。

岩 溶 地 貌 分 类　　　　表6.1-2

地貌类型	主　要　特　征	简要说明
残丘洼地	多发育在分水岭地带。小型洼地、槽谷与高差不大的山丘相间,地表崎岖坎坷,岩溶水多沿溶蚀裂隙活动,隐蔽型岩溶形态一般不太发育	岩溶发育一般,水害不甚突出
峰丛洼地	山峰间有垭口,峰丛间有洼地、槽谷和坡立谷,洼地谷底有溶蚀漏斗、溶蚀竖井和落水洞等分布,地表水通过小型裸露型岩溶形态进入地下,排泄于深切峡谷或侵蚀沟谷	地表高差增大,岩溶相当发育,路基水害突出,并存在路基基底塌陷问题
峰林洼地	峰林与洼地和谷地相间,山峰挺拔,高差增大,洼地、槽谷、坡立谷发展扩大,地表有河流,多转变为隐蔽型地下河。除干流外,尚有脉状支流,地表水通过洼地谷底的裸露型岩溶形态与地下通道保持水力联系	谷底开阔,岩溶发育,存在路基水害及路基基底塌陷问题
峰林坡立谷	地表河流及地下河流发育,地下脉状通道发展成网状。洼地、槽谷被地表河流展宽,成为地下岩溶水的局部排泄基准。坡立谷平原上有黏土覆盖物、裸露型岩溶形态和地表塌陷,孤峰挺立,地下常有多层水平溶洞	谷底开阔,岩溶发育成熟,隐蔽型岩溶形态广泛发育,路基水害及路基基底塌陷问题均甚突出

续上表

地貌类型	主要特征	简要说明
溶蚀平原	地表河流迂回曲折,地下隐蔽型岩溶形态纵横交错成网状,具有强烈水力联系和统一潜水面。平原上黏性土覆盖层深厚,裸露型岩溶形态和地表塌陷发育,仅有零星孤峰,局部地带有石芽分布	应注意隐蔽型岩溶形态及水淹路基问题

(3)《贵州省水文地质志》(贵州省地矿局,1996年)中列出的地貌成因类型划分见表6.1-3。

岩溶地貌成因类型   表6.1-3

成因类型	岩石建造类型	形态组合类型
溶蚀	碳酸盐岩	峰丛洼地、峰丛谷地、峰林洼地、峰林谷地、溶丘洼地、溶丘盆地
溶蚀—侵蚀	碳酸盐岩与碎屑岩互层	峰丛峡谷、峰丛沟谷
溶蚀—构造	碳酸盐岩夹碎屑岩	溶蚀构造平台、断陷盆地、垄脊槽谷(垄岗谷地)
侵蚀—构造	碎屑岩、碎屑岩夹碳酸盐岩	台状山峡谷、桌状山峡谷、单面山沟谷、断块山沟谷

6.1.2 岩溶发育程度分级

(1)《建筑地基基础设计规范》(GB 50007—2011)规定的岩溶发育程度分级见表6.1-4。

岩溶发育程度分级   表6.1-4

等级	岩溶场地条件
岩溶强发育	地表有较多岩溶塌陷、漏斗、洼地、泉眼 溶沟、溶槽、石芽密布,相邻钻孔间存在临空面且基岩面高差大于5m 地下有暗河、伏流 钻孔见洞隙率大于30%或线岩溶率大于20% 溶槽或串珠状竖向溶洞发育深达20m以上
岩溶中等发育	介于强发育和微发育之间
岩溶微发育	地表无岩溶塌陷、漏斗 溶沟、沟槽较发育 相邻钻孔间存在临空面且基岩面相对高差小于2m 钻孔见洞隙率小于10%或线岩溶率小于5%

(2)《贵州建筑岩土工程技术规范》(DBJ52/T 046—2018)根据岩溶发育程度将岩溶场地划分为下列三个发育等级。

①凡符合下列条件之一者为岩溶强发育:

A.地表岩溶塌陷、漏斗、洼地、土洞发育;溶沟、溶槽、石芽密布;

B.钻孔见洞隙率>30%、线岩溶率>20%、土洞率≥10%;

C.相邻柱基之间基岩起伏面相对高差>5m；

D.岩溶裂隙或串珠状溶洞发育深度>20m；

E.地下有暗河、伏流。岩溶裂隙水丰富,地表泉眼多有分布。

②凡符合下列条件之一者为岩溶中等发育：

A.地表岩溶塌陷、漏斗、洼地、土洞较发育；溶沟、溶槽、石芽较发育；

B.钻孔见洞隙率10%~30%、线岩溶率5%~20%、土洞率<10%；

C.相邻柱基之间基岩起伏面相对高差2~5m；

D.岩溶裂隙或串珠状溶洞发育深度<20m；

E.无地下暗河、伏流。岩溶裂隙水较丰富,地表泉眼有分布。

③凡符合下列条件之一者为岩溶微发育：

A.无岩溶塌陷、漏斗；溶沟、溶槽较发育；

B.钻孔见洞隙率<10%、线岩溶深率<5%、无土洞；

C.相邻柱基之间基岩起伏面相对高差<2m；

D.岩溶裂隙或串球状溶洞发育深度<5m；

E.岩溶裂隙多被充填,地下水不丰富。

④当钻孔遇洞率为0,基岩石面起伏高差>5m、5~2m、<2m时可分别定为表生岩溶强发育、中等发育和微发育。

(3)《岩溶地区公路工程地质勘察技术指南》(贵州省交通厅,2007年)给出的岩溶发育程度划分如下。

①凡符合下列条件之一者为岩溶极强发育：

A.岩溶形态以大型暗河、廊道、较大规模的溶洞(单一溶洞顶底相对高差大于5m)、竖井和落水洞为主,地下洞穴系统已形成或基本形成,溶洞间管道连通性强,有大量溶洞水涌出；

B.极易塌陷；

C.钻孔遇洞率大于60%；

D.地表岩溶发育密度大于10个/km^2；

E.钻孔线岩溶率大于20%；

F.溶槽或串珠状竖向溶洞发育深度超过50m。

②凡符合下列条件之一者为岩溶强发育：

A.沿断裂、层面、不整合面等有显著溶蚀,中小型串珠状洞穴发育(单一溶洞顶底相对高差2~5m),地下洞穴系统尚未形成,但岩溶化裂隙连通性好,有小型暗河或集中径流,呈岩溶裂隙水涌出；

B.易塌陷；

C.溶沟、溶槽、石芽密布；

D.钻孔遇洞率30%~60%；

E.地表岩溶发育密度6~10个/km^2；

F.钻孔线岩溶率10%~20%；

G.溶槽或串珠状竖向溶洞发育深度超过20m。

③凡符合下列条件之一者为岩溶中等发育：

A.沿裂隙、层面溶蚀扩大为岩溶化裂隙或小型洞穴（单一溶洞顶底相对高差小于 2m），裂隙连通性差，很少有集中径流，常有裂隙性泉水出露；

B.钻孔遇洞率 10%～30%；

C.地表岩溶发育密度 1～5 个/km²；

D.钻孔线岩溶率 3%～10%。

④凡符合下列条件之一者为岩溶弱发育：

A.以裂隙状岩溶或溶孔为主，裂隙透水性差；

B.钻孔遇洞率小于 10%；

C.钻孔线岩溶率小于 3%。

6.1.3 岩溶场地稳定性分类

《岩溶地区公路工程地质勘察技术指南》（贵州省交通厅，2007 年）将岩溶场地稳定性分为极不稳定场地、不稳定场地、中等稳定场地、稳定场地四类。

（1）当场地存在下列情况之一时，为极不稳定场地：

①极强烈岩溶发育区场地；

②岩溶水富集区及排泄带；

③存在对场地稳定性有重大影响的其他不良地质现象。

（2）当场地存在下列情况之一时，为不稳定场地：

①强烈岩溶发育区；

②埋藏的漏斗、槽谷等，并覆盖有软弱土体的地段；

③岩溶水排泄不畅，可能暂时淹没的地段；

④具有多层土层结构，地下水埋藏较浅且变化幅度较大或水位线在基岩面附近的地段；

⑤存在影响场地稳定的其他不良地质现象。

（3）中等岩溶发育区场地为中等稳定场地。

（4）岩溶弱发育区场地为稳定场地。

极不稳定场地是公路要避让或跨越的地段，线路不稳定场地经过时不宜采用路基，中等岩溶发育区场地要在地基评价的基础上采取相应处理措施。岩溶场地的工程地质分区是以场地的稳定条件作为基本原则。岩溶场地的稳定性除与岩溶有关外，还受其他不良地质现象等因素制约，因此，岩溶场地的稳定性评价要综合考虑各种影响因素。

编者注：建议与相关规范对应，将极不稳定场地、不稳定场地、中等稳定场地，分别改为不稳定场地、稳定性差场地、基本稳定场地。

6.1.4 公路岩溶地基稳定性分析

（1）《岩溶地区公路工程地质勘察技术指南》（贵州省交通厅，2007 年）规定：公路岩溶地基稳定性根据公路建筑物不同，按如下标准进行评价。

①当公路路基、隧道岩溶地基具备下列条件之一时为稳定地基：

A.当地形平缓时,基础置于微风化硬质岩石上,近旁有延伸较大裂缝宽度小于1m的竖向裂隙和落水洞;

B.基础底面下土层的厚度大于地基压缩层厚度,且不具备形成土洞的条件;

C.基础底面下土层的厚度小于地基压缩层厚度,但洞内为密实的沉积物充填而又无被水冲蚀的可能;

D.基础尺寸大于溶洞平面尺寸,且有足够的支承长度;

E.微风化硬质岩石中,顶板厚跨比接近或大于0.5。

②当公路一般构造物(小桥、涵洞和通道)岩溶地基具备下列条件之一时为稳定地基:

A.基础底面以下土层厚度大于独立基础宽度的3倍或条形基础宽度的6倍,且不具备形成土洞或其他地面变形的条件。

B.基础底面与洞体顶板间岩土厚度小于A规定的情况,但符合下列条件之一时:

a.洞隙或岩溶漏斗被密实的沉积物充填且无被水冲蚀的可能;

b.洞体较小,基础底面大于洞的平面尺寸,并有足够的支承长度;

c.宽度或直径小于1.0m的竖向洞隙、落水洞近旁地段。

③对于大中桥、特大桥岩溶地基具备下列条件之一时为稳定地基:

A.当基底面积大于溶洞平面尺寸时,对于基本质量等级为Ⅰ级岩体中的溶洞,其基底下的溶洞顶板厚跨比接近或大于0.3;Ⅱ级岩体中的溶洞,其溶洞顶板厚跨比接近或大于0.4;Ⅲ级岩体中的溶洞,其溶洞顶板厚跨比接近或大于0.5。

B.当基底面积小于溶洞平面尺寸时,对基本质量等级为Ⅰ级或Ⅱ级的岩体,溶洞顶板厚跨比接近或大于2。

不满足上述条件的不稳定地基,应进行洞穴顶板稳定性分析。影响岩溶顶板稳定的内因为溶洞顶板厚度、跨度及形态、岩层产状、节理裂隙、岩石的物理力学性质,外因为外力状况、岩石含水量与温度变化、洞内水流搬运的机械破坏作用。最终归纳为4种主要因素:岩石的物理力学性质、顶板的完整性、跨径和厚度。

(2)《建筑地基基础设计规范》(GB 50007—2011)的相关规定。

①对于完整、较完整的坚硬岩、较硬岩地基,当符合下列条件之一时,可不考虑岩溶对地基稳定性的影响:

A.洞体较小,基础底面尺寸大于洞的平面尺寸,并有足够的支承长度;

B.顶板岩石厚度大于或等于洞的跨度。

②地基基础设计等级为丙级且荷载较小的建筑物,当符合下列条件之一时,可不考虑岩溶对地基稳定性的影响:

A.基础底面以下的土层厚度大于独立基础宽度的3倍或条形基础宽度的6倍,且不具备形成土洞的条件时;

B.基础底面与洞体顶板间土层厚度小于独立基础宽度的3倍或条形基础宽度的6倍,洞隙或岩溶漏斗被沉积物填满,其承载力特征值超过150kPa,且无被水冲蚀的可能性时;

C.基础底面存在面积小于基础底面积25%的垂直洞隙,但基底岩石面积满足上部荷载要求时。

③存在下列情况之一且未经处理的场地,不应作为建筑物地基:

A.浅层溶洞成群分布,洞径大,且不稳定的地段;

B.漏斗、溶槽等埋藏浅,其中充填物为软弱土体;

C.土洞或塌陷等岩溶强发育的地段;

D.岩溶水排泄不畅,有可能造成场地暂时淹没的地段。

④地基基础设计等级为甲级、乙级的建筑物主体宜避开岩溶强发育地段。

⑤当不符合上述①、②条规定时,应进行洞体稳定性分析;基础附近有临空面时,应验算向临空面倾覆和沿岩体结构面滑移稳定性。

(3)《岩溶地区公路基础设计与施工技术指南》(黔交建设〔2007〕123号)规定了洞隙稳定性评价中半定量评价方法。

半定量评价方法主要有顶板厚跨比法、估算顶板安全厚度法、现场试验法等。采用半定量方法确定洞体顶板计算厚度时,可采用多方法印证比选,其可靠性按下列因素综合判别:

A.被验算洞体形态、分布与埋深的查明精度;

B.选用顶板厚度计算式的假定条件与地基中实际洞体受力及可能破坏形式的相似性;

C.顶板围岩性能的均一性及参数取值的真实程度。

①顶板厚跨比法。

该法根据近似的水平投影跨度 L 和顶部最薄处厚度 h,求出厚跨比 h/L 作为安全厚度评价依据,不考虑顶板形态、荷载大小和性质。一般可取 $h/L \geq 1.0$ 作为安全界限。

②估算顶板安全厚度法。

该方法又包括荷载传递线交汇法、抗弯估算法、抗剪估算法、坍塌填塞法、坍塌平衡法、破裂拱估算法等。

A.荷载传递线交汇法适用于完整的水平顶板。其假设由顶板中心按与竖直线成30°~35°扩展角向下传递,此传递线位于顶板与洞壁交点以外时,即认为溶洞壁直接支撑顶板上的外荷与自重,顶板是安全的。

B.抗弯估算法。

当厚跨比 $h/L<0.5$、弯矩为主要控制条件时,按下式估算顶板安全厚度:

$$h \geq \sqrt{\frac{6M}{b[\sigma]}}$$

$$M = \alpha q L^2$$

式中:$[\sigma]$——岩体允许抗弯强度;

b——梁板宽度(路基或桥基);

q——顶板总荷载(自重和附加荷载);

α——系数。当顶板有裂缝,两端支座处岩石完整时,按两个悬臂梁计算,α 取值为 1/2;当顶板一支座处有裂缝,而顶板其他地方完整,按简支梁计算,α 取值 1/8;当顶板岩层完整时,按两臂固定梁计算,α 取值为 1/12。当厚跨比 $h/L>0.5$,按拱计算,可近似为圆拱。

C.抗剪估算法。

当洞顶板完整、岩层较厚、洞跨较小、剪力为主要控制因素时,采用这种方法。顶板安全厚度按下式计算：

$$H = \frac{q}{\tau L}$$

式中：τ——岩体的允许抗剪强度，石灰岩一般为其允许抗压强度的 1/12；

　　　L——溶洞的平面周长；

　　　q——顶板总荷载（自重和附加荷载）。

D. 坍塌填塞法。

适用于顶板严重风化、裂隙发育，有可能坍塌的溶洞、土洞。假设洞顶坍塌后，坍落体体积增大，当坍落到一定高度时，洞体自行填满，无须考虑其对地基的影响，坍落高度再加适当的安全系数，便为顶板安全厚度。

如图 6.1-1 所示，如溶洞断面接近矩形，则得顶板坍落高度为：

$$H = \frac{H_0}{k-1}$$

式中：H——坍落高度（m）；

　　　H_0——溶洞高度（m）；

　　　k——坍塌体的膨胀系数，一般石灰岩 $k=1.2$。

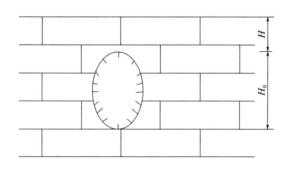

图 6.1-1　坍落填塞模型

E. 坍塌平衡法。

根据坍塌体平衡条件可以导出下面公式：

$$h = \frac{B}{2\zeta \tan\theta}$$

式中：h——洞顶以上维持坍塌体平衡的最小稳定厚度（m）；

　　　B——空洞宽度（m）；

　　　ζ——侧压力系数，$\zeta = \tan^2(45° - \varphi/2)$；

　　　φ——松散体的内摩擦角；

　　　θ——滑移面的摩擦角，$\theta < \varphi$。

所求厚度 h 加上荷载作用高度，即为顶板的安全厚度。

F.破裂拱估算法。

该法适用于顶板为风化破碎的岩层。溶洞未坍塌时,天然拱处于平衡状态,如发生坍塌则形成破裂拱(图6.1-2),破裂拱高度 H 为:

$$H = \frac{b + H_0 \tan(90° - \varphi)}{f}$$

式中:b——溶洞宽度的一半(m);

H_0——溶洞的高度(m);

φ——围岩内摩擦角(°);

f——岩石强度系数,$f = \dfrac{1}{\tan\varphi}$。

如溶洞不规则,H_0 和 b 应采用较大尺寸。

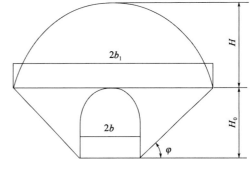

图6.1-2 破裂拱模型

破裂拱以上的岩体重量由拱承担,因承担上部荷载尚需一定的厚度,故溶洞顶板的安全厚度为破裂拱高加上部荷载所需要的厚度,再加适当的安全系数。

按上述各方法计算的顶板厚度与地基中洞体顶板实际厚度应符合下列要求:

$$H_2 \geq K_k \times H_g$$

式中:H_2——地基中洞体顶板实际厚度(m);

H_g——洞体顶板计算厚度(m);

K_k——洞体顶板稳定安全系数,按表6.1-5取值。

洞体顶板稳定安全系数   表6.1-5

道 路 等 级	K_k
高速公路,一、二级公路	1.3~1.4
三、四级公路	1.2~1.3

注:计算洞体厚度围岩参数采用经验值时取高值。

③现场试验法。

目前比较常用的是电阻应变片测试法、载荷试验法与静载试验。

电阻应变片测试法是沿纵横洞轴方向贴设电阻应变片及布置挠度测量,在加荷过程中追踪测量。根据测得的最大应力与岩体抗剪强度进行比较,若后者大于前者5~10倍,则认为岩溶洞体的顶板是可靠的。

载荷试验法是在有代表性的浅层洞体上,将顶板岩体修凿呈一梁板形状,有条件时底面或侧面亦可贴设电阻应变片,于其上分级加载,观察其应力与变形。通过实验了解在特定条件下洞体的变形特征、破坏形式与顺序,反求顶板岩体参数,建立它与岩样强度指标、岩体纵波速度等的相关性,借此评价其他洞体的稳定性。

静载试验法是通过现场静载试验获得荷载—位移曲线(P-S 曲线),进而确定承载力,判断地基稳定性。

(4)《广西岩溶地区建筑地基基础技术规范》(DBJ/T45—2016)的相关规定。

①对钻探深度范围内的溶洞,查明其平面形态后,遇到下列情况时应评价其顶板在建筑荷

载作用下的稳定性：

A.当基底面积大于溶洞平面尺寸并满足支撑长度要求时,对于基本质量等级为Ⅰ级岩体中的溶洞,其基底以下的溶洞顶板厚度大于 $0.3d$（d 为溶洞直径）；Ⅱ级岩体中的溶洞,其溶洞顶板厚度大于 $0.4d$；Ⅲ级岩体中的溶洞,其溶洞顶板厚度大于 $0.5d$ 时,可不考虑溶洞的影响。

B.当基底面积小于溶洞平面尺寸时,对基本质量等级为Ⅰ级或Ⅱ级的岩体,可按冲切锥体模式验算溶洞顶板的抗冲切承载力。岩石极限抗拉强度标准值宜由试验确定,初步确定时,可取 0.05 倍岩石饱和单轴抗压强度。基础底面以下的溶洞顶板厚度大于 $1.7d$（d 为溶洞直径）时,可不考虑溶洞的影响。

C.对基本质量等级为Ⅲ级或Ⅳ级的岩体,可做原位实体基础静荷载试验评价溶洞顶板的强度与稳定性,最大加载量应不小于地基设计要求的 2 倍。

②对位于溶槽、漏斗、岩石陡坎近旁的基础,当岩体中有倾向临空面的不利软弱结构面时,应验算地基滑移稳定性。软弱结构面的抗剪强度宜由试验确定,初步确定时,可参照《建筑边坡工程技术规范》（GB 50330—2013）规定,即本手册表 5.2-26 选用。当稳定系数大于或等于 1.35 时,可不考虑地基滑移。

6.1.5 岩溶地基的处理与利用

现以《贵州建筑地基基础设计规范》（DBJ52/T 045—2018）为例：

（1）当岩溶洞隙较小时,可采用镶补、嵌塞与跨盖等方法处理地基。

（2）当岩溶洞隙较大时,可采用混凝土梁、板和拱等结构跨越,也可采用混凝土、浆砌块石等填塞措施以及洞底支撑或调整柱距等方法进行处理。跨越结构应有可靠的支承面,梁式结构在岩石上的支承长度应大于梁高的 1.5 倍。

（3）当采用调整桩距的方法处理岩溶洞隙时,桩的设计应根据不同条件选择：

①桩底以下 3 倍桩底直径及 5m 深度范围内无影响桩基稳定性的洞隙分布,桩端应全断面嵌入岩体不小于 500mm,应力扩散范围[①]不存在临空面,或经验算其深度已满足不向临空面滑移的部位。桩底应经严格鉴定,必要时可采用钎钻、钻孔、雷达测试等验证。

注：①岩石地基应力扩散角可采用 30°~40°,硬质岩石取小值,软质岩石取大值,并考虑岩石结构面影响。

②当基坑涌水可以抽排、孔壁稳定,可采用人工挖孔桩。当基坑涌水量较大,抽排将引起环境及相邻建（构）筑物不良影响,孔底涌泥沙或孔壁为淤泥类土,存在洞隙等,人工挖孔无法护壁时,宜采用机械成孔桩。

③当桩端以下 3 倍桩底直径及 5m 深度范围内存在影响地基稳定性的洞隙时,桩应穿越溶洞,置于下部稳定岩体上。

④人工挖孔桩底部有不大于 25% 的面积仍为洞隙充填物,难以挖除时,可在桩底设置钢筋混凝土底板,底板应有可靠支承,并采取有效措施防止底板不向残留洞隙滑移,也可在该部位设置机械成孔桩。

（4）岩溶强发育地段,采用桩基处理困难时,可采用箱、筏基础。

6.2 滑　　坡

6.2.1 滑坡分类

1)《公路工程地质勘察规范》(JTG C20—2011)的有关规定

(1)根据滑坡体的体积,滑坡可按表6.2-1进行分类。

滑坡分类(按滑坡体体积)　　　　　　　　　　　　　　表6.2-1

滑坡类型	小型滑坡	中型滑坡	大型滑坡	巨型滑坡
滑坡体体积 $V(m^3)$	$V \leq 4 \times 10^4$	$4 \times 10^4 < V \leq 3 \times 10^5$	$3 \times 10^5 \leq V \leq 1 \times 10^6$	$V > 1 \times 10^6$

(2)根据滑动方式,滑坡可按表6.2-2进行分类。

滑坡分类(按滑动方式)　　　　　　　　　　　　　　表6.2-2

滑坡类型	滑坡方式
推移式滑坡	中上部滑体挤压推动前缘段产生滑动形成的滑坡
牵引式滑坡	前缘段发生滑动后牵引后部滑体形成的滑坡

(3)根据滑动面的埋藏深度,滑坡可按表6.2-3进行分类。

滑坡分类(按滑动面埋藏深度)　　　　　　　　　　　　表6.2-3

滑坡类型	浅层滑坡	中层滑坡	深层滑坡
滑动面埋深 $H(m)$	$H \leq 6$	$6 < H \leq 20$	$H > 20$

(4)根据滑坡体的物质组成,滑坡可分为堆积层滑坡、基岩滑坡、黄土滑坡、破碎岩体滑坡和膨胀土滑坡等类型。

2)《公路滑坡防治设计规范》(JTG/T 3334—2018)的有关规定

(1)应根据滑坡的物质组成、性质、特征、滑动形式、滑坡体积、滑动面埋藏深度、发生时间等,做好滑坡分类工作。滑坡分类可按表6.2-4进行分类。

滑坡分类　　　　　　　　　　　　　　　　　　　　　表6.2-4

有关因素	类型	亚类	主要特征
主要物质组成	土质滑坡	堆积土滑坡	除膨胀土、黄土、填土等特殊土之外,发生在第四系地层各种成因土层中,包括风化残积土,由一般土质组成滑坡体。滑动面多位于软弱土层中或基岩顶面
		膨胀土滑坡	发生在含有膨胀土的地层中。滑动面多位于膨胀土活动区深度范围
		黄土滑坡	发生在各时期黄土地层中,由黄土构成滑坡体。滑动面位于黄土层间界面或基岩顶面
		填土滑坡	发生在路堤或人工弃土堆中。滑动面可位于填土内部、老地面或基底以下松软层中
	岩质滑坡	破碎岩体滑坡	发生在构造破碎带或严重风化带的破碎岩体中
		层状岩体滑坡	发生在具层状结构的岩体中。滑动面位于层面或软弱结构面
		块状岩体滑坡	相对完整的块状岩体沿构造节理或断层产生的组合式滑动

续上表

有关因素	类型	亚类	主要特征
滑坡体积（m³）		小型滑坡	$V \leqslant 4 \times 10^4$
		中型滑坡	$4 \times 10^4 < V \leqslant 30 \times 10^4$
		大型滑坡	$30 \times 10^4 < V \leqslant 100 \times 10^4$
		巨型滑坡	$V > 100 \times 10^4$
滑动面埋深（m）		浅层滑坡	$H \leqslant 6$
		中层滑坡	$6 < H \leqslant 20$
		厚（深）层滑坡	$H > 20$
滑动力		推移式滑坡	中后部岩土体变形失稳后，挤压推移前缘段产生滑动形成
		牵引式滑坡	前缘段岩土体发生滑动后，使后缘岩土体失去支撑而滑动形成
发生时间		新滑坡	新近发生滑坡
		老滑坡	全新世以来发生滑动
		古滑坡	全新世以前发生滑动

（2）堆积体滑坡可根据土的性质和物资组成，按表6.2-5进行分类。

堆积体滑坡分类　　　　　　　　　　　　　　　　　表6.2-5

类　型	主要特征
黏质土滑坡	发生在非膨胀性的黏土层中。滑动面多为高含水率、软弱的高塑性黏土层
砂质土类滑坡	由砂质土、粉土组成
碎石土类滑坡	由碎石土、块石土组成。滑动面多为层中高含水率、软弱的黏性土夹层
风化残积土滑坡	发生在残积土、全风化土、砂土状强风化层中，滑动面多为风化界面、软弱夹层、原生或次生结构面等

（3）层状岩体滑坡可根据滑动面与岩体结构面的组合关系，按表6.2-6进行分类。

层状岩体滑坡分类　　　　　　　　　　　　　　　　表6.2-6

类　型	主要特征
顺层滑坡	沿顺坡倾向的层面或软弱带滑动
切层滑坡	由平缓或反倾层状岩体构成，滑动面切割岩层层面。常沿顺坡倾向的一组软弱面或结构面（带）滑动

3)《滑坡防治工程勘查规范》(GB/T 32864—2016)**的相关规定**(仅供参考)

（1）根据滑坡体的物质组成和结构形式等主要因素，按表6.2-7进行分类。

滑　坡　分　类　　　　　　　　　　　　　　　　　表6.2-7

类　型	亚　类	特征描述
堆积层（土质）滑坡	滑坡堆积体滑坡	由前期滑坡形成的块碎石堆积体，沿下伏基岩顶面或滑坡体内软弱面滑动
	崩塌堆积体滑坡	由前期崩塌等形成的块碎石堆积体，沿下伏基岩或滑坡体内软弱面滑动
	黄土滑坡	由黄土构成，大多发生在黄土体中，或沿下伏基岩面滑动
	黏土滑坡	由具有特殊性质的黏土构成，如昔格达组、成都黏土等

续上表

类　型	亚　类	特　征　描　述
堆积层（土质）滑坡	残坡积层滑坡	由基岩风化壳、残坡积土等构成，通常为浅表层滑动
	冰水（碛）堆积物滑坡	冰川消融沉积的松散堆积物，沿下伏基岩或滑坡体内软弱面滑动
	人工填土滑坡	由人工开挖堆填弃渣构成，沿下伏基岩或滑坡体内软弱面滑动
岩质滑坡	近水平层状滑坡	沿缓倾岩层或裂隙滑动，滑动面倾角≤10°
	顺层滑坡	沿顺坡岩层层面滑动
	切层滑坡	沿倾向山外的软弱面滑动，滑动面与岩层层面相切
	逆层滑坡	沿倾向山外的软弱面滑动，岩层倾向山内，滑动面与岩层面倾向相反
	楔体滑坡	厚层块状结构岩体中多组弱面切割分离楔形体的滑动
变形体	岩质变形体	由岩体构成，受多组软弱面控制，存在潜在滑面，已发生局部变形破坏，但边界特征不明显
	堆积层变形体	由堆积体构成（包括土体），以蠕滑变形为主，边界特征和滑动面不明显

（2）根据滑坡体厚度、运移形式、成因、稳定程度、形成年代和规模等其他因素，按表 6.2-8 进行分类。

滑 坡 分 类　　　　表 6.2-8

有关因素	名称类别	特　征　说　明
滑体厚度	浅层滑坡	滑坡体厚度在 10m 以内
	中层滑坡	滑坡体厚度在 10~25m 之间
	深层滑坡	滑坡体厚度在 25~50m 之间
	超深层滑坡	滑坡体厚度超过 50m
运动形式	推移式滑坡	上部岩层滑动，挤压下部产生变形，滑动速度较快，滑体表面波状起伏，多见于有堆积物分布的斜坡地段
	牵引式滑坡	下部先滑，使上部失去支撑而变形滑动。一般速度较慢，多具上小下大的塔式外貌，横向张性裂隙发育，表面多呈阶梯状或陡坎状
发生原因	工程滑坡	由于切脚或加载等人类工程活动引起滑坡
	自然滑坡	由于自然地质作用产生的滑坡
现今活动程度	活动滑坡	发生后仍继续活动的滑坡，或暂时停止活动，但在近年内活动过的滑坡
	不活动滑坡	发生后已停止发展
发生年代	新滑坡	现今正在发生滑动的滑坡
	老滑坡	全新世（Q_4）以来发生过滑动，现今整体稳定的滑坡
	古滑坡	全新世（Q_4）以前发生滑动的滑坡，现今整体稳定的滑坡
滑体体积	小型滑坡	$V<10\times10^4 m^3$
	中型滑坡	$10\times10^4 m^3 \leq V<100\times10^4 m^3$
	大型滑坡	$100\times10^4 m^3 \leq V<1000\times10^4 m^3$
	特大型滑坡	$1000\times10^4 m^3 \leq V<10000\times10^4 m^3$
	巨型滑坡	$V>10000\times10^4 m^3$

6.2.2 滑坡勘察

1) 勘察查明内容

(1)《公路工程地质勘察规范》(JTG C20—2011)规定滑坡工程地质勘察应查明下列内容。
①地形地貌、地层岩性、地质构造、水文地质条件、地震动参数及当地气象资料。
②滑坡的成因、类型、规模、分布范围、发育规律及诱发因素。
③滑坡周界、滑坡裂缝、滑坡擦痕、滑坡台阶、滑坡壁、滑坡鼓丘、滑坡洼地等滑坡要素的分布位置和发育情况。
④滑动面(带)的分布位置、层数、厚度、形态特征、物质组成、含水状态及其物理力学性质。
⑤滑坡体的物质组成及其分级、分块和分层情况。
⑥滑床的形态特征、物质组成、物理力学性质和地质结构。
⑦沟系、洼地、陡坎等微地貌特征和植被情况。
⑧地下水的类型、分布、埋藏条件、成因、水质、水量。
⑨滑坡的稳定性。
⑩当地滑坡的勘察、设计资料和治理经验。

(2)《公路滑坡防治设计规范》(JTG/T 3334—2018)规定:滑坡勘察应查明滑坡及附近的地形地貌、滑坡性质、滑动面(带)形态、工程地质和水文地质条件、滑坡的成因类型、岩土体的物理力学指标、滑动面(带)的力学参数、滑坡规模与特征等,分析评价滑坡稳定状况、发展趋势和对公路工程的危害程度,提出防治工程建议措施。

2) 工程地质勘探

(1)《公路工程地质勘察规范》(JTG C20—2011)的相关规定。
①在公路路线及其附近存在对公路工程及其附属设施的安全有影响的滑坡或滑坡的可能时,应进行滑坡工程地质勘察。
②初步勘察,沿主滑方向至少布置一条勘探断面。每条勘探断面上勘探点数量(钻孔或探坑、探井)不得少于2个。
③详细勘察,充分利用初勘资料,在补充工程地质调绘的基础上,结合滑坡的分级、分块、分层和排水工程设计,确定勘探点数量和位置。

(2)《公路滑坡防治设计规范》(JTG/T 3334—2018)的相关规定。
①对公路工程及其附属设施的安全有影响的滑坡或潜在滑坡,应进行滑坡专项工程地质勘察。
②勘探技术。
A.物探成果应与钻探、井(槽)探、硐探资料相印证,不宜单独作为防治工程设计依据。
B.钻探孔位应在工程地质调绘和物探的基础上,结合测试和治理工程需要,沿确定的纵向或横向勘探线布置。
C.钻探深度应深入最深层滑动面(带)以下3.0~5.0m。拟采用抗滑桩的地段,钻探深度应深入至桩端底部以下不小于5.0m;拟采用锚索加固的地段,钻探深度应深入至锚固端底部以下不小于3.0m;拟采用抗滑挡墙加固的地段,钻探深度应深入至基础底部以下不小于3.0m。

D.钻探应采用干钻或无泵反循环、双层岩芯管钻进;在滑动面(带)及其上下5.0m的范围应采用干钻或双管单动钻进技术。

E.应对滑体各岩土层和滑动面(带)采取代表性的岩、土、水样,进行岩土物理力学性质试验和水质分析;必要时应对岩样进行切片和黏土矿物鉴定。

F.钻探发现地下水时应分层止水并测定初见水位、稳定水位、含水层厚度,并应结合钻孔进行地下水位动态观测,分析地下水的流向、径流和排泄条件,以及地下水渗透性等。

③工程可行性研究阶段勘察。

A.应初步查明公路沿线的滑坡或潜在滑坡分布范围、滑坡区地质环境条件、滑坡类型及要素,分析滑坡成因,初步评价滑坡稳定性,提出选择公路路线走廊带的建议方案、滑坡防治对策和工程方案。

B.勘察方法应以地质调绘为主,井(槽)探和物探工作为辅。对大型和巨型滑坡、性质复杂的滑坡,必要时应进行钻探工作。

C.对控制路线方案的大型和巨型滑坡,应沿滑坡主滑断面布置勘探点,勘探断面不宜少于3条,其中1条主滑断面钻探孔不应少于3个。

④初步设计阶段勘察(初勘阶段)。

A.应基本查明公路沿线滑坡及潜在滑坡的位置与周界范围,查明滑坡体组成物质、厚度,滑动面(带)位置、形状、物质组成及物理力学性质,滑坡体变形情况及滑坡历史等;查明滑坡体内地下水分布状态、补给来源、各含水层间的水力联系、泉水出露及湿地分布情况;分析滑坡形成原因及诱发条件,评价滑坡稳定状态、发展趋势及对公路工程危害程度;提出路线绕避方案或滑坡防治技术方案的建议。

B.滑坡勘察应采用以调查测绘和钻探为主,井(槽)探和物探为辅的综合方法,沿主滑方向布设勘探断面,小型滑坡不应少于1条,中型滑坡不应少于2条,大型、巨型滑坡不应少于3条;垂直主滑方向的勘探断面不应少于1条。每条断面勘探点不应少于3个,其中钻孔不应少于2个。

C.在滑动面(带)及其上、下地层中,应分别采取代表性土(岩)样,进行物理力学性质试验。

D.有地下水时应查明地下水的赋存位置,含水层的组成及厚度,各层地下水的初见水位、稳定水位和流量,并取水样做水质分析。

E.土质滑坡可采用瑞利波法、地震反射波法、四极对称直流测深法和高密度或超高密度电法等综合物探方法辅助确定滑动面的位置、土层与基岩的分界面,以及滑坡区地下水赋存与分布规律等。

F.对路线方案影响大、地质复杂、稳定性难以判断的滑坡,必要时应对滑坡进行动态监测。

G.对小型且地质条件简单、无须处治的滑坡,可列表说明其工程地质条件。对中型、大型、巨型或性质复杂的滑坡,应按工点编制滑坡工程地质勘察报告。

⑤施工图设计阶段勘察(详勘阶段)。

A.应在初勘和初步设计的基础上,结合防治工程方案,进一步核实、补充和完善滑坡地质条件、岩土力学参数等,为施工图设计提供依据;应根据初步设计确定的防治工程方案,详细查明支挡结构物和排水构造物所处位置的工程地质与水文地质条件,为工程治理设计提供工程地质与水文地质参数。

B.应充分利用初勘资料,在补充工程地质调绘的基础上进行勘探;勘探应采用以钻探为主,结合调查测绘、井(槽)探、测试、物探和监测等综合勘察方法。

C.沿主滑方向主勘探断面,小型滑坡不应少于1条,勘探点间距宜为20.0~40.0m;中型滑坡不应少于2条,勘探点间距宜为30.0~50.0m;大型滑坡不应少于3条,勘探点间距宜为30.0~60.0m;巨型滑坡勘探断面应结合滑坡特点分区、分条布设充足的勘探断面,确保各分级、分块滑坡体上勘探点的有效控制。

D.垂直主滑方向的勘探断面,小型滑坡不应少于1条,中型滑坡不应少于2条,大型或巨型滑坡不应少于3条。

E.各抗滑支挡工程轴线勘探断面不应少于1条,每条断面钻孔不应少于3个,物探和钻探综合断面上的钻孔不应少于2个。

F.对滑体、滑动面(带)及其滑床的各岩土层应分别取代表性土样和岩样做物理力学性质试验;主滑段、抗滑段中应分别取滑动面(带)土样不少于3组,进行原状土或重塑土剪切试验,试验宜采用与滑动受力条件相适应的方法。

G.必要时,宜在滑动带处进行大型原位剪切试验。

H.场区地下水发育时应进行水文地质试验,测定滑坡体内含水层的涌水量、渗透系数和水位变化,并对地表水和地下水分别取样进行水质分析。必要时应测定地下水流速和流向。

(3)《滑坡防治工程勘查规范》(GB/T 32864—2016)的有关规定(仅供参考)。

①初步勘查阶段(可行性论证阶段)。

A.应初步查明滑坡体结构及各层滑动面(带)的位置,了解地下水水位、流向和动态,采取岩土试样。

B.可采用主—辅勘探线(剖面)法,不少于一条主纵剖面和一条主横剖面。勘探线应由钻探、井探、槽探及物探等勘探点构成。纵向勘探线的布置应结合滑坡分区进行,不同滑坡单元均应有主勘探线控制,在其两侧可布置辅勘探线。横向勘探线宜布置在滑坡中部至前缘剪出口之间。

C.勘探点线间距应根据滑坡防治工程勘查地质条件复杂程度,结合滑坡规模,按表6.2-9确定。

勘探点线间距布置要求　　　　　　　　表6.2-9

地质条件复杂程度	勘探线	主辅勘探线间距(m)	主勘探线勘探点间距(m)	辅勘探线勘探点间距(m)
简单	纵向	60~240	60~120	60~240
	横向	60~240	60~120	60~240
复杂	纵向	40~160	40~80	40~160
	横向	40~160	40~80	40~160

D.勘探方法应采用钻探、井探或槽探相结合,必要时用物探沿剖面线进行探测验证。

E.勘探孔的深度应穿过最下一层滑面,并进入滑床3~5m,拟布设抗滑桩或锚索部位的控制性钻孔进入滑床的深度宜大于滑体厚度的1/2,并不小于5m。

F.对结构复杂的大型滑坡体,可采用探硐进行勘探,并绘制大比例尺的展示图,进行照(录)像,并应采取滑带与滑体岩(土)试样,测试其物理、水理与力学性质指标。

G.初步查明地下水基本特征,应结合钻孔和探井进行地下水位动态观测,并分析地下水的补给、径流和排泄条件,分析地下水渗透性等。

H.施工条件调查:

a.结合拟实施的滑坡防治工程措施,有针对性地开展施工场地条件调查。

b.对防治工程所需天然建筑材料分布、质量和储量进行踏勘和评估。

c.了解滑坡周围水源分布,评价防治工程及生活用水水量和水质,提出供水建议。

②详细勘查阶段(包括初步设计和施工图设计阶段)。

A.一般规定:

a.详细勘查阶段在初步设计和施工图设计阶段进行。

b.应结合防治工程部署,充分利用可行性论证阶段的初步勘查成果,进行重点勘查。

c.根据可行性论证推荐的滑坡防治工程治理方案,补充或专门开展勘查、现场试验和测试等。

B.应根据地质条件复杂程度,结合防治工程方案,对初步勘查阶段的勘探线进行加密勘查,勘探点线间距布置要求见表6.2-10。纵向主勘探线勘探点间距宜加密为20~60m,并对纵向辅勘探线适度加密,勘探点间距宜为40~120m。横向勘探线重点布置在工程实施部位,勘探点间距宜为20~120m。

勘探点线间距布置要求　　　　　　表6.2-10

地质条件复杂程度	勘探线	主辅勘探线间距(m)	主勘探线勘探点间距(m)	辅勘探线勘探点间距(m)
简单	纵向	30~120	30~60	60~120
简单	横向	30~120	60~120	60~120
复杂	纵向	20~80	20~40	40~80
复杂	横向	20~80	20~40	40~80

C.勘探方法应采用钻探和井探相结合。

D.应在加密勘探点上采取滑体、滑带试样,补充开展滑带与滑体岩(土)物理、水理与力学性质指标。

E.应利用主勘探线的勘探孔进行注(抽)水试验,并宜作为地下水位动态观测孔,延续至工程竣工后。

F.当采用锚固工程进行滑坡防治,但锚固段地质条件复杂时,应进行现场锚固拉拔试验,获取相关参数。

G.当滑体结构破碎松散,宜进行现场注浆试验,提供可靠的注浆参数。

3)滑坡测试

(1)《公路滑坡防治设计规范》(JTG/T 3334—2018)的有关规定。

①室内测试应取原状土样。当无法采取原状土样时,可取保持天然含水率的扰动土样。

②滑坡物理性质试验项目应包括:天然重度、比重、天然含水率、塑限、液限、颗粒组成、矿

物成分及微观结构。

③滑动面(带)岩土体抗剪强度指标,应根据滑坡所处变形滑动阶段、岩土性质、含水状态和工程要求,选择快剪、固结快剪、浸水饱和剪、不同含水率下抗剪强度和残余强度试验、岩体饱和强度试验。

④必要时,应进行原位剪切试验或其他原位测试工作。原位直剪试验的推力方向应与滑体的滑动方向一致,着力点与剪切面的距离或剪切缝的宽度不宜大于剪切方向试体长度的5%。

⑤当采用地下排水隧洞整治方案时,应进行滑坡抽水试验,获取可靠的水文地质参数。

(2)《滑坡防治工程勘查规范》(GB/T 32864—2016)的有关规定(仅供参考)。

①滑坡物理力学试验宜按现行《土工试验方法标准》(GB/T 50123)和《工程岩体试验方法标准》(GB/T 50266)执行,应提供可供滑坡防治工程设计的基本指标。

②中型及中型以上规模的土质滑坡宜进行滑坡体大型重度试验,大型重度试验宜采用容积法,试坑体积不小于500mm×500mm×500mm。

③采用井探、硐探、槽探揭露的滑带应取原状土样进行试验,原状土样尺寸不小于200mm×200mm×200mm,土样不应少于6件。

④当采用钻探等无法采取原状土样时,可取保持天然含水率的扰动土样,作重塑土样试验。

⑤钻孔中采集土样应使用薄壁取土器,采用静力压入法,土样样品直径不应小于110mm,高度不应小于200mm,所采样品应及时蜡封。

⑥岩(土)体抗剪强度指标标准值取值时应根据滑坡所处变形滑动阶段及含水状态分别选用峰值强度指标、残余强度指标(或两者之间的强度指标)以及天然强度指标、饱和强度指标(或两者之间的强度指标)。

⑦当滑带土中粗颗粒含量较高时,其抗剪强度指标宜以现场大剪试验测试值为主,并参考室内实验值确定。若未进行现场大剪试验,其综合取值时应将室内快剪试验得出的内摩擦角乘以1.15~1.25的增大系数。

⑧对滑坡体宜分类进行不同岩(土)体的直剪试验和压缩试验,确定c、φ值,压缩模量及其他强度与变形指标,且每项岩(土)体室内物理力学试验不得少于6组。

⑨大型及以上规模,且防治等级为一级的滑坡,应进行不少于2组的滑带原位大面积直剪强度试验。

⑩对有易溶或膨胀岩(土)分布的滑坡,应进行不少于3组的滑带土易溶盐及膨胀性试验。

⑪当采用抗滑桩、锚索等进行滑坡防治时,应在支挡结构工程布置部位对滑床基岩不同岩组取样进行常规物理力学试验。钻孔岩芯样品直径≥85mm,高度≥150mm。每种岩性的岩样≥3组,每组岩样≥3件。

⑫采用井探、硐探、坑槽探揭露的滑带宜进行原位大面积直剪试验,可在天然含水状态下和人工浸水状态下进行剪切。并应对现场开挖及制样过程、滑带形状、滑带土成分、力学性质进行详细测绘描述,并照(摄)像。

⑬原位大面积直剪试验剪切面积≥2500cm²。最小边长不宜小于50cm,试体高度不宜低

于 25cm。

⑭原位大面积直剪试验中基座或滑床的长度和宽度应大于试样长度和宽度的 15cm,且试样间的间距为边长的 2 倍以上。

⑮原位大面积直剪试验的推力方向应与滑体的滑动方向一致,着力点与剪切面的距离不宜大于剪切方向试体长度的 5%。法向荷载应针对滑带上覆荷载确定,分级施加。

⑯中型及以上规模,且危害等级为一级的滑坡,应进行抽水试验以获得滑坡体渗透系数。当无法抽取地下水时,在控制滑坡稳定的条件下,可采用注水试验方法。抽(注)水试验一般不得少于 2 组。

⑰对滑坡及周围分布有煤层、膏盐等富含侵蚀性强的岩(土)体,应进行不少于 3 组的地下水及地表水化学简分析及混凝土侵蚀性试验。

⑱当无法判定勘查区地下水和地表水的腐蚀性时,也应采集水样进行腐蚀性评价,水样数量不少于 3 件。

4)滑坡稳定状态分析

(1)《公路滑坡防治设计规范》(JTG/T 3334—2018)的相关规定。

①滑坡稳定性计算之前,应根据滑坡地形地貌形态的演变、地质条件、滑动因素的变化和滑动迹象及其发展等,进行滑坡稳定性的综合定性分析,确定滑坡边界范围、性质和主滑方向,分析滑坡的形成机制、破坏模式、诱发因素,判断滑坡当前所处的变形阶段、稳定状态及发展趋势。

②滑坡稳定性的定性分析。

A.应根据已变形的斜坡与周围稳定斜坡的地貌特征,以当地类似地质条件下的各类滑坡在不同发育阶段的地貌特征为依据,进行滑坡地貌形态演变对比分析。

B.应根据滑坡工程地质平面图、断面图、滑床顶面等高线图及滑坡体内过湿带的变化等,以当地类似地质条件下的地质断面特征为依据,进行滑坡地质条件对比分析。

C.应从分析滑动因素的变化入手,找出影响滑动的主要作用因素。

D.应根据不同滑动阶段的滑动迹象和滑坡变形监测数据信息分析,判断滑坡当前所处的变形阶段和稳定状态。

③滑坡正常工况下稳定状态可按表 6.2-11 确定。

边坡稳定性状态 表 6.2-11

边坡稳定性系数 F_s	<1.00	$1.00 \leq F_s < 1.05$	$1.05 \leq F_s < K_s$	$F_s \geq K_s$
边坡稳定性状态	不稳定	欠稳定	基本稳定	稳定

注:K_s 为滑坡稳定安全系数,可按表 6.2-16 确定。

④滑坡岩土体力学参数,应根据室内外试验值、相同地质条件下类似滑动面(带)岩土的经验值和反算分析值,并结合滑坡可能出现的最不利情况,综合对比分析确定。

⑤滑动面(带)土的抗剪强度指标应根据滑坡受力状态、物质成分、滑动面形态、含水状态等进行分段选取:

A.处于蠕动阶段、滑坡体内未曾有过位移的潜在滑动面(带)的滑坡,以及潜在滑坡,宜采用峰值强度指标。

B.处于整体滑动状态或已出现滑移的滑坡,宜采用残余强度指标。

C.处于变形阶段的滑坡,可在峰值强度指标与残余强度指标之间取值,并结合反算强度值,进行综合选取。

⑥结构面抗剪强度指标取值。

A.硬质结构面应取峰值强度的小值平均值。

B.软弱夹层及软弱结构面应取屈服强度。

C.泥化夹层应取残余强度。

⑦已经产生的滑坡或有滑动迹象的滑坡,可采用反算法确定滑动面(带)土的抗剪强度指标,反算法不宜用于潜在滑坡。

A.反算方法宜采用综合 c、φ 法。对滑动面(带)土以黏质土为主或黏粒包裹粗颗粒的滑坡,可采用综合 c 法;对滑动面(带)土以粗粒岩屑、砂粒或硬质岩石的风化残积土为主的滑坡,可采用综合 φ 法。

B.反算时,宜根据不同部位滑动面(带)的物质组成、密实度和含水状态等情况,结合试验值和经验数据,给定牵引段、抗滑段滑动面(带)的抗剪强度值,反算主滑段滑动面(带)的抗剪强度值。

C.反算时,应根据滑动迹象和变形特征,判断滑坡所处的滑动状态,确定滑坡稳定系数。当滑坡处于整体蠕动状态时,滑坡稳定系数可取 1.0~1.05;当滑坡处于整体滑动状态时,滑坡稳定系数可取 0.95~1.00。

(2)《滑坡防治工程勘查规范》(GB/T 32864—2016)规定滑坡稳定状态分析应考虑以下因素:

①物理力学试验和稳定状态分析应在详细了解滑坡地质特征和变形演化过程的基础上进行。

②滑带土抗剪强度指标的确定,应依据试验成果,结合经验反演和类比,推荐合理的设计参数。

③滑坡稳定状态的分析及稳定性评价应采用定性为基础,并与定量相结合的方式进行。

④滑坡稳定系数计算应考虑滑坡变形历程、参数的试验方法和所采用的计算模型间的关联性,并据此计算相应的推力。

⑤滑带参数反演。

A.小型或中型规模,且结构简单的滑坡,其滑带抗剪强度参数可用类比法和反演法确定。

B.滑带抗剪强度参数可采用试验、经验数据类比与反演相结合的方法确定。通过给定黏聚力 c 或内摩擦角 φ,反求另一值。可采用如下公式进行反演:

$$c = \frac{F\sum W_i\sin\alpha_i - \tan\varphi \sum W_i\cos\alpha_i}{L}$$

$$\varphi = \arctan\frac{F\sum W_i\sin\alpha_i - cL}{\sum W_i\cos\alpha_i}$$

式中:c——滑带土黏聚力(kPa);

F——稳定系数;

W_i——第 i 条块的重量(kN/m);

α_i——第 i 条块滑面倾角(°);
φ——滑带土内摩擦角(°);
L——滑带长度(m)。

C.滑坡稳定状态可据滑坡稳定系数进行划分,参照表6.2-12取值。

边坡稳定性状态　　　　　　　　　　　　　　　　　表6.2-12

边坡稳定性系数 F_s	<1.00	$1.00 \leq F_s < 1.05$	$1.05 \leq F_s < 1.15$	$F_s \geq 1.15$
边坡稳定性状态	不稳定	欠稳定	基本稳定	稳定

D.滑坡滑带抗剪强度参数指标的选取应结合滑坡变形阶段和试验方法综合考虑,可参照表6.2-13取值。

滑带抗剪强度参数指标选取　　　　　　　　　　　表6.2-13

稳定状态		试验方法		
		滑带土峰值强度	滑带残余强度	滑体峰值强度
稳定	未滑动	√		
	曾滑动		√	
基本稳定	未滑动	√		
	曾滑动	√		
欠稳定			√	
不稳定			√	
未形成滑带的变形体				√

(3)《公路工程地质勘察规范》(JTJ 064—98)规定的反演分析时稳定系数 K 值列于下文,供参考。

蠕动挤压状态:$K = 1.1 \sim 1.05$

初滑状态:$K = 1.0$

滑动状态:$K = 0.99 \sim 0.95$

(4)《岩土工程勘察规范(2009年版)》(GB 50021—2001)规定的反演分析时稳定系数 F_s 取值:

正在滑动:$F_s = 0.95 \sim 1.00$

暂时稳定:$F_s = 1.00 \sim 1.05$

(5)《贵州建筑岩土工程技术规范》(DB52/T 046—2018)规定:反算滑动面(带)土的抗剪强度参数时,滑坡稳定性系数 K 值应根据变形特征确定,具体如下:

滑坡处于强变形阶段,$1.05 \leq K \leq 1.00$

滑坡处于滑动阶段,$0.95 \leq K \leq 1.00$

6.2.3 滑坡稳定性评价和推力计算

1)滑坡稳定性评价

(1)《公路滑坡防治设计规范》(JTG/T 3334—2018)的相关规定。

①滑坡稳定性评价,应根据滑坡的性质、规模、诱发因素、滑坡变形状况、滑坡区的工程地质和水文地质条件等,采用定性与定量相结合的综合评价方法,确定滑坡的稳定状况,预测滑坡发展趋势。

②定性分析可采用工程地质类比法、几何图解法、多因素层次分析法等,定量分析应采用极限平衡法,地质复杂、规模大的滑坡稳定性可结合数值模拟进行综合评价。

③对滑坡稳定性计算结果应结合滑坡地形地质条件、变形迹象和稳定状态等进行校核,验证评价结论的准确性。

④滑坡稳定性计算应以定性分析为基础,并应根据滑坡地形地貌、工程地质条件以及滑体各部位的变形特征等,分区段选择有代表性的断面进行稳定性计算。

⑤滑坡稳定性计算工况应根据滑坡所处的条件确定。降雨对滑坡稳定性影响大时,应计算暴雨或连续降雨工况下滑坡稳定性;地震动峰值加速度大于或等于 $0.10g$ 的地区,应计算地震工况下滑坡稳定性。

⑥对存在多个滑动面的滑坡,应分别对各个滑动面及其组合进行稳定性计算分析,综合考虑深层滑动面(带)的整体稳定性,并取最小稳定系数和最深层滑动面(带)作为设计控制。

⑦排水工程和临时工程对滑坡稳定系数的提高值可作为设计安全储备,在稳定性分析时可不予考虑。采用排水隧洞时,滑坡稳定性计算应考虑其提高滑动面(带)土的抗剪强度、降低地下水位等有利滑坡稳定的作用和影响。

⑧滑坡稳定性计算应根据滑动面的形态和破坏模式,合理选择计算方法。滑动面为圆弧形时,宜采用简化 Bishop 法;滑动面为折线形时,宜采用传递系数法。对由两组及其以上节理、裂隙等结构面切割形成楔形滑体的滑坡,宜采用楔体法。

⑨沿河(水库、滨海)地段滑坡应考虑水位升降对滑坡稳定性的影响,滑坡稳定性计算宜采用有限元等数值分析方法,进行渗流场计算和考虑流固耦合的滑坡稳定性专题研究确定。

⑩对复杂的大型Ⅰ级滑坡防治工程的稳定性分析,必要时可采用基于强度折减的有限元分析法计算滑坡的稳定系数。

(2)《滑坡防治工程勘查规范》(GB/T 32864—2016)的相关规定,仅供参考。

①滑坡稳定性评价应根据滑动面类型和物质组成选用恰当的方法,并可参考数值模拟方法结果。

②滑坡稳定性评价和推力计算公式采用如下方法:

A.堆积层(土质)滑坡,包括两种滑动面类型:

a.滑动面为折线形:用传递系数法进行稳定性评价和推力计算,可用摩根斯顿-普莱斯法(Morgenstern-Price 法)等方法进行校核。

b.圆弧形滑动面:用毕肖普法(Bishop 法)进行稳定性评价和推力计算,可用摩根斯顿-普莱斯法(Morgenstern-Price 法)等方法进行校核。

B.岩质滑坡,包括三种滑动面类型:

a.折线形滑动面:用传递系数法进行稳定性评价和推力计算,可用摩根斯顿-普莱斯法(Morgenstern-Price 法)等方法进行校核。

b.单一平面滑动面:用二维块体极限平衡法进行稳定性评价和推力计算。

c.多组弱面组合滑动面:用二维极限平衡法进行稳定性评价和推力计算,宜用三维极限平衡分析方法进行校核。

③地下水位以下范围内水压力应按下列方法计算：

A.当滑坡体渗透系数大于$1×10^{-7}$m/s时，滑体取浮重度，计算渗透压力。

B.当滑坡体渗透系数小于或等于$1×10^{-7}$m/s时，滑体取饱和重度，不计算渗透压力。

C.对岩体完整或较完整、滑面缓倾、后缘有陡倾裂隙的岩质边坡，尚应考虑降雨入渗后在后缘裂隙和滑面形成的静水压力。

2)滑坡推力计算

(1)《公路滑坡防治设计规范》(JTG/T 3334—2018)的有关规定。

①滑坡推力计算宜采用传递系数法，正常工况下滑坡推力(图6.2-1)宜按下式计算。

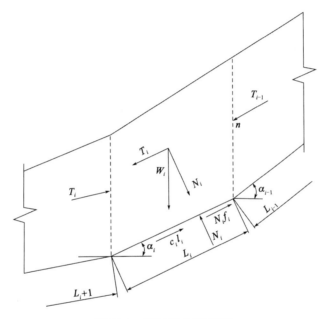

图6.2-1 典型条块力系示意图
N_i-法向反力；$N_i f_i$-切向反力

$$T_i = K_s W_i \sin\alpha_i - W_i \cos\alpha_i \tan\varphi_i - c_i L_i + \psi_i T_{i-1}$$

$$\psi_i = \cos(\alpha_{i-1} - \alpha_i) - \sin(\alpha_{i-1} - \alpha_i)\tan\varphi_i$$

式中：T_i、T_{i-1}——第i和第$i-1$滑块剩余下滑力(kN/m)，其作用力方向与相应滑块底边平行；

K_s——稳定安全系数；

W_i——第i滑块的自重力(kN/m)；

α_i、α_{i-1}——第i和第$i-1$滑块对应滑面的倾角(°)；

φ_i——第i滑块滑面内摩擦角(°)；

c_i——第i滑块滑面岩土黏聚力(kN/m³)；

L_i——第i滑块滑面长度(m)；

ψ_i——传递系数。

②应根据拟设支挡工程位置计算滑坡推力，确定公路使用年限内各种最不利条件与作用

因素可能组合下滑坡在各个拟设支挡工程部位的最大推力。

③滑动面(带)土c、φ取值应考虑滑坡防治工程修建对滑坡岩土体长期性能的影响。

④对计算结果应结合有关工程经验或工程地质类比法分析进行校核。

(2)《滑坡防治工程设计与施工技术规范》(DZ/T 0219—2006)的有关规定(仅供参考)。

①堆积层(包括土质)滑坡稳定性评价及推力计算。

A.滑动面为单一平面或圆弧形(图6.2-2)。

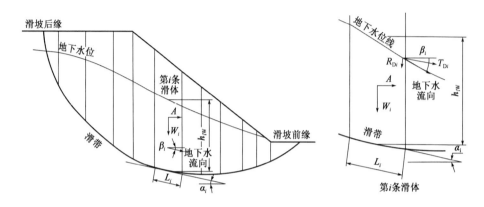

图6.2-2 瑞典条分法(圆弧滑动面)(堆积层滑坡计算模型之一)

a.滑坡稳定性计算公式：

$$K_f = \frac{\sum((W_i(\cos\alpha_i - A\sin\alpha_i) - N_{Wi} - R_{Di})\tan\varphi_i + C_iL_i)}{\sum(W_i(\sin\alpha_i + A\cos\alpha_i) + T_{Di})}$$

式中：N_{Wi}——孔隙水压力,近似等于浸润面以下土体的面积$h_{iW}L_i\cos\alpha_i$乘以水的重度γ_w(kN/m³)：

$$N_{Wi} = \gamma_w h_{iW} L_i \cos\alpha_i$$

T_{Di}——渗透压力产生的平行滑面分力：

$$T_{Di} = N_{Wi}\sin\beta_i\cos(\alpha_i - \beta_i)$$

R_{Di}——渗透压力产生的垂直滑面分力：

$$R_{Di} = N_{Wi}\sin\beta_i\sin(\alpha_i - \beta_i)$$

W_i——第i条块的重量(kN/m)；

C_i——第i条块内聚力(kPa)；

φ_i——第i条块内摩擦角(°)；

L_i——第i条块滑面长度(m)；

α_i——第i条块滑面倾角(°)；

β_i——第i条块地下水流向(°)；

A——地震加速度(g)；

K_f——稳定系数。

若假定有效应力：

$$\overline{N}_i = (1 - r_u) W_i \cos\alpha_i$$

式中：r_u——孔隙压力比，可表示为：

$$r_u = \frac{\text{滑体水下体积} \times \text{水的重度}}{\text{滑体总体积} \times \text{滑体重度}} \approx \frac{\text{滑坡水下面积}}{\text{滑坡总面积} \times 2}$$

简化公式：

$$K_f = \frac{\sum \left(\left(W_i((1-r_u)\cos\alpha_i - A\sin\alpha_i) - R_{Di} \right) \tan\varphi_i + C_i L_i \right)}{\sum \left(W_i(\sin\alpha_i + A\cos\alpha_i) - T_{Di} \right)}$$

b.滑坡推力计算公式：

对剪切而言：

$$H_s = (K_s - K_f) \times \sum (T_i \times \cos\alpha_i)$$

对弯矩而言：

$$H_m = (K_s - K_f)/K_s \times \sum (T_i \times \cos\alpha_i)$$

式中：H_s、H_m——推力（kN）；

K_s——设计的安全系数；

T_i——条块重量在滑面切线方向的分力（kN）。

B.滑动面为折线形(图6.2-3)。

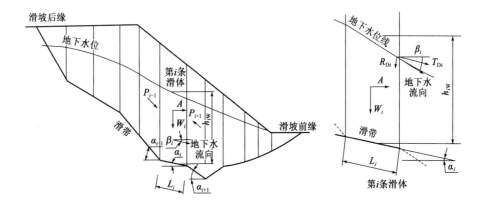

图6.2-3 传递系数法(折线形滑动面)(堆积层滑坡计算模型之二)

a.滑坡稳定性计算：

$$K_f = \frac{\sum_{i=1}^{n-1} \left(\left((W_i((1-r_u)\cos\alpha_i - A\sin\alpha_i) - R_{Di}) \tan\varphi_i + C_i L_i \right) \prod_{j=i}^{n-1} \psi_j \right) + R_n}{\sum_{i=1}^{n-1} \left(\left(W_i(\sin\alpha_i + A\cos\alpha_i) + T_{Di} \right) \prod_{j=i}^{n-1} \psi_j \right) + T_n}$$

其中：

$$R_n = (W_n((1-r_u)\cos\alpha_n - A\sin\alpha_n) - R_{Dn}) \tan\varphi_n + C_n L_n$$
$$T_n = W_n(\sin\alpha_n + A\cos\alpha_n) + T_{Dn}$$

$$\prod_{j=i}^{n-1}\psi_j = \psi_i\psi_{i+1}\psi_{i+2}\cdots\psi_{n-1}$$

ψ_j——第 i 块段的剩余下滑力传递至第 $i+1$ 块段时的传递系数 $(j=i)$，即

$$\psi_j = \cos(\alpha_i - \alpha_{i+1}) - \sin(\alpha_i - \alpha_{i+1})\tan\varphi_{i+1}$$

b.滑坡推力。

应按传递系数法计算，公式如下：

$$P_i = P_{i-1} \times \psi + K_s \times T_i - R_i$$

式中：P_i——第 i 条块的推力（kN/m）；

P_{i-1}——第 i 条块剩余下滑力。

下滑力：

$$T_i = W_i(\sin\alpha_i + A\cos\alpha_i) + N_{Wi}\sin\beta_i\cos(\alpha_i - \beta_i)$$

抗滑力：

$$R_i = W_i(\cos\alpha_i - A\sin\alpha_i) - N_{Wi} - N_{Wi}\sin\beta_i\sin(\alpha_i - \beta_i)\tan\varphi_i + C_i L_i$$

传递系数：

$$\psi = \cos(\alpha_{i-1} - \alpha_i) - \sin(\alpha_{i-1} - \alpha_i)\tan\varphi_i$$

孔隙水压力：

$$N_{Wi} = \gamma_W h_{iW} L_i \cos\alpha_i$$

即近似等于浸润面以下土体的面积 $h_{iW} L_i \cos\alpha_i$ 乘以水的重度 γ_W。

渗透压力产生的平行滑面分力：

$$T_{Di} = N_{Wi}\sin\beta_i\cos(\alpha_i - \beta_i)$$

渗透压力产生的垂直滑面分力：

$$R_{Di} = N_{Wi}\sin\beta_i\sin(\alpha_i - \beta_i)$$

当采用孔隙压力比时，抗滑力 R_i 可采用如下公式：

$$R_i = (W_i((I - r_u)\cos\alpha_i - A\sin\alpha_i) - r_W h_{iW} L_i)\tan\varphi_i + C_i L_i$$

式中：r_u——孔隙压力比。

②岩质滑坡稳定性评价及锚固力计算。

A.稳定性评价（图 6.2-4）。

$$K_f = \frac{(W(\cos\alpha - A\sin\alpha) - V\sin\alpha - U)\tan\varphi + CL}{W(\sin\alpha + A\cos\alpha) + V\cos\alpha}$$

式中：V——后缘裂缝静水压力；

U——沿滑面扬压力。

其余注释同上。

$$V = \frac{1}{2}r_W H^2$$

$$U = \frac{1}{2}r_W LH$$

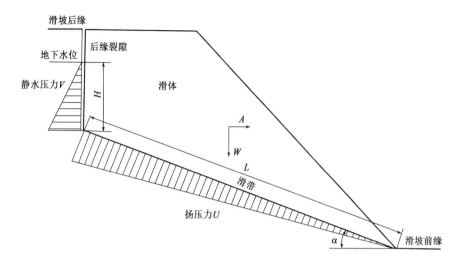

图 6.2-4 岩质滑坡计算模型:极限平衡法

B.岩质滑坡锚固力计算(图 6.2-5)。

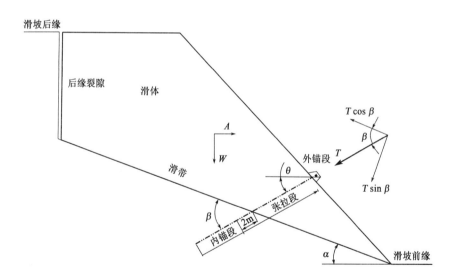

图 6.2-5 预应力锚索对滑坡作用示意图

根据极限平衡法进行计算,须考虑预应力沿滑动面施加的抗滑力和垂直滑动面施加的法向阻滑力。稳定系数计算公式推荐如下:

$$K_f = \frac{(W(\cos\alpha - A\sin\alpha) - V\sin\alpha - U + T\sin\beta)\tan\varphi + CL}{W(\sin\alpha + A\cos\alpha) + V\cos\alpha - T\cos\beta}$$

式中:V——后缘裂缝静水压力;

U——沿滑面扬压力;

β——锚索(杆)与滑坡面的夹角(°),与滑面倾角 α 之间的关系为:$\beta = \alpha + \theta$;

θ——锚索(杆)倾角(°);

T——预应力锚索固力(kN)。

$$V = \frac{1}{2} r_w H^2$$

$$U = \frac{1}{2} r_w LH$$

相应地,预应力锚固力为:

$$T = \frac{K_s W_a - W_b - CL}{\sin\beta\tan\varphi + K_s\cos\beta}$$

其中:

$$W_a = W(\sin\alpha + A\cos\alpha) + V\cos\alpha$$
$$W_b = (W(\cos\alpha - A\cos\alpha) - V\cos\alpha - U)\tan\varphi$$

如果锁定锚固力低于设计锚固力的50%时,可不考虑预应力锚索产生的法向阻滑力,稳定系数计算公式简化如下:

$$K_f = \frac{(W(\cos\alpha - A\sin\alpha) - V\sin\alpha - U)\tan\varphi + CL}{W(\sin\alpha + A\cos\alpha) + V\cos\alpha - T\cos\beta}$$

相应地,预应力锚固力为:

$$T = \frac{K_s W_a - W_b - CL}{K_s\cos\beta}$$

6.2.4 滑坡防治工程设计

滑坡防治工程设计依据《公路滑坡防治设计规范》(JTG/T 3334—2018)进行。

1) 设计阶段

(1)工程可行性研究阶段,应进行绕避大型滑坡的路线走廊带方案比选;难以避免时,应根据滑坡性质、规模及对公路工程的危害程度,进行滑坡防治工程的技术可行性及经济性论证,制定滑坡防治工程方案。

(2)初步设计阶段,应结合路线平面和纵面设计,根据滑坡性质、成因类型和危害程度,针对滑坡发生发展的主要因素,进行滑坡防治工程的方案比选,并做好滑坡防治工程方案的总体设计和主要防治工程结构设计。

(3)施工图设计阶段,应在初勘和初步设计的基础上,进一步优化滑坡防治工程方案,确定各种防治工程的位置和结构形式,进行相应的工程结构设计计算,并提出滑坡防治工程的实施顺序、施工工艺、应急处治措施、现场监测等技术要求。

(4)规模大、性质复杂、变形缓慢且短期内难以查明其性质的滑坡,可全面规划、分期治理。分期治理时,应保证各种因素的变化过程中不影响公路运营的安全性。

(5)在建工程的滑坡应急抢险方案应立足于防止滑坡变形的发展和扩大,保证施工人员与设备安全;已建公路运营期滑坡应急抢险方案还应充分考虑滑坡对公路安全的危害,以及应急抢险工程、永久防治工程施工对交通的影响。

2) 滑坡防治工程分级

(1)滑坡防治设计应根据滑坡性质、规模及分布范围,判定滑坡危及的范围及其危害对象,分析评价滑坡危害性,确定滑坡防治工程的安全等级。

(2)评价滑坡危害性时,应根据滑坡规模、稳定状况、周围环境,以及公路通过滑坡区的部位和公路路基、构造物类型等,按表6.2-14确定滑坡危害程度。

滑坡危害程度分级 表6.2-14

危害对象		危害程度			
		小型滑坡	中型滑坡	大型滑坡	巨型滑坡
公路通过滑坡前部	路堤	轻	轻	严重	严重
	路堑	中等	严重	特严重	特严重
	桥梁	严重	严重	特严重	特严重
公路通过滑坡中部	路堤	严重	严重	特严重	特严重
	路堑	严重	严重	特严重	特严重
	桥梁	严重	严重	特严重	特严重
公路通过滑坡后部	路堤	中等	严重	特严重	特严重
	路堑	轻	轻	中等	严重
	桥梁	严重	严重	严重	严重
滑坡位于隧道洞口		严重	严重	特严重	特严重

注:1.滑坡影响区内有高压输电塔、油气管道等重要建筑,以及村庄和学校时,滑坡危害程度可定位严重或特严重。
2.当滑坡处于基本稳定状态时,其危害程度可定位轻。
3.滑坡危害程度分级:轻、中等、严重、特严重。

(3)滑坡规模大小不同,其危害程度也不同。与此同时,公路通过滑坡的部位不同、构筑物或构造物的类型不同,滑坡对公路危害程度也不相同。公路以路堤通过滑坡前部,可以增加滑坡的抗滑力;以路堑通过滑坡后部,可以减少滑坡的下滑力。这两种工程均能提高滑坡的稳定性,降低滑坡的危害程度。反之,将加重滑坡的危害程度。

(4)公路滑坡防治工程安全等级,应根据滑坡危害程度、公路等级、周围环境及其工程重要性,按表6.2-15确定。

公路滑坡防治工程安全等级 表6.2-15

滑坡危害程度	安全等级		
	高速公路、一级公路	二级公路	三、四级公路
轻	Ⅰ	Ⅲ	Ⅲ
中等	Ⅰ	Ⅱ	Ⅲ
严重	Ⅰ	Ⅱ	Ⅱ
特严重	Ⅰ	Ⅰ	Ⅱ

注:1.滑坡防治工程安全等级由高到低依次为Ⅰ级、Ⅱ级、Ⅲ级。
2.滑坡影响区有桥梁、隧道、高压输电塔、油气管道等重要建筑物,以及村庄和学校的二、三、四级公路,滑坡防治工程安全等级宜提高一级。
3.区域内唯一通道的二、三、四级公路,滑坡防治工程安全等级宜提高一级。

3)荷载及安全稳定系数

(1)滑坡稳定性分析时,应考虑使用年限内下列作用及其组合:

①永久作用:包括滑体自重、滑体上建筑物产生的附加荷载等。

②可变作用:包括汽车荷载,滑动面(带)地下水的静水压力和动水压力,邻河(水库)或滨海的岸边水流冲刷和水位升降产生的作用力,水气冻融循环产生的冻胀力,膨胀土产生的膨胀力,雪水融化和雨季暴雨渗入滑体裂缝产生的动、静水压力,以及作用在滑体上的施工临时荷载等。

③偶然作用:包括地震作用力。

(2)滑坡稳定性分析应根据作用于滑坡体的荷载状况、作用力出现的频率和持续时间的长短,考虑下列三种工况。

①正常工况:公路投入运营后经常发生或持续时间长的工况。

②非正常工况Ⅰ:公路滑坡处于暴雨或连续降雨状态下的工况。

③非正常工况Ⅱ:公路滑坡处于地震作用状态下的工况。

(3)滑坡稳定系数不得小于表6.2-16所列稳定安全系数值。对非正常工况Ⅱ,滑坡稳定安全系数应符合《公路工程抗震规范》(JTG B02—2013)的规定。

稳定安全系数　　　　　　　表6.2-16

滑坡防治安全等级	稳定安全系数 K_s	
	正常工况	非正常工况Ⅰ
Ⅰ	1.20~1.30	1.10~1.20
Ⅱ	1.15~1.20	1.10~1.15
Ⅲ	1.10~1.15	1.05~1.10

注:1.高速公路、一级公路滑坡防治,地质条件复杂或危害程度严重、特严重时,稳定安全系数取大值;危害程度较轻时,稳定安全系数可取小值。
2.滑坡影响区域内有桥梁、隧道、高压输电塔、油气管道等重要建筑物,以及村庄和学校时,稳定安全系数可取大值。
3.水库区域公路滑坡防治,周期性库水位升降变化频繁、高水位与低水位间落差大时,稳定安全系数可取大值。
4.临时工程,稳定安全系数可取1.05。

4)防治工程

(1)滑坡防治工程设计应根据滑坡类型、规模、稳定状态及危害程度,并结合滑坡与公路的位置关系、公路的重要程度、施工条件等,采取防排水、减载、反压与支挡相结合的综合治理措施,保证滑坡稳定。

(2)排水工程设计。

滑坡防治排水工程应包括地表排水工程和地下排水工程,排水系统总体布置应与邻近区域内公路边沟、涵洞等排水系统相协调,形成完善的排水体系。

①地表排水。

A.地表排水设计应根据滑坡范围的场地情况,合理布置排水设施,形成完善的排水系统,及时引排地表水。

B.在滑坡后缘5m以外的稳定地层上设置环形截水沟,滑坡范围较大时,应在滑坡体范围内设置多道环形或树枝状排水沟,滑坡范围排水沟宜布置在渗透系数变化和地表坡度变化地带。

C.对滑坡范围泉水出露点应设置集水井汇水;通过排水沟引出滑体之外。当滑坡表层有积水湿地时,可将排水沟上端做成排水渗沟,伸进湿地内,疏排湿地地下水。

D.地表排水设施设计的降雨重现期:高速公路、一级公路滑坡应采用15年,其他等级公路应采用10年。

E.当滑坡排水工程为小流域部分汇流时,设计洪水流量计算应符合现行《公路工程水文勘测设计规范》(JTG C30)的有关规定。

F.当滑坡排水工程排水范围较小,汇水时间很短,无明显冲沟、流域时,排水设计流量计算可采用所在地区的暴雨强度公式。

②地下排水。

A.地下排水工程应根据滑动面状况、滑坡所在区域的水文地质条件及地下水动态特征,选用合理的地下排水方案与工程措施,可单独或综合选用支撑渗沟、暗沟、仰斜式排水孔或排水隧洞等排水设施。

B.支撑渗沟:可用于滑动面(带)埋深小于5m的地段,宜顺滑坡滑动方向平行布置在滑坡表层有积水的湿地或地下水露头处。支撑渗沟基础应置于滑动面(带)以下的稳定地层内0.5m以上,当滑动面坡度较大时,基底应设置为台阶状,台阶宽度宜为2.0~3.0m,台阶向外倾斜坡度宜为2%~4%。

C.仰斜式排水孔:可用于引排滑坡内的地下水,长度应伸入含水层、地下水富集部位或潜在滑动面,并应根据滑坡地下水情况成群布置。仰斜式排水孔仰角不宜小于6°,含水层粉细砂颗粒较多时不宜大于15°。

D.井点降水:宜用于滑坡应急抢险工程或在施工期临时降低地下水位,也可用于引排滑坡内埋藏较深、分布不均匀的地下水。

E.排水隧洞:可用于引排滑坡内深层地下水,排水隧洞的埋设深度应根据主要含水层的埋藏深度确定,并应设置在稳定地层内,顶部设在滑动面(带)以下深度不宜小于2.0~3.0m。隧洞平面轴线宜顺直,拦截滑坡体后部深层地下水及降低滑坡体内地下水位的横向排水隧洞应置于滑坡体后缘滑动面以下,与地下水流向基本垂直;纵向排水疏干隧洞可置于滑坡体(或老滑坡)内,两侧设置与地下水流向基本垂直的分支截排水隧洞和仰斜排水孔。

③《滑坡防治设计规范》(GB/T 38509—2020)给出排水工程设计规定如下,仅供参考。

A.地表排水工程水力设计应首先对排水系统各主、支沟段控制的汇流面积进行分割计算,根据设计降雨强度和校核标准分别计算各主、支沟段汇流量和输水量,以确定排水沟断面,并校核已有排水沟过流能力。

B.地表排水工程设计的频率地表汇水流量计算,可按下式计算:

$$Q_p = 0.278 \Phi S_p F / \tau^n$$

式中:Q_p——设计频率地表汇水流量(m^3/s);

Φ——径流系数;

S_p——设计降雨强度(mm/h);

F——汇水面积(km^2);

τ——流域汇流时间(h);

n——降雨强度衰减系数。

C.当缺乏必要的流域资料时,设计频率地表水汇流量可按下式计算:

当 $F \geq 3 km^2$ 时

$$Q_p = \Phi S_p F^{2/3}$$

当 $F < 3 km^2$ 时

$$Q_p = \Phi S_p F$$

D.当滑坡体表层有积水湿地和泉水露头时,可将排水沟(或支沟)上端做成渗水盲沟或用网状排水带延伸进湿地内,达到疏干湿地内上层滞水的目的。盲沟的最大深度宜小于10m,纵坡大于5%。填石渗水盲沟应采用不含泥的块石、碎石填实,两侧和顶部用砂砾石和土工织物做反滤层。

E.大型或大型以上的滑坡,若地下水丰富且对滑坡稳定影响较大时,宜采用排水隧洞排出地下水。排水隧洞顶部的竖直集水井或钻孔的排水能力可由下式计算:

$$Q = \frac{1.36k(2H - S_w)S_w}{\lg \frac{d}{\pi r_w} + \frac{1.3b_1 b_2}{db}}$$

式中:Q——单井涌水量(m^3/d);

k——渗透系数(m/d);

H——水头或潜水含水层厚度(m);

S_w——排水孔中水位降深(m);

d——井距之半(m);

r_w——井半径(m);

b_1——井排至排泄边界的距离(m);

b_2——井排至补给边界的距离(m),$b = b_1 + b_2$。

(3)抗滑桩设计。

①抗滑桩可用于各种类型滑坡防治。根据滑坡特点和工程需要,可采用埋入式抗滑桩、悬臂式抗滑桩、预应力锚索抗滑桩等。

②抗滑桩设计应考虑设置抗滑桩后滑坡整体稳定性、桩顶以上岩土体稳定性、桩间岩土体稳定性,防止滑体从桩顶滑出或从桩底产生新的深层滑动。

③抗滑桩宜布置在滑体厚度较薄、推力较小、锚固段地基强度较高且锚固段地层稳定的地段。对性质复杂、规模较大的滑坡,应进行多种形式支挡方案比选。

④滑坡沿滑动方向的长度较大时,可视地表形态、滑动面(带)倾角、推力分布、滑体厚度等因素设置多排抗滑桩进行分段阻滑。每段宜以单排布置,弯矩过大时,应采用预应力锚索抗滑桩,锚索锚固段应置于稳定岩层内。

⑤抗滑桩中对中间距宜为5.0~8.0m。根据滑坡性状及要求,可设置成单桩或为排架式。土质滑坡的桩前悬臂段临空时,可在桩间设置挡土板;当采用埋入式抗滑桩时,桩间可不设挡土板。必要时,抗滑桩之间应用钢筋混凝土系梁连接,以增强整体稳定性。

⑥抗滑桩桩长宜小于35.0m。对于滑动面(带)埋深大于25.0m的滑坡,应论证抗滑桩阻

滑的可行性。

⑦抗滑桩截面的长边应沿主滑方向布置。抗滑桩截面形状宜为矩形,截面尺寸应根据滑坡推力大小、桩间距、锚固段地基横向容许强度等因素确定,截面宽度宜为 1.5~3.0m,截面高度宜为 2.0~4.0m。

⑧抗滑桩桩身应按受弯构件设计。无特殊要求时,可不进行变形、抗裂、挠度等验算。

⑨作用于抗滑桩的外力应包括滑坡推力、桩前滑体抗力和锚固段地层抗力。桩侧摩阻力和黏聚力以及桩身重力和桩底反力可不计算,桩前抗力应取滑体处于极限平衡时的推力和桩前被动土压力中的小值。当桩前土体不稳定时,不应考虑其抗力;多排抗滑桩纵向桩间距较大时,宜分段计算各排桩的滑坡推力;当两排桩之间纵向间距较小时,尚应考虑两排桩之间的相互作用。

⑩悬臂式抗滑桩滑动面以上的桩身内力,应根据滑坡推力和桩前滑体抗力计算。滑动面以下的桩身变位和内力,应根据滑动面处的弯矩和剪力,按弹性地基梁进行计算,并应根据地基系数的分布情况选用相应的计算方法。土质地基的地基系数,宜采用"m"法;岩质地基的地基系数,宜采用"K"法。滑动面以下地基系数可根据地层性质确定。

⑪悬臂式抗滑桩锚固深度应根据地基的横向容许承载力确定,当需要控制桩的变位时,最大变位应不超过容许值。

⑫抗滑桩设计中地基系数取值建议按表 6.2-17、表 6.2-18 规定。

岩石物理力学指标与抗滑桩地基系数 K 表 6.2-17

地层种类	内摩擦角 φ	弹性模量 E_0 (10^4 kPa)	泊松比 μ	地基系数 K (10^6 kPa/m)	剪切应力 (kPa)
细粒花岗岩、正长岩辉绿岩、玢岩	80°以上	5430~6900 6700~7870	0.25~0.30 0.28	2.0~2.5 2.5	1500 以上
中粒花岗岩、粗粒正长岩坚硬白云岩	80°以上	5430~6500 6560~7000	0.25	1.8~2.0	1500 以上
坚硬石灰岩 坚硬砂岩、大理岩 粗粒黄岗岩、 花岗片麻岩	80°	4400~10000 4660~5430 5430~6000	0.25~0.30	1.2~2.0	1500
较坚硬石灰岩 较坚硬砂岩 不坚硬花岗岩	75°~80°	4400~9000 4460~5000 5430~6000	0.25~0.30	0.8~1.2	1200~1400
坚硬页岩 普通石灰岩 普通砂岩	70°~75°	2000~5500 4400~8000 4600~5000	0.15~0.30 0.25~0.30 0.25~0.30	0.4~0.8	700~1200
坚硬泥灰岩 较坚硬页岩 不坚硬石灰岩 不坚硬砂岩	70°	800~1200 1980~3600 4400~6000 1000~2780	0.29~0.38 0.25~0.30 0.25~0.30 0.25~0.30	0.3~0.4	500~700

续上表

地层种类	内摩擦角 φ	弹性模量 E_0 (10^4 kPa)	泊松比 μ	地基系数 K (10^6 kPa/m)	剪切应力 (kPa)
较坚硬泥灰岩	65°	700~900	0.29~0.38	0.2~0.3	300~500
普通页岩		1900~3100	0.15~0.20		
软石灰岩		4400~5000	0.25		
不坚硬泥灰岩		30~500	0.29~0.38		
硬化黏土	45°	10~300	0.30~0.37	0.06~0.12	150~300
软片岩		500~700	0.15~0.18		
硬煤		50~300	0.30~0.40		
密实黏土	30°~45°	10~300	0.30~0.37	0.3~0.4	100~150
普通煤		50~300	0.30~0.40		
胶结卵石		50~100	—		
掺石土		50~100	—		

抗滑桩嵌固段土的地基系数 m（随深度增加比例系数） 表6.2-18

序号	土体名称	竖直方向 m_0 (kPa/m²)	水平方向 m (kPa/m²)
1	$0.75<I_L<1.0$ 的软塑黏土及砂黏土；淤泥	1000~2000	500~1400
2	$0.5<I_L<0.75$ 的软塑砂黏土、砂黏土及黏土；粉砂及松砂土	2000~4000	1000~2800
3	硬塑砂黏土、砂黏土及黏土；细砂和中砂	4000~6000	2000~4200
4	坚硬砂黏土、砂黏土及黏土；粗砂	6000~10000	3000~7000
5	砂砾；碎石土、卵石土	10000~20000	5000~14000
6	坚实的大漂砾	80000~120000	40000~84000

注：I_L 为土的液性指数，其 m_0 和 m 值的条件，相应于桩顶位移的0.6~1.0cm。

(4) 预应力锚索。

①预应力锚索宜用于岩质滑坡加固，不宜单独用于土质滑坡。当用于土质滑坡时，锚固段应置于滑动面以下稳定的岩层中，并宜与抗滑桩等其他抗滑结构共同组成抗滑支挡体系，且应考虑由于土体变形引起的锚索预应力损失。对规模较小的岩质滑坡，也可采用预应力锚杆。腐蚀性环境中不宜采用预应力锚索，必须采用时，应采取严格的防腐措施。

②锚固形式应根据边坡岩土体类型、工程特征、锚杆承载力大小、锚材料和长度、施工工艺等条件综合确定。对软质岩、风化岩地层，宜采用压力分散型锚索；对强度较高的硬质岩石地层，可采取拉（压）力集中型锚索。

③预应力锚索设计锚固力（图6.2-6），应根据滑坡锚固位置确定的滑坡推力设计值，按下式计算确定：

$$P_d = \frac{E}{\sin(\alpha+\beta)\tan\varphi + \cos(\alpha+\beta)}$$

式中：P_d——预应力锚索设计锚固力（kN）；

E——预应力锚索承担的滑坡推力设计值（kN）；

α——锚索与滑动面相交处的滑动面的倾角（°）；

β——锚索与水平面的夹角（°）；

φ——滑动面内摩擦角。

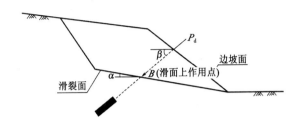

图 6.2-6　锚作用力简化示意图

④预应力锚索长度不宜大于 50.0m。单束锚索设计拉力宜为 500~2500kN。锚索间距应以设计的锚固力能对地基提供最大的张拉力为标准,宜为 3.0~6.0m,最小间距不应小于2.5m。锚索间距小于 2.5m 时,应将相邻锚杆的倾角调整至相差 3°以上。

⑤锚索与水平面的下俯倾角不宜大于 45°,宜采用 15°~30°。当抗滑桩上设置多排预应力锚索时,且间距较小时,各排锚索宜采用不同的倾角,以改善锚固段的受力条件。

⑥预应力锚索采用的钢绞线,其力学性能必须符合现行《预应力混凝土用钢绞线》(GB/T 5224)的规定。

⑦预应力锚固坡面传力结构形式应根据坡体工程地质及水文地质条件、岩土性质、岩体结构、风化程度、地貌形态、坡体高度、施工方法等,按表 6.2-19 确定。

预应力锚固坡面传力结构形式及其适用条件　　　　表 6.2-19

结构形式	适用条件	备　注
格子(框架)	风化较严重、地下水丰富、软质岩、土质边坡	多雨地区,梁宜做成截流沟形式
肋板(地)梁	软硬岩体相间、土质边坡	—
单锚墩	硬质岩、块状或整体性好的岩体	—

⑧在锚固工程施工初期,应进行预应力锚索锚固试验,试验内容及要求应符合现行《岩土锚杆与喷射混凝土支护工程技术规范》(GB 50086)的规定。锚固试验应包括基本试验和验收试验,基本试验的预应力锚索数量不应少于 3 根,验收试验数量可按工作锚杆的 5% 控制,当有特殊要求时,可适当增加。

(5)重力式抗滑挡墙。

①重力式抗滑挡墙可用于滑坡规模较小、厚度较薄、滑坡推力小于 300kN/m 的滑坡治理工程,且挡墙基坑开挖后不会引起滑坡复活或产生新的滑动。对滑坡推力较大的滑坡,当采用重力式抗滑挡墙进行支挡时,应与其他支挡结构配合使用。当滑坡长度大且厚度小时,可沿滑坡主滑方向设置多级挡墙。

②重力式抗滑挡墙应布置在滑坡剪出口、潜在剪出口的附近或滑坡阻滑段的前部区域,并宜与反压措施相结合。

③重力式抗滑挡墙墙高不宜超过 10.0m;当高度超过 10.0m 时,宜采用抗滑桩板墙或其他工程措施。

④抗滑挡墙结构设计计算时,应取滑坡推力与主动土压力中的大值作为设计作用力。但当滑坡推力的合力作用点位置较主动土压力为高时,挡墙的倾覆稳定计算仍应同时用滑坡推力进行验算。

⑤抗滑挡墙结构形式应根据滑坡稳定状态、施工条件、工程造价等因素确定,宜采用胸坡缓、重心低的重力式挡土墙。

⑥挡墙基础埋置深度应根据滑坡滑动面位置、滑动面以下地基岩土性质及地基承载力、挡墙抗滑与抗倾覆稳定性及流水冲刷等确定。重力式抗滑挡墙基础在滑动面以下稳定地层的最小埋深和距地表的水平距离应符合表6.2-20的规定。

重力式抗滑挡墙基础在滑动面以下最小埋深要求　　　表6.2-20

地基土类别	埋入深度(m)	距地表的水平距离(m)
硬质岩	0.60	1.0~1.50
软质岩	1.00	1.50~2.00
岩土层	≥1.5	2.00~2.50

⑦挡墙基础埋置深度还应符合下列规定:

A.挡墙前缘设置排水沟时,挡墙基础底面应低于沟底的底面。

B.受水流冲刷时,挡墙基底应置于冲刷线以下不小于1.0m。

C.当挡墙基底埋置深度大于2.5m且墙前地基稳定可靠时,可考虑墙前被动抗力的作用。

D.当基础以下土质软弱、设置挡墙后滑坡滑动面有可能自基础以下滑出时,应通过稳定性计算确定合理的基础埋置深度。

⑧重力式抗滑挡墙宜采用片石混凝土或素混凝土,片石混凝土或素混凝土等级不应低于C15,中冻区、重冻区基础不应低于C20,墙身不应低于C25。

⑨墙身应设置泄水孔,孔径宜为50~100mm,间距宜为2.0~3.0m,上下左右交错布置;泄水孔向墙外倾斜,坡度宜为3%~5%;最下排泄水孔的底部应高出地面0.3m,其底部与地面之间设置隔水层。在地下水较多的地段,泄水孔应加密,或适当增大泄水孔孔径。

⑩墙背应设置反滤层。反滤层应采用透水性砂砾、碎石或透水土工布,砂砾、碎石粒径宜为0.5~50mm,厚度不应小于0.5m。

⑪抗滑挡墙每间隔6.0~8.0m应设置一道伸缩缝。在地基可能产生不均匀沉降处,应设置沉降缝,并兼作伸缩缝。伸缩缝或沉降缝宽度宜为20~30mm,沉降缝内沿墙内、外、顶三边可采用沥青麻筋或浸沥青木板填塞,填塞深度不应小于150mm。

(6)其他防治工程。

根据滑坡性质和规模,可单独或联合选用削方减载、回填反压、注浆加固、抗滑键、微型桩及坡面防护等其他滑坡加固工程措施。

①削方减载设计。

A.滑体或滑带具有卸荷膨胀开裂性质时,不应采用减载措施。推移式滑坡或由错落转化的滑坡宜采用局部减载措施。减载时,应考虑清方后滑坡后部和两侧山体的稳定性,防止后缘产生新的滑动。

B.削方减载高度较大时,应设置成台阶状,台阶宽度不宜小于6.0m。

C.采用爆破方法对后缘滑体或危岩进行削方减载时,宜采用爆索光面爆破或预裂爆破,并对周围环境进行专门调查,评估爆破震动对滑坡整体稳定性的影响和爆破飞石对周围环境的危害。

D.削方工程完成后,应根据边坡高度、坡面抗风化和抗冲刷能力,采用挂网喷播植草、格构骨架植草、挂网喷射混凝土、护面墙等措施对坡面进行有效防护。

E.施工期应做好临时排水措施。采用分级减载时,削坡平台应设置完善的截排水措施。

②填土反压设计。

A.反压可用于滑坡体前缘有较长的抗滑段,或滑坡剪出口前地形平坦,具有反压条件的滑坡,应将填土反压后滑坡稳定系数和下滑推力作为支挡设计的依据。

B.反压填筑体应设置在滑坡体抗滑段或滑坡剪出口前缘。

C.填料宜利用减载弃方或其他弃方。河、水库水位变动带应选用碎石土、砾类土、石渣等水稳性好的填料,并对填筑体进行反滤防渗和防冲刷处理。

D.当路基从滑坡前缘通过时,应采用路堤,对滑坡前缘形成反压。路堤填料和压实度应符合现行《公路路基设计规范》(JTG D30)的有关规定,反压部位基底应碾压夯实。当处于地基软弱和富水地段时,应采取排水固结、换填等措施进行地基处理。

E.填料应分层压实,位于公路路堤之外的反压部分,压实度不应小于85%。

③注浆加固设计。

A.注浆加固可用于加固岩质滑坡、松动岩体以及崩塌堆积体、岩溶角砾岩等滑坡的滑动面(带)土,不应单独作为滑坡处理措施。

B.注浆范围应结合滑坡体范围及岩土体性质确定。最外侧注浆孔宜位于滑坡边界外0.5~1.0m,注浆深度宜穿过滑动面(带)不少于3.0m。注浆孔宜采用梅花形布置,间距宜为注浆有效扩散半径的1.5倍。必要时可将注浆钢管留在滑坡体内,增强滑坡稳定性。

④抗滑键设计。

A.抗滑键可用于滑动面埋深大、位置明确,且滑动面上、下岩体相对完整的岩质边坡抗滑工程。当应用于滑体稳定性较好的土质滑坡时,滑动面设置阻滑键后,应保证不会沿滑体内部产生新的滑动。

B.抗滑键宜采用单体阻滑键形式,多采用矩形短桩结构。

C.抗滑键在滑动面(带)上、下岩体内的嵌入长度均不应小于3.0m。

⑤微型桩设计。

A.微型桩直径宜为150~300mm。其筋材宜采用钢筋束、钢管、钢轨等,灌浆材料宜采用水泥砂浆或水泥混凝土。

B.微型桩(群)之间的顶部宜采用钢筋混凝土框架梁或板联结,框架梁宽度不宜小于300mm。

C.微型桩灌浆压力应根据滑体岩土性质,由现场试验确定,宜为0.3~1.0MPa。

6.2.5 其他规范对滑坡稳定性计算等的相关要求

(1)《公路工程地质勘察规范》(JTG C20—2011)规定:应利用调绘、勘探、测试等手段取得的各项资料,对滑坡的稳定性进行定性和定量分析。定量分析宜采用极限平衡条分法、有限元强度折减法。

(2)《岩土工程勘察规范(2009年版)》(GB 50021—2001)的相关规定。

①滑坡稳定性计算应符合下列要求：

A.正确选择有代表性的分析断面,正确划分牵引段、主滑段和抗滑段。

B.正确选用强度指标,宜根据测试结果、反分析和当地经验综合确定。

C.有地下水时,应计入浮托力和水压力。

D.根据滑面(滑带)条件,按平面、圆弧或折线,选用正确的计算模型。

E.当有局部滑动可能时,除验算整体稳定外,尚应验算局部稳定。

F.当有地震、冲刷、人类活动等因素影响时,应计入这些因素对稳定的影响。

②滑坡稳定性的综合评价,应根据滑坡的规模、主导因素、滑坡前兆、滑坡区的工程地质和水文地质条件,以及稳定性验算结果进行,并应分析发展趋势和危害程度,提出治理方案建议。

③滑坡勘察报告除应符合《岩土工程勘察规范(2009年版)》(GB 50021—2001)第14章规定外,尚应包括下列内容：

A.滑坡的地质背景和形成条件。

B.滑坡的形态要素、性质和演化。

C.提供滑坡的平面图、剖面图和岩土工程特性指标。

D.滑坡稳定分析。

E.滑坡防治和监测建议。

(3)《建筑地基基础设计规范》(GB 50007—2011)的相关规定。

①滑坡推力可按下列规定计算：

A.当滑体有多层滑动面(带)时,可取推力最大的滑动面(带)确定滑坡推力。

B.选择平行于滑动方向的几个具有代表性的断面进行计算。计算断面一般不得少于2个,其中应有一个是滑动主轴断面。根据不同断面的推力设计相应的抗滑结构。

C.当滑动面为折线形时(图6.2-7),滑坡推力可按下列公式进行计算：

$$F_n = F_{n-1}\psi + \gamma_t G_{nt} - G_{nn}\tan\varphi_n - c_n l_n$$

$$\psi = \cos(\beta_{n-1} - \beta_n) - \sin(\beta_{n-1} - \beta_n)\tan\varphi_n$$

式中：F_n、F_{n-1}——第 n 块、第 $n-1$ 块滑体的剩余下滑力(kN)；

ψ——传递系数；

γ_t——滑坡推力安全系数。应根据滑坡现状及其对工程的影响等因素确定,对地基基础设计等级为甲级的建筑物宜取1.30,设计等级为乙级的建筑物宜取1.20,设计等级为丙级的建筑物宜取1.10；

G_{nt}、G_{nn}——第 n 块滑体自重沿滑动面、垂直滑动面的分力(kN)；

φ_n——第 n 块滑体沿滑动面土的内摩擦角标准值(°)；

c_n——第 n 块滑体沿滑动面土的黏聚力标准值(kPa)；

l_n——第 n 块滑体沿滑动面的长度(m)。

D.滑坡推力作用点,可取在滑体厚度的1/2处。

②应根据工程地质、水文地质条件以及施工影响等因素,分析滑坡可能发生或发展的主要原因,采取下列防治滑坡的处理措施：

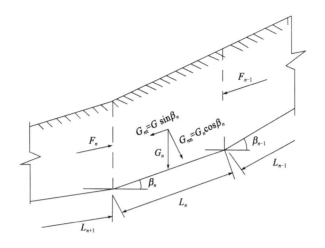

图 6.2-7 折线形滑坡推力计算示意图

A.排水:应设置排水沟以防止地面水浸入滑坡地段,必要时尚应采取防渗措施。在地下水影响较大的情况下,应根据地质条件,设置地下排水系统。

B.支挡:根据滑坡推力的大小、方向及作用点,可选用重力式抗滑挡墙、阻滑桩及其他抗滑结构。抗滑挡墙的基底及阻滑桩的桩端应埋置于滑动面以下的稳定土(岩)层中。必要时,应验算墙顶以上的土(岩)体从墙顶滑出的可能性。

C.卸载:在保证卸载区上方及两侧岩土稳定的情况下,可在滑体主动区卸载,但不得在滑体被动区卸载。

D.反压:在滑体的阻滑区段增加竖向荷载以提高滑体的阻滑安全系数。

(4)《贵州建筑岩土工程技术规范》(DB52/T046—2018)隐式法剩余下滑力计算公式。

①当破裂面为直线形时(图 6.2-8)。

$$E = F - R/k$$

式中:E——剩余下滑力(kN/m),当 E 为负值时,取 $E=0$;

F——下滑力(kN/m);

R——抗滑力(kN/m);

k——安全系数。

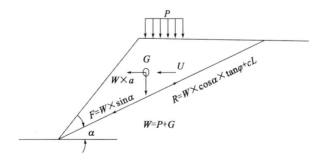

图 6.2-8 直线形破裂面计算示意图

当计算地震力和水压力时,剩余下滑力水平分力为:
$$E_X = E \times \cos\alpha_n + a \times W + U$$
式中:$a \times W$——水平地震力;
　　　U——水压力。

②当破裂面为圆弧形时(图6.2-9)。
$$E_i = F_i - R_i/k$$
式中:E_i——第i块剩余下滑力(kN/m),当E_i为负值时,取$E_i=0$;
　　F_i——第i块下滑力(kN/m);
　　R_i——第i块抗滑力(kN/m)。

滑体(共n块)总剩余下滑力:
$$E = \sum_{i=0}^{i=n} E_i$$

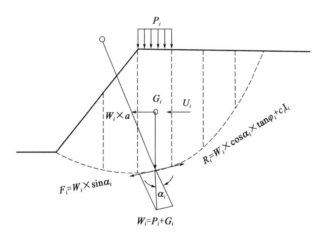

图6.2-9　圆弧形破裂面计算示意图

当计算地震力和水压力时,滑体剩余下滑力水平分力为:
$$E_X = E\cos\alpha_n + a\sum_{i=0}^{i=n} W_i + \sum_{i=0}^{i=n} U_i$$
式中:$a\sum_{i=0}^{i=n} W_i$——水平地震力;
　　$\sum_{i=0}^{i=n} U_i$——水压力。

③当破裂面为折线形时(图6.2-10)。
$$E_i = E_{i-1} \cdot \psi_i + F_i - R_i/k$$
$$\psi_i = \cos(\alpha_{i-1} - \alpha_i) - \sin(\alpha_{i-1} - \alpha_i)$$
式中:E_i——第i块剩余下滑力(kN/m),当E_i为负值时,取$E_i=0$;
　　F_i——第i块下滑力(kN/m);
　　R_i——第i块抗滑力(kN/m);

ψ_i ——第 $i-1$ 块对第 i 块的传递系数。

滑体(共 n 块)总剩余下滑力：

$$E_n = \sum_{i=1}^{n-1} F_i \cdot \prod_{i=1}^{n-1}\psi_i + F_n - (\sum_{i=1}^{n-1} R_i \prod_{i=1}^{n-1}\psi_i + R_n)/k$$

$$\prod_{i=1}^{n-1}\psi_i = \psi_i \cdot \psi_{i+1} \cdot \psi_{i+2} \cdots \psi_{n-1}$$

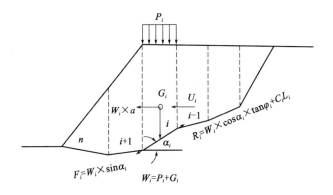

图 6.2-10 折线形破裂面计算示意图

当计算地震力和水压力时，滑体剩余下滑力水平分力为：

$$E_X = E_n \cos\alpha_n + a\sum_{i=0}^{i=n} W_i + \sum_{i=0}^{i=n} U_i$$

式中：$a\sum_{i=0}^{i=n} W_i$ ——水平地震力；

$\sum_{i=0}^{i=n} U_i$ ——水压力。

7 桥 涵

7.1 桥梁涵洞分类和桥涵设计洪水频率

根据《公路桥涵设计通用规范》(JTG D60—2015),桥梁涵洞分类及桥涵设计洪水频率分别见表7.1-1和表7.1-2。

桥梁涵洞分类　　　　　　　　　　　　　　　表7.1-1

桥涵分类	多孔跨径总长 L(m)	单孔跨径 L_k(m)
特大桥	$L>1000$	$L_k>150$
大桥	$100 \leqslant L \leqslant 1000$	$40 \leqslant L_k \leqslant 150$
中桥	$30<L<100$	$20 \leqslant L_k<40$
小桥	$8 \leqslant L \leqslant 30$	$5 \leqslant L_k<20$
涵洞	—	$L_k<5$

桥涵设计洪水频率　　　　　　　　　　　　　表7.1-2

公路等级	特大桥	大桥	中桥	小桥	涵洞及小型排水构造物
高速公路	1/300	1/100	1/100	1/100	1/100
一级公路	1/300	1/100	1/100	1/100	1/100
二级公路	1/100	1/100	1/100	1/50	1/50
三级公路	1/100	1/50	1/50	1/25	1/25
四级公路	1/100	1/50	1/50	1/25	不做规定

习惯上,铁路部门将墩高大于50m桥墩称为高墩;在城市桥梁中,墩高大于30m的桥墩称为高墩。《公路桥梁抗震设计规范》(JTG/T 2231-01—2020)规定:对于墩高超过40m、墩身在计算方向第一阶振型质量参与系数小于60%,且结构进入塑性的高墩桥梁,应做专项研究。

7.2 地基的容许承载力

天然地基浅基础地基承载力已在前面的有关项目中列出,不再赘述。

7.3 桩 基 础

桩基础是贵州最常用的桥梁基础形式。

《建筑桩基技术规范》(JGJ 94—2008)规定,按桩径(设计直径 d)大小分类:小直径桩,$d \leqslant 250\text{mm}$;中等直径桩,$250\text{mm} < d < 800\text{mm}$;大直径桩,$d \geqslant 800\text{mm}$。

7.3.1 摩擦桩及端承摩擦桩承载力特征值

(1)《公路桥涵地基与基础设计规范》(JTG 3363—2019)规定,钻(挖)孔灌注摩擦桩单桩轴向受压承载力特征值 R_a 按下列公式计算:

$$R_a = \frac{1}{2}u\sum_{i=1}^{n} q_{ik}l_i + A_p q_r$$

$$q_r = m_0\lambda[f_{a0} + k_2\gamma_2(h-3)]$$

式中:R_a——单桩轴向受压承载力特征值(kN),桩身自重与置换土重(当自重计入浮力时,置换土重也计入浮力)的差值计入作用效应;

u——桩身周长(m);

A_p——桩端截面面积(m^2),对扩底桩,可取扩底截面面积;

n——土的层数;

l_i——承台底面或局部冲刷线以下各土层的厚度(m),扩孔部分及变截面以上 $2d$ 长度范围内不计;

q_{ik}——与 l_i 对应的各土层与桩侧的摩阻力标准值(kPa),宜采用单桩摩阻力试验确定,当无试验条件时,可按表 7.3-1 选用,扩孔部分及变截面以上 $2d$ 长度范围内不计摩阻力;

q_r——修正后的桩端土承载力特征值(kPa),当持力层为砂土、碎石土时,若计算值超过下列值,宜按下列值采用:粉砂 1000kPa,细砂 1150kPa,中砂、粗砂、砾砂 1450kPa,碎石土 2750kPa;

f_{a0}——桩端土的承载力特征值(kPa),按第 2 章、第 3 章有关规定采用;

h——桩端的埋置深度(m),对有冲刷的桩基,埋深由局部冲刷线起算;对无冲刷的桩基,埋深由天然地面线或实际开挖后的地面线起算;h 的计算值不应大于 40m,大于 40m 时,取 40m;

k_2——承载力特征值的深度修正系数,根据桩端持力层土的类别按表 4.2-4 取值;

γ_2——桩端以上各土层的加权平均重度(kN/m^3),若持力层在水位以下且不透水时,均应取饱和重度;当持力层透水时,水中部分土层应取浮重度;

λ——修正系数,按表 7.3-2 选用;

m_0——清底系数,按表 7.3-3 选用。

钻孔桩桩侧土的摩阻力标准值 q_{ik} 表7.3-1

土 类		q_{ik}	土 类		q_{ik}
中密炉渣、粉煤灰		40~60	中砂	中密	45~60
黏性土	流塑	20~30		密实	60~80
	软塑	30~50	粗砂、砾砂	中密	60~90
	可塑、硬塑	50~80		密实	90~140
	坚硬	80~120	圆砾、角砾	中密	120~150
粉土	中密	30~55		密实	150~180
	密实	55~80	碎石、卵石	中密	160~220
粉砂、细砂	中密	35~55		密实	220~400
	密实	55~70	漂石、块石		400~600

修正系数 λ 值   表7.3-2

l/d	4~20	20~25	>25
透水性土	0.70	0.70~0.85	0.85
不透水性土	0.65	0.65~0.72	0.72

清底系数 m_0 表7.3-3

t/d	0.3~0.1
m_0	0.70~1.0

注:1.t_0、d 分别为桩底沉渣厚度和桩的直径。
2.$d \leq 1.5$ 时,$t \leq 300mm$;$d > 1.5$ 时,$t \leq 500mm$;同时满足条件 $0.1 < t_0/d < 0.3$。

该规范对于桩基础设计还有以下规定:

①摩擦型桩的沉降一般大于端承型桩的沉降,为防止桩基产生不均匀沉降,在同一桩基中,不推荐同时采用摩擦型桩和端承型桩。在同一桩基中,采用不同直径、不同材料和桩端深度相差过大的桩,不仅设计复杂,施工中也易产生差错,故不推荐采用。

②对具有下列情况的大桥、特大桥,应通过静载试验确定单桩承载力:

A.桩的入土深度远超过常用桩。

B.地质情况复杂,难以确定桩的承载力。

C.新型桩基础或采用新工艺施工的桩基础。

D.有其他特殊要求的桥梁桩基础。

③混凝土桩的尺寸宜满足下列构造要求:

A.钻孔桩设计直径不宜小于0.8m。

B.挖孔桩直径或最小边宽度不宜小于1.2m。

C.混凝土管桩直径可采用0.4~1.2m,管壁最小厚度不宜小于80mm。

④混凝土桩的桩身混凝土强度等级不应低于C25,当采用强度标准值400MPa及以上钢筋时不应低于C30;管桩填芯混凝土不应低于C20。

⑤摩擦桩中的钻(挖)孔桩,中距不应小于桩径的2.5倍。支承或嵌固在基岩中的端承型钻(挖)孔桩,中距不宜小于桩径的2倍。钻(挖)孔扩底灌注桩,中距不应小于1.5倍扩底直

径和扩底直径加 1m 的较大者。

关于土的物理力学特征,《公路桥涵地基与基础设计规范》(JTG 3363—2019)中没有列出,表7.3-4 所示为旧规范(JTJ 024—85)附录二资料,仅供参考。

土的物理力学特征　　　　　　　　　　　表7.3-4

土 类			孔隙比 e	天然含水率 w (%)	塑限含水率 w_p (%)	重度 γ_3 (kN/m³)	计算的黏聚力 c(kPa)	计算的内摩擦角 φ(°)
砂类土		粗砂	0.4~0.5 0.5~0.6 0.6~0.7	15~18 19~22 23~25	—	20.5 19.5 19.0	0 0 0	42 40 38
		中砂	0.4~0.5 0.5~0.6 0.6~0.7	15~18 19~22 23~25	—	20.5 19.5 19.0	0 0 0	40 38 36
		细砂	0.4~0.5 0.5~0.6 0.6~0.7	15~18 19~22 23~25	—	20.5 19.5 19.0	0 0 0	38 36 32
		粉砂	0.5~0.6 0.6~0.7 0.7~0.8	15~18 19~22 23~25	—	20.5 19.5 19.0	5 3 2	36 34 28
黏性土	亚黏土	亚砂土	0.4~0.5 0.5~0.6 0.6~0.7	15~18 19~22 23~25	<9.4	21.0 20.0 19.5	6 5 2	30 28 27
			0.4~0.5 0.5~0.6 0.6~0.7	15~18 19~22 23~25	9.5~12.4	21.0 20.0 19.5	7 5 3	25 24 23
			0.4~0.5 0.5~0.6 0.6~0.7 0.7~0.8	15~18 19~22 23~25 26~29	12.5~15.4	21.0 20.0 19.5 19.0	25 15 10 5	24 23 22 21
			0.5~0.6 0.6~0.7 0.7~0.8 0.8~0.9 0.9~1.0	19~22 23~25 26~29 30~34 35~40	15.5~18.4	20.0 19.5 19.0 18.5 18.0	35 15 10 8 5	22 21 20 19 18
	黏土		0.6~0.7 0.7~0.8 0.8~0.9 0.9~1.0	23~25 26~29 30~34 35~40	18.5~22.4	19.5 19.0 18.5 18.0	40 25 20 10	20 19 18 17
			0.7~0.8 0.8~0.9 0.9~1.0	26~29 30~34 35~40	22.5~26.4	19.0 18.5 17.5	60 30 25	18 17 16
			0.8~0.9 0.9~1.1	30~34 35~40	26.5~30.4	18.5 17.5	65 35	16 15

(2)《建筑桩基技术规范》(JGJ 94—2008)的有关规定。

①当根据土的物理指标与承载力参数之间的经验关系确定 $d<800\mathrm{mm}$ 桩的单桩竖向极限承载力标准值时,宜按下式估算:

$$Q_{uk} = Q_{sk} + Q_{pk} = u \sum q_{sik} l_i + q_{pk} A_p$$

式中:Q_{sk}、Q_{pk}——总极限侧阻力标准值和总极限端阻力标准值;
  u——桩身周长(m);
  q_{sik}——桩侧第 i 层土的极限侧阻力的标准值(kPa),若无当地经验时,可按表7.3-5取值;
  l_i——桩侧第 i 层土层厚度(m);
  q_{pk}——桩端土极限端阻力标准值(kPa),若无当地经验时,可按表7.3-6取值;
  A_p——桩端面积(m^2)。

桩的极限侧阻力标准值 q_{sik}(单位:kPa)　　　表7.3-5

土的名称	土的状态		混凝土预制桩	泥浆护壁钻(冲)孔桩	干作业钻孔桩
填土	—		22~30	20~28	20~28
淤泥	—		14~20	12~18	12~18
淤泥质土	—		22~30	20~28	20~28
黏性土	流塑	$I_L > 1$	24~40	21~38	21~38
	软塑	$0.75 < I_L \leq 1$	40~55	38~53	38~53
	可塑	$0.50 < I_L \leq 0.75$	55~70	53~68	53~66
	硬可塑	$0.25 < I_L \leq 0.50$	70~86	68~84	66~82
	硬塑	$0 < I_L \leq 0.25$	86~98	84~96	82~94
	坚硬	$I_L \leq 0$	98~105	96~102	94~104
红黏土	$0.7 < a_w \leq 1$		13~32	12~30	12~30
	$0.5 < a_w \leq 0.7$		32~74	30~70	30~70
粉土	稍密	$e > 0.9$	26~46	24~42	24~42
	中密	$0.75 \leq e \leq 0.9$	46~66	42~62	42~62
	密实	$e < 0.75$	66~88	62~82	62~82
粉细砂	稍密	$10 < N \leq 15$	24~48	22~46	22~46
	中密	$15 < N \leq 30$	48~66	46~64	46~64
	密实	$N > 30$	66~88	64~86	64~86
中砂	中密	$15 < N \leq 30$	54~74	53~72	53~72
	密实	$N > 30$	74~95	72~94	72~94
粗砂	中密	$15 < N \leq 30$	74~95	74~95	76~98
	密实	$N > 30$	95~116	95~116	98~120
砾砂	稍密	$5 < N_{63.5} \leq 15$	70~110	50~90	60~100
	中密(密实)	$N_{63.5} > 15$	116~138	116~130	112~130

续上表

土的名称	土的状态		混凝土预制桩	泥浆护壁钻(冲)孔桩	干作业钻孔桩
圆砾、角砾	中密、密实	$N_{63.5}>10$	160~200	135~150	135~150
碎石、卵石	中密、密实	$N_{63.5}>10$	200~300	140~170	150~170
全风化软质岩	—	$30<N\leq 50$	100~120	80~100	80~100
全风化硬质岩	—	$30<N\leq 50$	140~160	120~140	120~150
强风化软质岩	—	$N_{63.5}>10$	160~240	140~200	140~200
强风化硬质岩	—	$N_{63.5}>10$	220~300	160~240	160~260

注：1. 对于尚未完成自重固结的填土和以生活垃圾为主的杂填土，不计算其侧阻力。
2. a_w 为含水比，$a_w=w/w_L$，w 为土的天然含水率，w_L 为土的液限。
3. N 为标准贯入击数，$N_{63.5}$ 为重型圆锥动力触探击数。
4. 全风化、强风化软质岩和全风化、强风化硬质岩系指其母岩分别为 $f_{rk}\leq 15MPa$、$f_{rk}>30MPa$ 的岩石。

桩端土极限端阻力标准值(单位 kPa) 表 7.3-6

土名称	土的状态		桩型								
			混凝土预制桩桩长 l(m)				泥浆护壁钻(冲)孔桩桩长 l(m)				干作业钻孔桩桩长 l(m)		
			$l\leq 9$	$9<l\leq 16$	$16<l\leq 30$	$l>30$	$5\leq l<10$	$10\leq l<15$	$15\leq l<30$	$30\leq l$	$5\leq l<10$	$10\leq l<15$	$15\leq l$
黏性土	软塑	$0.75<I_L\leq 1$	210~850	650~1400	1200~1800	1300~1900	150~250	250~300	300~450	300~450	200~400	400~700	700~950
	可塑	$0.50<I_L\leq 0.75$	850~1700	1400~2200	1900~2800	2300~3600	350~450	450~600	600~750	750~800	500~700	800~1100	1000~1600
	硬可塑	$0.25<I_L\leq 0.50$	1500~2300	2300~3300	2700~3600	3600~4400	800~900	900~1000	1000~1200	1200~1400	850~1100	1500~1700	1700~1900
	硬塑	$0<I_L\leq 0.25$	2500~3800	3800~5500	5500~6000	6000~6800	1100~1200	1200~1400	1400~1600	1600~1800	1600~1800	2200~2400	2600~2800
粉土	中密	$0.75\leq e\leq 0.9$	950~1700	1400~2100	1900~2700	2500~3400	300~500	500~650	650~750	750~850	800~1200	1200~1400	1400~1600
	密实	$e<0.75$	1500~2600	2100~3000	2700~3600	3600~4400	650~900	750~950	900~1100	1100~1200	1200~1700	1400~1900	1600~2100
粉砂	稍密	$10<N\leq 15$	1000~1600	1500~2300	1900~2700	2100~3000	350~500	450~600	600~700	650~750	500~950	1300~1600	1500~1700
	中密、密实	$N>15$	1400~2200	2100~3000	3000~4500	3800~5500	600~750	750~900	900~1100	1100~1200	900~1000	1700~1900	1700~1900

续上表

土名称	土的状态	桩型 混凝土预制桩桩长 l(m)				泥浆护壁钻(冲)孔桩桩长 l(m)				干作业钻孔桩桩长 l(m)		
		$l \leq 9$	$9 < l \leq 16$	$16 < l \leq 30$	$l > 30$	$5 \leq l < 10$	$10 \leq l < 15$	$15 \leq l < 30$	$30 \leq l$	$5 \leq l < 10$	$10 \leq l < 15$	$15 \leq l$
细砂	中密密实	2500~4000	3600~5000	4400~6000	5300~7000	650~850	900~1200	1200~1500	1500~1800	1200~1600	2000~2400	2400~2700
中砂	$N>15$	4000~6000	5500~7000	6500~8000	7500~9000	850~1050	1100~1500	1500~1900	1900~2100	1800~2400	2800~3800	3600~4400
粗砂		5700~7500	7500~8500	8500~10000	9500~11000	1500~1800	2100~2400	2400~2600	2600~2800	2900~3600	4000~4600	4600~5200
砾砂	中密、密实 $N>15$	6000~9500		9000~10500		1400~2000		2000~3200		3500~5000		
圆砾、角砾	中密、密实 $N_{63.5}>10$	7000~10000		9500~11500		1800~2200		2200~3600		4000~5500		
碎石、卵石	中密、密实 $N_{63.5}>10$	8000~11000		10500~13000		2000~3000		3000~4000		4500~6500		
全风化软质岩	$30<N\leq 50$	4000~6000				1000~1600				1200~2000		
全风化硬质岩	$30<N\leq 50$	5000~8000				1200~2000				1400~2400		
强风化软质岩	$N_{63.5}>10$	6000~9000				1400~2200				1600~2600		
强风化硬质岩	$N_{63.5}>10$	7000~11000				1800~2800				2000~3000		

注：1. 砂土和碎石类土中桩的极限端阻力取值，宜综合考虑土的密实度、桩端进入持力层的深径比 h_d/d；土愈密实，h_d/d 愈大，取值愈高。

2. 预制桩的岩石极限端阻力指桩端支承于中、微风化基岩表面或进入强风化岩、软质岩一定深度下极限端阻力。

3. 全风化、强风化软质岩和全风化、强风化硬质岩指其母岩分别为 $f_{rk} \leq 15\text{MPa}$、$f_{rk} > 30\text{MPa}$ 的岩石。

②根据土的物理指标与承载力参数之间的经验关系，确定大直径桩（$d \geq 800\text{mm}$）单桩竖向极限承载力标准值时，可按下式计算：

$$Q_{uk} = Q_{sk} + Q_{pk} = u\sum \psi_{si} q_{sik} l_i + \psi_p q_{pk} A_p$$

式中：ψ_{si}、ψ_p——大直径桩侧阻、端阻尺寸效应系数，见表7.3-7。

大直径桩侧阻、端阻尺寸效应系数　　　　表 7.3-7

土类别	黏性土、粉土	砂土、碎石类土
ψ_{si}	$\left(\dfrac{0.8}{d}\right)^{\frac{1}{5}}$	$\left(\dfrac{0.8}{d}\right)^{\frac{1}{3}}$
ψ_{p}	$\left(\dfrac{0.8}{D}\right)^{\frac{1}{4}}$	$\left(\dfrac{0.8}{D}\right)^{\frac{1}{3}}$

注:D-桩端直径,d-桩身直径,当为等直径桩时,$D=d$。

q_{sik}-桩侧第 i 层土极限侧阻力标准值,如无当地经验值,可按表 7.3-5 取值;对于扩底桩,斜面及变截面以上 $2d$ 长度范围内不计侧阻力。

q_{pk}-桩径为 800mm 桩底土的极限端阻力标准值;对于干作业挖孔(清底干净)可采用深层载荷板试验确定;当不能进行深层载荷板试验时可按表 7.3-8 取值。

u-桩身周长,当人工挖孔桩桩周护壁为振捣密实的混凝土时,桩周长可按护壁外直径计算。

桩径为 800mm 桩底土的极限端阻力标准值(单位:kPa)　　　　表 7.3-8

土 名 称		状 态		
黏性土		$0.25 < I_L \leq 0.75$	$0 < I_L < 0.25$	$I_L \leq 0$
		800~1800	1800~2400	2400~3000
粉土		$0.75 \leq e \leq 0.9$(中密)		$e \leq 0.75$(密实)
		1000~1500		1500~2000
	密实度	稍密	中密	密实
砂土、碎石类土	粉砂	500~700	800~1100	1200~2000
	细砂	700~1100	1200~1800	2000~2500
	中砂	1000~2000	2200~3200	3500~5000
	粗砂	1200~2200	2500~3500	4000~5500
	砾砂	1400~2400	2600~4000	5000~7000
	圆砾、角砾	1600~3000	3200~5000	6000~9000
	卵石、碎石	2000~3000	3300~5000	7000~11000

注:1.进入持力层深度分别为 $h_b \leq D$、$D < h_b \leq 4D$、$h_b > 4D$ 时,可相应取低、中、高值。
　　2.砂土密实度可根据标贯击数评定:$N \leq 10$ 为松散,10~15 为稍密,15~30 为中密,$N > 30$ 为密实。
　　3.当桩的长径比 $l/d \leq 8$ 时,q_{pk} 宜取较低值。
　　4.当对沉降要求不严时,q_{pk} 可取高值。

③单桩竖向承载力标准值:

$$R_a = \frac{Q_{uk}}{k}$$

式中:Q_{uk}——单桩竖向极限承载力标准值;
　　　k——安全系数,取 $k=2$。

(3)重庆市《建筑地基基础设计规范》(DBJ50-047—2016)规定,土质地基单桩竖向承载力特征值 R_a 按下式计算:

$$Q_{uk} = u \sum \Psi_{si} q_{sik} A_p + \Psi_p q_{pk} A_p$$

式中：u——桩身周长，当人工挖孔桩桩周护壁为振捣密实的混凝土时，桩身周长可按护壁外直径计算；

Ψ_{si}——桩侧阻力尺寸效应系数；对黏性土、粉土取$(0.8/d)^{1/5}$，对砂土、碎石土类取$(0.8/d)^{1/3}$（d为桩身直径），强风化岩石取1.0；$d \leqslant 800$mm 时桩侧阻力尺寸效应系数取1.0；

Ψ_p——桩端阻力尺寸效应系数；对黏性土、粉土取$(0.8/D)^{1/4}$，对砂土、碎石类土取$(0.8/D)^{1/3}$（D为桩端直径）；$D \leqslant 800$mm 时，桩端阻力尺寸效应系数取1.0；

q_{sik}、q_{pk}——桩侧第i层土的极限侧阻力标准值、极限端阻力标准值，按工程地质勘察报告提供的数据取用；当有扩大头时，其扩大头斜面及以上2d范围不计桩侧土的摩阻力；

l_i——桩侧第i层土厚度；

A_p——桩端横截面面积。

（4）《高层建筑岩土工程勘察规范》（JGJ/T 72—2017）规定的嵌岩灌注桩的岩石极限侧阻力、极限端阻力见表7.3-9，仅供参考。

嵌岩灌注桩岩石极限侧阻力、极限端阻力经验值　　　　表7.3-9

岩石风化程度	岩石饱和单轴极限抗压强度f_{rk}(MPa)	岩体完整程度	岩石极限侧阻力q_{sik}(kPa)	岩石极限端阻力q_{pk}(kPa)
中等风化	$5 < f_{rk} \leqslant 15$	极破碎、破碎	300~800	3000~9000
中等风化或微风化	$15 < f_{rk} \leqslant 30$	较破碎	800~1200	9000~16000
微风化	$30 < f_{rk} \leqslant 60$	较完整	1200~2000	16000~32000

7.3.2 端承桩及摩擦端承桩的承载力特征值

7.3.2.1 《公路桥涵地基与基础设计规范》（JTG 3363—2019）的相关规定

支承在基岩上或嵌入基岩的钻（挖）孔桩、沉桩，其单桩轴向受压承载力特征值R_a可按下式计算：

$$R_a = c_1 A_p f_{rk} + u \sum_{i=1}^{m} c_{2i} h_i f_{rki} + \frac{1}{2} \zeta_s u \sum_{i=1}^{e} l_i q_{ik}$$

式中：f_{rk}——桩端岩石饱和单轴抗压强度标准值(kPa)；黏土质岩取天然湿度单轴抗压强度标准值，当f_{rk}小于2MPa时按支承在土层中的桩计算（f_{rhi}为第i层的f_{rk}值）；

m——岩层的层数，不包括强风化和全风化层；

h_i——桩嵌入基岩深度(m)，不包括强风化层、全风化层及局部冲刷线以上基岩；

ζ_s——覆盖层土的侧阻力发挥系数，根据桩端f_{rk}确定，见表7.3-10；

c_1、c_{2i}——c_1为岩石端阻发挥系数，c_{2i}为第i层岩层的侧阻发挥系数；根据岩层强度、岩石破碎程度等因素确定，其取值如表7.3-11。

覆盖层土的侧阻力发挥系数 ζ_s　　　　　　表 7.3-10

f_{rk}(MPa)	2	15	30	60
侧阻力发挥系数 ζ_s	1.0	0.8	0.5	0.2

发挥系数 c_1、c_2　　　　　　表 7.3-11

岩 层 情 况	c_1	c_2
完整、较完整	0.6	0.05
较破碎	0.5	0.04
破碎、极破碎	0.4	0.03

注:1. 当入岩深度 $h \leqslant 0.5$m 时,c_1 乘以 0.75 的折减系数,$c_2 = 0$。
2. 对钻孔桩,系数 c_1、c_2 降低 20% 使用;对桩端沉渣厚度 t,$d \leqslant 1.5$m 时,$t \leqslant 50$mm;$d > 1.5$m 时,$t \leqslant 100$mm。
3. 对中风化层作为持力层的情况,c_1、c_2 分别乘以 0.75 的折减系数。

7.3.2.2 《建筑桩基技术规范》(JGJ 94—2008)的相关规定

嵌岩桩单桩竖向极限承载力标准值:

$$Q_{uk} = Q_{sk} + Q_{rk}$$

土的总极限侧阻力标准值:

$$Q_{sk} = u \sum_{i=1}^{n} q_{sik} l_i$$

嵌岩段总极限阻力标准值:

$$Q_{rk} = \zeta_t f_{rk} A_p$$

式中:u——桩身周长(m);
　　q_{sik}——桩周第 i 层土的极限侧阻力,无当地经验值时,可根据成桩工艺按表 7.3-5 取值;
　　l_i——第 i 层土厚度(m);
　　f_{rk}——岩石饱和单轴抗压强度标准值,黏土岩取天然湿度单轴抗压强度标准值;
　　A_p——桩底端横切面积(m²);
　　ζ_t——桩嵌岩段侧阻和端阻综合系数,与嵌岩深径比 h_r/d、岩石软硬程度和成桩工艺有关,可按表 7.3-12 采用。

嵌岩段侧阻和端阻综合系数 ζ_t　　　　　　表 7.3-12

嵌岩深径比 h_r/d	0	0.5	1.0	2.0	3.0	4.0	5.0	6.0	7.0	8.0
极软岩、软岩	0.60	0.80	0.95	1.18	1.35	1.48	1.57	1.63	1.66	1.70
较硬岩、硬岩	0.45	0.65	0.81	0.90	1.00	1.04	—	—	—	—

注:1. 表中数值适用于泥浆护壁成桩;对于干作业成桩(清底干净)和泥浆护壁成桩后注浆,ζ_t 应取表列数值的 1.2 倍。
2. 极软岩、软岩指 $f_{rk} \leqslant 15$MPa,较硬岩、坚硬岩指 $f_{rk} \geqslant 30$MPa,介于二者之间的,可内插取值。
3. 当岩面倾斜时,h_r 值以坡下方嵌岩深度为准;当 h_r/d 为非表列值时,ζ_t 可内插取值。

7.3.2.3 《贵州建筑地基基础设计规范》(DBJ52/T 045—2018)的相关规定

(1)端承桩的竖向承载力特征值：

$$R_a = q_{pa}A_p$$

式中：q_{pa}——桩端岩石承载力特征值；
A_p——桩底端横切面面积。

(2)摩擦端承桩的竖向承载力特征值为桩端阻承载力特征值与桩侧阻承载力特征值之和：

$$R_a = q_{pa}A_p + u_p \sum q_{sia}l_i$$

式中：q_{pa}、q_{sia}——桩端端阻力、桩侧阻力特征值，由当地静荷载试验结果统计分析确定；
u_p——桩身周长；
l_i——第 i 层岩土的厚度。

7.3.2.4 重庆市《建筑地基基础设计规范》(DBJ50 047—2006)的相关规定

(1)采用天然地基或加固地基虽然满足建筑物对地基承载力要求或变形要求，但不满足建筑物整体抗倾覆、抗滑移、抗浮要求时，可以考虑采用桩基础。

稳定性验算应符合下列要求：

倾覆稳定性验算：

$$M_k/M_g \geqslant 1.6$$

滑移稳定性验算：

$$Q_k/Q_h \geqslant 1.3$$

抗浮稳定性验算：

$$F_k/F_f \geqslant 1.1$$

式中：M_k、Q_k、F_k——作用在基础上的抗倾覆力矩、抗滑动力矩和抗浮力；
M_g、Q_h、F_f——作用在基础上的倾覆力矩、滑动力矩和浮力。

(2)当墙下条形基础嵌入中、微风化基岩，基础嵌岩深度不小于基础宽度时，地基承载力可考虑岩体对基础的嵌固作用。地基竖向承载力特征值可按下式计算：

$$f_a = (1 + 0.52n)f_{ak}$$

式中：n——嵌岩深度与基础宽度之比。

(3)嵌岩深度大于一倍桩径的嵌岩桩，嵌岩部分承载力特征值可按下式计算：

$$R_{pa} = \beta \cdot f_a \cdot A_p$$

式中：β——考虑嵌固力影响后的承载力综合系数，见表7.3-13、表7.3-14。

圆柱桩承载力综合系数 β 表7.3-13

$n = h_r/d$	1	2	3	4	≥5
β	1.105	1.210	1.315	1.420	1.525

注：1. n-深径比；h_r-嵌岩深度；d-桩径。
2. 若 n 不为整数时，β 值可按线性插值计算。
3. 人工挖孔桩，表中系数可提高20%，机械成孔嵌岩桩，表中系数提高10%。

7 桥　涵

矩形桩承载力综合系数 β 　　　　表7.3-14

	$n = h_r/d$	1	2	3	4	≥5
a/b	1	1.100	1.200	1.300	1.400	1.500
	0.9	1.095	1.190	1.285	1.380	1.475
	0.8	1.090	1.180	1.270	1.360	1.450
	0.7	1.085	1.175	1.255	1.340	1.425
	0.6	1.080	1.160	1.240	1.320	1.400
	0.5	1.075	1.150	1.225	1.300	1.375

注：1. a-矩形桩截面短边尺寸；b-矩形桩截面长边尺寸。
　　2. 若 n 不为整数时，β 值可按线性插值计算。
　　3. 人工挖孔桩，表中系数可提高20%。

(4) 位于基岩上的端承桩(含嵌岩桩)符合下列条件之一时，在设计中应考虑负摩阻力影响：

①桩穿越新近填土、欠固结土、膨胀土等。

②桩穿越较厚的软弱土层，且附近场地地面进行大面积堆载或填土时。

③由于地下水位降低使桩周土中有效应力增大，并产生显著压缩沉降时。

岩基上桩的负摩阻力计算详见《建筑地基基础设计规范》附表J。地基承载力按下式计算：

$$k_f + \gamma_0 N_k \le \gamma_0 R_{pa}$$

式中：k_f——单桩承受的负摩阻力(kN)；

　　γ_0——结构重要性系数；见表7.3-15；

　　N_k——相应荷载效应标准组合时，桩顶轴向压力值(kN)；

　　R_{pa}——桩端承载力特征值(kN)。

结构重要性系数 γ_0 　　　　表7.3-15

综合等级	γ_0
安全等级为一级或设计使用年限为100年及以上的结构构件	不应小于1.1
安全等级为一级或设计使用年限为50年及以上的结构构件	不应小于1.0
安全等级为一级或设计使用年限为5年以下的结构构件	不应小于0.9

(5) 重庆市《建筑地基基础设计规范》(DBJ50-047—2016)。

①岩质地基单桩竖向极限承载力标准值可按下式计算：

$$Q_{uk} = Q_{sk} + Q_{rk}$$

$$Q_{sk} = u \sum \Psi_{si} q_{sik} l_i$$

式中：Q_{uk}——单桩竖向极限承载力标准值；

　　Q_{sk}——单土的总极限侧阻力标准值；

　　Q_{rk}——嵌岩段总极限侧阻力标准值。

干作业成孔且清底干净的嵌岩桩，嵌入完整、较完整岩石段总极限阻力标准值，根据现场载荷试验确定时，可按下列公式计算：

当嵌岩深度小于1倍桩径时

$$Q_{rk} = f_{uk} A_p$$

当嵌岩深度不小于1倍桩径时

$$Q_{rk} = 1.2\beta f_{uk} A_p$$

式中：f_{uk}——现场荷载板试验所得桩端地基极限承载力标准值；

A_p——嵌岩段桩端横截面积；

β——考虑嵌固力影响后的承载力综合系数，当嵌岩深度小于1倍桩径时，$\beta=1$；当嵌岩深度不小于1倍桩径时，圆桩见表7.3-13，矩形桩见表7.3-14，椭圆桩见表7.3-16。

椭圆桩承载力综合系数 β 表7.3-16

c/d	$n = h_r/d$				
	1	2	3	4	≥5
0.2	1.094	1.188	1.282	1.376	1.471
0.4	1.078	1.174	1.261	1.348	1.435
0.6	1.090	1.180	1.246	1.328	1.410
0.8	1.082	1.164	1.235	1.313	1.392
1.0	1.075	1.151	1.226	1.302	1.377
1.2	1.073	1.146	1.219	1.292	1.365
1.4	1.071	1.142	1.214	1.285	1.356
1.6	1.070	1.139	1.209	1.278	1.348
1.8	1.068	1.137	1.205	1.273	1.341
2.0	1.067	1.134	1.201	1.269	1.336

注：1. c 为椭圆桩截面直段尺寸，c/d 值在表中范围内时，β 值可按线性插值法计算。
2. n 为嵌岩深度 h_r 与桩直径 d 之比，若 n 不为整数时，β 值可按线性插值法计算。

②当采用圆桩时，桩端置于完整、较完整基岩的圆形嵌岩桩，嵌岩段总极限阻力标准值根据岩石单轴抗压强度确定时，可按下式计算：

$$Q_{rk} = \zeta_r f_{rk} A_p$$

式中：ζ_r——嵌岩段侧阻和端阻综合系数，可按表7.3-12采用；表中数值适用于泥浆护壁成桩，对于干作业成桩（清底干净）和泥浆护壁成桩后注浆，应取表中数值的1.2倍；

f_{rk}——岩石天然单轴抗压强度标准值；施工期及使用期岩体遭水浸泡时宜采用饱和试样，黏土岩取天然湿度单轴抗压强度标准值。

③单桩竖向承载力特征值应按下式确定：

$$R_a = \frac{1}{K} Q_{uk}$$

式中：K——安全系数，按重庆市《建筑地基基础设计规范》(DBJ50-047—2016) 土质地基、圆桩计算桩基竖向极限承载力时，$K=2$；按岩质地基计算桩基竖向极限承载力时，$K=3$。

7.3.3 应力扩散角

《贵州建筑地基基础设计规范》(DBJ52/T 45—2018) 规定，岩石地基的应力扩散角可采用 30°~40°，软质岩石取小值，硬质岩石取大值，并考虑岩石结构面的不利影响。

可根据此确定桩底埋深因素之一,并应确保应力扩散范围内无外倾软弱结构面或临空面。

7.3.4 《贵州山区复杂地质条件公路桥梁桩基设计指导书(试行)》(JTT 52/01—2015)

7.3.4.1 适用范围

本指导书适用于贵州山区复杂地质条件下跨径不大于40m的公路桥梁桩基础设计。

本指导书所指复杂地质条件下的桥梁,当桩的入土深度远超过常用桩或难以确定桩基承载力时,应采用静载试验获得桩侧摩阻力,桩基承载力等设计参数进行设计。试验时桩身内力宜采用分布式光纤测试,也可采用钢筋计等传统测试元件测试。

7.3.4.2 复杂地质条件

复杂地质条件分为深厚覆盖层(厚度大于30m),软质岩、强风化层及断层破碎带,岩溶发育区,斜坡地段及采空区5类。

7.3.4.3 深厚覆盖层条件下桥梁桩基设计

1)桩基类型的选择

(1)覆盖层厚度≤30m,岩石f_{rk}≥2MPa,一律按嵌岩桩设计。

(2)覆盖层厚度30~40m,岩石f_{rk}≥2MPa,应在摩擦桩和嵌岩桩间进行经济比选,在满足承载力要求前提下,取计算桩长较小值作为设计值。当摩擦桩桩长与嵌岩桩桩长之差小于5m时,考虑节省造价有限,建议按嵌岩桩设计。

(3)覆盖层厚度>40m,侧阻和端阻力满足承载力要求时,按摩擦桩设计。设计时应考虑上部结构对沉降的要求。

2)桩长的确定

(1)摩擦桩:设计桩长在计算桩长的基础上适当增加2~3m,以作安全储备。必要时上部结构采用简支结构,以降低沉降对桥梁上部结构的影响。

(2)嵌岩桩:嵌岩桩承载力应根据不同受力情况,按照桩身强度和地基对桩的支承能力分别进行计算。桩基设计按承载能力极限状态计算控制设计,必要时应进行正常使用极限状态计算。嵌岩桩的桩长应同时满足桩基承载力和稳定性要求,具体计算应按《公路桥涵地基与基础设计规范》(JTG 3363—2019)有关规定执行。桥梁桩基设计中应充分考虑侧壁摩阻力的作用,以有效减短桩长,降低造价。综合考虑覆盖层厚度、桩顶设计荷载及岩石强度、完整性,桩基在满足竖向承载力要求的前提下,覆盖层厚度大于20m且不存在软弱土层时嵌入中风化以上硬质岩深度建议取1.5d左右。当下伏基岩为中风化以上软质岩时,应适当加深,宜取3d~5d。在桩基配筋设计时,嵌岩桩应通长配筋。

注:关于嵌岩桩的设计,确定桩基的嵌岩深度是设计的关键。对嵌岩桩基的嵌岩深度计算一般应分别按照满足桩身水平及竖向承载力的要求,以最不利状况控制设计,确定桩基的最小嵌岩深度。

①按竖向承载力确定最小嵌岩深度。

按照嵌岩桩承载力计算公式确定,桩基一般嵌入单一中风化层岩石,通过《公路桥涵地基与基础设计规范》(JTG D63—2007)的嵌岩桩计算公式,可推导出:

$$h_r = \frac{P - c_1 A_p f_{rk} - \frac{1}{2}\zeta_s u \sum_{i=1}^{n} l_i q_{ik}}{u c_2 f_{rki}}$$

式中:P——单桩桩顶竖向荷载(kN);

c_1、c_2——根据清孔情况岩石破碎程度等因素确定端阻和侧阻发挥系数;

u——各土层或各岩层部分的桩身周长(m);

f_{rk}——桩端岩石饱和单轴抗压强度标准值(kPa);

l_i——桩嵌入各岩层部分的厚度(m),不包括强风化层和全风化层;

n——为土的层数,强风化层和全风化层按土层考虑;

ζ_s——覆盖层土的侧阻力发挥系数;

q_{ik}——桩侧第i层土的侧阻力标准值(kPa)。

②按水平承载力确定最小嵌岩深度。

按照《公路桥涵地基与基础设计规范》(JTG D63—2007)的规定,当无覆盖层时,桩基须嵌入基岩,嵌岩桩按桩底嵌固设计时,嵌入基岩中的深度,对于圆形桩通过下式计算:

$$h_r = \sqrt{\frac{M_H}{0.0655 \beta f_{rk} d}}$$

式中:M_H——在基岩顶面处的弯矩(kN·m);

f_{rk}——岩石饱和单轴抗压强度标准值(kPa),黏土质岩取天然湿度单轴抗压强度标准值;

β——系数,$\beta = 0.5 \sim 1.0$,根据岩层结构面发育程度而定;

d——桩身直径(m)。

7.3.4.4 软质岩、强风化层及断层破碎带条件下桥梁桩基设计

1)分类

(1)软质岩分类。

根据f_{rk}值分为较软岩、软岩及极软岩三类,分类标准依本手册2.1(2)条。贵州多为较软岩、软岩,极软岩少见。贵州常见软质岩单轴抗压强度f_{rk}推荐值见表7.3-17。

贵州常见软质岩单轴抗压强度 表7.3-17

岩石类别	标准值(MPa)	推荐中值(MPa)
泥岩	9.7~11.6	9.9
粉砂质泥岩	12.8~14.7	13.0
泥质粉砂岩	14.1~17.1	14.4
泥质白云岩	17.6~23.0	18.8
板岩	18.7~22.0	19.0
泥质灰岩	19.7~23.7	20.0

（2）强风化层分类（据厚度）。

第Ⅰ类:强风化层厚度≤30m；

第Ⅱ类:强风化层厚度30~40m；

第Ⅲ类:强风化层厚度>40m。

（3）断层破碎带分类（据桩基与断层破碎带位置关系）。

A类位置关系：破碎带很深且宽度很大，桩基置于破碎带内；

B类位置关系：破碎带很深但宽度小，桩基置于破碎带之上；

C类位置关系：破碎带很浅，桩基穿过断层破碎带置于破碎带下的基岩层中。

2）桩基类型的选择

（1）$f_{rk} \geq 2MPa$ 时，软质岩桩基按嵌岩桩设计。

（2）覆盖层厚度小于5m，强风化岩层基本容许承载力较高时，可采用扩大基础。若桥墩高度大于30m，应优先采用以中风化层作持力层的嵌岩桩。当强风化层厚度5~30m，宜采用嵌岩桩，以中风化层作持力层；强风化层厚度30~40m时，在满足承载力要求的前提下，视具体情况选用嵌岩桩或摩擦桩；当强风化层厚度大于40m时，应采用摩擦桩，为减小各桩基之间沉降差异，宜用墩—承台—桩基础。

（3）对A类位置关系桩基，应根据断层破碎带的胶结情况分类确定桩型：当破碎带为钙质、铁质、硅质胶结，可以进行取样进行抗压试验且 $f_{rk} \geq 2MPa$ 的，应采用嵌岩端承桩或摩擦端承桩。钙质胶结的断层破碎带可能出现溶蚀现象，若有，应据空洞大小按7.3.4.5条岩溶条件下桥梁桩基设计有关规定调整；若破碎带为泥质胶结或未胶结，f_{rk}值小于2MPa，应按摩擦桩设计。

对B、C类位置关系断层破碎带，应采用嵌岩桩，将桩底置于破碎带之上或穿过破碎带的较破碎/较完整/完整的基岩层中。

3）桩长的确定

（1）在满足承载力要求的前提下，软质岩嵌岩桩桩基的嵌岩深度宜取$3d$~$5d$，最大嵌岩深度不宜大于$7d$。

（2）强风化层桩长确定。

①若采用嵌岩桩，嵌岩深度宜取$3d$~$5d$。

②若采用摩擦桩，桩长经计算确定，设计桩长应在计算桩长基础上加2~3m，以作安全储备。必要时上部结构采用简支结构，以降低沉降对上部结构的影响。

（3）断层破碎带桩长的确定。

①对A类关系的桩基，桩长设计同"强风化层桩长确定"规定。

②对B类关系的桩基，嵌岩桩桩底距破碎带顶界的竖向距离不宜小于$3d$或5.0m、距离破碎带顶界的水平距离不小于$2.5d$且不小于3.0m。

③对C类关系的桩基，桩身穿过破碎带。陡斜坡区有效嵌岩深度按7.3.4.6条有关规定，并据此确定桩长。

7.3.4.5 岩溶场地条件下桥梁桩基设计

1) 岩溶区桩基设计的一般原则

(1) 岩溶地区桩基应按承载能力极限状态及正常使用极限状态进行设计。

(2) 承台底面以上的荷载假定全部由桩承受；桥台土压力可自填土前的原地面起算。

(3) 顶板安全厚度受上部荷载、桩基类型、端阻和侧阻分担比、嵌岩深度、岩石岩性以及溶洞形态等多方面的制约。当勘察资料显示桩端以下有溶洞存在时,应验算在附加荷载作用下溶洞顶板稳定性,确定顶板安全厚度。

注:附加荷载是指桩顶荷载加上桩体自重减去土体的浮重后作用于溶洞顶板的荷载,附加荷载是导致溶洞失稳的直接因素。附加荷载可按下式计算:

$$f_a = \frac{G+N_k}{A-\lambda_2 z}$$

式中:G——桩体重量;

N_k——桩顶荷载;

A——桩截面面积;

λ_2——桩端以上土层的加权重度,同时应考虑水的作用;

z——桩长。

(4) 岩溶区桥梁应尽量采用中小跨径,以降低对地基承载力的要求,当岩溶发育,基岩裸露或覆盖层很薄时,视顶板稳定性对采用嵌入岩层的扩大基础或采用桩基础方案进行比较,不得使用大直径的短桩。一般情况下应优先采用扩大基础,为了提高基础稳定性,扩大基础宜嵌入较完整基岩。

(5) 岩溶区桩基设计时尽量避免使用单桩单柱,宜采用群桩基础。

(6) 当单桩荷载较大,岩层埋深较浅时,宜采用端承桩计算。当基岩面起伏很大基岩埋深较大、基岩下溶洞发育强烈,桩端没有较好的持力层,可采用摩擦型群桩。

(7) 当桩基穿越串珠状溶洞时,应选择洞隙间有可能提供足够侧阻力的稳定岩层隔板作为桩基持力层。具体可按以下确定:

①作为桩基持力层的溶洞隔板厚度在扣除嵌岩深度后,桩底以下顶板厚度应不小于$3d$且不小于5m无裂隙分布。

②当桩底以下完整基岩厚度小于$3d$或5m时,桩基应穿过溶洞进入下层基岩。

③如果没有合适的持力层,可对溶洞处治后,在对顶板安全厚度和桩基承载力验算的基础上选取合适的设计方案。如岩溶顶板稳定性验算未达到设计要求,但相差不大时,建议向桩侧与桩端顶板进行注浆,以增大桩侧摩阻力及岩溶顶板的整体性。

④桩底应力扩散范围内不应有影响基础稳定的溶洞/溶隙或临空面,应力扩散角根据岩石软硬程度宜取30°~40°。

(8) 当桩侧存在溶洞时,若溶洞外缘距离桩基边缘的水平距离大于$2.5d$且不小于3.0m时,可不考虑溶洞对桩基承载力的影响。当溶洞与桩基水平距离不能满足以上要求时,可适当加长桩基,嵌入溶洞下完整基岩内。

注:《广东省岩溶地区桩基设计与施工技术指南》中溶洞外缘距桩基边缘的临界水平距离

可按下式计算：
$$L = rh\tan\theta$$

式中：r——溶洞形态调整系数；

h——顶板厚度；

θ——岩石应力扩散角。

令顶板厚度$h=3d$、$\theta=40°$、$r=1.0$，则临界水平距离为$2.5d$。

2）桩长的确定

岩溶区桥梁桩长应综合考虑桩顶荷载、嵌岩深度、桩端下伏溶洞顶板厚度进行调整，其桩长应同时满足地基承载力、变形及稳定的要求。

(1) 根据承载力确定桩长。

①当桩身穿过串珠状或多层溶洞时，计算基桩竖向承载力时仅当溶洞顶（隔）板岩体的基本质量等级为Ⅲ级以上且厚度大于2m时，可将溶洞顶（隔）板产生桩侧阻力乘以0.5系数，其他情况不宜计算顶（隔）板岩体和洞内天然填充物产生的桩身侧阻力。

②桩基设计中可不考虑溶洞洞高对桩基承载力的影响。

③当溶洞顶板稳定且桩底厚度达到$8d$时，可不考虑溶洞对桩基承载力特性的影响，按一般条件下嵌岩桩设计。

(2) 根据嵌岩深度确定桩长。

①当嵌岩深度+顶板厚度$\leq 6d$时，嵌岩桩嵌岩深度确定应遵循"宜浅不宜深，优先保证顶板安全厚度"的原则，桩端嵌岩深度不得小于$0.4d$或0.5m。

②桩底置于溶洞底板之下时，嵌岩深度应据岩体强度和完整程度取$1d \sim 3d$。

③当持力层岩层倾斜度大于30%时，宜根据岩层倾斜度及岩石完整性加大嵌入深度，处治原则同7.3.4.6条。

④桩底应力扩散范围内有影响基础稳定的溶洞/溶隙或临空面存在时，应加大嵌岩深度，以确保桩基稳定。

⑤当持力板面埋深浅或处于陡坡地段时，嵌岩深度应满足桩基稳定（抗倾覆、抗滑移）要求。

3）溶洞顶板稳定性验算

(1) 对完整、较完整的坚硬岩、较硬岩地基，且洞体较小，基础底面尺寸大于溶洞的平面尺寸，并有足够的支承长度，顶板岩石厚度大于或等于溶洞的跨度（$h/L \geq 1.0$）时，可不考虑岩溶对地基稳定性的影响。

(2) 当桩端以下$3d$或5m范围内有溶洞存在时，对桩下单个较大的溶洞，可视洞体顶板形态、成拱条件和裂隙分布状况，分别将其作为梁、板或拱壳受力情况进行稳定性计算。当顶板岩层较完整，强度较高，层厚较大，并已知顶板厚度和裂隙、节理情况时，可按抗弯、抗剪验算顶板安全厚度。

注：

①当溶洞顶板岩层比较完整、层理较厚、强度较高、洞跨较大时（大于$3d$），弯矩是主要控制条件，可按梁板受力情况计算，其受力弯矩按下列情况计算：

A.当顶板跨中有裂缝，顶板两端支承位置岩石坚固完整时，按悬臂梁计算：
$$M = \frac{1}{2}pl^2$$

B.若裂隙位于溶洞两端支承处,而顶板较完整时,按简支梁计算:

$$M = \frac{1}{8}pl^2$$

C.若溶洞两端支承位置和顶板岩层均较完整时,按两端固定梁计算:

$$M = \frac{1}{12}pl^2$$

抗弯验算:

$$\frac{6M}{bH^2} \leqslant \sigma_t$$

$$H \geqslant \sqrt{\frac{6M}{b\sigma_t}}$$

式中:M——弯矩(kN·m);
p——顶板所受总荷重 $p = p_1 + p_2$;
p_1——顶板厚为 H 的岩体自重(kN/m);
p_2——顶板上附加荷载(kN/m);
l——溶洞计算跨度(m);
σ_t——岩体的计算抗弯强度;
H——溶洞顶板计算厚度。

②当溶洞顶板岩层完整、岩体强度高但洞跨较小时(小于3d),抗剪切力是溶洞顶板破坏的主要控制条件:

$$H = \frac{q}{\tau L}$$

式中:q——溶洞顶板自重加上附加荷载(kN);
τ——对于灰岩取 1/12 容许抗压强度(MPa);
L——溶洞平面周长(m)。

7.3.4.6 斜坡条件下桥梁桩基设计

1)斜坡桩基设计的一般原则

(1)斜坡桩基桩长确定时除了验算桩基的竖向承载力之外,还应验算最不利荷载效应组合下斜坡桩基的整体稳定性和桩基的水平承载力。

(2)对于斜坡上的桩基,不得将桩支撑于边坡潜在的滑动体上。

(3)桥梁桩基建设场地内的边坡必须为完全稳定的边坡,当有崩塌、滑坡等不良地质现象或边坡不稳定时,应先进行整治防护,确保其稳定。

(4)斜坡地段采用群桩基础时,可采用高桩承台设计,设计时应考虑外侧桩有足够桩长,满足承载力及稳定性要求。同一承台内、外侧桩长不得相差过大,一般情况下宜控制在 1/5 桩长及 5m 以内。

2)桩基类型的选择

(1)斜坡地段桥墩基础优先选择单柱单桩的形式,当桩柱式桥墩不能满足设计要求时可采用群桩基础。

（2）为了减小开挖范围，当选择群桩基础时，承台不宜完全埋入地面；桩柱式桥墩桩基系梁高程以山体上侧的桩顶地面高程为系梁底面高程。施工开挖时系梁或承台顶面开挖高度不宜过大。

3）桩长的确定

（1）桩周岩土作用起算点确定（图7.3-1）。

桩基考虑桩周岩土作用起算点即桩基最外侧距地面稳定坡线的最小水平距离按如下确定：

在土质边坡地段，桥梁桩基距斜坡临空面的距离不宜小于$5d$，且不小于8m。对于岩质边坡地段，中风化硬质岩层不小于3.0m；中风化软质岩不小于$3d$，且不小于5.0m。

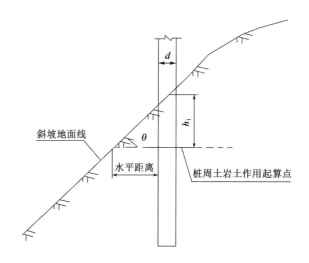

图7.3-1 桩周土作用起算点示意图

（2）基桩有效嵌岩深度的确定（图7.3-2）。

一般情况下，斜坡面锚固点最外侧距稳定岩面的最小水平距离L取值为：中风化的硬质岩取$1.5d \sim 2d$且不小于3.0m；中风化软质岩取$3d$且不小于5.0m。

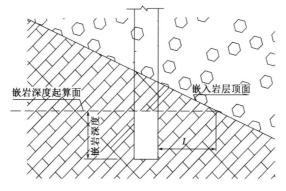

图7.3-2 有效嵌岩深度示意图

(3)桩端与斜坡的水平距离的确定。

根据贵州地区经验,对于斜坡地段,桩底处桩基边缘距斜坡地面线的距离 L[图 7.3-3a)]不得小于 30m;对于陡崖地段,桩底处桩基边缘距陡崖稳定边坡的距离 L[图 7.3-3b)]不得小于 20m。

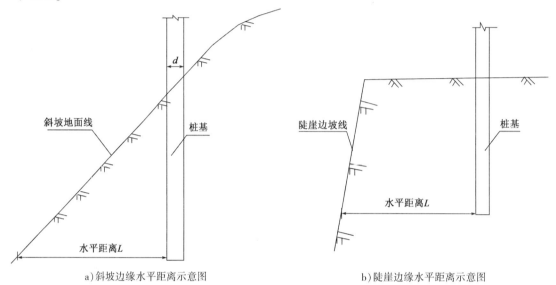

a)斜坡边缘水平距离示意图　　　　b)陡崖边缘水平距离示意图

图 7.3-3　斜坡边缘与陡崖边缘水平距离示意图

4)斜坡段桥梁桩基设计防护原则

桥梁桩基在斜坡中所处位置不同,其相应的受力和安全防护设计也不同。防护原则如下:

(1)当桥梁桩基处于斜坡上部时,桩基下侧边坡对基桩水平抗力影响较大,同时边坡本身的稳定性也会影响到基桩的稳定性和安全性,一旦失稳将可能导致桥梁桩基出露、临空,应提高一个等级对桩基下侧的边坡进行安全防护。

(2)当桥梁桩基处于斜坡中部时,桩基上侧受斜坡推力较大,下侧桩前水平抗力受斜坡影响较大,此时应提高一个等级对桩基附近上、下侧的边坡进行安全防护。

(3)当桥梁桩基处于斜坡下部时,桩基上侧边坡会产生较大附加推力,应对桩基上侧边坡安全防护等级应进行适当提高,下侧边坡可按一般高速公路边坡安全防护等级进行设计。

(4)对斜坡段桥梁桩基进行安全防护时边坡安全系数不宜小于 1.3。

编者注:此条的核心内容是在满足有效嵌岩深度和抗倾覆、抗滑移所需桩长的前提下,以应力扩散范围内无临空面确定最终桩长。

7.3.4.7　采空区条件下桥梁桩基设计

1)采空区桥梁设计原则

(1)设计时应尽量减少或避免将桥梁布设于采空区及其影响区范围内;当不可避免在采空区范围内布设桥梁时,必须对其进行有效的处治。同时应尽量降低桥梁高度,减小桥梁跨径。上部结构应选择变形能力较强的简支体系结构。

(2)对以下范围小、不易处理的采空区,宜采用桥梁结构直接跨越。主要包括:

①埋深大于30m,坑洞复杂的小窑采空区。
②注浆处治难以达到预期效果的多层、充水采空区。
③年代久远、处治条件困难的老采空区。
④地形地物条件限制,不能采用路基通过的采空区。
(3)采空区桥梁设计应遵循减轻自重,提高抗变形能力的原则,按小跨径、简支梁、轻型结构进行设计。桥梁结构宜采用轻型和耐变形的建筑材料,减轻结构自重,提高抗变形能力。
(4)对破坏严重的大型、复杂、多层开采的采空区,应进行专题研究。

2)采空区桥梁桩基设计原则

(1)对于范围较大且埋藏较深的采空区,其基础选型可进行小跨径浅基础和大跨径桩基比较,选择合理形式。
(2)采用桩基穿过埋深较浅的采空区时,应对采空区进行注浆或浆砌工程处治,桥梁桩基应穿透采空区,将桩端嵌入采空区底板以下完整、稳定的中风化以上的岩层内。对多层或埋藏较深的采空区,宜按摩擦桩设计。

注:当桩基穿越埋深较浅的采空区,应进行注浆处治或浆砌处理,一是为防止混凝土漏失,二是可以提高持力层地基承载力。注浆原则可参照相应的注浆技术规范。注浆后强度不低于围岩强度。埋藏较深或多层采空区,不适合采用嵌岩桩,应按摩擦桩设计。采空区地表残余变形具有长期性与复杂性,即便对采空区做了处治,也需要一定的安全储备,简支梁结构对结构的变形适应能力相对较强,故采空区桥梁宜按简支结构设计。

7.4 基坑涌水量计算

7.4.1 《建筑基坑支护技术规程》(JGJ 120—2012)的相关规定

7.4.1.1 潜水

(1)群井按大井简化的均质含水层潜水完整井的基坑降水总涌水量可按下式计算(图7.4-1)。

$$Q = \pi k \frac{(2H - S_d)S_d}{\ln\left(1 + \dfrac{R}{r_0}\right)}$$

式中:Q——基坑降水的总涌水量(m^3/d);
　　k——渗透系数(m/d);
　　H——潜水含水层厚度(m);
　　S_d——基坑地下水位的设计降深(m);
　　R——降水影响半径(m);
　　r_0——基坑等效半径(m),可按 $r_0 = \sqrt{A/\pi}$ 计算;
　　A——降水井群连线所围成的面积(m^2)。

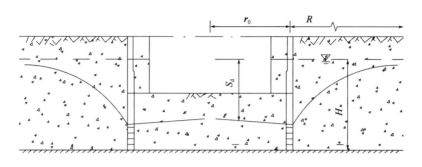

图 7.4-1　均质含水层潜水完整井的基坑涌水量计算

（2）群井按大井简化的均质含水层潜水非完整井的基坑降水总涌水量可按下式计算（图 7.4-2）。

$$Q = \pi k \frac{H^2 - h^2}{\ln(1 + \frac{R}{r_0}) + \frac{h_m - l}{l}\ln(1 + 0.2\frac{h_m}{r_0})}$$

$$h_m = \frac{H + h}{2}$$

式中：h——降水后基坑内的水位高度（m）；
　　　l——过滤器进水部分的长度（m）。

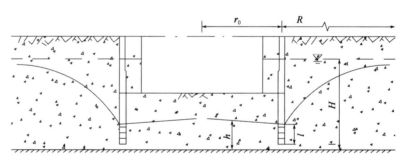

图 7.4-2　均质含水层潜水非完整井的基坑涌水量计算

7.4.1.2　承压水

（1）群井按大井简化的均质含水层承压水完整井的基坑降水总涌水量可按下式计算（图 7.4-3）。

$$Q = 2\pi k \frac{MS_d}{\ln\left(1 + \frac{R}{r_0}\right)}$$

式中：M——承压水含水层厚度（m）。

（2）群井按大井简化的均质含水层承压水非完整井的基坑降水总涌水量可按下式计算（图 7.4-4）。

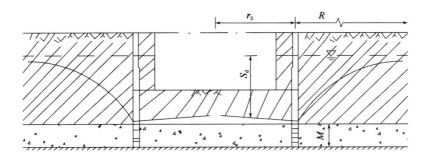

图7.4-3 均质含水层承压水完整井的基坑涌水量计算

$$Q = 2\pi k \frac{MS_d}{\ln\left(1+\frac{R}{r_0}\right) + \frac{M-l}{l}\ln\left(1+0.2\frac{M}{r_0}\right)}$$

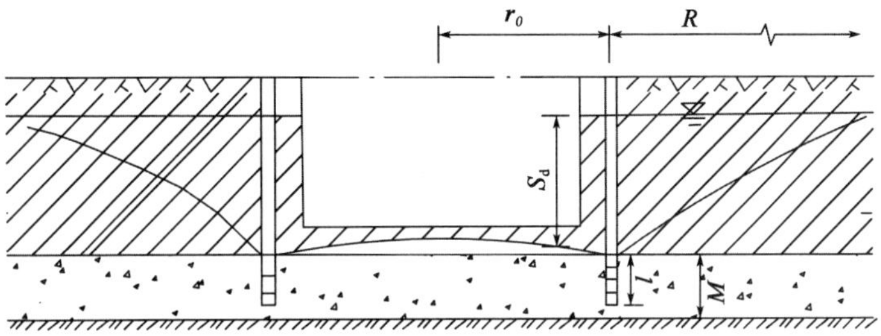

图7.4-4 均质含水层承压水非完整井的基坑涌水量计算

7.4.1.3 承压水—潜水

群井按大井简化的均质含水层承压水—潜水非完整井的基坑降水总涌水量可按下式计算（图7.4-5）。

$$Q = \pi k \frac{(2H_0-M)M-h^2}{\ln\left(1+\frac{R}{r_0}\right)}$$

式中：H_0——承压水含水层的初始水头(m)。

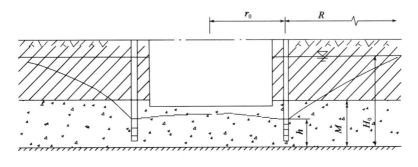

图7.4-5 均质含水层承压水—潜水完整井的基坑涌水量计算

7.4.2 《建筑基坑支护技术规程》(JGJ 120—1999)的相关规定

以下根据《建筑基坑支护技术规程》(JGJ 120—99)列出基坑涌水量计算公式(该规程已被 2012 年版取代),仅供参考。

7.4.2.1 均质含水层潜水完整井基坑涌水量

(1)当基坑远离边界时,涌水量可按下式计算(图 7.4-6)。

$$Q = 1.366k \frac{(2H-S)S}{\lg\left(1 + \dfrac{R}{r_0}\right)}$$

式中:Q——基坑总涌水量(m^3/d);
k——渗透系数(m/d);
H——潜水含水层厚度(m);
S——基坑水位降深(m);
R——降水影响半径(m);
r_0——基坑等效半径(m),应按本手册 7.4.2.6 条规定求得。

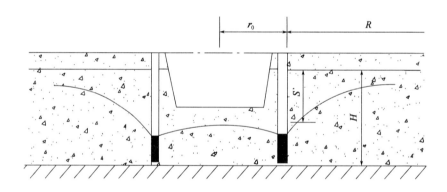

图 7.4-6 均质含水层潜水完整井基坑涌水量计算简图(基坑远离边界)

(2)岸边降水时涌水量可按下式计算(图 7.4-7)。

$$Q = 1.366k \frac{(2H-S)S}{\lg\left(1 + \dfrac{2b}{r_0}\right)} \qquad b < 0.5R$$

(3)当基坑位于两地表水体间或位于补给区与排泄区之间时,涌水量可按下式计算(图 7.4-8)。

$$Q = 1.366k \frac{(2H-S)S}{\lg\left[\dfrac{2(b_1+b_2)}{\pi r_0}\cos\dfrac{\pi(b_1-b_2)}{2(b_1+b_2)}\right]}$$

(4)当基坑靠近隔水边界时,涌水量可按下式计算(图 7.4-9)。

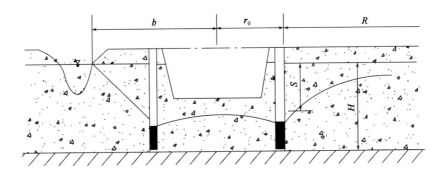

图 7.4-7 均质含水层潜水完整井基坑涌水量计算简图(岸边降水)

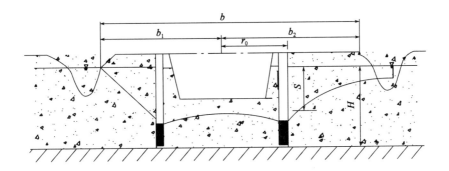

图 7.4-8 均质含水层潜水完整井基坑涌水量计算简图(基坑位于两地表水体间)

$$Q = 1.366k \frac{(2H - S)S}{2\lg(R + r_0) - \lg r_0(2b + r_0)} \qquad b' < 0.5R$$

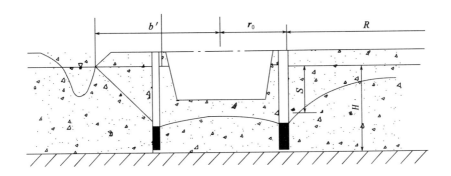

图 7.4-9 均质含水层潜水完整井基坑涌水量计算简图(基坑靠近隔水边界)

7.4.2.2 均质含水层潜水非完整井基坑涌水量

(1)基坑远离边界,涌水量可按下式计算(图 7.4-10)。

$$Q = 1.366k \frac{H^2 - h_m^2}{\lg(1 + \frac{R}{r_0}) + \frac{h_m - l}{l}\lg(1 + 0.2\frac{h_m}{r_0})}$$

$$h_m = \frac{H + h}{2}$$

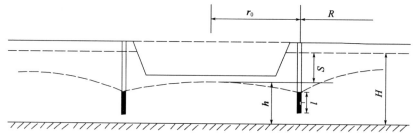

图 7.4-10　均质含水层潜水非完整井涌水量计算简图(基坑远离边界)

(2)近河基坑降水,含水层厚度不大时,涌水量可按下式计算(图 7.4-11)。

$$Q = 1.366kS\left(\frac{l + S}{\lg\frac{2b}{r_0}} + \frac{l}{\lg\frac{0.66l}{r_0} + 0.25\frac{l}{M}\cdot\lg\frac{b^2}{M^2 - 0.14l^2}}\right) \quad b > \frac{M}{2}$$

式中:M——由含水层底板到过滤器有效工作部分中点的长度。

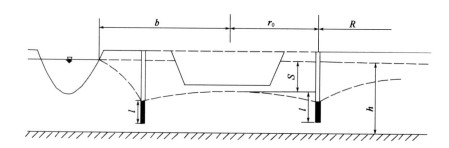

图 7.4-11　均质含水层潜水非完整井涌水量计算简图(近河基坑含水层厚度不大)

(3)近河基坑降水,含水层厚度很大时,涌水量可按下列公式计算(图 7.4-12)。

$$Q = 1.366kS\left(\frac{l + S}{\lg\frac{2b}{r_0}} + \frac{l}{\lg\frac{0.66l}{r_0} - 0.22\mathrm{arsh}\frac{0.44l}{b}}\right) \quad b > l$$

$$Q = 1.366kS\left(\frac{l + S}{\lg\frac{2b}{r_0}} + \frac{l}{\lg\frac{0.66l}{r_0} - 0.11\frac{l}{b}}\right) \quad b < l$$

7.4.2.3　均质含水层承压水完整井涌水量

(1)当基坑远离边界时,涌水量可按下式计算(图 7.4-13)。

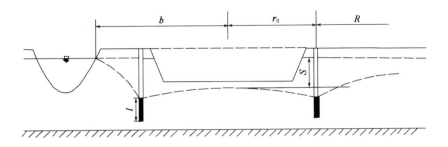

图 7.4-12 均质含水层潜水非完整井涌水量计算简图(近河基坑含水层厚度很大)

$$Q = 2.73k \frac{MS}{\lg\left(1 + \dfrac{R}{r_0}\right)}$$

式中：M——承压含水层厚度。

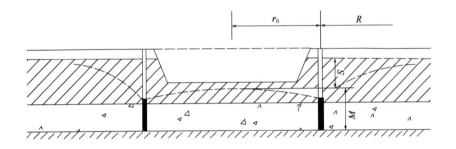

图 7.4-13 均质含水层承压水完整井基坑涌水量计算图(基坑远离边界)

(2)当基坑位于河岸边时,涌水量可按下式计算(图 7.4-14)。

$$Q = 2.73k \frac{MS}{\lg\left(\dfrac{2b}{r_0}\right)} \qquad b < 0.5R$$

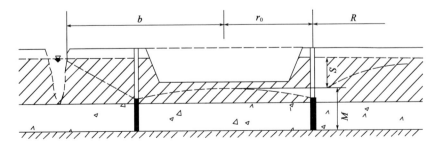

图 7.4-14 均质含水层承压水完整井基坑涌水量计算图(基坑于河岸边)

（3）当基坑位于两个地表水体之间或位于补给区与排泄区之间时,涌水量可按下式计算（图 7.4-15）。

$$Q = 2.73k \frac{MS}{\lg\left[\dfrac{2(b_1+b_2)}{\pi r_0}\cos\dfrac{\pi(b_1-b_2)}{2(b_1+b_2)}\right]}$$

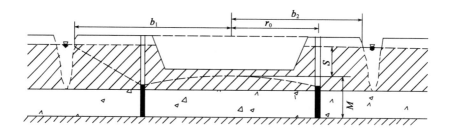

图 7.4-15　均质含水层承压水完整井基坑涌水量计算图(基坑于两地表水体间)

7.4.2.4　均质含水层承压水非完整井基坑涌水量（图 7.4-16）

$$Q = 2.73k\frac{MS}{\lg\left(1+\dfrac{R}{r_0}\right)+\dfrac{M-l}{l}\lg\left(1+0.2\dfrac{M}{r_0}\right)}$$

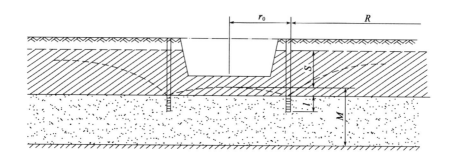

图 7.4-16　均质含水层承压水非完整井基坑涌水量计算图

7.4.2.5　均质含水层承压水—潜水非完整井基坑涌水量（图 7.4-17）

$$Q = 1.366k\frac{(2H-M)M-h^2}{\lg\left(1+\dfrac{R}{r_0}\right)}$$

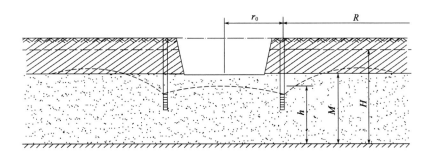

图 7.4-17　均质含水层承压水—潜水非完整井基坑涌水量计算图

7.4.2.6　基坑等效半径

当基坑为圆形时,基坑等效半径应取为圆半径,当基坑为非圆形时,等效半径可按下列规定计算。

(1)矩形基坑等效半径可按下式计算：

$$r_0 = 0.29(a+b)$$

式中：a、b——基坑的长、短边。

(2)不规则块状基坑等效半径可按下式计算：

$$r_0 = \sqrt{A/\pi}$$

式中：A——基坑面积。

7.4.2.7　降水影响半径

降水影响半径宜通过试验或根据当地经验确定,当基坑侧壁安全等级为二、三级时,可按下列经验公式计算。

(1)潜水含水层。

$$R = 2S\sqrt{kH}$$

式中：R——降水影响半径(m)；
　　　S——基坑水位降深(m)；
　　　k——渗透系数(m/d)；
　　　H——含水层厚度(m)。

(2)承压含水层。

$$R = 10S\sqrt{k}$$

7.4.3　《贵州建筑岩土工程技术规范》(DB52/T 046—2018)抽水试验方法与技术要求

7.4.3.1　稳定流抽水试验技术要求

(1)稳定流抽水试验一般进行三次水位降深,最大降深值应尽抽水设备能力确定。降深间距不宜过小。稳定时间一般不少于 8~24h。

（2）水位降深顺序，基岩含水层一般宜先大后小，松散含水层宜按先小后大逐次进行。

（3）在稳定延续时间内，涌水量和动水位与时间关系曲线。

（4）在一定范围内波动，而且没有持续上升或下降的趋势应以最远观测孔的动水位判定。

（5）当水位降深小于 10m，用压风机抽水时，抽水孔水位波动值不得超过 10~20cm；用离心泵、深井泵等抽水时，水位波动值不超过 5cm。一般不应超过平均水位降深值的 1%，涌水量波动值不能超过平均流量的 3%。

（6）观测频率及精度要求。

①水位观测时间一般在抽水开始后第 1min、3min、5min、10min、20min、30min、45min、60min、75min、90min 进行观测，以后每隔 30min 观测一次，稳定后可延至 1h 观测一次。水位读数应准确到厘米；

②涌水量观测应与水位观测同步进行：当采用堰箱或孔板流量计时，读数应准确到毫米；

③水温、气温宜 2~4h 观测一次，读数应准确到 0.5℃，观测时间应与水位观测时间相对应。

④停泵后应立即观测恢复水位，观测时间间隔与抽水试验要求基本相同。若连续 3h 水位不变，或水位呈单向变化，连续 4h 内每小时水位变化不超过 1cm，或者水位升降与自然水位变化相一致时，即可停止观测。

（7）试验结束后应测量孔深，确定过滤器掩埋部分长度。淤砂部位应在过滤器有效长度以下，否则，试验应重新进行。

7.4.3.2 非稳定流抽水试验技术要求

（1）钻孔涌水量应保持常量（或阶梯流量），其变化幅度不大于 3%。

（2）抽水延续时间除多孔一般要求 48h，并可结合最远观测孔水位下降与时间关系曲线 S-$\lg t$ 来确定：

①当 S-$\lg t$ 曲线至拐点后出现平缓段，并可以推出最大水位降深时，抽水方可结束。

②当 S-$\lg t$ 曲线没有拐点或出现几个拐点，则延续时间宜根据试验的目的确定。

（3）观测频率及精度应符合下列要求：

①水位观测宜按第 0.5min、1min、1.5min、2min、2.5min、3min、3.5min、4.5min、6min、7min、8min、10min、12min、15min、20min、25min、30min、40min、50min、60min、75min、90min、105min、120min 进行观测，以后每隔 30min 观测一次，其余观测项目及精度要求可参照稳定流抽水试验要求进行。

②抽水孔与观测孔水位必须同步观测。

（4）抽水结束后，或试验期间因故中断抽水时，应观测恢复水位，观测频率应与抽水时一致，水位应恢复到接近抽水前的静止水位。

7.4.3.3 抽水试验资料整理

（1）试验期间，对原始资料和表格应及时进行整理。

(2)试验结束后,单孔抽水试验应提交抽水试验综合成果表,其内容包括:水位和流量过程曲线、水位和流量关系曲线、水位和时间关系曲线、恢复水位与时间关系曲线、抽水成果、水质化验成果、水文地质计算成果、施工技术柱状图、钻孔平面位置图等,分析井损和水跃可能对计算参数及涌水量的影响。多孔抽水试验尚应提交抽水试验地下水水位下降漏斗平面图、剖面图。

7.4.4 《城市轨道交通岩土工程勘察规范》(GB 50307—2012)的相关规定

抽水试验宜三次降深,最大降深宜接近工程设计所需的地下水位降深高程。

8 隧 道

本章所述内容,如未标明资料来源,则都是引自《公路隧道设计规范 第一册 土建工程》(JTG 3370.1—2018)、《公路隧道设计细则》(JTG/T D70—2010)。

8.1 隧道控制因素

(1)公路隧道按其长度可分为四级,见表8.1-1。

公路隧道分类(按长度) 表8.1-1

隧道等级	隧道长度 L(m)	特 点
特长隧道	$L>3000$	平纵指标对通风方案影响显著
长隧道	$1000<L\leqslant3000$	需设置水消防及进行机械通风
中隧道	$500<L\leqslant1000$	不需要设置水消防
短隧道	$L\leqslant500$	隧道平纵指标可适当放宽

注:1.隧道长度为隧道两端洞门桩号之差,当为并行双洞时以较长隧道为准。
 2.当隧道长度小于100m时,隧道平纵指标不受隧道规范约束,可不采用电光照明;当隧道长度大于6000m时,隧道运营管理系统一般需特殊考虑。因此这两类隧道在设计过程中应引起特别重视。

(2)公路隧道按其开挖跨径可分为四类,见表8.1-2。

公路隧道分类(按开挖跨径) 表8.1-2

分 类	开挖跨度 B(m)	描 述
小跨度隧道	$B<9$	单车道公路隧道 服务隧道 人行横洞及车行横洞
中跨度隧道	$9\leqslant B<14$	双车道公路隧道 单车道公路隧道的错车带
大跨度隧道	$14\leqslant B<18$	三车道公路隧道 双车道公路隧道的紧急停车带
特大跨度隧道	$B\geqslant18$	四车道公路隧道(单洞) 连拱隧道

(3)当并行双洞公路隧道中夹岩柱的宽度大于表8.1-3的规定时,在设计施工过程中可不考虑两洞室之间相互影响。即分离式独立双洞间最小净距见表8.1-3。

8 隧 道

不考虑两洞室之间相互影响最小净距 表8.1-3

围岩级别	Ⅰ	Ⅱ	Ⅲ	Ⅳ	Ⅴ	Ⅵ
最小净距(m)	1.0B	1.5B	2.0B	2.5B	3.5B	4.0B

注：1. B-隧道开挖跨径(m)。
　　2. 净距修正系数：短隧道1.00，中隧道0.98，长隧道0.95，特长隧道0.90。

（4）公路隧道根据其断面布置形式可划分为五类，按表8.1-4的规定确定。

公路隧道分类（按断面布置形式） 表8.1-4

分 类	特 点
双向行车单洞隧道	一般指仅设置一个独立洞室的二、三、四级公路隧道
单向行车双洞分离式隧道	高速公路或一级公路隧道左右洞间距大于表8.1-3的规定时，设计施工基本可忽略相互之间的影响
小净距隧道	双洞隧道的左右间距小于表8.1-3的规定时，设计施工应考虑相互之间的影响
连拱隧道	双洞隧道的内侧结构设置为整体的隧道
分岔隧道	由于特殊条件限制，高等级公路隧道由四车道大拱或连拱逐渐过渡为上下行分离双洞的一种隧道设置形式

（5）根据各级公路隧道破坏后的影响程度，其支护结构可分为三个安全等级，按表8.1-5的规定确定。

公路隧道支护结构安全等级 表8.1-5

安全等级	破坏后果	类 型
一级	结构破坏后影响很严重	高速公路隧道与一级公路隧道 连拱隧道 三车道及其以上跨度的公路隧道 特长公路隧道 地下风机房
二级	结构破坏后影响一般	双车道的二级公路隧道 双车道的三级公路隧道 四级公路上 $L>1000m$ 的隧道 斜井、竖井及联络风道等通风构造物
三级	结构破坏后影响不严重	四级公路上 $L\leq1000m$ 的隧道 斜井、竖井及平行导坑等施工辅助通道

注：对于安全等级为二、三级的公路隧道，也可根据工程重要程度提高其安全等级。

（6）各级公路隧道的主体结构，如洞门、支护衬砌、附属风道、风井、预留洞室及防排水构造物等，应达到表8.1-6所示的设计基准期。

公路隧道结构设计基准期 表8.1-6

类别	设计基准期(年)	结构类型
1	100	特别重要的结构物或构件，如二级及其以上公路隧道的支护结构及洞门等
2	50	普通建筑物或构件，如三级及四级公路隧道的支护结构及洞门等
3	25	易于替换和修复的构件，如隧道内边水沟及电缆沟等

注：隧道路面结构设计基准期应根据现行公路路面设计规范确定。

(7)环境对公路隧道结构的腐蚀作用,应根据其严重程度按表8.1-7分为6级。

环境作用等级　　　　　　　　　　　　　　　　　　　　　表8.1-7

级　别	腐蚀程度	级　别	腐蚀程度
A	可忽略	D	严重
B	轻度	E	很严重
C	重度	F	极端严重

(8)各级公路隧道及其附属构造物的防水等级,应符合表8.1-8的规定。

公路隧道及其附属构造物防水等级　　　　　　　　　　　　表8.1-8

防水等级	标　准	适 用 范 围
一级	不容许渗水,结构表面无湿迹	地下风机房及大型电气设备洞室
二级	不容许渗水,结构表面有少量、偶见的湿迹	高速公路隧道 一级公路隧道 二、三级公路上的长及特长隧道 四级公路上的特长隧道 设备洞室
三级	有少量渗水点,不得有线流和漏泥沙,每昼夜漏水量<0.5L/m²	二、三级公路上的中短隧道 四级公路上的长、中、短隧道 通风竖井或斜井 人行横洞及车行横洞
四级	有渗水点,不得有线流和漏泥沙,每昼夜漏水量<2L/m²	施工辅助坑道 紧急疏散通道

注:公路隧道路面应达到二级防水标准。

(9)各级公路隧道的设计洪水频率应符合表8.1-9的规定。

公路隧道设计洪水频率　　　　　　　　　　　　　　　　　表8.1-9

隧道类别	公 路 等 级			
	高速公路、一级公路	二级公路	三级公路	四级公路
特长隧道	1/100	1/100	1/50	1/50
长隧道	1/100	1/50	1/50	1/25
中、短隧道	1/100	1/50	1/25	1/25

8.2　隧道围岩分级及基本物理力学参数

隧道围岩分级及基本物理力学参数已在本手册2.3(9)和2.4(8)条列出,不再赘述。

8.3 洞口及洞门

(1)隧道洞口设计应遵循"早进洞,晚出洞"的原则,洞口不得大挖大刷。
(2)洞口边坡、仰坡设计开挖最大控制高度见表 8.3-1。

洞口边坡、仰坡设计开挖最大控制高度　　　　　　　　　　　表 8.3-1

围岩级别	边坡、仰坡坡率	控制高度
Ⅱ	贴壁	15
	1:0.3	20
	1:0.5	25
Ⅲ	1:0.5	20
	1:0.75	25
Ⅳ	1:0.75	15
	1:1	18
	1:1.25	20
Ⅴ	1:1.25	15
	1:1.5	18

注:1.洞口边坡、仰坡高度为路面设计高程至边坡、仰坡顶的高度。
　　2.对于Ⅱ级及其以上围岩,若边坡、仰坡安全能够得到保证,其边坡高度要求可适当放宽;对于Ⅴ级及其以下的危岩,设计时应尽可能降低控制高度。
　　3.本表主要针对双车道隧道,其他隧道可参照执行。

(3)洞门设计计算参数应按现场试验资料采用。当缺乏试验资料时,可参照表 8.3-2 选用。

洞门设计计算参数　　　　　　　　　　　表 8.3-2

仰坡坡率	计算摩擦角 φ(°)	重度(kN/m³)	基底摩擦系数 f	基底控制压应力(MPa)
1:0.50	70	25	0.60	0.80
1:0.75	60	24	0.50	0.60
1:1.00	50	20	0.40	0.40~0.35
1:1.25	43~45	18	0.40	0.30~0.25
1:1.50	38~40	17	0.35~0.40	0.25

(4)根据隧道所处的地形地质条件、自然环境、人文特点,公路隧道洞门设计为墙式洞门或明洞式洞门两类。

①墙式洞门:适用于地形较为陡峭、偏压较大或横断面地形复杂条件下的洞口。其基本形式有三种:端墙式、翼墙式和柱式。

②明洞式洞门:适用于地形平缓、山体稳定或单侧边坡较高等地形条件下的洞口。其基本形式有三种:削竹式、喇叭式和棚洞式。

（5）洞门设计的有关规定：
①洞门墙滑动稳定性系数 $K_c \geqslant 1.3$，倾覆稳定性系数 $K_0 \geqslant 1.6$。
②明洞设计中落石冲击力计算详见《公路隧道设计细则》(JTG/T D70—2010)12.3.7条。
③隧道拱肩最小覆盖层厚度见表8.3-3。

隧道拱肩最小覆盖层厚度 t（单位：m） 表8.3-3

围岩级别	坡比				图式
	1:1	1:1.5	1:2.0	1:2.5	
Ⅲ	5	5			
Ⅳ（石质）	8	6	6		
Ⅳ（土质）	15	12	9	9	
Ⅴ	27	24	21	18	

注：1. 表中 t 为隧道外侧拱肩至地面的地层最小厚度。
2. 表列数值应扣除表面腐殖覆盖层厚度。
3. 表列数值适用于双车道隧道。
4. Ⅵ级围岩的 t 值应通过分析计算后确定。

（6）建议设置明洞或需按偏压隧道设计时，勘察报告文图中都应强调说明。

8.4　小净距隧道

（1）并行双洞之间洞壁净距小于表8.1-3规定，在设计和施工中必须考虑双洞相互影响的隧道设置形式。不再使用"近接隧道""近间距隧道"和"小间距隧道"等名称。
实际设计中，当双洞间距小于表8.4-1规定时，应按小净距隧道设计。

隧道双洞最小间距参考值 表8.4-1

隧道断面	隧道长度(m)	80%地段的围岩条件		
		Ⅲ级及其以上	Ⅳ级及其以下	Ⅴ级及其以下
双车道隧道	≤200	5~10	8~12	10~20
	200~500	5~10	10~15	15~25
	500~1000	10~15	15~20	20~30
	≥1000	15~20	20~30	30~40
三车道隧道	≤200	5~10	10~15	15~20
	200~500	10~15	15~20	20~30
	500~1000	15~20	20~30	30~40
	≥1000	20~30	30~40	40~50

(2)宜用于洞口地形狭窄或有特殊要求的中、短隧道,也可用于长或特长隧道洞口局部地段。其合理的最大长度及净距可参考表8.4-2规定。

小净距隧道的合理最大长度和净距参考值 表8.4-2

隧道断面	隧道合理最大长度(m)	隧道净距(m)
双车道隧道	700~1000	5~15
三车道隧道	500~750	8~20

注:地质条件好时取低值,地质条件差时取高值。

(3)据《岩土工程手册(第三版)》,隧道之外的其他洞室,最小间距可大体按表8.4-3初定。

洞室最小间距 表8.4-3

围岩性状	完整岩体	裂隙发育岩体	破碎岩体
洞室最小间距	$(0.8\sim1.2)\times B$	$(1.2\sim2.0)\times B$	$(2.9\sim3.0)\times B$

注:B为洞室跨度,当边墙高度比跨度大时,B为边墙高度。

8.5 连拱隧道

(1)并行双洞之间无中夹岩柱,两洞结构共用中隔墙的隧道设置形式。

(2)连拱隧道按中隔墙结构形式不同分为整体式中隔墙和复合式中隔墙两种形式,在有条件加大中隔墙厚度的地段宜选用复合式中隔墙连拱隧道形式。

中隔墙最小厚度见表8.5-1。

连拱隧道中隔墙最小厚度 表8.5-1

隧道断面	整体式中隔墙(m)	复合式中隔墙(m)
双车道隧道	不宜小于1.4m	不宜小于1.0m
三车道隧道	不宜小于1.6m	不宜小于1.2m

(3)主要适用于洞口地形狭窄,或对两洞口间距有特殊要求的中、短隧道。其合理的最大长度参考值见表8.5-2。

连拱隧道的合理最大长度参考值 表8.5-2

隧道断面	隧道合理最大长度(m)	隧道断面	隧道合理最大长度(m)
四车道隧道	400~750	六车道隧道	300~500

注:本表按整体性与合理施工工期制定;如果有特殊要求,可超表中建议最大值。

8.6 浅埋隧道

(1)所谓埋深较浅,并非单纯指洞顶岩土层绝对厚度而言,应结合上覆岩层的松散程度、围岩结构特征、风化、破碎、断层影响程度以及地下水等因素综合判定。另外,洞顶的稳定与否与施工方法有直接关系。因此,要严格确定深、浅埋隧道的界限是很困难的。

浅埋隧道和深埋隧道的分界,按荷载等效高度值,并结合地质条件、施工方法等因素综合判定。按荷载等效高度的判定公式为:

$$H_p = (2 \sim 2.5)h_g \quad h_g = \frac{q}{r}$$

$$q = r \times h \quad h = 0.45 \times 2^{s-1}w \quad w = 1 + i(B-5)$$

式中:H_p——浅埋隧道分界深度(m);
h_g——荷载等效高度(m);
q——深埋隧道垂直均布压力(kN/m²);
r——围岩重度(kN/m³);
s——围岩级别;
w——宽度影响系数;
B——隧道宽度(m);
i——B每增加1m时的围岩压力增减率,以$B=5$m的围岩垂直均布压力为准,当$B<5$m时,取$i=0.2$;$B>5$m时,取$i=0.1$。

(2)在矿山法施工的条件下:
Ⅳ~Ⅵ级围岩

$$H_p = 2.5h_g$$

Ⅰ~Ⅲ级围岩

$$H_p = 2.0h_g$$

(3)当地面接近水平,且隧道拱顶以上地层厚度小于表8.6-1的规定值时,应按浅埋隧道设计。

地层厚度(单位:m)　　　　　　　　　　　　　　　　表8.6-1

围岩级别	双车道单洞	三车道单洞
Ⅲ	8~10	12~15
Ⅳ	15~20	20~30
Ⅴ	30~35	40~50

(4)当地面倾斜,且隧道拱肩覆盖层厚度小于表8.6-2的规定值时,应按浅埋偏压隧道设计。

地层厚度(单位:m)　　　　　　　　　　　　　　　　表8.6-2

围岩级别	地面横坡坡率				
	1:0.75	1:1.0	1:1.25	1:1.5	1:2.0
Ⅲ	20	20	15	15	10
Ⅳ石	—	25	25	20	15
Ⅳ土	—	—	30	25	20
Ⅴ	—	—	45	35	30

注:表中数据仅适用于双车道隧道。

(5)当地面倾斜,且隧道拱顶以上地层厚度小于表 8.6-3 的规定时,应采用地表锚杆、抗滑桩等措施对地表山体进行加固。

地层厚度(单位:m)　　　　　　　表 8.6-3

围岩级别	地面横坡坡率				
	1:0.75	1:1.0	1:1.25	1:1.5	1:2.0
Ⅲ	5	5	4	4	3
Ⅳ石	—	9	8	7	6
Ⅳ土	—	—	10	9	8
Ⅴ	—	—	15	12	10

注:表中数据仅适用于双车道隧道。

8.7 偏 压 隧 道

(1)支护结构两侧的岩土压力相差较大或不对称荷载作用的隧道。

(2)大多数隧道偏压出现于洞口段,多属于地形浅埋偏压;洞身偏压较少出现,且多属于地质构造偏压。

地形偏压判别见表 8.6-2。需对地层进行加固处理的偏压隧道拱顶以上地层厚度限值见表 8.6-3。

当隧道外侧拱肩至地表面的垂直距离 t 小于表 8.3-3 所列数值时,根据经验及检算结果分析表明围岩不能自立,一般应按偏压隧道设计。

(3)地质因素引起的偏压,根据《铁路工程地质手册(第二版)》(铁道部第一勘察设计院,1999 年)确定。

围岩为倾斜层状结构,层间黏结力差伴随以有害节理裂隙切割时,如图 8.7-1 所示;或洞身倾角较陡的软弱结构面,围岩一部分较软、一部分较硬者,如图 8.7-2 所示;或软弱夹层断裂带易发生偏压者如图 8.7-3 所示。

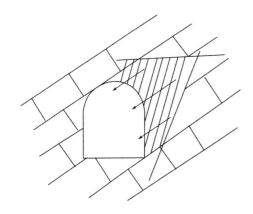

图 8.7-1　由倾角较陡的软弱结构面引起的隧道偏压

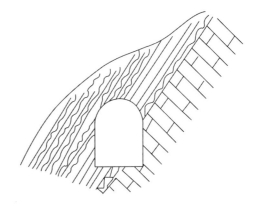

图 8.7-2　层间黏结力差的倾斜岩层并伴有有害节理地层中的偏压隧道

(4)施工期间因各种原因造成一侧坍塌,形成显著偏压者,如图8.7-4所示。

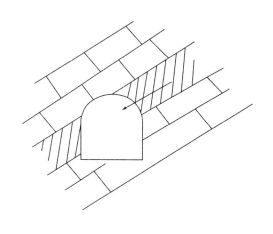
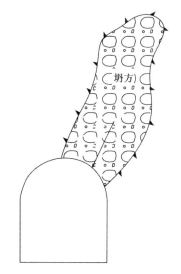

图8.7-3 由软弱夹层引起的隧道偏压　　　　图8.7-4 由施工坍塌所形成的隧道偏压

8.8　特殊地质隧道

8.8.1　滑坡区隧道

(1)当隧道必须通过滑坡体时,应在查明滑坡的成因、性质、类型及构造等的基础上,采取综合防治措施,确保滑坡的稳定、隧道施工及运营安全。常用的滑坡防治措施有:
①排水;
②减载与反压;
③支挡:
A.抗滑挡墙;
B.抗滑桩;
C.预应力锚索;
D.钢管桩。
④土体加固。当滑坡土体适宜注浆时,可采用地表注浆、洞内注浆等方式对地层进行注浆加固,提高滑体的物理力学指标。
(2)滑坡勘察与评价详见本手册6.2节。

8.8.2　岩溶区隧道

(1)根据岩溶对隧道工程的影响程度,可采取跨越、加固洞穴、引排截堵岩溶水、清除充填物或对软弱地基注浆加固、回填夯实、封闭地表塌陷、疏排地表水等工程措施对岩溶和岩溶水进行综合治理。

(2)岩溶勘察与评价详见本手册6.1节。

8.8.3 瓦斯隧道

8.8.3.1 术语

根据《公路瓦斯隧道设计与施工技术规范》(JTG/T 3374—2020)。

1)瓦斯

在地层中赋存或逸出的烷烃类气体,其成分以甲烷(CH_4)为主。根据其生成、赋存条件将其分为煤层瓦斯、非煤瓦斯两类。

2)瓦斯地层

含有瓦斯的地层。瓦斯地层可分为煤系瓦斯地层和非煤系瓦斯地层,非煤系地层中的瓦斯包括天然气(油田气、气田气、泥火山气、生物生成气等)和邻近煤系地层渗透至非煤系地层的瓦斯。

3)煤系地层

在成因上有共生关系并含有煤层(或煤线)的岩石地层。

4)瓦斯隧道

在隧道勘察或施工过程中,隧道内存在瓦斯,该隧道应定为瓦斯隧道。

5)煤系地层瓦斯隧道

直接穿越煤系地层的隧道。

6)非煤系地层瓦斯隧道

隧道虽然没有直接穿越煤系地层,但下伏或邻近地层中的瓦斯具备运移至本隧道的条件而使隧道内存在瓦斯时,则为非煤系地层瓦斯隧道。

7)瓦斯工区

隧道施工区段内任一处有瓦斯,则洞口至开挖掌子面的施工区段为瓦斯工区。

8)绝对瓦斯涌出量

单位时间涌出的瓦斯量称为绝对瓦斯涌出量,单位 m^3/min。

9)煤(岩)与瓦斯突出

在地应力和瓦斯的共同作用下,破碎的煤、岩和瓦斯由煤体内突然喷出到开挖空间的动力现象,简称"突出"。

10)钻孔动力现象

钻孔施作过程顶钻、抱钻、夹钻等现象以及由瓦斯、地应力诱发的钻孔喷孔(喷水汽、煤屑、岩粉、泥沙等)现象。

11) 吨煤瓦斯含量

煤(岩)层在自然条件下,每吨煤(岩)所含有的瓦斯体积(标准状态),是游离瓦斯与吸附瓦斯量之总和,单位 m^3/t。

12) 瓦斯浓度

瓦斯在空气中的体积占比,以百分数表示。

13) 瓦斯压力

煤(岩)层孔隙、裂隙中的瓦斯作用于孔隙壁的应力,一般指的是绝对瓦斯压力,单位 MPa。

14) 瓦斯放散初速度

3.5g 规定粒度的煤样在 0.1MPa 压力下吸附瓦斯后向固定真空空间释放时,用压差 $\Delta p(mmHg)$ 表示的 10~60s 时间内释放出瓦斯量。

15) 突出预测预报

利用煤层的煤体结构,煤的物理力学性质、瓦斯、地应力等的某些特征参数及其变化或利用工作面的某些特征、突出前的预兆,预测开挖工作面突出的危险性的工作。

16) 瓦斯积聚

隧道内任一体积大于 $0.5m^3$ 的空间内积聚的瓦斯浓度达到 2.0% 的现象。

17) 瓦斯排放

对于隧道内的积聚瓦斯实施的安全排除措施,或指通过在未开挖的煤(岩)体内施工钻孔排出瓦斯、减小瓦斯压力的措施。

18) 瓦斯抽放

采用专用设备和管路把煤层、岩层或采空区瓦斯抽出的措施。

19) 综合防突措施

在瓦斯突出危险性煤(岩)体中进行开挖作业前和开挖过程中实施的突出危险性预测、防止突出措施、防突措施效果检验和安全防护的"四位一体"的措施。

20) 钻屑量法(钻屑法)

用每单位钻孔体积排出的钻屑量来评估煤(岩)和瓦斯突出危险程度的方法。

21) 防突效果检验

用突出预测的方法对防突措施进行效果检验。

8.8.3.2 瓦斯隧道分类

瓦斯隧道分类根据《公路瓦斯隧道设计与施工技术规范》(JTG/T 3374—2020)确定。

(1)瓦斯隧道分为微瓦斯、低瓦斯、高瓦斯和煤(岩)与瓦斯突出四类,按瓦斯地层或瓦斯工区的最高类别确定。

(2)瓦斯地层或瓦斯工区分类见表 8.8-1。

8 隧 道

瓦斯地层或瓦斯工区绝对瓦斯涌出量判定指标　　　　　　表8.8-1

瓦斯地层或瓦斯工区类别	绝对瓦斯涌出量 $Q_{CH_4}(m^3/min)$
非瓦斯	0
微瓦斯	$0<Q_{CH_4}<1.0$
低瓦斯	$1.0\leqslant Q_{CH_4}<3.0$
高瓦斯	$3.0\leqslant Q_{CH_4}$
煤(岩)与瓦斯突出①	煤(岩)与瓦斯突出危险性鉴定或直接认定

注：①有瓦斯动力现象；煤(岩)层瓦斯压力达到或超过0.74MPa；隧道穿越相邻矿井开采的同一煤(岩)层发生突出事故或被鉴定、认定为突出的情况之一的，应进行煤(岩)与瓦斯突出危险性鉴定，或直接认定为突出煤(岩)层。

（3）判定煤(岩)层突出危险性单项指标的临界值见表8.8-2。

判定煤(岩)层突出危险性单项指标的临界值　　　　　　表8.8-2

判定指标	煤的破坏类型	瓦斯放散初速度 ΔP	煤的坚固性系数 f	煤层瓦斯压力 $P(MPa)$
有突出危险的临界值及范围	Ⅲ、Ⅳ、Ⅴ	≥10	≤0.5	≥0.74

注：1. 全部指标均达到或超过本表所列临界值的，应确定为突出煤(岩)层。
2. 煤的破坏类型分类见表8.8-3。

煤的破坏类型分类表　　　　　　表8.8-3

破坏类型	光泽	构造及构造特征	节理性质	节理面性质	断口性质	强度
Ⅰ（非破坏煤）	亮与半亮	层状构造，块状构造，条带清晰明显	一组或二到三组节理，节理系统发育，有次序	有充填物(方解石)，次生面少，节理、劈理面平整	参差阶状，贝状，波浪状	坚硬，用手难以掰开
Ⅱ（破坏煤）	亮与半亮	1. 尚未失去层状 2. 条带明显，有时扭曲，有时错动 3. 不规则状，多棱角 4. 有挤压特征	次生节理面多，且不规则，与原生节理呈网状节理	节理面有擦纹、滑皮，节理平整，易掰开	参差多角	用手极易剥成小块，中等硬度
Ⅲ（强烈破坏煤）	半亮与半暗	1. 弯曲成透镜状构造 2. 小片状构造 3. 细小碎块，层理较紊无次序	节理不清，系统不发达，次生节理密度大	有大量擦痕	参差及粒状	用手捻成粉末，硬度低
Ⅳ（粉碎煤）	暗淡	粒状或小颗粒胶结而成，形似天然煤团	节理失去意义，成黏块状	—	粒状	可捻成粉末，偶尔较硬
Ⅴ（全粉煤）	暗淡	1. 土状构造，似土质煤 2. 如断层泥状	—	—	土状	可捻成粉末，疏松

8.8.3.3 瓦斯隧道防护等级与支护设计

1)《公路瓦斯隧道设计与施工技术规范》(JTG/T 3374—2020)的相关规定

(1)瓦斯地层段衬砌结构防护等级应按表8.8-4确定。

瓦斯地层段衬砌结构防护等级　　　　　　表8.8-4

衬砌结构防护等级	瓦斯压力 P(MPa)	瓦斯地层类别
一	≥0.74	煤(岩)与瓦斯突出
二	0.20≤P<0.74	高瓦斯
三	<0.20	低瓦斯

注:表中当瓦斯压力与瓦斯地层类别不一致时,应取较高者。

(2)支护设计。

① 瓦斯地层段衬砌结构防瓦斯措施宜根据结构防护等级按表8.8-5执行。

瓦斯地层段衬砌结构防护措施　　　　　　表8.8-5

瓦斯地层段衬砌结构瓦斯防护措施	衬砌结构防护等级		
	一	二	三
围岩注浆	(+)		
喷射混凝土加强	+	+	+
防水层加厚	+	+	
防水层全封闭	+	+	
抗渗混凝土	+	+	+
接缝防渗措施	+	+	(+)

注:表中"+"为采用;"(+)"为选用。

② 衬砌结构防护等级为一级的瓦斯地层段可选用围岩注浆措施封堵瓦斯。

③ 衬砌结构防护等级为一级、二级瓦斯地层段的二次衬砌应采用带仰拱衬砌结构。

④ 瓦斯地层段喷射混凝土的强度等级不应低于C25,厚度不应小于15cm。

⑤ 衬砌结构防护等级为一级、二级的瓦斯地层段防水板应全封闭,瓦斯地层段防水板厚度不宜小于1.5mm。

⑥ 瓦斯工区的防水卷材搭接宜采用冷黏法,瓦斯地层段防水卷材接缝搭接长度不应小于150mm。

⑦ 瓦斯地层段模筑混凝土的强度等级不应低于C30,厚度不应小于40cm。衬砌结构防护等级为一级、二级瓦斯地层段模筑混凝土抗渗等级不应小于P10;衬砌结构防护等级为三级瓦斯地层段模筑混凝土抗渗等级不应小于P8。

⑧ 衬砌结构防护等级为一级、二级的衬砌结构二次衬砌接缝应设置不少于2道防渗措施,防渗措施可参考表8.8-6。

接缝防渗漏措施选择表　　　　　表 8.8-6

接缝	施工缝				变形缝			
采用措施	遇水膨胀橡胶止水条	中埋式止水带	外贴式止水带	其他防水密封材料	中埋式止水带	遇水膨胀橡胶止水条	外贴式止水带	其他防水密封材料
	应选	选用一种			应选	选用一种		

⑨衬砌结构防护等级为一级、二级的隧道地下水排水沟(管)应采取密封措施,并在洞口附近设置水气分离装置,分离的瓦斯采用管道引至洞外高处放散。

⑩从隧道内引出瓦斯的排放管,其上端管口应高出隧道拱顶不小于3m,其周围20m内禁止有明火火源及易燃易爆物品。采用金属排放管时应妥善接地。

2)《公路隧道设计细则》(JTG/T D70—2010)的相关规定

(1)隧道瓦斯地段等级划分见表 8.8-7。

隧道瓦斯地段等级　　　　　表 8.8-7

地段等级	吨煤瓦斯含量(m^3/t)	瓦斯压力 P(MPa)
一	—	≥0.74
二	≥0.5	≥0.15,且<0.74
三	>0.5	<0.15

(2)瓦斯隧道的瓦斯工区应根据其含瓦斯的等级,分别采用不同的衬砌结构。一、二级瓦斯地段应采用复合式衬砌,其初期支护和二次衬砌应根据埋置的深度、围岩级别、工程地质和水文地质条件、瓦斯严重程度,采用带仰拱的全封闭设计断面,并视地质情况向瓦斯含量较轻、等级较低或不含瓦斯地段延伸15m左右。衬砌接缝处应采用膨胀水泥砂浆填塞严密。

8.8.3.4 瓦斯隧道工程勘察

根据《公路瓦斯隧道设计与施工技术规范》(JTG/T 3374—2020),隧道穿越、邻近瓦斯地层或下伏地层有瓦斯赋存时,应分阶段开展瓦斯隧道地质勘察,非瓦斯隧道在施工中发现瓦斯时,应按详细勘察阶段的规定进行补充勘察。

1) 预可勘察

预可勘察应了解公路隧道所处区域范围内的工程地质条件、煤系地层分布、煤矿开采、石油天然气开采情况,定性分析是否为瓦斯隧道,概略划分瓦斯地层类别,依据瓦斯分布范围论证路线方案的可行性,为编制预可行性研究报告提供基础资料。预可勘察应采用资料收集、地质调绘等手段,评估瓦斯隧道类别。

2) 工可勘察

工可勘察应初步查明公路隧道建设范围内的地质条件、煤系地层分布、是否存在非煤层瓦斯积聚区、是否存在非煤层瓦斯出露情况,初步分析煤系地层、非煤系瓦斯地层分布以及瓦斯储存和分布与隧道的关系,定性判断是否为瓦斯隧道,划分瓦斯地层类别,依据工程地质条件论证路线方案的可行性与合理性,为编制工程可行性研究报告提供基础资料。工可勘察应以收集资料和地质调绘为主,必要时辅以大比例尺航卫片解译。对于评估为高瓦斯、煤(岩)与瓦斯突出隧道,可进行少量钻探、测试、试验工作。

3) 初步勘察

初步勘察应在工可勘察的基础上,结合隧道的建设规模、标准和方案比选,确定勘察的范围、内容和重点,应采用资料收集、地质调绘、物探、钻探、测试、试验等手段基本查明下列内容:

(1) 隧道通过的地质构造、地层种类及含煤地层的分布,煤层数及顶底板特征和位置,煤层厚度及产状、变化特征,隧道穿煤里程及长度。

(2) 煤层特征、煤质特征和瓦斯含量及相关参数。

(3) 隧道的瓦斯成分、来源。

(4) 煤的自燃倾向性及煤尘爆炸性。

(5) 瓦斯地层和瓦斯工区类别。

4) 详细勘察

详细勘察阶段应在初步勘察的基础上,查明煤层瓦斯分布范围、性质与特征,查明非煤系地层瓦斯隧道的地质构造,校核与修正隧道瓦斯地层类别和瓦斯工区,提供设计所需基础资料,在资料收集、地质调绘的基础上,采用以钻探、测试、试验为主的勘察方法,重点查明下列内容:

(1) 查明和解决初步勘察阶段未能查明的瓦斯地质问题,补充、校对初步勘察的瓦斯地质资料。

(2) 提供设计所需的煤层瓦斯地质定量指标、防治措施建议及注意事项。

(3) 校核评价煤层自燃倾向性和煤尘爆炸性,提出针对性防治措施建议。

编者注:据贵州省实际情况,有关瓦斯含量、压力等资料以收集就近煤矿开采实例资料为好,确有困难时,在县(市)煤炭安全生产管理部门收集相关资料均较之自测资料更为准确、全面。

8.8.4 高地应力区隧道

(1) 高地应力分级,岩爆判据详见表2.3-14、表2.3-15。

(2) 岩爆地段的隧道施工,应控制开挖顺序与掘进速度,严格执行施工规程。应采用光面或预裂爆破,毛洞宜平整光洁,避免超欠挖形成的凹凸不平面。Ⅰ级岩爆可采用全断面开挖;Ⅱ级岩爆可采用短台阶上下平行作业全断面开挖或分部开挖;岩爆严重的Ⅲ级地段,应采用分部开挖,限制开挖规模,减缓施工进度,采取短进尺、周边密孔、多循环、弱爆破、及时支护等措施。

(3) Ⅳ级及其以下的深埋软弱围岩地段,当洞周水平相对收敛值大于2%时,可认为发生了软岩大变形。

软岩大变形段隧道施工应符合以下规定：

①地质超前预报及大变形预测施工前应对设计文件中的大变形区段进行核对，施工时应根据实际地质条件，采用相应的勘察方法及现场监控量测资料，分析和预测围岩变形程度及对工程稳定性（安全性）的影响，及时修正支护结构形式及参数，避免盲目施工。

②选择合理的开挖方式。

A.开挖方法的选择：在软岩开挖中要尽可能减少爆破震动对围岩的扰动，采用预裂爆破或光面爆破，预留松动层，变深孔爆破为浅孔爆破，采取短进尺、多循环，加密初期支撑等措施，各工序宜衔接紧凑，步步为营，及时对基底采取临时封闭，严格控制各工序的施作时间与空间效应。有条件时采用无爆破掘进。

B.开挖断面的选择：宜采用双侧壁导坑法、中隔壁法或上半断面弧形开挖，开挖断面宜小于发生大变形的临界断面。

C.预留量的设置：在洞室开挖工程中应根据软岩洞室变性特征预留足够的变形量，允许围岩产生一定变形，但应防止支护结构变形侵入限界。

③建立日常量测管理机制。

在隧道开挖后施作初期支护的同时，应按照工程量测要求安设各种测点，对洞室收敛变形（垂直和水平位移）、围岩内部变形、喷层接触压力及锚杆轴力进行量测。通过对量测资料的反馈分析，结合软岩变形与地压分布特点，确定围岩变化趋势和支护结构的工作状态，并调整支护参数。通过逐步调整与完善，建立软岩变形控制管理基准，进行最终位移的预测。

8.8.5 采空区隧道

采空区隧道治理方法：
(1)梁桥/板桥跨越；
(2)支撑法治理；
(3)地面注浆治理；
(4)隧道内超前小导管预注浆；
(5)隧道内大管棚预注浆超前支护。

8.9 隧道涌水量预测

根据《铁路工程地质手册（第二版）》（铁道部第一勘察设计院，1999年）的相关规定，山岭隧道涌水量预测方法如下：
(1)稳定流法，常用的稳定流理论计算公式见表8.9-1。
(2)非稳定流法，计算公式见表8.9-2。
(3)半理论半经验公式法，计算公式见表8.9-3。
(4)其他方法及公式见表8.9-4。

常用稳定流理论计算公式

表 8.9-1

边界条件	地下水的水力类型	工程类型	计算图式	计算公式	适用条件	说 明	作者
无界	潜水	完整式		$Q = BK \dfrac{H^2 - h^2}{2R}$ 或 $Q = BK \dfrac{(2H-S)S}{2R}$	(1) 层流 (2) 无限补给 (3) 一侧进水，若地下水从两侧进入隧道，则涌水量为其两倍	Q 为隧道涌水量（m³/d） K 为含水层渗透系数（m/d） H 为含水层厚度（m） S 为水位降深（m） h 为水位下降曲线在隧道边墙上的高度（m） R 为隧道涌水影响半径（m） B 为隧道通过含水层中的长度（m）	裘布依
无界	潜水	非完整式		$Q = BK \left[\dfrac{H_1^2 - h^2}{2R} + H_0 \cdot q_r \right]$ $a = \dfrac{R}{R+r}, \beta = \dfrac{R}{T}$ 当 $\beta > 3$ 时 $q_r = \dfrac{q'_r}{(\beta - 3)q'_r + 1}$ $a_0 = \dfrac{T}{T + \dfrac{1}{3}r}$	(1) 隧道位于有限厚含水层中 (2) 下部隔水层底板呈水平状态 (3) 一侧进水 (4) 层流	H_0 为水位降深（m），$H_0 = H_1 - h$ H_1 为静止水位至隧道底之深度（m） q_r 为引用流量，即 $q_r = f(a, \beta)$，由图8.9-1、图8.9-2求得 q'_r 为引用流量，即 $q'_r = f(a_0)$，由图8.9-3求得 r 为隧道宽度的一半（m） T 为隧道底至下部隔水层的距离（m） 其他符号意义同前	丘嘉耶夫
无界	潜水	非完整式		$Q = \dfrac{2aKBH_1}{\ln R - \ln r}$ $a = \dfrac{\pi}{2} + \dfrac{H_1}{R}$	(1) 隧道位于无限厚含水层中（$H_a < H$） (2) 两侧进水 (3) 也可将无限厚的含水层按扎马林方法确定有效带厚度 H_a，此时将有效带厚度的下限视为假想的不透水界限，这样就可选用计算有限厚含水层中的隧道涌水量的公式来计算 (4) 层流	H_a 为扎马林有效带厚度（m），由下列公式求得，计算中的 h 值代入式中的 L，H_0 代入式中的 S；其他符号意义同前 $S = 0.2(S+L)$　$H_a = 1.3(S+L)$ $S = 0.3(S+L)$　$H_a = 1.6(S+L)$ $S = 0.5(S+L)$　$H_a = 1.7(S+L)$ $S = 0.8(S+L)$　$H_a = 1.85(S+L)$ $S = 1.0(S+L)$　$H_a = 2.0(S+L)$ L 为抽水时过滤器有效长度（m）	柯斯嘉科夫

续上表

边界条件	地下水的水力类型	工程类型	计算图式	计算公式	适用条件	说明	作者
无界	承压水	完整式		$Q = BK \dfrac{(2H-M)M - h^2}{2R}$	(1) 流进隧道的地下水由承压水变为无压状态（地下水位降到隧道底部以下） (2) 含水层产状近于水平 (3) 一侧进水，若地下水从两侧流进隧道，则涌水量为其两倍 (4) 层流	M 为承压含水层厚度（m） H 为承压含水层底板至静止水位的高度（m） 其他符号意义同前	
无界	承压水	非完整式		$Q = BK\left[\dfrac{(2H_1 - M')M' - h^2}{2R} + H_0 \cdot q_r\right]$ $H_0 = H_1 - h$ $M_a = H_a - H_0$	(1) 隧道位于有限厚限厚的含水层中 (2) 一侧进水 (3) 首先以计算方法确定礼马林有效厚度 M_a，然后可应用有限厚承压含水层中隧道涌水量计算公式来计算涌水量 (4) 层流	M' 为隧道底以上的承压含水层厚度 M_a 为隧道排水沟内的水沟至下部隔水层的厚度（m） 其他符号意义同前	
有界	潜水	完整式		$Q = BK \dfrac{(H_2^2 - h^2)}{2a}$ 或 $Q = BK \dfrac{(2H_2 - S)S}{2a}$	(1) 如果隧道涌水量一侧受山区地下水补给，而另一侧受河水补给时，涌水量按本式计算；一侧受山区地下水补给，一侧受河水补给，而隧道总涌水量按完整公式计算，潜水完整式的涌水量则为两涌水量之和 (2) 层流 (3) 隧道与地表水体或富水裂带平行或大致平行	H_2 为河水面水或富水断裂带水面至隔水层的深度（m） H_a 为静水层的深度（m） a 为隧道中心至河流或富水断裂带边界的距离（m） 其他符号意义同前	

续上表

边界条件	地下水的水力类型	工程类型	计算图式	计算公式	适用条件	说明	作者
有界	潜水	非完整式		$Q = BK\left[\dfrac{(H_2'^2 - h^2)}{2a} + H_0 \cdot q_r\right]$ $H_0 = H_1 - h$	(1)隧道位于有限厚含水层中 (2)潜水从河流或富水断裂带一侧补给,还考虑隧道底部的进水 (3)同时还有山区地下水补给时,计算方法同完整式 (4)层流	符号意义同前	
		完整式		$Q = \dfrac{aKH_1B}{\ln2a - \ln r}$	(1)隧道位于无限厚含水层中 (2)同样可以计算有效带厚度,再采用有限有效厚度的公式计算 (3)两侧进水 (4)层流	符号意义同前	
	承压水	完整式		$Q = BK\left[\dfrac{(2H_2 - M)M - h^2}{2a}\right]$	(1)流进隧道的地下水由承压层进入无压状态 (2)地下水从河流或富水断裂带一侧补给;还考虑隧道底部的进水 (3)层流	符号意义同前	
		非完整式		$Q = BK\left[\dfrac{(2H_2' - M')M' - h^2}{2a} + H_0 \cdot q_r\right]$	(1)隧道位于有限厚的含水层中 (2)当隧道同样可以先计算有效厚度,再采用本式计算 (3)层流	H_2'为由河流或富水断裂带水面至隧道底部的水头高度(m) 其他符号意义同前	

— 188 —

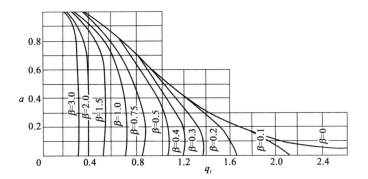

图 8.9-1 $q_r=f(a,\beta)$ 关系曲线图

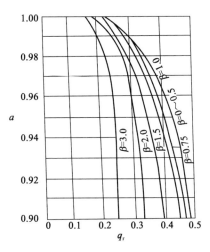

图 8.9-2 $q_r=f(a,\beta)$ 关系曲线图

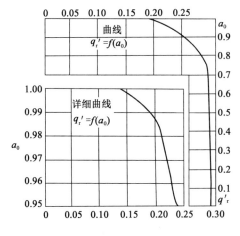

图 8.9-3 $q_r'=f(a_0)$ 关系曲线图

8.9.1 稳定流法

8.9.2 非稳定流法

采用非稳定流法预测隧道施工中单位长度可能最大涌水量和经常涌水量,可用表 8.9-2 中公式计算。

非稳定流隧道涌水量计算公式　　表 8.9-2

计算图式	计算公式	说　明	作者
(图示)	$q_0 = \dfrac{2\pi m k h_2}{\ln\left[\dfrac{\tan\dfrac{\pi(2h_2-r_0)}{4h_c}}{\tan\dfrac{\pi r_0}{4h_c}}\right]}$ $q_t = q_0 - \dfrac{\bar{\varepsilon} \cdot K^3 \cdot r_0^2 \cdot t}{\lambda \cdot B \cdot q_0}$ $q_s = q_0 - 0.584\bar{\varepsilon} \cdot K \cdot r_0$ $t_s = \dfrac{0.584 n \cdot B \cdot q_0}{K^2 \cdot r_0}$	q_0 为隧道通过含水体地段的单位长度可能最大涌水量 [m³/(s·m)] k 为含水体的渗透系数(m/s) m 为洞身横断面换算成等价圆时的换算系数,一般取 0.86 h_2 为静止水位至洞身横断面等价圆中心的距离(m) r_0 为等价圆半径(m) h_c 为洞顶上部静止水位至洞底下部隔水层距离,即含水体厚度(m) q_t 为依时间 t(s)延长的单位长度递减涌水量[m³/(s·m)] $\bar{\varepsilon}$ 为平均试验系数,一般取 12.8 λ 为 n 含水体的给水度(或基岩的裂隙度) B 为洞身横断面宽度(m) t 为自最大涌水量($t=0$)计起的任意递减时间(s) q_s 为隧道通过含水体的单位长度经常涌水量[m³/(s·m)] t_s 为自最大涌水量 $t=0$ 至经常涌水量出现时的经历时间(s)	佐藤邦明、伊藤洋

8.9.3 半理论半经验公式法

采用半理论半经验公式预测隧道涌水量,见表 8.9-3。

隧道涌水量预测半理论半经验公式　　表 8.9-3

计算图式	计算公式	适用条件	说　明	作者
(图示)	$q_0 = \dfrac{2\pi k H}{\ln\dfrac{4H}{d}}$	(1)适用于通过潜水含水体的越岭隧道和傍山隧道 (2)两侧进水	q_0 为隧道通过含水体的单位长度最大涌水量 [m³/(s·m)] k 为含水体的渗透系数(m/d) H 为静止水位至洞身横断面等价圆中心的距离(m) d 为洞身横断面换算成等价圆的直径(m)	大岛洋志
(图示)	$Q = L \cdot k \left[\dfrac{H^2 - h_0^2}{R - r} + \dfrac{\pi(H - h_0)}{\ln\dfrac{4R}{B}}\right]$	同上	Q 为隧道通过含水体的稳定涌水量(m³/d) L 为隧道通过含水体的长度(m) H 为洞底以上潜水含水体的厚度(m) h_0 为洞内排水沟假设水深(m) R 为影响半径(m) r 为洞身横断面宽度 B 的一半(m)	

8.9.4 其他方法及公式

隧道涌水量,也可以采用表 8.9-4 中的方法概略地预测。

其他方法隧道涌水量计算公式 表 8.9-4

计算方法	计算公式	适用条件	说 明
地下径流深度法	$Q = 2.74h \cdot A$ $h = W - H - E - S_S$ $A = L \cdot B$ $E = \dfrac{W}{\sqrt{0.9 + \dfrac{W^2}{(300 + 25t + 0.05t^3)^2}}}$	适用于山岭隧道,通过一个或多个地表水流域地区,亦适用于岩溶区	Q 为隧道通过含水体地段的经常涌水量(m^3/d) h 为年地下径流深度(mm) A 为隧道通过含水体的地下集水面积(km^2) W 为年降水量(mm) H 为流域年地表径流深度(mm) E 为流域年蒸发蒸散量(mm) S_S 为流域年地表滞水深度(mm) L 为隧道通过含水体地段的长度(km) B 为 L 长度内对隧道两侧的影响宽度(km) t 为流域多年平均气温(℃)
地下径流模数法	$Q = M \cdot A$ $M = \dfrac{Q'}{F}$	同上	M 为地下径流模数[$m^3/(d \cdot km^2)$] Q' 为由地下水补给的河流或下降泉的流量(m^3/d),宜采用枯水期流量计算 F 为相应于 Q' 的地表流域面积(km^2)。 其他符号意义同上
降水入渗法①	$Q = 2.74\alpha \cdot W \cdot A$ $(A = L \cdot B)$	(1)适用于埋藏深度较浅越岭隧道,亦适用于岩溶区 (2)两侧进水	α 为降水入渗系数,可根据经验数据、试验数据确定,无测试数据时,可参照表 8.9-5 确定[据贵州实践资料,W 取日最大降雨量更接近实际最大涌水量,$Q_{max}(m^3/d) = 1000 \cdot \alpha \cdot w_{max} \cdot A$]
水文地质比拟法	$Q = Q' \dfrac{F \cdot S}{F' \cdot S'}$ $F = B \cdot L$ $F' = B' \cdot L'$	适用于山岭隧道,当新建隧道附近有既有隧道(坑道),且地质、水文地质条件相当、水文地质参数相近时,即可用此法。亦适用于岩溶区	Q、Q' 为新建隧道、既有隧道(坑道)通过含水体地段的经常涌水量或可能最大涌水量(m^3/d) F、F' 为新建隧道、既有隧道(坑道)通过含水体地段的涌水面积(m^2) S、S' 为新建隧道、既有隧道(坑道)的水位降深(m) B、B' 为新建隧道、既有隧道(坑道)洞身横断面的周长(m) L、L' 为新建隧道、既有隧道(坑道)通过含水体地段的长度(m)
同位素氚法	$Q = L \cdot A \cdot \mu/365t$ $t = 40.727 \lg \dfrac{N_0}{N_t}$	(1)适用于通过潜水、承压水含水体的越岭隧道和傍山隧道 (2)两侧进水 (3)可在同一钻孔中不同深度取水样,亦可沿地下水流向取水样	Q 为隧道通过含水体地段的经常涌水量(m^3/d) L 为 N_0 与 N_t 两样品间距离(m) μ 为给水度(或基岩裂隙度) t 为 N_0 与 N_t 两样品间时间差(a) N_0 为样品中氚含量起始值(TR) N_t 为与 N_0 比较的样品中氚含量(TR) A 为隧道通过含水体地段的集水面积(m^2) 365 为年平均日(d)

注:入渗系数的经验值见表 8.9-5。

入渗系数的经验值 a 表8.9-5

岩石名称	a 值	岩石名称	a 值	岩石名称	a 值
亚黏土	0.01~0.02	砂砾石	0.24~0.30	裂隙岩石(裂隙极深)	0.20~0.25
亚砂土	0.02~0.05	砂卵石	0.30~0.35	岩溶化极弱的灰岩	0.01~0.10
粉砂	0.05~0.08	坚硬岩石(裂隙极少)	0.01~0.10	岩深化较弱的灰岩	0.10~0.15
细砂	0.08~0.12	半坚硬岩石(裂隙较少)	0.10~0.15	岩溶化中等的灰岩	0.15~0.20
中砂	0.12~0.18	裂隙岩石(裂隙度中等)	0.15~0.18	岩溶化较强的灰岩	0.20~0.30
粗砂	0.18~0.24	裂隙岩石(裂隙度较大)	0.18~0.20	岩溶化极强的灰岩	0.30~0.50

8.9.5　隧道涌水的分类及基本类型

《铁路工程地质手册(第二版)》(铁道部第一勘察设计院,1999年)规定,隧道及地下工程中的涌水可按数据量、地下水类型、危害性质分类,见表8.9-6。

隧道涌水分级   表8.9-6

类　别	涌水量	危害性质	地下水类型
特大涌水	>10万 m^3/日	可能造成重大设备和人身事故	岩溶水
大涌水	1万~10万 m^3/日	可能造成大的设备和人身事故	岩溶水、断层水
中涌水	1000~1万 m^3/日	可能造成大的设备和人身事故	岩溶水、断层水
小涌水	100~1000 m^3/日	可能造成一般事故及冻害	风化裂隙水、潜水
渗滴涌水	<1000 m^3/日	可能造成一般事故及冻害	风化裂隙水、上层滞水

9 采 空 区

本章所述内容,如未注明出处,则都是引自《采空区公路设计与施工技术细则》(JTG/T D31-03—2011)。

9.1 术 语

1) 采空区

地下固体矿产开采后的空间及其围岩失稳而产生位移、开裂、破碎垮落,直到上覆岩层整体下沉、弯曲所引起的地表变形和破坏的地区或范围。狭义的采空区指开采空间。

(1) 按开采时限采空区分类见表9.1-1。

采空区分类(按开采时限)　　　　　　表9.1-1

老 采 空 区	新 采 空 区	准 采 区
已停止开采且停采时间超过一年的采空区	正在开采或停采时间少于一年的采空区	已经规划设计,尚未开采的采区

(2) 按矿层倾角采空区分类见表9.1-2。

采空区分类(按矿层倾角)　　　　　　表9.1-2

水平(缓倾斜)采空区	倾斜采空区	急倾斜采空区
矿层水平或倾角≤15°	矿层倾角在15°~75°之间	矿层倾角≥75°

2) 采深采厚比

矿层开采深度与法向开采厚度的比值,简称深厚比。

按深厚比采空区分类见表9.1-3。

采空区分类(按深厚比)　　　　　　表9.1-3

浅层采空区	中层采空区	深层采空区
深厚比≤40	深厚比在40~120之间	深厚比≥120

3) 覆岩

(1) 坚硬覆岩:岩体完整,抗扰动能力强,天然单轴抗压强度大于60MPa的上覆岩层。

(2) 中硬覆岩:介于坚硬覆岩与软弱覆岩之间,天然单轴抗压强度介于30~60MPa之间的上覆岩层。

(3) 软弱覆岩:岩体破碎,抗扰动能力弱,天然单轴抗压强度小于30MPa的上覆岩层。

4)矿层顶板

位于矿层上面的岩层。矿层顶板由下而上可分为伪顶、直接顶和老顶。

5)覆岩破坏三带

矿层采出后,其覆岩在垂直方向上的破坏可分为冒落带、裂隙带、弯曲带,简称"三带"。

(1)冒落带:直接位于采空区上方的顶板岩层,在自重和上覆岩层重力作用下,所受应力超过本身强度时断裂、破碎、塌落的岩层。

(2)裂隙带:冒落带之上的岩层在重力作用下,所受应力超过本身的强度时产生裂隙、离层及断裂,但未塌落的岩层。

采空区冒落带、裂隙带计算方法:

① 煤层缓倾斜(0°~35°)、中等倾斜(36°~54°)时冒落带高度计算:

A.当煤层顶板覆岩内有极坚硬岩层,采后能形成悬顶时,其下方的冒落带最大高度可按下式计算:

$$H_m = \frac{M}{(K-1)\cos\alpha}$$

式中:M——煤层采厚(m);
$\quad\quad K$——冒落岩石碎胀系数;
$\quad\quad \alpha$——煤层倾角(°)。

B.当煤层顶板覆岩内为坚硬、中硬、软弱、极软岩层或其互层时,开采单一煤层的冒落带最大高度可按下式计算:

$$H_m = \frac{M-W}{(K-1)\cos\alpha}$$

式中:W——冒落过程中顶板的下沉值(m)。

C.当煤层顶板覆岩内为坚硬、中硬、软弱、极软岩层或其互层时,厚层煤分层开采的冒落带最大高度可按表9.1-4中的公式计算。

厚层煤分层开采冒落带最大高度计算 表9.1-4

覆岩岩性(天然单向抗压强度及主要岩石名称)(MPa)	计算公式(m)
坚硬(40~80,石英砂岩、石灰岩、砂质页岩、砾岩)	$H_m = \dfrac{100\sum M}{2.1\sum M + 16} \pm 2.5$
中硬(20~40,砂岩、泥质灰岩、砂质页岩、页岩)	$H_m = \dfrac{100\sum M}{4.7\sum M + 19} \pm 2.2$
软弱(10~20,泥岩、泥质砂岩)	$H_m = \dfrac{100\sum M}{6.2\sum M + 32} \pm 1.5$
极软弱(<10,铝土岩、风化泥岩、黏土、砂质黏土)	$H_m = \dfrac{100\sum M}{7.0\sum M + 63} \pm 1.2$

注:$\sum M$为累计采厚。

D.上述公式适用于单层采厚1~3m,累计采厚不超过15m;±号项为中误差。

② 煤层覆岩内为坚硬、中硬、软弱、极软岩层或其互层时，厚层煤分层开采的裂隙带最大高度可按表 9.1-5 中的公式计算。

厚层煤分层开采裂隙带最大高度计算   表 9.1-5

岩　性	计算公式(m)	岩　性	计算公式(m)
坚硬	$H_{li} = \dfrac{100\sum M}{1.2\sum M + 2.0} \pm 8.9$	软弱	$H_{li} = \dfrac{100\sum M}{3.1\sum M + 5.0} \pm 4.0$
中硬	$H_{li} = \dfrac{100\sum M}{1.6\sum M + 3.6} \pm 5.6$	极软弱	$H_{li} = \dfrac{100\sum M}{5.0\sum M + 8.0} \pm 3.0$

注：表中公式适用于单层采厚 1~3m，累计采厚不超过 15m；±号项为中误差。

③ 急倾斜煤层(55°~90°)时，煤层顶、底板为坚硬、中硬、软弱岩层，用垮落法开采时的冒落带和裂隙带高度，可按表 9.1-6 中的公式计算。

垮落法开采时冒落带和裂隙带高度计算   表 9.1-6

覆岩岩性	裂隙带高度(m)	冒落带高度(m)
坚硬	$H_{li} = \dfrac{100Mh}{4.1h + 133} \pm 8.4$	$H_m = (0.4 \sim 0.5)H_{li}$
中硬、软弱	$H_{li} = \dfrac{100Mh}{7.5h + 293} \pm 7.3$	$H_m = (0.4 \sim 0.5)H_{li}$

(3) 弯曲带：裂隙带之上的岩层在重力作用下，所受应力尚未超过岩层本身的强度，产生微小变形，但整体性未遭破坏，也未产生断裂，仅出现连续平缓的弯曲变形带。

6) 开采方式

(1) 长壁式开采。

工作面较长的壁式开采方式，工作面长度一般为 100~300m，分走向长壁和倾向长壁。

(2) 房柱式开采。

从区段平巷每隔一定距离掘出矿房进行采矿至区段上部边界，后退扩采矿房两侧煤柱的开采方式。

(3) 短壁式开采。

为长壁式开采和房柱式开采的结合。采用房柱式开采出煤柱，煤柱的回采是靠沿其一侧的长壁式开采方式进行。

(4) 巷柱式开采。

在区段范围内，每隔 10~30m 沿煤层切割成 10~30m 的方形或矩形煤柱，然后按区段后退式开采顺序陆续回采的开采方式。

(5) 条带式开采。

复杂地质条件下将采区分成条带进行开采的方式，分充填条带和非充填条带两大类。

(6) 充填式开采。

边开采边在采空区进行充填的开采工艺。

7) 采动

(1) 充分采动。

地下煤层采出后，地表下沉值达到该地质采矿条件下应有的最大值的采动。

(2)非充分采动。

采空区的尺寸没有达到充分采动的临界值,地表下沉也未达到该地质采矿条件下应有的最大下沉值时的采动。

(3)超充分采动。

采空区的尺寸超过充分采动的临界值,地表下沉也达到该地质采矿条件下应有的最大下沉值并且形成平底下沉盆地时的采动。

8)地表移动变形

(1)地表移动。

地下矿层开采引起上覆岩层自下而上直至地表产生移动、变形和破裂,导致地表产生的位移。

(2)地表移动盆地。

地下矿层开采引起地表下沉,从而在采空区上方地面形成比采空区范围大的洼地。

(3)移动盆地主剖面。

通过地表移动盆地的最大范围和最大下沉点所做的沿矿层走向方向或倾斜方向的垂直剖面。

(4)地表下沉。

地表移动盆地内地表点移动矢量的垂直分量。

(5)地表水平移动。

地表移动盆地内地表点移动矢量的水平分量。

(6)地表倾斜变形。

由于地表相邻两点的不均匀下沉而产生的相对垂直位移。

(7)地表水平变形。

由于地表相邻两点的不均匀水平移动而产生的相对水平位移。

(8)地表曲率变形。

由于地表相邻点间的倾斜变形不均匀而产生的地表弯曲。

(9)下沉系数。

在充分采动条件下,开采近水平矿层时地表最大下沉值与开采厚度之比。

(10)边界角。

在充分采动或接近充分采动情况下,地表移动盆地主剖面上盆地边界点(下沉值为10mm)至采空区边界的连线与水平线在矿柱一侧的夹角。考虑松散层时,尚应根据松散层移动角确定。

(11)移动角。

在充分采动情况下,移动盆地主剖面上临界变形值的点和采空区边界连线在矿柱一侧与水平线之间所夹的锐角。

9.2 勘察要求

9.2.1 《公路工程地质勘察规范》(JTG C20—2011)的相关规定

(1)路线通过正在开采或已废弃的各类矿区时,应进行采空区工程地质勘察。

采空区工程地质勘察应查明下列内容：
①地层岩性、地质构造、水文地质条件、地震动参数；
②采空区的开采历史、开采规划、现状、方法、范围和开采深度；
③采空区的井巷分布、断面尺寸及相应的地表位置；
④采空区的顶板厚度、地层及其岩性组合、顶板管理方法及稳定性；
⑤地下水的类型、分布、水位及其变化幅度，地下水开采对采空区稳定性的影响；
⑥有害气体的类型、分布特征和危害程度；
⑦地表沉陷、裂缝、塌陷的位置、形状、规模、发生时间；
⑧采空区与路线及构造物的位置关系、地面变形可能影响的范围和避开的可能性。
（2）根据开采时间，采空区可分为老采空区、现状采空区和未来采空区。
（3）根据开采规模，采空区可分为大面积采空区和小型采空区。小型采空区根据开采目的可进一步分为小煤窑采空区、采砂洞等。

9.2.2 《岩土工程勘察规范(2009年版)》(GB 50021—2001)的相关规定

（1）采空区勘察应查明老采空区上覆岩层的稳定性，预测现采空区和未来采空区的地表移动、变形的特征和规律性；判定其作为工程场地的适宜性。采空区的勘察宜以搜集资料、调查访问为主，并应查明下列内容：
①矿层的分布、层数、厚度、深度、埋藏特征和上覆岩层的岩性、构造等；
②矿层开采的范围、深度、厚度、时间、方法和顶板管理，采空区的塌落、密实程度、空隙和积水等；
③地表变形特征和分布，包括地表陷坑、台阶、裂缝的位置、形状、大小、深度、延伸方向及其与地质构造、开采边界、工作面推进方向等的关系；
④地表移动盆地的特征，划分中间区、内边缘区和外边缘区，确定地表移动和变形的特征值；
⑤采空区附近的抽水和排水情况及其对采空区稳定的影响；
⑥搜集建筑物变形和防治措施的经验。

（2）采空区宜根据开采情况，地表移动盆地特征和变形大小，划分为不宜建筑的场地和相对稳定的场地，并宜符合下列规定：
①下列地段不宜作为建筑场地：
A.在开采过程中可能出现非连续变形的地段；
B.地表移动活跃的地段；
C.特厚矿层和倾角大于55°的厚矿层露头地段；
D.由于地表移动和变形引起边坡失稳和山崖崩塌的地段；
E.地表倾斜大于10mm/m，地表曲率大于0.6mm/m²或地表水平变形大于6mm/m的地段。
②下列地段作为建筑场地时，应评价其适宜性：
A.采空区采深采厚比小于30的地段；
B.采深小，上覆岩层极坚硬，并采用非正规开采方法的地段；

C.地表倾斜为 3~10mm/m,地表曲率为 0.2~0.6mm/m² 或地表水平变形为 2~6mm/m 的地段。

(3)采深小、地表变形剧烈且为非连续变形的小窑采空区,应通过搜集资料、调查、物探和钻探等工作,查明采空区和巷道的位置、大小、埋藏深度、开采时间、开采方式、回填塌落和充水等情况;并查明地表裂缝、陷坑的位置、形状、大小、深度、延伸方向及其与采空区的关系。

(4)小窑采空区的建筑物应避开地表裂缝和陷坑地段。对次要建筑且采空区采深采厚比大于 30,地表已经稳定时可不进行稳定性评价;当采深采厚比小于 30 时,可根据建筑物的基底压力、采空区的埋深、范围和上覆岩层的性质等评价地基的稳定性,并根据矿区经验提出处理措施的建议。

9.2.3 《公路路基设计规范》(JTG D30—2015)的相关规定

(1)采空区路基设计应进行地表稳定性评价。评价时应遵循定性评价与定量计算相结合的原则,根据采空区类型、规模、覆岩性质、采厚采深比、煤层倾角、开采时间及水文、地质条件等因素,采用开采条件判别法与地表变形预计法、地表变形监测法等相结合的方法,预测地表剩余变形量,评价采空区场地稳定性。

(2)采空区场地稳定性控制标准应符合下列规定:

①公路采空区地表变形应符合表 9.2-1 的规定。当采空区地表变形不满足要求时,应对采空区进行处治设计。

公路采空区地表变形最大允许值　　　　　　　表 9.2-1

公路等级	地表倾斜(mm/m)	水平变形(mm/m)	地表曲率(mm/m²)
高速公路、一级公路	≤3.0	≤2.0	≤0.2
二级及二级以下公路	≤6.0	≤4.0	≤0.3

②采空区地表倾斜大于 10mm/m、地表曲率大于 0.6mm/m² 或地表水平变形大于 6mm/m 的地段,不宜作为公路路基建设场地。

(3)公路压覆矿产时,应按下列要求进行矿产压覆区设计:

①在尚未开采的煤层分布区,高速公路及一级公路、隧道、特大桥、大桥和中桥、地下开采会有严重滑坡危险而又难以处理的路段,应设保护煤柱。

②保护煤柱外侧应设置围护带,其宽度应符合下列要求:

A.路堤部分以公路两侧路堤坡脚外 1m 为界,路堑部分以两侧堑顶边缘为界,两侧界线以内的范围为受保护对象;

B.沿两侧界线向外留设围护带,高速公路围护带宽度为 20m,一级公路围护带宽度为 15m。

③倾斜煤层保护煤柱的边界根据上山方向移动角、下山方向移动角及松散层移动角等,用垂直剖面法、垂线法或数字标高投影法确定。

(4)公路采空区处治范围应符合下列要求:

①开挖回填处理的浅采空区处理长度应为沿公路轴向的采空区实际分布长度,处理宽度应为路基底面宽度或构造物的宽度,处理深度宜为底板风化岩位置。

②其他类型采空区处理范围应按下列原则确定:

A.采空区的厚度较大时,处理长度应增加覆岩移动角的影响宽度,沿公路轴向的采空区处理长度可按下式计算确定:

$$L = L_0 + 2h\cot\alpha + H_上\cot\beta + H_下\cot\gamma$$

式中:L——沿公路轴向的采空区处理长度(m);

L_0——沿公路中线方向采空区长度(m);

$H_上$——上山方向采空区上覆岩层厚度(m);

$H_下$——下山方向采空区上覆岩层厚度(m);

α——松散层移动角(°);

β——上山方向采空区上覆岩层移动角(°);

γ——下山方向采空区上覆岩层移动角(°)。

B.处理宽度由路基底面宽度、围护带宽度、采空区覆岩影响宽度三部分组成,水平岩层可按式(9.2-1)计算;倾斜岩层且路线与岩层走向垂直,路线上每点的宽度可按水平岩层计算;倾斜岩层且路线与岩层走向平行时,可按式(9.2-2)计算;倾斜岩层且路线与岩层走向斜交时,可按式(9.2-3)计算:

$$B = D + 2d + 2(h\cot\alpha + H\cot\delta) \tag{9.2-1}$$

$$B = D + 2d + 2h\cot\alpha + H_上\cot\beta + H_下\cot\gamma \tag{9.2-2}$$

$$B = D + 2d + 2h\cot\alpha + H_上\cot\beta' + H_下\cot\gamma' \tag{9.2-3}$$

$$\cot\beta' = \sqrt{\cot^2\beta\cos^2\theta + \cot^2\delta\sin^2\theta}$$

$$\cot\gamma' = \sqrt{\cot^2\gamma\cos^2\theta + \cot^2\delta\sin^2\theta}$$

式中:B——垂直于公路轴线的水平方向宽度(m);

D——公路路基底面宽度(m);

d——路基围护带一侧的宽度(m),一般取 10m;

H——采空区上覆岩层厚度(m);

h——松散层厚度(m);

δ——走向方向采空区上覆岩层移动角(°);

β'——上山方向采空区上覆岩层斜交移动角(°);

γ'——上山方向采空区上覆岩层斜交移动角(°);

θ——围护带边界与矿层倾向线之间所夹的锐角(°)。

C.处治范围位于采空区边界以内时,其处治深度应为地面至采空区底板以下不小于 3m;处治范围位于采空区边界外侧至岩层移动影响范围以内时,其处治深度应按下式计算:

$$h_t = H - l\tan\delta_外 + h'$$

式中:h_t——采空区边界外侧岩层移动影响范围的处治深度(m);

H——采空区埋深,即上覆岩层厚度(m);

l——注浆孔距采空区边界的距离(m);

h'——影响裂隙带以下的处治深度,宜取 20m;

$\delta_外$——采空区边界外侧上覆岩层移动影响角(°)。

9.3 《采空区公路设计与施工技术细则》(JTG/T D31-03—2011)的相关规定

9.3.1 勘察报告内容

(1)勘察工作概况,包括勘察依据、目的、任务、时间、方法、过程及工作量。
(2)场地自然地理概况,包括地理位置、地形地貌、水文、气象、交通。
(3)区域地质概况,包括地层岩性、地质构造、水文地质、工程地质、地震烈度。
(4)采空区勘察成果,包括资料收集与成果分析,区域地质调绘、采空区测绘、物探、钻探、试验等成果,采空区的影响长度,采矿层数、埋深、采厚、顶板岩性、开采时限、开采方法、回采率、顶板管理方法、塌陷情况等采空区基本要素特征。
(5)公路预留保护带的位置、宽度及坐标。
(6)采空区稳定性分析与评价。
(7)采空区路段建设场地的适宜性评价。
(8)勘察结论与建议:
①结论应包括采空区场地对拟建公路或构造物的适宜性评价;采空区影响长度,包括路基、桥梁及隧道的影响长度;采空区剩余空洞体积;路线压覆资源的种类及范围等。
②初勘阶段应提出路线方案比选和初步处治方案建议,详勘阶段应提出采空区处治方案建议。

9.3.2 采空区稳定性评价

公路采空区稳定性分析与评价可分为场地稳定性评价和公路工程地基稳定性评价两部分。场地稳定性评价应以采空区地表剩余下沉量作为评价依据;公路工程地基稳定性评价应以各类工程地基容许变形值作为评价依据。

9.3.2.1 场地稳定性评价

采空区公路场地稳定性评价标准,应根据采空区地表剩余移动变形量、采空区停采时间及其对公路工程可能造成的危害程度,划分为稳定、基本稳定、欠稳定和不稳定四个等级。不同类型采空区场地稳定性评价标准如下:

(1)长壁式垮落法采空区:在工可阶段,宜依据工作面的停采时间,按表9.3-1划分场地稳定性等级;在勘察设计阶段,应根据地表剩余移动变形值计算,按表9.3-2确定场地稳定性等级;有条件时,应对采空区场地进行半年以上的高精度地表沉降观测,按表9.3-3确定场地稳定性等级。

工可阶段长壁式垮落法采空区稳定性分级　　　　表9.3-1

稳定等级	场地影响范围内工作面停采时间(年)		
	软弱覆岩	中硬覆岩	坚硬覆岩
稳定	≥2.0	≥3.0	≥4.0
基本稳定	1.0~2.0	2.0~3.0	3.0~4.0
欠稳定	0.5~1.0	1.0~2.0	2.0~3.0
不稳定	≤0.5	≤1.0	≤2.0

勘察设计阶段长壁式垮落法采空区稳定性分级(按地表移动变形值)　　　表9.3-2

稳定等级	地表移动变形值			
	下沉值 W(mm)	倾斜值 i(mm/m)	水平变形值 ε(mm/m)	曲率值 K(mm/m²)
稳定	≤100	≤3.0	≤2.0	≤0.2
基本稳定	100~200	3.0~6.0	2.0~4.0	0.2~0.4
欠稳定	200~400	6.0~10.0	4.0~6.0	0.4~0.6
不稳定	≥400	≥10.0	≥6.0	≥0.6

注:地表移动变形值为建(构)筑物场地平整后的地表剩余移动变形值。

勘察设计阶段长壁式垮落法采空区稳定性分级(按地表下沉量)　　　表9.3-3

稳定等级	地表下沉量(mm)			
	1个月	3个月	6个月	12个月
稳定	≤5	≤15	≤30	≤60
基本稳定	5~10	15~30	30~60	60~120
欠稳定	10~30	30~60	60~120	120~240
不稳定	≥30	≥60	≥120	≥240

(2)不规则柱式采空区,应根据其采深采厚比按表9.3-4的规定评价场地稳定性。

不规则柱式采空区稳定性分级　　　表9.3-4

稳定等级		稳定	基本稳定	欠稳定	不稳定
采深采厚比 H/M	坚硬覆岩	≥80	80~60	60~40	≤40
	中硬覆岩	≥100	100~80	80~60	≤60
	软弱覆岩	≥120	120~100	100~80	≤80

(3)单一巷道式采空区,可采用极限平衡分析方法,计算巷道临界深度 H_{cr} 及稳定系数 F_s,按表9.3-5的规定评价场地稳定性。

单一巷道式采空区稳定性分级　　　表9.3-5

F_s	$F_s≥2.0$	$1.5≤F_s<2.0$	$1.0≤F_s<1.5$	$F_s<1.0$
稳定等级	稳定	基本稳定	欠稳定	不稳定

注:$F_s=H/H_{cr}$,其中 H-巷道顶板的实际深度(m),H_{cr}-巷道顶板的临界深度(m),按《采空区公路设计与施工技术细则》(JTG/T D31-03—2011)附录D有关规定计算。

(4)条带式、短壁式、充填式及其他类型采空区,可参照上述相关标准进行场地稳定性评价。

9.3.2.2 地基稳定性评价

采空区公路地基稳定性评价标准,应根据公路工程地基容许变形值按表9.3-6确定。

公路工程地基容许变形值　　表 9.3-6

公路工程类型			地基容许变形指标		
			倾斜值 i(mm/m)	水平变形值 ε(mm/m)	曲率值 K(mm/m²)
路基	高速公路、一级公路	高级路面	4.0	3.0	0.3
	二级及二级以下公路	高级及次高级路面	4.0~6.0	3.0~4.0	0.3~0.4
		简易路面	10.0	6.0	0.6
桥梁	简支结构		3.0	2.0	0.20
	非简支结构		2.0	1.0	0.15
隧道			3.0	2.0	0.20
砖混结构建筑物			3.0	2.0	0.20

注：本表不包括对变形有严格要求的复杂结构桥梁和隧道工程。

9.3.2.3 采空区稳定性评价方法

公路采空区场地稳定性可按开采条件判别法、地表移动变形预计法(概率积分法)、地表移动变形观测法、极限平衡分析法及数值模拟进行评价。

有关要求详见《采空区公路设计与施工技术细则》(JTG/T D31-03—2011)4.3.2~4.3.6条。

9.3.2.4 各勘察阶段采空区稳定性评价要求

各勘察阶段采空区稳定性评价要求，详见《采空区公路设计与施工技术细则》(JTG/T D31-03—2011)4.4.1~4.4.3条。

9.3.3 采空区桥梁设计

(1)采空区桥梁设计应根据采空区的类型、规模、埋深及其稳定性评价、结合桥梁结构形式，选择适宜的方法对下伏采空区进行处治。

(2)采空区桥梁宜采用简支结构。桥梁墩台不宜设在基底下沉量大、持力层不稳定及移动盆地边缘，宜设在覆岩强度高、地基稳定性较好的位置。

(3)对于不稳定采空区，应充分论证采空区的处治难度、效果和风险，进行桥梁方案和路基方案同深度的经济和技术比较，选择处治难度小、处治效果好、处治费用低的通过方式与处治方案。

(4)范围较小、不易处治的采空区，宜采用桥梁直接跨越。对于范围较大且埋藏较深的采空区，可进行小跨径浅基础和大跨径深基础桥型比较。

(5)桥梁结构宜采用轻型和耐变形的建筑材料，减轻结构自重，提高抗变形能力。

(6)采用桩基穿过埋深较浅的采空区时，应对采空区进行注浆或浆砌工程处治。对多层或埋藏较深的采空区，宜按摩擦桩设计。

(7)当采空区无瓦斯等有毒气体，顶板岩层较完整，地下水位低于采空区底板，巷道或空洞内无充水或泥时,可采用人工挖孔桩或浆砌片石砌筑后成桩。当采空区存在瓦斯等有害气体时,应将有害气体排放完后,再进行基础施工,并应按钻孔桩基础设计,严禁采用人工挖孔桩。

(8)当采空区顶板比较完整、空间大时,宜采用钢护筒成桩。当采空区上覆岩层破碎且充水,降水或注浆方法无法止水时,可采用局部封堵冲击法成桩。

(9)采空区埋深大于100m、回采率小于35%、覆岩强度高、场地稳定的桥位,可采用端承桩或明挖、扩大基础。

9.3.4 采空区隧道设计

(1)采空区隧道设计应根据采空区的类型、规模、稳定性及其与隧道的相互关系,选取适宜的采空区处治方法。

(2)隧道应避开含有毒、有害气体的矿层,难以避开时,应以最短距离通过。

(3)采空区隧道设计应将采空区处治与隧道支护设计相结合,进行综合设计。当隧道洞身及顶、底板穿越采空区时,可采用回填法、浆砌支撑法处治。当隧道处于采空区上方时,宜采用注浆法处治。

(4)采空区隧道宜采用分离式隧道方案,不宜采用小间距和连拱隧道方案。

(5)施工期间应加强监控量测和地质超前预测预报工作,进行动态设计和信息化施工。

(6)隧道位于采空区下方时,隧道设计应符合下列要求:

①拱部距采空区底板大于3倍隧道洞径,经详细勘察后确认采空区对隧道围岩稳定性无影响时,可不对围岩进行注浆加固设计。

②拱部距采空区底板为1~3倍隧道洞径时,应对隧道围岩进行注浆加固设计。

③拱部距采空区底板小于1倍隧道洞径时,除应对隧道围岩注浆加固外,还应对采空区进行处治。

④当采空区赋存有毒、有害气体或积水时,应进行抽排处理,并采用全封闭防护措施。

(7)隧道位于采空区上方时,隧道设计应符合下列要求:

①隧道位于采空区弯曲带时,应对采空区进行处治,处治后按一般情况下围岩级别进行支护衬砌设计。

②隧道位于采空区裂隙带时,应对采空区进行处治,处治后按降低一级围岩级别进行支护设计,仰拱和二次衬砌必须加配钢筋。

③隧道位于采空区冒落带时,应对采空区进行处治,并对围岩采取注浆或采取其他有效措施进行加固。初期支护设计参数宜采用最高值,仰拱和二次衬砌必须加配钢筋。

(8)当隧道埋深小于40m且采空区的处治费用较高时,应与明洞方案与路堑方案进行比较,择优选择工程方案。

(9)隧道施工和采空区处治全过程应按现行《公路隧道施工技术规范》(JTG/T 3660—2020)和《采空区公路设计与施工技术细则》(JTG/T D31-03—2011)要求进行监控量测。

(10)经检验采空区处治效果未达到设计要求时,应进行补强处治并对隧道结构采取增强配筋等措施,提高结构抗变形能力。

(11)当采空区空间较大且与隧道相交,底板标高相近时,可根据隧道的建筑界线按明洞设计。

(12)膨胀岩、盐岩等特殊岩土采空区的隧道设计,应充分考虑其物理、水理和工程性质。采空区处治设计和隧道围岩支护设计应充分结合围岩现场监控量测指标及工程长期变形预估等结果进行动态设计。

(13)下列情况应进行专题研究:

①隧道上方或下方出现多层采空区;

②隧道穿越的矿层及采空区内含有大量有毒有害气体;

③采空区内存在大量地下水。

9.3.5 采空区处治设计

9.3.5.1 一般规定

(1)采空区处治设计前,必须具备翔实的采空区勘察资料和准确的采空区稳定性评价结论。采空区的处治设计阶段应与项目的设计阶段相一致。

(2)采空区处治设计范围,除公路主体工程压覆的采空区外,尚应包括公路附属工程所压覆的采空区,以及与采空区相伴生的巷道、废弃的矿井、地裂缝及塌陷坑。

(3)公路采空区进行稳定性评价后,应根据采空区规模、公路等级及构造物特点,对不满足公路建设要求的采空区进行处治。处治效果经检测符合要求后,方可进行主体工程施工。

(4)采空区处治设计,应根据采空区场地稳定性评价结果,结合公路等级及工程类型,按表9.3-7进行处治。

采空区处治原则　　　　　　表9.3-7

工程类别		场地稳定性等级			
		稳定	基本稳定	欠稳定	不稳定
路基	高速公路、一级公路	-	+	++	++
	二级及二级以下公路	-	-	+	++
桥梁、隧道		-	++	++	++
砖混结构建筑物			++	++	++

注:-为不处治;+为经论证后确定是否处治;++为处治。

9.3.5.2 各种处治方法的适用范围

1)注浆法

注浆法适用于矿层开采后覆岩发生了较严重的垮塌、滑落或经稳定性评价处于欠稳定或不稳定的公路路基部位的采矿塌陷区。对于桥梁、隧道等构造物应提高采空区注浆设计标准。

2)干(浆)砌支撑法

适用于下列条件:

(1)采空区未完全塌落、空间较大、埋深浅、通风良好,并具备人工作业和材料运输条件的采空区。处治范围计算同9.3.5.3条有关规定。

(2)隧道穿越采空区时,使用浆砌片石加固隧道顶、底部和侧墙。处治长度为隧道轴向采空区实际分布长度,处治宽度 B 按下式计算:

$$B = B_1 + 2B_2$$

式中：B_1——隧道开挖断面宽度(m)；
B_2——2~4m。

3）开挖回填法

适用于下列条件：

(1) 挖方边坡内规模较小的采空区或巷道。

(2) 埋深小于6m的采空区，上覆顶板完整性差，岩体强度低，易开挖。

(3) 埋设6~20m的采空区，周围无任何建筑物，可采用爆破采空区顶板回填后采用强夯或重锤夯实，地基稳定后方可后续施工。

开挖回填范围按9.3.5.3条有关规定计算。

4）巷道加固法

适用于下列条件：

(1) 对于正在使用的生产、通风和运输巷道，或废弃巷道的结构不能保证上覆公路工程安全时应进行巷道加固处理。

(2) 经过稳定性评价后，需要加固巷道的范围按9.3.5.3条有关规定采用。

(3) 为保证正在使用的巷道和上覆公路工程的稳定与安全，在不影响巷道使用功能的情况下，应按现行《公路隧道设计规范 第一册 土建工程》(JTG 3370.1)相关规定对巷道进行加固设计。

(4) 废弃的巷道可根据巷道的现状条件，采用注浆或干（浆）砌支撑、开挖回填方法进行处治设计。

5）强夯法

(1) 适用于下列条件：

① 采空区埋深小于10m，上覆顶板完整性差，岩体强度低的地段。其处治范围按9.3.5.3条有关规定计算。

② 爆破开挖回填段或主要变形已完成的采空区地段。

③ 采空区边缘地带裂缝区的地表处治。

以上②和③条处治长度为公路中线采空区实际分布长度，处治宽度B按下式计算：

$$B = B_0 + 2l_2$$

式中：B_0——路堤宽度(m)；
l_2——超出路基底宽强夯的范围，$l_2 = 3~5m$。

(2) 强夯法影响深度见表9.3-8。

强夯法影响深度　　　　　表9.3-8

单击夯击能(kN·m)	处治深度(m)	单击夯击能(kN·m)	处治深度(m)
1000	5.0~6.0	5000	9.0~9.5
2000	6.0~7.0	6000	9.5~10.0
3000	7.0~8.0	8000	10.0~10.5
4000	8.0~9.0		

重庆市《建筑地基基础设计规范》(DBJ50-047—2016)强夯的有效加固深度应根据现场试夯或当地经验确定。在缺少试验资料或经验时，也可按表9.3-9进行预估。

强夯的有效加固深度　　　　　　　　　　表 9.3-9

单击夯击能(kN·m)	块石、碎石填土地基(m)	粉土、黏性土原状土地基(m)
1000	5.0~6.0	3.0~4.0
2000	6.0~7.0	4.0~5.0
3000	7.0~8.0	5.0~6.0
4000	8.0~9.0	6.0~7.0
5000	9.0~9.5	7.0~7.5
6000	9.5~10.0	7.5~8.0
8000	10.0~10.5	8.0~8.5
12000	11.0~12.0	9.0~10.0

注：有效加固深度从最初的起夯面算起。

6) 跨越法

适用于下列条件：

(1) 采用桩基穿过埋深不超过 40m 的采空区。同时对采空区进行注浆或浆砌工程处治。

(2) 采用桥梁跨越宽度不超过 40m 的巷道或带状采空区。

(3) 采用梁、板跨域不超过 5m 的巷道或带状采空区。

9.3.5.3　注浆法处治设计

1) 总体要求

(1) 对于地质采矿条件复杂地区，注浆施工前应选择具有代表性路段作为试验段，按设计注浆孔总数的 3%~5% 的孔进行现场注浆试验，其内容包括注浆的配比、成孔工艺、注浆设备、注浆施工工艺等。

(2) 当所处治的采空区邻近生产的矿井巷道，应在井下修建止浆墙，避免浆液直接进入井下巷道。当所处治的采空区邻近废弃的矿井巷道，应在巷道中修建止浆墙，避免浆液流失。

2) 公路采空区注浆处治范围

应根据采空区的分布、埋藏深度以及上覆岩性等因素，按下列规定取值。计算简图见图 9.3-1 和图 9.3-2。

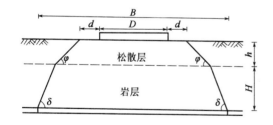
图 9.3-1　水平矿层采空区处治宽度计算简图

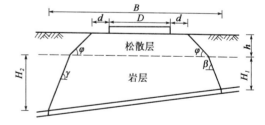
图 9.3-2　倾斜矿层采空区且路线与矿层走向平行时处治宽度计算简图

B-处治宽度(m)；D-路基或桥隧宽度(m)；d-围护带宽度(m)；φ-松散层移动角(°)；β-倾斜矿层采空区下山方向上覆岩层移动影响角(°)；γ-倾斜矿层采空区上山方向上覆岩层移动影响角(°)；δ-水平矿层采空区上覆岩层移动影响角(°)；h-地表松散层厚度(m)；H_1、H_2-倾斜矿层采空区上山、下山边界上覆岩厚度(m)；H-水平矿层采空区覆岩厚度(m)

(1)处治宽度。

采空区处治的宽度 B 由路基或桥隧宽度 D、围护带宽度 d、采空区覆岩移动的影响宽度 D' 三部分组成,可按下式计算:

$$B = D + 2d + D'$$

①路基或桥隧宽度确定:路堤部分以公路两侧路堤坡脚为界;路堑部分以两侧堑顶边界为界;桥梁以桥宽为界;隧道以隧道宽为界。

②围护带宽度宜按表9.3-10的规定取值。

围 护 带 宽 度　　　　　　　表 9.3-10

保护等级	公路等级及构筑物	围护带宽度(m)
Ⅰ	桥梁和隧道	20
Ⅱ	高速公路路基	10
Ⅲ	一级及一级以下公路路基	5~10

③采空区覆岩移动影响宽度 D'。

A.倾斜矿层采空区。

a.路线与矿层走向垂直,按下式计算:

$$D' = 2(h\cot\varphi + H\cot\delta)$$

b.路线与矿层走向平行,按下式计算:

$$D' = 2h\cot\varphi + H_1\cot\beta + H_2\cot\gamma g'$$

c.路线与矿层走向斜交,按下式计算:

$$D' = 2h\cot\varphi + H_1\cot\beta' + H_2\cot\gamma'$$

$$\cot\beta' = \sqrt{\cot^2\beta\cos^2\theta + \cot^2\delta\sin^2\theta}$$

$$\cot\gamma' = \sqrt{\cot^2\gamma\cos^2\theta + \cot^2\delta\sin^2\theta}$$

式中:β'——采空区下山方向上覆岩层斜交移动影响角(°);

γ'——采空区上山方向上覆岩层斜交移动影响角(°);

θ——围护带边界与矿层倾向线之间所夹的锐角(°)。

B.水平矿层采空区按下式计算:

$$D' = 2(h\cot\varphi + H\cot\delta)$$

④基岩移动影响角可按表9.3-11的规定取值,松散层移动角可按表9.3-12的规定取值。

基 岩 移 动 角　　　　　　　表 9.3-11

采空区类型	基岩移动影响角(γ,δ)					
	新(准)采空区(覆岩移动影响角)			老采空区(覆岩活化移动影响角)		
采取回采率	≤40%	40%~60%	≥60%	≤40%	40%~60%	≥60%
坚硬覆岩 $R_c \geq 60MPa$	78°~83°	76°~82°	75°~80°	85°~88°	82°~86°	80°~85°
中硬覆岩 $30MPa < R_c < 60MPa$	73°~78°	72°~76°	70°~75°	80°~85°	77°~82°	75°~80°

续上表

采空区类型	基岩移动影响角(γ、δ)					
	新(准)采空区(覆岩移动影响角)			老采空区(覆岩活化移动影响角)		
软弱覆岩 $R_c \leqslant 30$MPa	64°~73°	62°~72°	60°~70°	75°~80°	72°~77°	70°~75°

注:1. R_c 为岩石天然单轴抗压强度。表中数据为水平矿层移动影响角 δ 或倾斜矿层上山移动影响角 γ 的取值。倾斜矿层倾向下山移动影响角 $\beta = \delta - ka$,其中 a 为矿层倾角(°),k 为常数。坚硬覆岩 $k=0.7\sim0.8$,中硬覆岩 $k=0.6\sim0.7$,软弱覆岩 $k=0.5\sim0.6$。

2. 本表适用于地形较为平坦,地表倾角小于15°的地区。当公路建(构)筑物位于山地坡脚等低洼部位,邻近一侧山体上坡方向下方有新采区或准采区时,应考虑公路建(构)筑物可能受到采动滑移影响,此时移动影响角 δ/γ 应减小 10°~15°,坡角越大,移动影响角 δ/γ 越小。

3. 取值时应考虑开采深厚比对移动角的影响。当开采深厚比大时,移动影响角取大值;开采深厚比小时,移动影响角取小值。

松散层移动角 表9.3-12

松散层厚度 h(m)	干燥、不含水(°)	含水较强(°)	含流砂层(°)
<40	50	45	30
40~60	55	50	35
>60	60	55	40

(2)采空区处治的长度(沿路线中线方向)L 应为公路下伏采空区的实际长度及覆岩移动影响范围之和(图9.3-3),可按下式计算:

$$L = L_0 + 2h\cot\varphi + H_1\cot\beta + H_2\cot\gamma$$

式中:L_0——沿公路中线采空区实际长度(m);

h——地表松散层厚度(m);

β、γ——矿层下山和上山方向岩层移动影响角(°),可按表9.3-11取值;

φ——松散层移动角(°),可按表9.3-12取值。

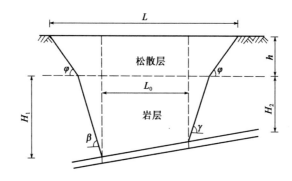

图9.3-3 采空区处治长度计算简图

(3)采空区处治深度 h 可分两种情况确定:

①当处治范围位于采空区边界以内时,其处治深度应为地面至采空区底板以下1m处。

②当处治范围位于采空区边界外侧至岩层移动影响范围以内时(图9.3-4),可按下式

计算:

$$\begin{cases} h = h_1 + h_2 \\ h_1 = H - l\tan\delta \end{cases}$$

式中:H——采空区埋深(m);

l——注浆孔距采空区边界的距离(m);

δ——矿层移动影响角(°);

h_1——裂隙影响带(m);

h_2——裂隙影响带以下的处治深度,取 5~10m 为宜。

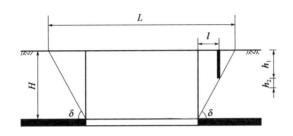

图 9.3-4 采空区外侧处治深度计算简图

3) 注浆孔布设

应符合下列规定:

(1)采空区处治范围的边缘部位应布设帷幕孔,防止浆液流失,帷幕孔间距宜为 10m,容许变动范围为±5m。

(2)注浆孔宜采用梅花形方式布设,其排距、孔间距应经现场试验确定。当无法进行现场试验时,宜根据采矿方法、覆岩地层结构及岩性、回采率、顶板管理方法、冒落带和裂隙带的空隙、裂隙之间的连通性,按表 9.3-13 确定。

注浆孔排距和孔距经验值   表 9.3-13

序号	判别条件	排距(m)	孔间距(m)	
			路基范围内	路基范围外
1	有坚硬顶板,回采率不小于60%,采空区冒裂带的岩石空隙、裂隙之间连通性较好	25±10	20±5	25±5
2	无坚硬顶板,回采率不小于60%,采空区冒裂带的岩石空隙、裂隙之间连通性较差	20±10	15±5	20±5
3	有坚硬顶板,回采率小于60%,采空区冒裂带的岩石空隙、裂隙之间连通性较好	20±10	15±5	20±5
4	无坚硬顶板,回采率小于60%,采空区冒裂带的岩石空隙、裂隙之间连通性较差	15±10	10±5	15±5

注:路基工程宜取大值,桥隧工程宜取小值。

(3) 钻孔开孔孔径宜在 130~150mm 之间,终孔孔径不应小于 91mm。

(4) 单孔注浆量按下式计算:

$$Q_{单} = \frac{A \cdot \pi \cdot R^2 \cdot M \cdot \Delta V \cdot \eta}{c \cdot \cos\alpha}$$

式中:A——浆液损耗系数,取 1.0~1.2;

R——浆液有效扩散半径(m),取 1/2 孔距;

M——矿层平均采出厚度(m);

ΔV——采空区剩余空隙率(%),一般情况下,闭矿时间在 5 年之内的取值 30%~100%;闭矿时间在 5 年以上的取值 20%~50%;

η——充填率,取 80%~95%;

c——浆液结石率(%),经试验确定,无试验数据时取 70%~95%;

α——岩层倾角(°)。

9.3.6 采空区处治质量验收标准

采空区处治质量验收标准见表 9.3-14。

采空区处治质量验收标准　　　表 9.3-14

序号	检测方法	检测项目	检测标准
1	钻孔取芯	结石体无侧限抗压强度 R_c(MPa)	桥隧≥2.0;路基≥0.6
2	孔内波速测井	横波波速 v_s(m/s)	路基>250;桥隧>350
3	注浆检测	注浆量(L/min)	注浆结束条件为单位时间注入孔内浆液量小于 50 L/min,注浆持续时间 15~20min,终孔压力 2~3MPa。当浆液的注入量超过处治单孔平均注浆量的 5%时,应查明原因
4	变形检测	倾斜率 i(mm/m)	<3.0
		水平变形值 ε(mm/m)	<2.0
		曲率值 K(mm/m²)	<0.20
5	充填率、岩芯描述、孔内电视	观测、描述	采空区冒落段岩芯采取率大于或等于 90%,浆液结石体明显,钻进过程中循环液无漏失等

注:1 项和 2 项为路基检测项目;1 项、2 项、3 项、4 项为桥梁和隧道检测项目;5 项为描述性参照评价项目。

9.4 路基采空区处治加固方法

《公路路基设计规范》(JTG D30—2015)规定,危及公路路基稳定的采空区,应根据采空区的分布位置、埋深、采空厚度、开采方法、形成时间、顶板岩性及其力学性质等,按照下列原则确定采空区处治加固方法。

(1) 埋藏较浅的采空区和路基挖方边坡上的采空区宜采用开挖回填处理。

(2)煤层开采后顶板尚未垮落的采空区,当空间较大、通风良好、具备人工作业和材料运输条件时,可采用干砌片石、浆砌片石、井下回填、钻孔干湿料回填等非注浆充填处理。一般路基可用干砌片石回填,抗压强度不应低于10MPa;有构造物的路段应采用浆砌片石回填,抗压强度不应低于15MPa。

(3)采空区埋深小于10m、上覆岩体完整性差、强度低的地段,可采用强夯法处理。

(4)埋藏较深、巷道通畅的采空区,可采用片石回填、支顶、注浆等处理。

(5)范围较小、不易处理的采空区,可采用桥梁跨越方案。

9.5 《建筑物、水体、铁路及主要井巷煤柱留设与压煤开采规范(2017年版)》的相关规定

(1)矿区构筑物保护煤柱等级划分见表9.5-1。

矿区构筑物保护煤柱等级　　　　表9.5-1

保护等级	主要构筑物
特级	高速公路特大型桥梁、落差超过100m的水电站坝体、大型电厂主厂房、机场跑道、重要港口、国防工程重要设施、大型水库大坝等
Ⅰ级	高速公路、特高压输电线塔、大型隧道、输油(气)管道干线、矿井主要通风机房等
Ⅱ级	一级公路、220kV及以上高压线塔、架空索道塔架、输水管道干线、重要河(湖、海)堤、库(河)坝、船闸等
Ⅲ级	二级公路、110kV高压输电杆(塔)、移动通信基站等
Ⅳ级	三级及以下公路等

(2)构筑物各保护等级煤柱的围护带宽度见表9.5-2。

构筑物各保护等级煤柱的围护带宽度　　　　表9.5-2

保护等级	特级	Ⅰ级	Ⅱ级	Ⅲ级	Ⅳ级
围护带宽度(m)	50	20	15	10	5

(3)构筑物保护煤柱开采应当进行专门开采方案设计,各类构筑物地表允许变形值依据构筑物抗变形能力确定。

(4)在矿井、水平、采区设计时,对铁路及其主要配套建筑物(构筑物)应当划定保护煤柱。对矿井排水易引发地表沉降区域的铁路线路,应当评估排水等因素对保护煤柱的影响。

(5)铁路保护煤柱条件符合下列规定时,允许进行开采或试采。

①取得试采成功经验的矿区,符合表9.5-3条件时,铁路压煤允许采用全部垮落法进行开采。

允许采用全部垮落法开采保护煤柱　　　　表9.5-3

类别	薄及中厚单一煤层的采深与单层采厚比	厚煤层及煤层群的采深与分层采厚比
Ⅲ级铁路	≥60	≥80
Ⅳ级铁路	≥40	≥60

注:不满足表9.5-4条件但本矿井在铁路下采煤有成功经验和可靠数据的铁路,允许采用全部垮落法进行开采。

②符合表9.5-4条件时,铁路(指有缝线路)压煤允许采用全部垮落法进行试采。

允许采用全部垮落法进行试采保护煤柱　　　　表9.5-4

类　别	薄及中厚煤层的采深与单层采厚比	厚煤层及煤层群的采深与分层采厚比
国家Ⅰ级铁路	≥150	≥200
国家Ⅱ级铁路	≥100	≥150
Ⅲ级铁路	≥40、<60	≥60、<80
Ⅳ级铁路	≥20、<40	≥40、<60

注:1.不满足上述条件但本矿井在铁路下采煤有一定经验和数据的铁路,允许采用全部垮落法进行试采。
　　2.铁路压煤试采,除自营线路外,应当事先征得铁路运输企业和铁路行业监督管理部门同意。

③铁路下采煤应当采取相应的减少开采影响的技术措施,对采深,采厚比小于《建筑物、水体、铁路及主要井巷煤柱留设与压煤开采规范(2017年版)》第五十九条、第六十条要求的缓倾斜、倾斜煤层,在技术上可能和经济上合理的条件下,可以进行开采或者试采;对急倾斜煤层,必须根据煤层顶底板岩性、覆岩破坏规律,采取相应的采煤方法和顶板管理方法,保证地表不出现突然下沉。

10 地　　震

10.1 《中国地震动参数区划图》(GB 18306—2015)的相关规定

《中国地震动参数区划图》(GB 18306—2015)代替《中国地震动参数区划图》(GB 18306—2001),并于 2016 年 6 月 1 日起实施。

10.1.1 术语

1) 地震动

地震引起的地表及近地表介质的震动。

2) 地震动参数

表征抗震设防要求的地震动物理参数,包括地震动峰值加速度和地震动加速度反应谱特征周期等。

3) 地震动参数区划

以地震动参数为指标,将国土划分为不同抗震设防要求的区域。

4) 地震动峰值加速度

表征地震作用强弱程度的指标,对应于规准化地震动加速度反应谱最大值的水平加速度。

5) 地震动加速度反应谱特征周期

规准化地震动加速度反应谱曲线下降点所对应的周期值。

6) 超越概率

某场地遭遇大于或等于给定的地震动参数值的概率。

7) 重大建设工程

对社会有重大价值或者重大影响的工程。

8) 一般建设工程

除重大建设工程和可能发生严重次生灾害的建设工程以外的建设工程。

9) 基本地震动

相应于 50 年超越概率为 10% 的地震动。

10) 多遇地震动

相应于 50 年超越概率为 63% 的地震动。

11)罕遇地震动

相应于50年超越概率为2%的地震动。

12)极罕遇地震动

相应于年超越概率为10^{-4}的地震动。

10.1.2 场地类别划分

(1)根据场地土层等效剪切波速(或岩石剪切波速)和场地覆盖层厚度值,按表10.1-1确定场地类别。

场 地 类 别 划 分 表10.1-1

场地覆盖土层等效剪切波速v_{se}(或岩石剪切波速v_s)(m/s)	场地覆盖土层厚度d(m)						
	$d=0$	$0<d<3$	$3\leqslant d<5$	$5\leqslant d<15$	$15\leqslant d<50$	$50\leqslant d<80$	$d\geqslant 80$
$v_s>800$	I_0	—					
$800\geqslant v_s>500$	I_1	—					
$500\geqslant v_{se}>250$	—	I_1	II				
$250\geqslant v_{se}>150$	—	I_1	II			III	
$v_{se}\leqslant 150$	—	I_1	II		III		IV

(2)场地土层等效剪切波速v_{se}可按下式计算:

$$v_{se}=\frac{d_0}{t}$$

$$t=\sum_{i=1}^{n}\left(\frac{d_i}{v_{si}}\right)$$

式中:v_{se}——场地土层等效剪切波速(m/s);

d_0——计算深度(m);

t——剪切波在地面至计算深度之间的传播时间(s);

d_i——计算深度范围内第i土层的厚度(m);

v_{si}——计算深度范围内第i土层的剪切波速(m/s);

n——计算深度范围内土层的分层数;

d_0——取覆盖层厚度和20m两者较小值。

(3)场地覆盖层厚度的确定,宜符合下列要求:

①应按地面至剪切波速大于500m/s且其下卧各层岩土的剪切波速均不小于500m/s的土层顶面的距离确定;

②当地面5m以下存在剪切波速大于其上各部土层剪切波速2.5倍的土层,且该层及其下卧层岩土的剪切波速均不小于400m/s时,可按地面至该土层顶面的距离确定;

③剪切波速大于500m/s的孤石、透镜体,应视同周围土层;

④土层中的火山岩硬夹层,应视为刚体,其厚度应从覆盖土层中扣除。

10.1.3 基本地震动峰值加速度

(1)贵州省II类场地基本地震动峰值加速度应根据《中国地震动参数区划图》

(GB18306—2015)取值,其中,乡镇人民政府所在地、县级以上城市基本地震动峰值加速度应按表10.1-2取值。

(2)分区界线附近的基本地震动峰值加速度应按就高原则或专门研究确定。

(3)多遇地震动、罕遇地震动、极罕遇地震动峰值加速度:

①多遇地震动峰值加速度宜按不低于基本地震动峰值加速度1/3倍确定。

②罕遇地震动峰值加速度宜按基本地震动峰值加速度1.6~2.3倍确定。

③极罕遇地震动峰值加速度宜按基本地震动峰值加速度2.7~3.2倍确定。

贵州省城镇Ⅱ类场地基本地震动峰值加速度和基本地震动加速度反应谱特征周期 表10.1-2

行政区划名称	峰值加速度 g	反应谱特征周期(s)
贵阳市(77乡镇)		
南明区	0.05	0.35
云岩区	0.05	0.35
花溪区	0.05	0.35
乌当区	0.05	0.35
白云区	0.05	0.35
观山湖区	0.05	0.35
开阳县	0.05	0.35
息烽县	0.05	0.35
修文县	0.05	0.35
清镇市	0.05	0.35
六盘水市(10街道,93乡镇)		
钟山区		
黄土坡街道	0.10	0.40
荷城街道	0.10	0.40
凤凰街道	0.10	0.40
德坞街道	0.10	0.40
荷泉街道	0.10	0.40
红岩街道	0.10	0.40
杨柳街道	0.10	0.40
大河镇	0.05	0.40
汪家寨镇	0.05	0.40
大湾镇	0.10	0.45
月照彝族回族苗族乡	0.05	0.40
双戛彝族乡	0.10	0.40
六枝特区		
平寨镇	0.05	0.35
郎岱镇	0.10	0.40
岩脚镇	0.05	0.40

续上表

行政区划名称	峰值加速度g	反应谱特征周期(s)
木岗镇	0.05	0.35
大用镇	0.05	0.35
新窑乡	0.05	0.40
龙场乡	0.05	0.35
新华乡	0.05	0.35
梭戛苗族彝族回族乡	0.05	0.40
牛场苗族彝族乡	0.05	0.40
新场乡	0.05	0.40
堕却乡	0.05	0.40
箐口彝族仡佬族布依族乡	0.05	0.40
中寨苗族彝族布依族乡	0.10	0.40
毛口布依族苗族乡	0.10	0.40
洒志彝族布依族苗族乡	0.10	0.40
陇脚布依族乡	0.05	0.35
折溪彝族乡	0.05	0.35
落别布依族彝族乡	0.05	0.35
水城县		
滥坝镇	0.05	0.40
阿戛镇	0.10	0.40
蟠龙镇	0.10	0.40
玉舍镇	0.10	0.40
发耳镇	0.05	0.40
都格镇	0.05	0.40
鸡场镇	0.05	0.40
勺米镇	0.10	0.40
化乐镇	0.05	0.40
木果镇	0.05	0.40
比德镇	0.05	0.40
保华镇	0.05	0.40
老鹰山镇	0.05	0.40
陡箐苗族彝族乡	0.05	0.40
董地苗族彝族乡	0.05	0.40
南开苗族彝族乡	0.05	0.40
青林苗族彝族乡	0.05	0.40

续上表

行政区划名称	峰值加速度g	反应谱特征周期(s)
金盆苗族彝族乡	0.05	0.40
发箐苗族彝族乡	0.05	0.40
纸厂彝族乡	0.10	0.40
坪寨彝族乡	0.10	0.40
龙场苗族白族彝族乡	0.05	0.40
营盘苗族彝族白族乡	0.05	0.40
顺场苗族彝族布依族乡	0.05	0.40
花戛苗族布依族彝族乡	0.05	0.40
杨梅彝族苗族回族乡	0.10	0.40
新街彝族苗族布彝族乡	0.05	0.40
野钟苗族彝族布依族乡	0.10	0.40
果布戛彝族苗族布依族乡	0.10	0.40
盐井乡	0.10	0.40
米箩布依族苗族彝族乡	0.10	0.40
猴场苗族布依族乡	0.10	0.40
红岩布依族彝族苗族乡	0.10	0.40
盘州市		
亦资街道	0.05	0.45
翰林街道	0.05	0.45
两河街道	0.05	0.40
红果镇	0.05	0.45
平关镇	0.05	0.45
火铺镇	0.05	0.45
断江镇	0.05	0.45
盘江镇	0.05	0.45
柏果镇	0.05	0.45
洒基镇	0.05	0.45
刘官镇	0.05	0.40
马依镇	0.05	0.40
老厂镇	0.10	0.40
城关镇	0.05	0.40
响水镇	0.05	0.45
乐民镇	0.05	0.45
石桥镇	0.05	0.45

续上表

行政区划名称	峰值加速度g	反应谱特征周期(s)
板桥镇	0.05	0.40
西冲镇	0.05	0.40
保田镇	0.05	0.45
大山镇	0.05	0.45
民主镇	0.05	0.40
水塘镇	0.05	0.40
滑石镇	0.05	0.40
新民镇	0.05	0.40
珠东镇	0.05	0.40
坪地彝族乡	0.05	0.40
四格彝族乡	0.05	0.40
松河彝族乡	0.05	0.40
鸡场坪彝族乡	0.05	0.40
羊场布依族白族苗族乡	0.05	0.40
旧营白族彝族苗族乡	0.05	0.40
保基苗族彝族乡	0.05	0.40
淤泥彝族乡	0.05	0.40
普古彝族苗族乡	0.05	0.40
英武乡	0.10	0.40
普田回族乡	0.05	0.40
忠义乡	0.05	0.40
马场彝族苗族乡	0.10	0.40
遵义市(20街道,225乡镇)		
红花岗区	0.05	0.35
汇川区	0.05	0.35
播州区	0.05	0.35
桐梓县	0.05	0.35
绥阳县	0.05	0.35
正安县	0.05	0.35
道真仡佬族苗族自治县	0.05	0.35
务川仡佬族苗族自治县	0.05	0.35
凤冈县	0.05	0.35
湄潭县	0.05	0.35
余庆县	0.05	0.35

续上表

行政区划名称	峰值加速度g	反应谱特征周期(s)
习水县	0.05	0.35
赤水市	0.05	0.35
仁怀市	0.05	0.35
安顺市(11街道,77乡镇)		
西秀区	0.05	0.35
平坝区	0.05	0.35
普定县	0.05	0.35
紫云苗族布依族自治县	0.05	0.35
镇宁布依族苗族自治县		
城关镇	0.05	0.35
丁旗镇	0.05	0.35
黄果树镇	0.05	0.35
江龙镇	0.05	0.35
马厂镇	0.05	0.35
大山镇	0.05	0.35
六马镇	0.10	0.35
良田镇	0.10	0.35
扁担山乡	0.05	0.35
募役乡	0.05	0.35
沙子乡	0.05	0.35
朵卜陇乡	0.05	0.35
革利乡	0.05	0.35
本寨乡	0.05	0.35
简嘎乡	0.10	0.35
打帮乡	0.10	0.35
关岭布依族苗族自治县		
关索街道	0.05	0.35
顶云街道	0.10	0.35
花江镇	0.10	0.35
永宁镇	0.10	0.35
坡贡镇	0.05	0.35
白水镇	0.05	0.35
上关镇	0.10	0.35
岗乌镇	0.10	0.40
断桥镇	0.05	0.35

续上表

行政区划名称	峰值加速度g	反应谱特征周期(s)
沙营镇	0.10	0.40
新铺镇	0.10	0.40
八德乡	0.05	0.35
普利乡	0.10	0.35
板贵乡	0.10	0.35
毕节市(34街道,228乡镇)		
黔西市	0.05	0.35
金沙县	0.05	0.35
织金县	0.05	0.35
纳雍县	0.05	0.40
七星关区		
市西街道	0.05	0.40
市东街道	0.05	0.40
三板桥街道	0.05	0.40
大新桥街道	0.05	0.40
观音桥街道	0.05	0.40
洪山街道	0.05	0.40
麻园街道	0.05	0.40
碧海街道	0.05	0.40
碧阳街道	0.05	0.40
德溪街道	0.05	0.40
鸭池镇	0.05	0.40
梨树镇	0.05	0.40
岔河镇	0.05	0.40
朱昌镇	0.05	0.40
田坝镇	0.05	0.40
长春堡镇	0.05	0.40
撒拉溪镇	0.05	0.40
杨家湾镇	0.05	0.40
放珠镇	0.05	0.40
青场镇	0.05	0.40
水箐镇	0.05	0.40
生机镇	0.05	0.35
何官屯镇	0.05	0.40
对坡镇	0.05	0.40

续上表

行政区划名称	峰值加速度 g	反应谱特征周期(s)
大银镇	0.05	0.40
林口镇	0.05	0.40
清水铺镇	0.05	0.35
亮岩镇	0.05	0.35
燕子口镇	0.05	0.40
八寨镇	0.05	0.40
田坝桥镇	0.05	0.40
海子街镇	0.05	0.40
小坝镇	0.05	0.40
层台镇	0.05	0.40
小吉场镇	0.05	0.40
普宜镇	0.05	0.35
龙场营镇	0.05	0.35
千溪彝族苗族白族乡	0.05	0.40
阴底彝族苗族白族乡	0.05	0.40
野角乡	0.05	0.40
大河乡	0.05	0.40
团结彝族苗族乡	0.05	0.40
阿市苗族彝族乡	0.05	0.35
大屯彝族乡	0.05	0.35
田坎彝族乡	0.05	0.35
大方县		
慕俄格古城街道	0.05	0.40
顺德街道	0.05	0.40
红旗街道	0.05	0.40
双山镇	0.05	0.40
猫场镇	0.05	0.40
马场镇	0.05	0.40
羊场镇	0.05	0.35
黄泥塘镇	0.05	0.35
六龙镇	0.05	0.35
达溪镇	0.05	0.35
瓢井镇	0.05	0.35
长石镇	0.05	0.35

续上表

行政区划名称	峰值加速度g	反应谱特征周期(s)
对江镇	0.05	0.40
东关乡	0.05	0.35
竹园彝族苗族乡	0.05	0.40
响水白族彝族仡佬族乡	0.05	0.40
小屯乡	0.05	0.40
文阁乡	0.05	0.40
绿塘乡	0.05	0.40
鼎新彝族苗族乡	0.05	0.40
牛场苗族彝族乡	0.05	0.40
理化苗族彝族乡	0.05	0.35
凤山彝族蒙古族乡	0.05	0.35
安乐彝族仡佬族乡	0.05	0.35
核桃彝族白族乡	0.05	0.35
八堡彝族苗族乡	0.05	0.35
兴隆苗族乡	0.05	0.35
果瓦乡	0.05	0.35
大山苗族彝族乡	0.05	0.35
雨冲乡	0.05	0.35
黄泥彝族苗族满族乡	0.05	0.35
大水彝族苗族布依族乡	0.05	0.35
沙厂彝族乡	0.05	0.35
普底彝族苗族白族乡	0.05	0.35
百纳彝族乡	0.05	0.35
三元彝族苗族白族乡	0.05	0.35
星宿苗族彝族仡佬族乡	0.05	0.35
威宁彝族回族苗族自治县		
猴场镇	0.10	0.40
新发布彝族乡	0.10	0.40
麻乍镇	0.05	0.45
金斗乡	0.05	0.45
其余街道、乡镇	0.10	0.45
赫章县		
城关镇	0.05	0.45
白果镇	0.05	0.45

续上表

行政区划名称	峰值加速度g	反应谱特征周期(s)
妈姑镇	0.05	0.45
财神镇	0.05	0.45
六曲河镇	0.05	0.45
野马川镇	0.05	0.40
达依乡	0.05	0.45
水塘堡彝族苗族乡	0.05	0.45
兴发苗族彝族回族乡	0.05	0.40
松林坡白族彝族苗族乡	0.05	0.40
雉街彝族苗族乡	0.05	0.40
珠市彝族乡	0.05	0.45
罗州乡	0.05	0.45
双坪彝族苗族乡	0.05	0.45
铁匠苗族乡	0.10	0.45
辅处彝族苗族乡	0.10	0.45
可乐彝族苗族乡	0.05	0.45
河镇彝族苗族乡	0.05	0.45
安乐溪乡	0.05	0.45
德卓乡	0.05	0.45
朱明乡	0.05	0.45
结构彝族苗族乡	0.05	0.45
古基乡	0.05	0.40
哲庄乡	0.05	0.40
平山乡	0.05	0.40
古达苗族彝族乡	0.05	0.40
威奢乡	0.05	0.40
铜仁市(14街道,159乡镇)		
碧江区	0.05	0.35
万山区	0.05	0.35
江口县	0.05	0.35
玉屏侗族自治县	0.05	0.35
石阡县	0.05	0.35
思南县	0.05	0.35
印江土家族苗族自治县	0.05	0.35
德江县	0.05	0.35

续上表

行政区划名称	峰值加速度 g	反应谱特征周期(s)
沿河土家族自治县	0.05	0.35
松桃苗族自治县	0.05	0.35
黔西南布依族苗族自治州(18街道,121乡镇)		
晴隆县	0.10	0.40
安龙县	0.05	0.40
兴义市		
黄草街道	0.05	0.45
桔山街道	0.05	0.45
坪东街道	0.05	0.45
下五屯街道	0.05	0.45
兴泰街道	0.05	0.45
丰都街道	0.05	0.45
木贾街道	0.05	0.45
万峰林街道	0.05	0.45
敬南镇	0.05	0.45
泥凼镇	0.05	0.45
南盘江镇	0.05	0.40
捧乍镇	0.05	0.45
鲁布格镇	0.05	0.45
三江口镇	0.05	0.45
乌沙镇	0.05	0.45
白碗窑镇	0.05	0.45
马岭镇	0.05	0.45
威舍镇	0.05	0.45
清水河镇	0.05	0.45
万屯镇	0.05	0.40
郑屯镇	0.05	0.40
鲁屯镇	0.05	0.40
仓更镇	0.05	0.45
七舍镇	0.05	0.45
则戎乡	0.05	0.45
沧江乡	0.05	0.45
洛万乡	0.05	0.45
猪场坪乡	0.05	0.45
雄武乡	0.05	0.45

续上表

行政区划名称	峰值加速度g	反应谱特征周期(s)
顶效镇	0.05	0.45
兴仁市		
百德镇	0.10	0.40
下山镇	0.10	0.40
田湾乡	0.10	0.40
其余街道、乡镇	0.05	0.40
普安县		
龙吟镇	0.05	0.40
楼下镇	0.05	0.40
其余乡镇	0.10	0.40
贞丰县		
永丰街道	0.05	0.40
珉谷街道	0.05	0.40
龙场镇	0.05	0.40
者相镇	0.10	0.40
北盘江镇	0.10	0.40
白层镇	0.10	0.40
鲁贡镇	0.10	0.40
小屯镇	0.05	0.40
长田镇	0.05	0.40
沙坪镇	0.10	0.40
连环乡	0.05	0.40
挽澜乡	0.05	0.40
平街乡	0.10	0.40
鲁容乡	0.10	0.35
望谟县		
王母街道	0.15	0.35
平洞街道	0.15	0.35
乐元镇	0.10	0.35
打易镇	0.10	0.35
乐旺镇	0.10	0.35
桑郎镇	0.10	0.35
纳夜镇	0.15	0.35
新屯镇	0.15	0.35
石屯镇	0.10	0.35

续上表

行政区划名称	峰值加速度 g	反应谱特征周期(s)
郊纳镇	0.10	0.35
蔗香镇	0.10	0.35
大观镇	0.15	0.35
坎边乡	0.10	0.35
岜饶乡	0.10	0.35
昂武乡	0.15	0.35
油迈瑶族乡	0.10	0.35
麻山乡	0.15	0.35
打尖乡	0.10	0.35
册亨县		
者楼镇	0.05	0.40
坡妹镇	0.05	0.40
冗渡镇	0.05	0.40
丫他镇	0.05	0.40
巧马镇	0.05	0.40
秧坝镇	0.05	0.40
双江镇	0.10	0.35
岩架镇	0.10	0.35
八渡镇	0.05	0.35
庆坪乡	0.05	0.40
达央乡	0.10	0.35
威旁乡	0.05	0.40
弼佑乡	0.05	0.35
百口乡	0.05	0.35
黔东南苗族侗族自治州(7街道,198乡镇)		
凯里市	0.05	0.35
黄平县	0.05	0.35
施秉县	0.05	0.35
三穗县	0.05	0.35
镇远县	0.05	0.35
岑巩县	0.05	0.35
天柱县	0.05	0.35
锦屏县	0.05	0.35
剑河县	0.05	0.35

续上表

行政区划名称	峰值加速度g	反应谱特征周期(s)
台江县	0.05	0.35
黎平县	0.05	0.35
榕江县	0.05	0.35
从江县	0.05	0.35
雷山县	0.05	0.35
麻江县	0.05	0.35
丹寨县	0.05	0.35
黔南布依族苗族自治州(9街道,210乡镇)		
都匀市	0.05	0.35
荔波县	0.05	0.35
瓮安县	0.05	0.35
独山县	0.05	0.35
平塘县	0.05	0.35
长顺县	0.05	0.35
惠水县	0.05	0.35
三都水族自治县	0.05	0.35
贵定县		
城关镇	0.10	0.35
德新镇	0.10	0.35
新巴镇	0.05	0.35
盘江镇	0.10	0.35
沿山镇	0.10	0.35
旧治镇	0.05	0.35
昌明镇	0.05	0.35
云雾镇	0.05	0.35
新铺乡	0.10	0.35
洛北河乡	0.10	0.35
马场河乡	0.10	0.35
定东乡	0.10	0.35
定南乡	0.10	0.35
巩固乡	0.05	0.35
都六乡	0.05	0.35
岩下乡	0.05	0.35
猴场堡乡	0.05	0.35

续上表

行政区划名称	峰值加速度 g	反应谱特征周期(s)
抱管乡	0.05	0.35
铁厂乡	0.05	0.35
窑上乡	0.05	0.35
福泉市		
金山街道	0.10	0.35
马场坪街道	0.10	0.35
城厢镇	0.10	0.35
黄丝镇	0.10	0.35
凤山镇	0.05	0.35
陆坪镇	0.05	0.35
地松镇	0.05	0.35
龙昌镇	0.05	0.35
牛场镇	0.05	0.35
道坪镇	0.05	0.35
高坪镇	0.05	0.35
兴隆乡	0.05	0.35
藜山乡	0.10	0.35
岔河乡	0.10	0.35
仙桥乡	0.05	0.35
高石乡	0.05	0.35
谷汪乡	0.05	0.35
罗甸县		
红水河镇	0.10	0.35
纳坪乡	0.10	0.35
罗暮乡	0.10	0.35
罗苏乡	0.10	0.35
罗妥乡	0.10	0.35
其余乡镇	0.05	0.35
龙里县		
龙山镇	0.10	0.35
三元镇	0.10	0.35
麻芝乡	0.10	0.35
其余乡镇	0.05	0.35

（4）I_0、I_1、Ⅲ、Ⅳ类场地地震动峰值加速度 a_{max} 可根据Ⅱ类场地地震动峰值加速度 $a_{max\,Ⅱ}$ 和场地地震动峰值加速度调整系数 F_a，按下式确定：

$$a_{\max} = F_a \times a_{\max \text{II}}$$

F_a 可按表 10.1-3 所给值分段线性插值确定。

场地地震动峰值加速度调整系数 F_a 表 10.1-3

II类场地地震动峰值加速度值	场地类别				
	I_0	I_1	II	III	IV
≤0.05g	0.72	0.80	1.00	1.30	1.25
0.10g	0.74	0.82	1.00	1.25	1.20
0.15g	0.75	0.83	1.00	1.15	1.10
0.20g	0.76	0.85	1.00	1.00	1.00
0.30g	0.85	0.95	1.00	1.00	0.95
≥0.40g	0.90	1.00	1.00	1.00	0.90

(5) 地震动峰值加速度按阻尼比5%的规准化地震动加速度反应谱最大值的1/2.5倍确定，并按 0.05g、0.10g、0.15g、0.20g、0.30g、0.40g 分区，各分区地震动峰值加速度范围见表 10.1-4。

地震动峰值加速度分区的峰值加速度范围 表 10.1-4

地震动峰值加速度 $a_{\max}$ 分区值	地震动峰值加速度 $a_{\max}$ 范围
0.05g	$0.04g \leq a_{\max} < 0.09g$
0.10g	$0.09g \leq a_{\max} < 0.14g$
0.15g	$0.14g \leq a_{\max} < 0.19g$
0.20g	$0.19g \leq a_{\max} < 0.28g$
0.30g	$0.28g \leq a_{\max} < 0.38g$
0.40g	$0.38g \leq a_{\max} < 0.75g$

(6) 当需要采用地震烈度作为地震危险性的宏观衡量尺度，用于工程抗震设防或防震减灾目的时，可根据本标准确定II类场地地震动峰值加速度 $a_{\max \text{II}}$，按表 10.1-5 确定地震烈度。

II类场地地震动峰值加速度与地震烈度对比表 表 10.1-5

II类场地地震动峰值加速度	$0.04g \leq a_{\max \text{II}} < 0.09g$	$0.09g \leq a_{\max \text{II}} < 0.19g$	$0.19g \leq a_{\max \text{II}} < 0.38g$	$0.38g \leq a_{\max \text{II}} < 0.75g$	$a_{\max \text{II}} \geq 0.75g$
地震烈度	VI	VII	VIII	IX	≥X

10.1.4 基本地震动加速度反应谱特征周期

(1) 贵州省II类场地基本地震动加速度反应谱特征周期应按《中国地震动参数区划图》（GB 18306—2015）取值，其中，乡镇人民政府所在地、县级以上城市基本地震动加速度反应谱特征周期应按表 10.1-2 取值。

(2) 分区界线附近的基本地震动加速度反应谱特征周期应按就高原则确定。

(3)多遇地震、罕遇地震动加速度反应谱特征周期：

①多遇地震动加速度反应谱特征周期可按基本地震动加速度反应谱特征周期取值。

②罕遇地震动加速度反应谱特征周期应大于基本地震动加速度反应谱特征周期，增加值不宜低于0.05s。

(4)I_0、I_1、Ⅲ、Ⅳ类场地基本地震动加速度反应谱特征周期应根据Ⅱ类场地基本地震动加速度反应谱特征周期，按表10.1-6确定。

场地基本地震动加速度反应谱特征周期调整表（单位：s）　　表10.1-6

Ⅱ类场地地震动加速度反应谱特征周期分区值	场地类别				
	I_0	I_1	Ⅱ	Ⅲ	Ⅳ
0.35	0.20	0.25	0.35	0.45	0.65
0.40	0.25	0.30	0.40	0.55	0.75
0.45	0.30	0.35	0.45	0.65	0.90

(5)地震加速度反应谱特征周期按阻尼比5%的规准化地震动加速度反应谱确定，并按0.35s、0.40s、0.45s分区，各分区地震动加速度反应谱特征周期范围见表10.1-7。

地震动加速度反应谱特征周期分区的特征周期范围（单位：s）　　表10.1-7

地震动加速度反应谱特征周期 T_g 分区值	地震动加速度反应谱特征周期 T_g 范围
0.35	$T_g \leqslant 0.40$
0.40	$0.40 < T_g < 0.45$
0.45	$T_g \geqslant 0.45$

10.2　强震区和地震液化勘察

10.2.1　《公路工程地质勘察规范》(JTG C20—2011)的相关规定

(1)路线通过地震动峰值加速度为$0.1g \sim 0.4g$地区时，应进行强震区工程地质勘察；地震动峰值加速度大于$0.4g$时，应做专门研究；地震动峰值加速度为$0.05g$的地区，对抗震设防有特殊要求的工程可按有关规定进行工程地质勘察。

有可液化土的场地，路基的勘探深度应穿过可液化土层至稳定层内不小于1m；桩基础钻孔钻入持力层以下的深度不得小于5m。

技术复杂大桥等重点工程应结合抗震设计要求做地震动反应谱周期测试。

(2)抗震设防烈度与地震动峰值加速度值的对应关系符合表10.2-1的规定。

抗震设防烈度与地震动峰值加速度值对比表　　表10.2-1

抗震设防烈度（度）	6	7	8	9
地震动峰值加速度值	$0.05g$	$0.1(0.15)g$	$0.2(0.3)g$	$0.4g$

(3)强震区工程场地可按表10.2-2进行分类。

强震区工程场地分类 表10.2-2

类　别	工程地质条件
有利地段	稳定基岩、坚硬土、地形开阔、平坦、密实、均匀的中硬土等地段
不利地段	软弱土、可液化土、条状突出的山嘴、高耸孤立的山丘、非岩质陡坡、河岸和边坡的边缘,平面分布上成因、岩性、状态明显不均匀的土层等地段
危险地段	地震时可能发生滑坡、崩塌、地陷、地表错断、泥石流等的地段

注:表中只列出了有利、不利和危险地段的划分,其他地段可视为可进行建设的一般场地。

(4)活动断裂可按表10.2-3进行分类。

活动断裂分类 表10.2-3

类　型	地　质　特　征
全新世活动断裂	在全新地质时期(1万年)内有过地震活动或近期正在活动,在今后100年可能继续活动的断裂
非全新世活动断裂	1万年以前活动过,1万年以来没有发生过活动的断裂
发震断裂	全新活动断裂中、近期(近500年)发生过地震震级$M \geqslant 5$级的断裂;或今后100年内,可能发生地震震级$M \geqslant 5$级的断裂

(5)根据剪切波速,场地土的类型可按表10.2-4进行分类。

场地土的分类和剪切波速范围 表10.2-4

土的类型	岩土名称和性状	岩土剪切波速v_s(m/s)
岩石	坚硬、较硬且完整的岩石	$v_s > 800$
坚硬土或软质岩石	破碎和较破碎的岩石或软质的岩石,密实的碎石	$800 \geqslant v_s > 500$
中硬土	中密、稍密的碎石土,密实、中密的砾、粗、中砂,$[f_{a0}] > 150$kPa的黏性土和粉土,坚硬黄土	$500 \geqslant v_s > 250$
中软土	稍密实的砾、粗、中砂,除松散外的细、粉砂,$[f_{a0}] \leqslant 150$kPa的黏性土和粉土,$[f_{a0}] > 130$kPa的填土,可塑新黄土	$250 \geqslant v_s > 150$
软弱土	淤泥和淤泥质土,松散的砂,新近沉积的黏性土和粉土,$[f_{a0}] \leqslant 130$kPa的填土,流塑黄土	$v_s \leqslant 150$

注:$[f_{a0}]$为荷载试验等方法得到的地基承载力基本容许值。

(6)工程场地类别应按表10.2-5进行划分。

工程场地类别划分 表10.2-5

岩石的剪切波速或土的等效剪切波速(m/s)	场地类别				
	I_0	I_1	II	III	IV
$v_s > 800$	0				
$800 \geqslant v_s > 500$		0			
$500 \geqslant v_{se} > 250$			<5	$\geqslant 5$	
$250 \geqslant v_{se} > 150$			<3	3~50	>50
$v_{se} \leqslant 150$			<3	3~15	>15~80	>80

注:1. 表中数据为场地覆盖层厚度(m)。
　　2. v_s-岩石剪切波速;v_{se}-土层等效剪切波速。
　　3. 等效剪切波速计算公式同10.1.2(2)。

(7)地震动峰值加速度大于或等于 0.1g 的地区,地面以下 20m 的深度范围内有饱和砂土、粉土时,应进行地震液化工程地质勘察,进行液化判别。采用标准贯入试验 N 求得液化指数 I_{lE},并根据 I_{lE} 划分地基液化等级,见表 10.2-6。

地 基 液 化 等 级　　　　　表 10.2-6

液化等级	轻微	中等	严重
判别深度为 15m 时的液化指数	$0<I_{lE}\leq 5$	$5<I_{lE}\leq 15$	$I_{lE}>15$
判别深度为 20m 时的液化指数	$0<I_{lE}\leq 6$	$6<I_{lE}\leq 18$	$I_{lE}>18$

$$I_{lE} = \sum_{i=1}^{n} \left(1 - \frac{N_i}{N_{cri}}\right) d_i w_i$$

式中：I_{lE}——液化指数;

　　n——在判别深度范围内,每一个钻孔标准贯入试验点的总数;

N_i、N_{cri}——i 点标准贯入锤击数的实测值和临界值,当实测值大于临界值时,应取临界值的数值;

　　d_i——i 点所代表的土层厚度(m),可采用与该标准贯入试验点相邻的上、下两标准贯入试验点深度差的一半,但上界不高于地下水位深度,下界不深于液化深度;

　　w_i——i 土层单位土层厚度的层位影响权函数值(m^{-1})。当该层中点深度不大于 5m 时,应采用 10;等于 20m 时,应采用零值;5~20m 时,应按线性内插法取值。

10.2.2 《岩土工程勘察规范(2009 年版)》(GB 50021—2001)的相关规定

(1)抗震设防烈度大于或等于 6 度的地区,应进行场地和地基地震效应的岩土工程勘察,并应根据国家批准的地震动参数区划和有关的规范,提出勘察场地的抗震设防烈度、设计基本地震加速度和设计地震分组。

在抗震设防烈度大于或等于 6 度的地区进行勘察时,应确定场地类别。当场地位于抗震危险地段时,应根据现行国家标准《建筑抗震设计规范》(GB 50011)的要求,提出专门研究的建议。

(2)地震液化。

①抗震设防烈度为 6 度时,可不考虑液化的影响,但对沉陷敏感的乙类建筑,可按 7 度进行液化判别。甲类建筑应进行专门的液化勘察。

②场地地震液化判别应先进行初步判别,当初步判别认为有液化可能时,应再做进一步判别。液化的判别宜采用多种方法,综合判定液化可能性和液化等级。

③地震液化的进一步判别应在地面以下 15m 的范围内进行;对于桩基和基础埋深大于 5m 的天然地基,判别深度应加深至 20m。对判别液化而布置的勘探点不应少于 3 个,勘探孔深度应大于液化判别深度。

④凡判别为可液化的场地,应按现行国家标准《建筑抗震设计规范》(GB 50011)的规定确定其液化指数和液化等级。

勘察报告除应阐明可液化的土层、各孔的液化指数外,尚应根据各孔液化指数确定场地液化等级。

(3)抗震设防烈度大于或等于7度的厚层软土分布区,宜判别软土震陷的可能性和估算震陷量。

(4)抗震设防烈度大于或等于7度的重大工程场地应进行活动断裂勘察。活动断裂的地震工程分类应符合下列规定:

①全新活动断裂为在全新地质时期(1万年)内有过地震活动或近期正在活动,在今后100年可能继续活动的断裂;全新活动断裂中、近期(近500年来)发生过地震震级 $M \geqslant 5$ 级的断裂,或在今后100年内,可能发生 $M \geqslant 5$ 级的断裂,可定为发震断裂;

②非全新活动断裂:1万年以前活动过,1万年以来没有发生过活动的断裂。

③全新活动断裂可按表10.2-7分级。

全新活动断裂分类　　　　　　表10.2-7

断裂分级	指标		
	活动性	平均活动速率 v(mm/a)	历史地震震级 M
Ⅰ	强烈全新活动断裂	中晚更新世以来有活动,全新世活动强烈	$v>1$	$M \geqslant 7$
Ⅱ	中等全新活动断裂	中晚更新世以来有活动,全新世活动较强烈	$1 \geqslant v \geqslant 0.1$	$7>M \geqslant 6$
Ⅲ	微弱全新活动断裂	全新世有微弱活动	$v<0.1$	$M<6$

10.3 抗震设防标准

10.3.1 《公路工程抗震规范》(JTG B02—2013)的相关规定

1)总则

(1)公路工程构筑物应进行抗震设计。不需要进行专门工程场地地震安全性评价的公路工程构筑物,应根据现行《中国地震动参数区划图》(GB 18306)规定的地震动参数进行抗震设防。地震动峰值加速度大于或等于 $0.40g$ 地区的公路工程构筑物的抗震设计应专门研究。

(2)独立特大型桥梁工程及独立特长隧道工程、地震动峰值加速度大于或等于 $0.40g$ 地区的高速公路和一级公路的抗震危险地段,应按照有关规定,进行工程场地地震安全性评价。

(3)地震动峰值加速度大于或等于 $0.20g$ 的地区,可将对抗震救灾以及在经济、国防上具有重要意义的公路工程构筑物,或破坏后修复(抢修)困难的公路工程构筑物确定为生命线工程。生命线工程,可按国家批准权限,报请批准后,适当提高抗震设防标准。

2)术语

(1)抗震设防标准。

衡量抗震设防要求的尺度,根据地震动参数和公路工程构筑物使用功能的重要性确定。

(2)设计基本地震动峰值加速度。

50年超越概率10%的地震动峰值加速度,也即重现期为475年的地震动峰值加速度。

(3)地震作用。

作用在结构上的地震动,包括水平地震作用和竖向地震作用等。

(4)E1地震作用。

重现期为475年的地震作用。

(5)E2地震作用。

重现期为2000年的地震作用。

(6)地震效应。

由地震作用引起的结构内力与变形等效应的总称。

(7)特征周期。

抗震设计用的加速度反应谱曲线下降段起始点对应的周期值,取决于地震环境和场地类别。

(8)抗震有利地段。

建设场地及其邻近无晚近期活动性断裂,地质构造相对稳定,同时地基为比较完整的岩体、坚硬土或开阔平坦密实的中硬土等地段。

(9)抗震不利地段。

软弱黏性土层、液化土层和地层严重不均匀的地段,地形陡峭、孤突、岩石松散、破碎的地段,以及地下水位埋藏较浅、地表排水不良地段。

(10)抗震危险地段。

河滩和边滩内基岩具有倾向河槽的构造软弱面且其被水流所切割、独立于岩盘的地段,通过发震断裂的地段,地震时可能发生大规模滑坡、崩塌等从而严重阻断交通的各种地段。

(11)液化。

地震中覆盖土层内孔隙水压急剧上升,一时难以消散,导致土体抗剪强度大幅度降低的现象。多发生在饱和粉细砂中,常伴生喷水、冒沙以及构筑物沉陷、倾倒等现象。

(12)弹性抗震设计。

不允许结构在地震中发生塑性变形,用构件的强度控制结构设计的抗震设计方法。设计中只需校核构件的强度是否满足要求。

(13)延性抗震设计。

受到E2地震作用时,允许桥梁结构在地震中发生可控塑性变形,但不发生严重损伤的设计方法。设计时不仅采用构件的强度作为衡量结构性能的指标,同时要校核构件的延性能力是否满足要求。

(14)延性构件。

延性抗震设计时,允许发生塑性变形的构件。

(15)能力保护设计。

对延性抗震设计桥梁的基础、上部结构构件,以及可能出现塑性铰的桥墩的非塑性铰区进行的加强设计。目的是保证非塑性铰区的弹性能力高于塑性铰区,避免非塑性铰区发生塑性变形和剪切破坏。

(16)能力保护构件。

采用能力保护设计原则设计的构件。

(17)减隔震设计。

降低结构的地震反应和(或)减小输入到上部结构的能量的设计。一般采用在桥梁上部结构和下部结构或下部结构和基础之间设置减隔震系统,以增大原结构体系阻尼和(或)周期等措施。

(18)建筑抗震概念设计①。

根据地震灾害和工程经验等所形成的基本设计原则和设计思想,进行建筑和结构总体布置并确定细部构造的过程。

(19)抗震措施①。

除地震作用计算和抗力计算以外的抗震设计内容,包括抗震构造措施。

(20)抗震构造措施①。

根据抗震概念设计原则,一般不需要计算而对构造和非构造各部分必须采取的各种细部要求。

注:①18~20条引自《建筑抗震设计规范》(GB 50011—2010)。

3)桥梁工程抗震设防标准

(1)桥梁抗震设防类别应按表10.3-1确定。

桥梁抗震设防类别 表10.3-1

桥梁抗震设防类别	桥 梁 特 征
A类	单跨跨径超过150m的特大桥
B类	单跨跨径不超过150m的高速公路,一级公路上的桥梁 单跨跨径不超过150m的二级公路上的特大桥、大桥
C类	二级公路上的中桥、小桥 单跨跨径不超过150m的三、四级公路上的特大桥、大桥
D类	三、四级公路上的中桥、小桥

(2)桥梁抗震设防目标应按表10.3-2确定。

桥梁抗震设防目标 表10.3-2

桥梁抗震设防类别	设 防 目 标	
	E1地震作用	E2地震作用
A类	不受损坏或不需修复可继续使用	可发生局部轻微损伤,不需修复或经简单修复可继续使用
B类、C类	不受损坏或不需修复可继续使用	不致倒塌或产生严重结构损伤,经临时加固后可供维持应急交通使用
D类	不受损坏或不需修复可继续使用	—

(3)桥梁抗震重要性修正系数C_i应按表10.3-3确定。

桥梁抗震重要性修正系数 C_i   表 10.3-3

桥梁抗震设防类别	E1 地震作用	E2 地震作用
A 类	1.0	1.7
B 类	0.43(0.50)	1.3(1.7)
C 类	0.34	1.0
D 类	0.23	—

注：高速公路和一级公路上单跨跨径不超过 150m 的大桥、特大桥，其抗震重要性修正系数取 B 类括号内的数值。

(4) 桥梁抗震措施设防烈度应按表 10.3-4 确定。

桥梁抗震措施设防烈度   表 10.3-4

地震基本烈度		6	7		8		9
对应设计基本地震动峰值加速度		≥0.05g	0.10g	0.15g	0.20g	0.30g	≥0.40g
桥梁类别	A 类	7	8	8	9	更高，专门研究	
	B 类	7	8	8	9	9	≥9
	C 类	6	7	7	8	8	9
	D 类	6	7	7	8	8	9

(5) 立体交叉的跨线桥梁的抗震设防标准应不低于下线工程对桥梁结构的抗震设防标准。

4) 其他公路工程构筑物抗震设防标准

(1) 其他公路工程构筑物抗震设防目标应为：

①高速公路、一级公路及二级公路的工程构筑物，在 E1 地震作用时，位于抗震有利地段的，经一般整修即可正常使用；位于抗震不利地段的，经短期抢修即可恢复使用；位于抗震危险地段的挡土墙、隧道等重要构筑物不发生严重破坏。

②三级公路、四级公路工程构筑物，在 E1 地震作用时，位于抗震有利地段的，经短期抢修即可恢复使用；位于抗震不利地段的挡土墙、隧道等重要构筑物不发生严重破坏。

(2) 其他公路工程构筑物的抗震重要性修正系数 C_i 应按表 10.3-5 确定。

其他公路工程构筑物的抗震重要性修正系数 C_i   表 10.3-5

公 路 等 级	构筑物重要程度	抗震重要性修正系数 C_i
高速公路、一级公路	抗震重点工程	1.7
	一般工程	1.3
二级公路	抗震重点工程	1.3
	一般工程	1.0
三级公路	抗震重点工程	1.0
	一般工程	0.8
四级公路	抗震重点工程	0.8

注：抗震重点工程指隧道和破坏后抢修困难的路基、挡土墙工程。

(3)其他公路工程构筑物的抗震措施,应根据现行《中国地震动参数区划图》(GB 18306)规定的所在地区地震动峰值加速度确定。

(4)高速公路和一级公路上的台阶式路基和阶梯式挡土墙,其下部构筑物的抗震措施可较其对应的地震基本烈度提高一档采用,但对于地震基本烈度为9度的地区,抗震措施应通过专门研究确定。

(5)四级公路上的一般工程,可仅采用简易的抗震措施。

10.3.2 隧道工程抗震设防标准

(1)《公路隧道设计规范 第一册 土建工程》(JTG 3370.1—2018)的相关规定。

地震动峰值加速度大于 $0.20g$ 的地区洞口段采用整体式衬砌时,宜采用钢筋混凝土结构。

(2)《公路隧道设计细则》(JTG/T D70—2010)的相关规定。

①各类公路隧道的抗震设防目标应符合表 10.3-6 的规定。

公路隧道抗震设防目标　　　　表 10.3-6

隧道结构安全等级	设防目标	
	E1 地震作用	E2 地震作用
一级	一般不受损坏或不需要修复可继续使用(不坏)	可发生局部轻微损伤,不需要修复或经简单修复可继续使用(可修)
二级	一般不受损坏或不需要修复可继续使用(不坏)	应保证不致坍塌,经临时加固后可供维持应急通行(不塌)
三级	一般不受损坏或不需要修复可继续使用(不坏)	—

②结构安全等级为一级、二级的隧道,应进行 E1 地震作用和 E2 地震作用下的抗震设计;结构安全等级为三级的隧道,只需进行 E1 地震作用下的抗震设计。在地震作用下,当隧道结构在弹性范围工作时可认为其不会受损(不坏);当隧道结构某处进入塑性状态时,可认为其受损轻微(可修);当隧道结构出现的塑性铰不多于 3 处时,可认为其不会坍塌(不塌)。

③公路隧道抗震设防烈度应根据工程重要性和区域地震环境确定,其设计地震动参数应按表 10.3-7 的规定执行。

公路隧道抗震设防烈度及设计地震动参数取值　　　　表 10.3-7

隧道主体结构设计基准期	频发地震烈度(小震)	抗震设防烈度(中震)	罕遇地震烈度(大震)
100 年	100 年超越概率63%	100 年超越概率10%	100 年超越概率2%~3%
50 年	50 年超越概率63%	50 年超越概率10%	50 年超越概率2%~3%

A.对于一般场地条件下设计基准期为 50 年的公路隧道,可直接采用现行《中国地震动参数区划图》(GB 18306)中所规定的本地区地震动参数进行抗震设计。

B.对于一般场地条件下设计基准周期为 100 年的公路隧道,可将现行《中国地震动参数区划图》(GB 18306)中所规定的本地区地震动参数提高一级后进行抗震设计。

C.对于高等级公路隧道,当基本地震动峰值加速度大于或等于 $0.3g$ 时必须在进行场地地震安全性评价后确定设计地震动参数。

(3)各类隧道的重要性系数 C_i,应根据隧道结构设计安全等级及地震作用分类按表10.3-8的规定确定。

隧道的重要性修正系数 C_i 表10.3-8

隧道结构安全等级	重要修正系数	
	E1 地震作用	E2 地震作用
一级	1.00	1.7
二级	0.43	1.3
三级	0.23	—

(4)隧道洞口段、浅埋偏压段、深埋段内软弱围岩段、断层破碎带等,为抗震设防地段,其设防长度可根据地形、地质条件确定,最小设防长度宜参照表10.3-9的规定采用。衬砌结构的设防范围宜适当向两端围岩质量好的地段延伸:中跨度及其以下隧道宜延伸 5~10m,大跨度及其以上隧道宜延伸 10~20m。

抗震设防地段最小设防长度(单位:m)   表10.3-9

地段	围岩级别	地震动峰值加速度(g)				
		0.1	0.15	0.2	0.3	0.4
洞内段	Ⅲ~Ⅳ	15	15	20	20	20
	Ⅴ~Ⅵ	20	20	25	25	25
洞口段	Ⅲ~Ⅳ	15	20	25	25	30
	Ⅴ~Ⅵ	25	25	30	30	35

10.3.3 《建筑抗震设计规范(2016年版)》(GB 50011—2010)的相关规定

(1)抗震设防烈度为6度及以上地区的建筑,必须进行抗震设计。

抗震设防烈度大于9度地区的建筑及行业有特殊要求的工业建筑,其抗震设计应按有关专门规定执行。

设计基本地震加速度为 $0.15g$ 和 $0.30g$ 地区内的建筑,除《建筑抗震设计规范(2016年版)》(GB 50011—2010)另有规定外,应分别按抗震设防烈度7度和8度的要求进行抗震设计。

抗震设防烈度为6度时,除《建筑抗震设计规范(2016年版)》(GB 50011—2010)有具体规定外,对乙、丙、丁类建筑可不进行地震作用计算。

(2)强震区工程场地划分见表10.3-10。

强震区工程场地分类   表10.3-10

地段类别	地质、地形、地貌
有利地段	稳定基岩,坚硬土,开阔、平坦,密实、均匀的中硬土等
一般地段	不属于有利、不利和危险的地段
不利地段	软弱土,液化土,条状突出的山嘴,高耸孤立的山丘,陡坡,陡坎,河岸和边坡的边缘,平面分布上成因、岩性、状态明显不均匀的土层(含故河道、疏松的断层破碎带、暗埋的塘浜沟谷和半填半挖地基),高含水率的可塑黄土,地表存在结构性裂缝等
危险地段	地震时可能发生滑坡、崩塌、地陷、地裂、泥石流等及发震断裂带上可能发生地表位错的部位

(3)场地土的类型划分见表10.2-4。
(4)建筑场地类别划分见表10.2-5。
(5)选择建筑场地时,应根据工程需要和地震活动情况、工程地质和地震地质的有关资料,对抗震有利、一般、不利和危险地段做出综合评价。对不利地段,应提出避开要求;当无法避开时应采取有效的措施。对危险地段,严禁建造甲、乙类的建筑,不应建造丙类建筑。

建筑场地为Ⅰ类时,对甲、乙类的建筑应允许仍按本地区抗震设防烈度的要求采取抗震构造措施;对丙类的建筑应允许按本地区抗震设防烈度降低一度的要求采取抗震构造措施,但抗震设防烈度为6度时仍应按本地区抗震设防烈度的要求采取抗震构造措施。

建筑场地为Ⅲ、Ⅳ类时,对设计基本地震加速度为0.15g和0.30g的地区,除本规范另有规定外,宜分别按抗震设防烈度8度(0.20g)和9度(0.40g)时各抗震设防类别建筑的要求采取抗震构造措施。

(6)据《中国地震动参数区划图》(GB 18306—2015)以及《建筑抗震设计规范(2016年版)》(GB 50011—2010),贵州省城镇设防烈度、设计基本地震加速度和所属设计地震区分组见表10.3-11。

贵州省城镇抗震设防烈度、设计基本地震加速度和设计地震分组 表10.3-11

项 目	烈 度	加 速 度	分 组	县级及县级以上城镇
贵阳市	6度	0.05g	第一组	南明区、云岩区、花溪区、乌当区、白云区、观山湖区、开阳县、息烽县、修文县、清镇市
六盘水市	7度	0.1g	第二组	钟山区
	6度	0.05g	第三组	盘州市
六盘水市	6度	0.05g	第二组	水城县
	6度	0.05g	第一组	六枝特区
遵义市	6度	0.05g	第一组	红花岗区、汇川区、播州区、桐梓县、绥阳县、正安县、道真仡佬族苗族自治县、务川仡佬族苗族自治县、冈县、湄潭县、余庆县、习水县、赤水市、仁怀市
安顺市	6度	0.05g	第一组	西秀区、平坝区、普定县、镇宁布依族苗族自治县、关岭布依族苗族自治县、紫云苗族布依族自治县
铜仁市	6度	0.05g	第一组	碧江区、万山区、江口县、玉屏侗族自治县、石阡县、思南县、印江土家族苗族自治县、德江县、沿河土家族自治县、松桃苗族自治县
黔西南布依族苗族自治州	7度	0.15g	第一组	望谟县
	7度	0.10g	第二组	普安县、晴隆县
	6度	0.05g	第三组	兴义市
	6度	0.05g	第二组	兴仁市、贞丰县、册亨县、安龙县

续上表

项 目	烈 度	加 速 度	分 组	县级及县级以上城镇
毕节市	7度	0.10g	第三组	威宁彝族回族苗族自治县
	6度	0.05g	第三组	赫章县
	6度	0.05g	第二组	七星关区、大方县、纳雍县
	6度	0.05g	第一组	金沙县、黔西市、织金县
黔东南苗族侗族自治州	6度	0.05g	第一组	凯里市、黄平县、施秉县、三穗县、镇远县、岑巩县、天柱县、锦屏县、剑河县、台江县、黎平县、榕江县从江县、雷山县、麻江县、丹寨县
黔南布依族苗族自治州	7度	0.10g	第一组	福泉市、贵定县、龙里县
	6度	0.05g	第一组	都匀市、荔波县、瓮安县、独山县、平塘县、罗甸县、长顺县、惠水县、三都水族自治县

(7)场地内存在发震断裂时,应对断裂的工程影响进行评价,并应符合下列要求:

①对符合下列规定之一的情况,可忽略发震断裂错动对地面建筑的影响:

A.抗震设防烈度小于8度;

B.非全新世活动断裂;

C.抗震设防烈度为8度和9度时,隐伏断裂的土层覆盖厚度分别大于60m和90m。

②对不符合本条(1)规定的情况,应避开主断裂带。其避让距离不宜小于表10.3-12对发震断裂最小避让距离的规定。在避让距离的范围内确有需要建造分散的、低于三层的丙、丁类建筑时,应按提高一度采取抗震措施,并提高基础和上部结构的整体性,且不得跨越断层线。

发震断裂最小避让距离 表10.3-12

烈 度	建筑抗震设防类别			
	甲	乙	丙	丁
8	专门研究	200m	100m	—
9	专门研究	400m	200m	—

(8)下列建筑可不进行天然地基及基础承载力验算:

①《建筑抗震设计规范(2016年版)》(GB 50011—2010)中规定可不进行上部结构抗震验算的建筑。

②地基主要受力层范围内不存在软弱黏性土层的下列建筑:

A.一般的单层厂房和单层空旷房屋;

B.砌体房屋;

C.不超过8层且高度在24m以下的一般民用框架和框架—抗震墙房屋;

D.基础荷载与C项相当的多层框架厂房和多层混凝土抗震墙房屋。

注:软弱黏性土层指7度、8度和9度时,地基承载力特征值分别小于80kPa、100kPa和120kPa的土层。

(9)天然地基基础抗震验算时,应采用地震作用效应标准组合,且地基抗震承载力应取地基承载力特征值乘以地基抗震承载力调整系数计算。

地基抗震承载力应按下式计算:

$$f_{aE} = \zeta_a f_a$$

式中：f_{aE}——调整后的地基抗震承载力；

ζ_a——地基抗震承载力调整系数,应按表10.3-13采用；

f_a——深宽修正后的地基承载力特征值,应按现行国家标准《建筑地基基础设计规范》(GB 50007)采用。

地基抗震承载力调整系数 ζ_a 表10.3-13

岩土名称和性状	ζ_a
岩石,密实的碎石土,密实的砾、粗、中砂,$f_{ak} \geq 300$kPa 的黏性土和粉土	1.5
中密、稍密的碎石土,中密和稍密的砾、粗、中砂,密实和中密的细、粉砂,150kPa$\leq f_{ak}<300$kPa 的黏性土和粉土,坚硬黄土	1.3
稍密的细、粉砂,100kPa$\leq f_{ak}<150$kPa 的黏性土和粉土,可塑黄土	1.1
淤泥,淤泥质土,松散的砂,杂填土,新近堆积黄土及流塑黄土	1.0

(10)桩基。

①承受竖向荷载为主的低承台桩基,当地面下无液化土层,且桩承台周围无淤泥、淤泥质土和地基承载力特征值不大于100kPa的填土时,下列建筑可不进行桩基抗震承载力验算：

A.6~8度时的下列建筑:

a.一般的单层厂房和单层空旷房屋；

b.不超过8层且高度在24m以下的一般民用框架房屋和框架-抗震墙房屋；

c.基础荷载与B项相当的多层框架厂房和多层混凝土抗震墙房屋。

B.《建筑抗震设计规范(2016年版)》(GB 50011—2010)中规定可不进行上部结构抗震验算的建筑。

②非液化土中低承台桩基的抗震验算,应符合下列规定:

A.单桩的竖向和水平向抗震承载力特征值,可均比非抗震设计时提高25%。

B.当承台周围的回填土夯实至干密度不小于现行国家标准《建筑地基基础设计规范》(GB 50007)对填土的要求时,可由承台正面填土与桩共同承担水平地震作用,但不应计入承台底面与地基土间的摩擦力。

③存在液化土层的低承台桩基抗震验算,应符合下列规定:

A.承台埋深较浅时,不宜计入承台周围土的抗力或刚性地坪对水平地震作用的分担作用。

B.当桩承台底面上、下分别有厚度不小于1.5m、1.0m的非液化土层或非软弱土层时,可按下列两种情况进行桩的抗震验算,并按不利情况设计:

a.桩承受全部地震作用,桩承载力按10.3.3(10)②取用,液化土的桩周摩阻力及桩水平抗力均应乘以表10.3-14的折减系数。

土层液化影响折减系数　　　　　　　　　　　　　　　表 10.3-14

实际标贯锤击数/临界标贯锤击数	深度 d_s(m)	折减系数
≤0.6	$d_s≤10$	0
	$10<d_s≤20$	1/3
>0.6~0.8	$d_s≤10$	1/3
	$10<d_s≤20$	2/3
>0.8~1.0	$d_s≤10$	2/3
	$10<d_s≤20$	1

b.地震作用按水平地震影响系数最大值的10%采用,桩承载力仍按10.3.3(10)②取用,但应扣除液化土层的全部摩阻力及桩承台下2m深度范围内非液化土的桩周摩阻力。

c.打入式预制桩及其他挤土桩,当平均桩距为2.5~4倍桩径且桩数不少于5×5时,可计入打桩对土的加密作用及桩身对液化土变形限制的有利影响。当打桩后桩间土的标准贯入锤击数值达不到液化的要求时,单桩承载力可不折减,但对桩尖持力层做强度校核时,桩群外侧的应力扩散角应取为零。打桩后桩间土的标准贯入锤击数宜由试验确定,也可按下式计算:

$$N_1 = N_P + 100\rho(1-e^{-0.3N_P})$$

式中:N_1——打桩后标准贯入锤击数;

ρ——打入式预制桩的面积置换率;

N_P——打桩前的标准贯入锤击数。

④处于液化土中的桩基承台周围,宜用密实干土填筑夯实,若用砂土或粉土则应使土层的标准贯入锤击数不小于《建筑抗震设计规范(2016年版)》(GB 50011—2010)规定的液化判别标准贯入锤击数临界值。

⑤液化土和震陷软土中桩的配筋范围,应自桩顶至液化深度以下符合全部消除液化沉陷所要求的深度,其纵向钢筋应与桩顶部相同,箍筋应加粗和加密。

⑥在有液化侧向扩展的地段,桩基除应满足本节中的其他规定外,尚应考虑土流动时的侧向作用力,且承受侧向推力的面积应按边桩外缘间的宽度计算。

(11)液化土和软土地基。

①饱和砂土和饱和粉土(不含黄土)的液化判别和地基处理:6度时,一般情况下可不进行判别和处理,但对液化沉陷敏感的乙类建筑可按7度的要求进行判别和处理;7~9度时,乙类建筑可按本地区抗震设防烈度的要求进行判别和处理。

②地面下存在饱和砂土和饱和粉土时,除6度外,应进行液化判别;存在液化土层的地基,应根据建筑的抗震设防类别、地基的液化等级,结合具体情况采取相应的措施。

注:本条饱和土液化判别要求不含黄土、粉质黏土。

③饱和的砂土和粉土(不含黄土),当符合下列条件之一时,可初步判别为不液化或不考虑液化影响:

A.地质年代为第四纪晚更新世(Q_3)及其以前时,7、8度时可判别为不液化。

B.粉土的黏粒(粒径小于0.005mm的颗粒)含量百分率,7度、8度和9度分别不小于10、13和16时,可判别为不液化。

注:用于液化判别的黏粒含量系采用六偏磷酸钠作分散剂测定,采用其他方法时应按有关规定换算。

C.浅埋天然地基的建筑,当上覆非液化土层厚度和地下水位深度符合下列条件之一时,可不考虑液化影响:

$$d_u > d_0 + d_b - 2$$
$$d_w > d_0 + d_b - 3$$
$$d_u + d_w > 1.5d_0 + 2d_b - 4.5$$

式中:d_w——地下水位深度(m),宜按设计基准期内年平均最高水位采用,也可按近期内年最高水位采用;

d_u——上覆盖非液化土层厚度(m),计算时宜将淤泥和淤泥质土层扣除;

d_b——基础埋置深度(m),不超过2m时应采用2m;

d_0——液化土特征深度(m),可按表10.3-15采用。

液化土特征深度(单位:m)　　　　　　　　　　表10.3-15

饱和土类别	7度	8度	9度
粉土	6	7	8
砂土	7	8	9

注:当区域的地下水位处于变动状态时,应按不利的情况考虑。

④当饱和砂土、粉土的初步判别认为需进一步进行液化判别时,应采用标准贯入试验判别法判别地面下20m范围内土的液化;但对10.3.3(8)规定可不进行天然地基及基础抗震承载力验算的各类建筑,可只判别地面下15m范围内土的液化。当饱和土标准贯入锤击数(未经杆长修正)小于或等于液化判别标准贯入锤击数临界值时,应判为液化土。当有成熟经验时,尚可采用其他判别方法。

在地面下20m深度范围内,液化判别标准贯入锤击数临时界值可按下式计算:

$$N_{cr} = N_0\beta[\ln(0.6d_s + 1.5) - 0.1d_w]\sqrt{\frac{3}{\rho_c}}$$

式中:N_{cr}——液化判别标准贯入锤击数临界值;

N_0——液化判别标准贯入锤击数基准值,可按表10.3-16采用;

d_s——饱和土标准贯入点深度(m);

d_w——地下水位(m);

ρ_c——黏粒含量百分率,当小于3或为砂土时,应采用3;

β——调整系数,设计地震第一组取0.80,第二组取0.95,第三组取1.05。

液化判别标准贯入锤击数基准值　　　　　　　表10.3-16

设计基本地震加速度(g)	0.10	0.15	0.20	0.30	0.40
液化判别标准贯入锤击数基准值	7	10	12	16	19

⑤对存在液化砂土层、粉土层的地基,应探明各液化土层的深度和厚度,按下式计算每个钻孔的液化指数,并按表10.3-17综合划分地基的液化等级:

$$I_{lE} = \sum_{i=1}^{n}\left[1 - \frac{N_i}{N_{cri}}\right]d_i W_i$$

式中：I_{lE}——液化指数；

n——在判别深度范围内每一个钻孔标准贯入试验点的总数；

N_i、N_{cri}——i 点标准贯入锤击数的实测值和临界值，当实测值大于临界值时应取临界值；当只需要判别 15m 范围以内的液化时，15m 以下的实测值可按临界值采用；

d_i——i 点所代表的土层厚度(m)，可采用与该标准贯入试验点相邻的上、下两标准贯入试验点深度差的一半，但上界不高于地下水位深度，下界不深于液化深度；

W_i——i 土层单位土层厚度的层位影响权函数值(m^{-1})。当该层中点深度不大于 5m 时应采用 10，等于 20m 时应采用零值，5~20m 时应按线性内插法取值。

液 化 等 级 分 类　　　　　　　　　　　表 10.3-17

液化等级	轻微	中等	严重
液化指数 I_{lE}	$0<I_{lE}\leq 6$	$6<I_{lE}\leq 18$	$I_{lE}>18$

10.3.4 《建筑边坡工程技术规范》(GB 50330—2013)的相关规定

抗震设防的边坡工程，其地震作用计算应按国家现行有关标准执行；抗震设防烈度为 6 度的地区，边坡工程支护结构可不进行地震作用计算，但应采取抗震构造措施；抗震设防烈度为 6 度以上的地区，边坡工程支护结构应进行地震作用计算，临时性边坡可不做抗震计算。

支护结构和锚杆外锚头等，应按抗震设防烈度要求采取相应的抗震构造措施。

应注意：《建筑边坡工程技术规范》(GB 50330—2013)只适用于岩质边坡高度为 30m 以下(含 30m)、土质边坡高度为 15m 以下(含 15m)的建筑边坡以及岩石基坑边坡工程。

11 地形地貌、水文地质、水和土的腐蚀性评价

11.1 地形地貌

11.1.1 中国基本地貌形态类型

中国基本地貌形态类型划分见表11.1-1。

中国基本地貌形态类型　　表11.1-1

起伏高度(切割深度)(m)	海拔高度(m)			
	<1000	1000~3500	3500~5000	>5000
(<20)~30	平原、台地			
<100	低丘陵	—	—	—
100~200	高丘陵			
200~500	小起伏低山	小起伏中山	小起伏高山	小起伏极高山
500~1000	中起伏低山	中起伏中山	中起伏高山	中起伏极高山
1000~2500	—	大起伏中山	大起伏高山	大起伏极高山
>2500	—	极大起伏中山	极大起伏高山	极大起伏极高山

注：1.本表摘自《中国1:1 000 000地貌图制图规范(试行)》(中国科学院地理研究所,1987年)的中国基本地貌形态类型分类。
　　2."起伏高度"与传统的"切割深度"含义基本相近。

11.1.2 贵州省地貌类型划分

贵州省地貌类型根据《贵州省水文地质志》(贵州省地矿局,1996年)划分,见表11.1-2。

贵州省地貌类型　　表11.1-2

成因类型	岩石建造类型	形态组合类型
溶蚀	碳酸盐岩	峰丛洼地、峰丛谷地、峰林洼地、峰林谷地、溶丘洼地、溶丘盆地
溶蚀—侵蚀	碳酸盐岩与碎屑岩互层	峰丛峡谷、峰丛沟谷
溶蚀—构造	碳酸盐岩夹碎屑岩	溶蚀构造平台、断陷盆地、垄脊槽谷(垄岗谷地)
侵蚀—剥蚀	变质岩、火山岩、碎屑岩	脊状山峡谷、圆顶山宽谷、脊状山沟谷、缓丘谷地、缓丘坡地
侵蚀—构造	碎屑岩、碎屑岩夹碳酸盐岩	台状山峡谷、桌状山沟谷、单面山沟谷、断块山沟谷
侵蚀—堆积	黏土、砂砾石	堆积阶地

11.1.3 地形坡度按坡角分类

目前,关于地形坡度按坡角分类尚无统一标准,各部门内部及部门间划分标准和称谓亦有不协调。建议结合贵州山区特点,在公路工程中对地形坡度做如表11.1-3所示的划分。

地形坡度分类　　　　　　　　　　　表11.1-3

地形坡度类型	坡角	备注
平台	≤8°	较大面积方使用平台称谓
缓坡	≤15°	
中坡	15°~25°	
陡坡	25°~60°	
陡崖	60°~90°	
悬崖	>90°	

11.2 水 文 地 质

本章所述内容,如未注明出处,则都是引自《水文地质手册(第二版)》(中国地质调查局,2010年)。

11.2.1 新生代地层分期

新生代地层分期见表11.2-1。

新生代地层划分　　　　　　　　　　　表11.2-1

代(界)	纪(系)	世(统)		年龄(BP,Ma)	构造运动
新生代(界)(Cz)	第四纪(系)(Q)	全新世(统)Q_h		0.0117	喜马拉雅运动
		更新世(统)(Q_p)	晚(上)更新世(统)Q_{p_3}	0.126	
			中更新世(统)Q_{p_2}	0.781	
			早(下)更新世(统)Q_{p_1}	2.588	
	新近纪(系)(N)	上新世(统)N_2		5.30	
		中新世(统)N_1		23.30	
	古近纪(系)(E)	渐新世(统)E_3		32.00	燕山运动
		始新世(统)E_2		56.5	
		古新世(统)E_1		65.00	

注:1.新近纪、古近纪即以往所称的新第三纪、老第三纪。

2.Q_h、Q_{p_3}、Q_{p_2}、Q_{p_1}即工程地质/岩土工程勘察中习称的Q_4、Q_3、Q_2、Q_1。

11.2.2 岩石层空隙类型划分

岩石层空隙类型划分见表11.2-2。

岩石层空隙类型划分　　　　表11.2-2

类型		定量表示指标	发育特点	水水文地质意义
孔隙（松散岩石）	大孔隙（孔径>0.5mm）	孔隙度 = $\dfrac{孔隙体积}{岩土总体积} \times 100\%$ 孔隙比 = $\dfrac{孔隙体积}{岩土固体部分体积}$	松散岩石孔隙性分为砂砾土和黏性土两类。孔隙大小和数量变化与岩石的粒度、结构排列和胶结程度等有关。砂砾土的孔隙度取决于颗粒的大小、形状、分选、排列、胶结和填充物性质等因素	岩石空隙是岩石在成岩时期和形成以后在内外应力作用下产生的，是地下水赋存场所和运动通道。岩石空隙性的研究，对评价岩层水文地质条件，正确划分含水层等均有现实意义
	小孔隙（毛细孔隙）（孔径<0.5mm）			
	微小孔隙（黏性土的结构和次生孔隙）			
裂隙（固结岩石）	构造裂隙	线裂隙率 = $\dfrac{测线通过裂隙宽度之和}{测定时所取直线的长度}$ $\times 100\%$　面裂隙率 = $\dfrac{裂隙占的面积}{测定时所取岩层的面积}$（测定面积一般取1~2m²）	裂隙发育具明显的不均匀性。其大小、数量、张闭性质、分布规律主要与裂隙的成因、岩石所处构造部位以及裂隙在形成过程中的各种自然因素（如气候、地形、地下水活动等）有关	
	非构造裂隙			
溶隙、溶穴（可溶岩石）		线岩溶率 = $\dfrac{钻孔所遇溶洞、溶隙的长度之和}{钻孔穿过可溶岩长度} \times 100\%$ 面积岩溶率 = $\dfrac{地面漏斗、落水洞、溶洞面积之和}{地面面积} \times 100\%$ 体积岩溶率 = $\dfrac{山体内洞穴的体积}{山体的体积} \times 100\%$	溶隙是扩大了的裂隙，其大小相差悬殊，形态多样，分布极不均匀。溶穴形态有溶孔、溶洞、暗河、天然井、落水洞等	同上

注：自然界岩层还存在孔隙—裂隙、裂隙—溶隙、孔隙—裂隙—溶洞等混合类型。

(1) 几类松散土层的近似孔隙度/孔隙率数值见表11.2-3。

松散土层近似孔隙度/孔隙率　　　　表11.2-3

名称	砾石	粗砂	细砂	亚黏土[①]	黏土	泥炭
孔隙度 $n(\%)$	27	40	42	47	50	80

注：①相当于粉质黏土。

(2) 不同状态下松散土层孔隙比近似数值见表11.2-4。

不同状态下松散土层孔隙比近似值　　　　　　　　　　　　表 11.2-4

岩石名称	松散黏性土类			松散砂砾土类	
所处状态	半固态	塑态	流态	密实	疏松
孔隙比 e	0.3~0.4	0.6	0.8~0.9	0.36	0.9

（3）孔隙度与孔隙比的换算关系见表 11.2-5。

孔隙度与孔隙比换算关系　　　　　　　　　　　　表 11.2-5

孔隙度 n	0.20	0.30	0.40	0.50	0.60
孔隙比 e　$\left(e=\dfrac{n}{1-n}\right)$	0.25	0.43	0.67	1.00	1.50

（4）按孔隙比对松散砂砾类土层密实度的划分见表 11.2-6。

按孔隙比划分砂砾土的密实度　　　　　　　　　　　　表 11.2-6

岩石名称	结构密实度分类			
	密实	中密	稍密	松散
砾砂、粗砂、中砂	$e<0.60$	$0.60 \leqslant e \leqslant 0.75$	$0.75 < e \leqslant 0.85$	$e>0.85$
细砂、粉砂	$e<0.70$	$0.70 \leqslant e \leqslant 0.85$	$0.85 < e \leqslant 0.95$	$e>0.95$
标准贯入试验锤击数 N	$N>30$	$15<N \leqslant 30$	$10<N \leqslant 15$	$N \leqslant 10$

（5）岩石裂隙率经验数值见表 11.2-7。

部分岩石裂隙率经验值　　　　　　　　　　　　表 11.2-7

岩　石	裂隙率(%)	岩　石	裂隙率(%)	岩　石	裂隙率(%)
细粒花岗岩	0.05~0.7	玄武岩	0.6~1.3	大理岩	0.1~0.2
粗粒花岗岩	0.3~0.9	玄武岩流	4.4~5.6	石灰岩	0.6~16.9
正长岩	0.5~1.4	砂岩	3.2~15.2	白垩	14.4~43.9
辉长岩	0.6~0.7	疏松的砂岩	6.9~26.9		

11.2.3　地下水主要类型及其特征

（1）地下水主要类型分类见表 11.2-8。

地下水主要类型　　　　　　　　　　　　表 11.2-8

地下水类型	含水介质			特殊类型水	
	孔隙水（松散沉积物孔隙水）	裂隙水（坚硬岩石裂隙水）	溶岩水（可溶盐岩岩溶穴水）	多年冻结区水	火山活动区水
包气带水	土壤水；沼泽水；上层滞水（局部隔水层上季节性存在的重力水）；沙漠及滨海沙堆、沙丘中的水	各类基岩风化壳中季节性存在的水；熔岩流及凝灰角砾岩顶部风化裂隙带中的水	垂直渗入带中由于局部相对隔水岩层之上形成的重力水	融冻层水	温泉的衍生水；在潮湿时期火山喷气口附近暂时活动的水

续上表

地下水类型	含水介质			特殊类型水	
	孔隙水(松散沉积物孔隙水)	裂隙水(坚硬岩石裂隙水)	溶岩水(可溶盐岩岩溶穴水)	多年冻结区水	火山活动区水
潜水	冲积层及洪积、坡积、湖积、冰碛和冰水沉积透水层中具有自由水面的水	基岩上部裂隙带中的呈层状或脉状的重力水；沉积岩层层间裂隙水	裸露岩溶岩层中的脉状溶洞水和裂隙岩溶水	冻结层上水；冻结层间的自由水	浅部富含气体的温热水；喷气口上部和间歇温泉水
承压水	松散岩层构成的盆地(含自流)、单斜和山前平原(含自流)斜地具有隔水层顶板限制的含水层中的水	在构造盆地和向斜及单斜岩层中充满于两个隔水岩层的裂隙水；构造断层带及不规则裂隙中局部或深部承压水	构造盆地和向斜及单斜岩溶岩层中充满于两个隔水层的(溶隙)溶洞水	冻结层下赋存的水	沿深断裂或侵入接触带上升的汽化温矿水；有侵入体侵入的承压含水层中的热矿水(常含有大量的稀有元素)

注：各种地下水类型由于含水岩层可以延伸至海岸和海底一定深度，由此可以构成特殊分布的地下潜水与承压水。

（2）地下水主要特征见表11.2-9。

各类地下水主要特征 表11.2-9

基本类型	形成条件	来源(成因)	补给条件	水循环与动态特征	地下水面	示意剖面	应用价值	备注
包气带水	非饱和带中局部隔水岩层之上的重力水	主要为渗入成因，局部有凝结成因	补给区与含水岩层分布区一致；在分布区可以蒸发排泄	受当地气候影响动态变化大，一般为季节性存在的暂时性水	随局部隔水层的起伏而变化		可用于分散性生活供水，或小型暂时性供水	一般水量不大，易受污染
潜水	饱和带中第一个较稳定隔水层之上具有稳定自由水面的含水层中的水	同包气滞水	同包气滞水	水位、水温、水质等受当地气象因素影响敏感，有季节性变化特征	潜水面形状随相对隔水层的出现、含水层厚度及下部隔水顶板的起伏而变化		城镇、企业供水与灌溉用水的主要对象	较易污染
承压水	充满于两个隔水层之间的含水层中的水	渗入和沉积成因	补给区仅分布于含水岩层出露较高的地区，在含水层出露较低的一侧向外界排泄	受当地气象影响不显著，水位升降取决于水压的传递	承压水面为虚构的平面，当含水层被揭穿时才显现出来		淡水可用于各类供水；热矿水可作为医疗、发电及提取矿产原料和有用元素等	不易污染；一旦污染即很难治理

11.2.4　不同含水介质水文地质类型与特征

（1）第四系孔隙含水层的水文地质类型与特征见表11.2-10。

第四系孔隙含水层水文地质类型与特征　　　　表11.2-10

类　　型		条件与特征		实例
		地质构造和地貌条件	主要水文地质特征	
山前平原地下水	山前洪积平原地下水	由山麓至低地，在地貌上由山前冲洪积扇（群）组成的洪积平原过渡为冲积细土平原。洪积物颗粒由粗变细。冲积砂与洪积物互相重叠，使岩性复杂化	由山麓至低地，可分为潜水补给-径流带、潜水溢出带、潜水蒸发带。含水层由单层潜水过渡为多层承压水。一般富水性强，水质好。广泛用作供水水源	河西走廊
	山前洪积—冲积平原地下水			太行山东麓平原
河谷平原地下水	狭窄河谷地下水	河谷内多为山区季节性流水侵蚀后堆积的粗颗粒物质，分选性较差，河谷纵坡较大	潜水由降水、地表水和基岩水补给，汇水条件与地形和围岩的岩性有关。潜水与河水关系密切，流向与河水一致；一般纵坡较大，水质好，可开采利用	各山间河谷
	宽阔河谷地下水	在河谷盆地内沉积着厚达数百米的第四系，上部为冲积层，下部常为湖积层，山前带往往有洪积层。现代地貌形态与基地构造轮廓相似。有常年河流通过，多级阶地发育	以基岩为隔水底板，形成良好的储水构造，分布着潜水与层间承压水。地下水补给条件好，沿岸开采时可获得河水补给，便于开采利用	渭河谷地
山间平原地下水		由断陷和侵蚀等成因造成的盆地，一般四周环山，常有过境河流穿过，盆地常沿某一河流成串珠状分布。盆地内由河湖相堆积物组成，有的流水沉积与静水沉积交错发育；有的上部以冲积物为主，下部以湖积物为主	有潜水和层间承压水分布。补给条件与周围山地的汇水条件有关，有时有自流水。水质好，易于开采利用	云南祥云—云南驿盆地
冲积平原地下水	冲积平原地下水	为多层冲积砂层，常呈条带状分布，颗粒较细，古河道带与河间带相间分布，与湖积物共存者含水层发育较差	地下水径流较迟缓，水位埋藏较浅，常有咸水存在。古河道地带水量丰富，水质较好，可作供水水源	黄河下游冲积平原
	湖积—冲积平原或冲积—淤积平原地下水			江汉平原

注：还有海滨平原地下水，黄土层中地下水和戈壁沙漠中沙Ⅱ地下水未摘录。

（2）裂隙水的主要类型与特征见表11.2-11。

裂隙水主要类型与特征 表 11.2-11

类 型	岩 层		
	沉积岩	火成岩	变质岩
风化裂隙水	由沉积岩构成的丘陵山区的风化带中，一般均含风化裂隙潜水，呈面状分布，厚度一般在30~50m之间。富水性与岩性、风化程度、深度及地形条件等有关	火成岩风化壳可分为强风化带和弱风化带，均含水，属孔隙—裂隙潜水。富水性与岩性、风化程度、地貌部位有关。花岗岩弱风化带富水性好	古老片麻岩分布区的表层普遍存在风化带，含孔隙—裂隙潜水。富水性取决于风化带厚度和汇水面积的大小
层间裂隙水	含水层与相对隔水层互层，地下水赋存于其间含水层中，呈层状分布，一般具承压性。富水性与岩性、厚度、区域裂隙发育程度和补给条件有关	主要见于火山碎屑岩中，分布于软硬岩层相间的裂隙发育的脆性岩石（如玄武岩）中，一般水量不大	大理岩沿走向延伸较远，且厚度较大者，能形成含水岩层，富水性取决于出露面积、岩层厚度、裂隙发育、构造和地貌部位
构造裂隙水	脆性岩石的构造破碎带中，裂隙发育，赋存丰富的地下水。可为脉状或带状（呈状或带状分布），具有一定方向性。富水性与构造破碎带的规模和补给条件有关	地下水赋存于有一定规模的断裂带和破碎岩脉中。富水性与断裂带的性质、规模、补给条件有关	脉状裂隙水出现在断层破碎带以及岩脉阻水地段，常具有承压性

（3）岩溶水的主要类型与特征见表11.2-12。

岩溶水主要类型与特征 表 11.2-12

类 型		埋藏条件	动态特征	空间分布特征
裸露性岩溶区地下水	岩溶裂隙潜水	在弱岩溶化的白云岩、薄层灰岩山区，赋存于各种裂隙中的水，埋藏浅，有的可形成上层滞水	视补给范围定，一般动态变化大	不均一
	地下河水	岩溶强烈发育的山区，由强烈差异溶蚀作用形成地下管道，地下水在其中构成地下河、地下河带，有一定的汇水面积和主要地下河道	动态变化很大	极不均一
	地下湖水	在岩溶化岩体内，因溶蚀和冲刷形成较大的地下空间（洞），聚集地下水形成湖泊	动态变化复杂	极不均一
覆盖型岩溶区地下水	脉状岩溶裂隙水	赋存在断裂带中或岩溶与非岩溶地层接触面积附近	水位变幅不大	不均一
	地下河系	断裂发育地区，地下水主要集中在破碎带的溶洞及裂隙中，各带互相连通而形成地下水系	水位变幅小	不均一
埋藏型岩溶区地下水	层间裂隙岩溶水	岩溶与非岩溶地层互层，赋存于层间岩溶地层中的承压水	动态稳定	较均一
	脉状裂隙岩溶水	赋存在构造破碎带和条带状灰岩中，循环深者，水温增高	动态稳定	较均一

注：覆盖型岩溶区，系指岩溶岩层被疏松岩层所覆盖的地区，埋藏型岩溶区系指岩溶岩层被非岩溶基岩覆盖的地区。

据贵州实际情况，编者建议，以主要充水含水层的容水空间特征，将地下水类型分为：

孔隙含水层类型；

裂隙含水层类型；

岩溶含水层类型(细分为以溶蚀裂隙充水为主的岩溶含水层、以溶洞充水为主的岩溶含水层、以暗河/管道充水为主的岩溶含水层三个亚类)。

11.2.5 含水层富水性

(1)常压下岩土层渗透系数与透水性见表 11.2-13。

部分岩土层渗透系数与透水性分级　　　　表 11.2-13

岩 石 名 称	渗透系数(m/d)	透水性分级
卵石、砾石、粗砂、具溶洞的灰岩	>10	强透水
砂、裂隙岩石	10~1	中等透水
亚砂土[①]、黄土、泥灰岩、砂层	1~0.01	弱透水
亚黏土、黏土质砂岩	0.1~0.001	微透水
黏土、致密的结晶岩、泥质岩	<0.001	不透水(隔水)

注：①相当于粉土。

(2)《固体矿产地质勘查规范总则》(GB/T 13908—2020)。

① 按天然泉水流量 Q(L/s)：

　　弱富水　　　<1

　　中等富水　　1~10

　　强富水　　　10~50

　　极强富水　　>50

② 按钻孔单位涌水量 q[L/(s·m)]：

　　弱富水　　　<0.1

　　中等富水　　0.1~1

　　强富水　　　1~5

　　极强富水　　>5

A.《矿区水文地质工程地质勘探规范》(GB 12719—91)：评价含水层的富水性钻孔单位涌水量以口径 91mm，抽水水位降深 10m 为准，若口径、降深与上述不符时，应进行换算再比较富水性，仅供参考。

B.《地质岩心钻探规程》(DZ/T 0227—2010)：出水量大于 0.2L/s 的钻孔，不得采用提筒简易抽水。

(3)对松散岩类孔隙水，按单井涌水量一般可划分 5 个富水等级，见表 11.2-14。

松散岩类孔隙水富水等级　　　　表 11.2-14

富 水 等 级	单井用水量单位(m³/d)	富 水 等 级	单井用水量单位(m³/d)
水量极丰富	大于 5000	水量贫乏	10~100
水量丰富	1000~5000	水量极贫乏	小于 10
水量中等	100~1000		

(4) 地下水补给模数富水性等级分级见表11.2-15。

地下水富水等级（按补给模数） 表11.2-15

分级	极丰富	丰富	中等	贫乏	极贫乏
模数$[10^4 m^3/(km^2 \cdot a)]$	>80	30~50	20~30	10~20	<10

(5) 碎屑岩类裂隙孔隙水富水等级分级见表11.2-16。

碎屑岩类裂隙孔隙水富水等级（按单井涌水量） 表11.2-16

富水等级	丰富	中等	贫乏
单井涌水量(m^3/d)	>1000	100~1000	<100

(6) 碳酸盐岩类裂隙溶洞水/岩溶水富水等级划分见表11.2-17。

岩溶水富水等级（按径流模数、大泉/地下河） 表11.2-17

富水等级	极丰富	丰富	中等	贫乏
径流模数$[L/(s \cdot km^2)]$		>6	3~6	<3
大泉/地下河(L/s)	>1000	100~1000	10~100	<10

(7) 基岩裂隙水富水等级分级见表11.2-18。

基岩裂隙水富水等级（按泉水流量、径流模数） 表11.2-18

富水等级	极丰富	丰富	中等	贫乏
泉水流量(L/s)		>1	0.1~1	<0.1
径流模数$[L/(s \cdot km^2)]$	>6	3~6	1~3	<1

(8)《城市轨道交通岩土工程勘察规范》(GB 50307—2012)：含水层透水性按渗透系数 k 划分见表11.2-19。

透水性分类（按渗透系数） 表11.2-19

类别	特强透水	强透水	中等透水	弱透水	微透水	不透水
$k(m/d)$	$K>200$	$10 \leq K \leq 200$	$1 \leq K \leq 10$	$0.01 \leq K<1$	$0.001 \leq K<0.01$	$K<0.001$

11.2.6 岩溶地区水文地质调查的基本内容

1) 岩溶地质条件

调查地层、地质构造的分布、类型、特点及对岩溶地貌和含水介质的控制和影响，查明碳酸盐岩（石灰岩、白云岩、不纯碳酸盐岩）的分布规律和特点及岩溶发育和地下水的影响，碳酸盐岩层组类型、岩溶含水层组类型及其水平和垂直分布特征，控制地下河、岩溶泉及蓄水构造形成的地貌、地质条件。

2) 岩溶发育规律

调查区域岩溶作用的动力条件及溶蚀速度，区域岩溶发育强度与控制因素的关系，地表各种岩溶形态的特点及空间分布规律,地下岩溶管道、裂隙和洞穴的类型、结构、空间形态特征及分布规律,地下河系、蓄水构造、表层岩溶带的分布与发育特征,岩溶发育的不均匀性,区域岩溶形态组合类型,岩溶发育与地下水分布的关系。

3) 岩溶水系统

调查岩溶流域的边界、结构,进行岩溶地下水系统划分,特别要注意可溶岩与非可溶岩的三维空间分布格局,注意岩溶水系统中有无外源水(来自非岩溶地区的水)的补给。调查地下水和地表水的水力联系,地下河及岩溶泉的水位、流量、水质动态变化及其影响因素,地下水水资源量;表层岩溶水和表层岩溶泉的分布规律和水资源特征;蓄水构造的富水地段,岩溶水资源量及覆盖层情况。

加强岩溶水系统水文地球化学的野外调查与监测,要在野外实测水的 pH 值,HCO_3^-、Ca^{2+}、温度、电导率等指标,分析判断岩溶水的补给来源以及岩溶水系统的温度场和化学场。

4) 岩溶水源地调查

查明水源地含水层(带)的埋藏分布情况、富水性及均匀性,将岩溶水富水程度划分为极不均匀、不均匀、相对均匀 3 级;调查含水层(带)与隔水层(体)的空间组合形式,以及含水层中导水、储水空隙形态、空间分布和联系,研究岩溶水的赋存特征及富集规律。水源地的边界条件及内外水力联系、径流场特征,基本掌握岩溶水的循环途径及"三水"(丰、平、枯)转化过程。

系统观测岩溶水动态,掌握流量、水位、水温及水质动态特征及变化规律。通过岩溶水动态观测及钻探试验、取样分析测试,确定水文地质参数,计算评价补给量、储存量以及以 C、D 级为主的允许开采量,进行水质及水污染评价。对岩溶水开发技术条件及防污性能进行调查评价,研究与相邻水源地的关系,分析预测水源地开采后可能产生的环境地质问题,提出岩溶水资源合理开发利用与地质环境保护的措施建议。论证岩溶水源地开发的可行性,因地制宜地提出岩溶水有效开发技术方案,编写岩溶水合理开发利用及保护区划。

5) 岩溶水开发利用条件

调查地下河的允许开采量,以及堵、蓄、提、引等岩溶水开发地质工程的地质条件;蓄水构造的允许开采量和钻井提水的工程地质条件;岩溶泉扩泉引水的环境地质条件。

6) 岩溶环境问题调查

调查塌陷、水污染、泉水疏干、岩溶洼地内涝、石漠化等这些环境问题的分布地点、范围、程度、动态,产生的原因和影响因素,与水文地质条件的关系,造成的主要危害,治理的有利与不利条件,治理对策与措施。注意调查土地利用方式及其变化对岩溶水质、水量动态的影响。

11.2.7 水文地质参数经验值

(1)水文地质参数测定方法,根据《岩土工程勘察规范(2009 年版)》(GB 50021—2001)规定见表 11.2-20、表 11.2-21。渗透系数 k,影响半径 R 的计算见本手册 13.3.1 及 13.3.2 条。

水文地质参数测定方法 表11.2-20

参　数	测 定 方 法
水位	钻孔、探井或测压管观测
渗透系数、导水系数	抽水试验、注水试验、压水试验、室内渗透试验
给水度、释水系数	单孔抽水试验、非稳定流抽水试验、地下水位长期观测、室内试验
越流系数、越流因素	多孔抽水试验（稳定流或非稳定流）
单位吸水率	注水试验、压水试验
毛细水上升高度	试坑观测、室内试验

注：除水位外，当对数据要求不高时，可采用经验数值。

孔隙水压力测定方法和适用条件 表11.2-21

仪 器 类 型		适 用 条 件	测 定 方 法
测压计式	立管式测压计	渗透系数大于10^{-4}cm/s的均匀孔隙含水层	将带有过滤器的测压管打入土层，直接在管内测量
	水压式测压计	渗透系数低的土层，量测由潮汐涨落，挖方引起的压力变化	用装在孔壁的小型测压计探头，地下水压力通过塑料管传导至水银压力计测定
	电测式测压计（电阻应变式、钢弦应变式）	各种土层	孔压通过透水石传导至膜片，引起挠度的变化，诱发电阻片（或钢弦）变化，用接收仪测定
	气动测压计	各种土层	利用两根排气管使压力为常数，传来的孔压在透水元件中的水压阀产生压差测定
孔压静力触探仪		各种土层	在探头上装有多孔透水过滤器、压力传感器，在贯入过程中测定

(2) 渗透系数 k 经验值。

① 松散土石渗透系数经验值见表11.2-22。

松散土石渗透系数经验值 表11.2-22

岩性	颗　粒		渗透系数 k(m/d)	岩性	颗　粒		渗透系数 k(m/d)
	粒径(mm)	所占比重(%)			粒径(mm)	所占比重(%)	
轻亚黏土	—	—	0.05~0.10	粗砂	0.50~1.00	>50	25~50
亚黏土	—	—	0.10~0.25	砾砂	1.0~2.00	>50	50~100
黄土	—	—	0.25~0.50	圆砾	—	—	75~150
粉土质砂	—	—	0.50~1.00	卵石	—	—	100~200
粉砂	0.05~0.1	70以下	1.00~1.50	块石	—	—	200~500
细砂	0.1~0.25	>70	5.00~10.0	漂石	—	—	500~1000
中砂	0.25~0.5	>50	10.0~25.0				

②岩石/岩体渗透系数经验值见表 11.2-23。

部分岩石/岩体渗透系数经验值 表 11.2-23

岩 块	k(实验室测定)(cm/s)	岩 体	k(现场测定)(cm/s)
砂岩(白垩复理层)	$10^{-8} \sim 10^{-10}$	脉状混合岩	3.3×10^{-3}
粉岩(白垩复理层)	$10^{-8} \sim 10^{-9}$	绿泥石化脉状页岩	0.7×10^{-2}
花岗岩	$2 \times 10^{-10} \sim 5 \times 10^{-11}$	片麻岩	$1.2 \times 10^{-3} \sim 1.9 \times 10^{-2}$
板岩	$1.6 \times 10^{-10} \sim 5 \times 10^{-11}$	伟晶花岗岩	0.6×10^{-3}
角砾岩	4.6×10^{-10}	褐煤岩	$1.7 \times 10^{-2} \sim 2.39 \times 10^{-3}$
方解石	$9.3 \times 10^{-8} \sim 7 \times 10^{-10}$	砂岩	10^{-2}
灰岩	$1.2 \times 10^{-7} \sim 7 \times 10^{-10}$	泥岩	10^{-4}
白云岩	$1.2 \times 10^{-8} \sim 4.6 \times 10^{-9}$	鳞状片岩	$10^{-2} \sim 10^{-4}$
砂岩	$1.2 \times 10^{-5} \sim 1.6 \times 10^{-7}$	一个吕荣单位	$1 \times 10^{-5} \sim 2 \times 10^{-5}$
砂泥岩	$2 \times 10^{-6} \sim 6 \times 10^{-7}$	裂隙宽度 0.1mm，间距 1m 和不透水岩块的岩体	0.8×10^{-4}
细粒砂层	2×10^{-7}		
蚀变花岗岩	$0.6 \times 10^{-5} \sim 1.5 \times 10^{-5}$		

③国内外部分实验室得到的给水度、渗透系数、干重度和孔隙率的经验值见表 11.2-24。

国内外部分实验室得到的有关经验值 表 11.2-24

岩土类别	渗透系数 k (cm/s)	干 重 度	孔隙率 n	给水度 μ	试验资料来源
砾	2.4×10^{0}	1.71	0.371	0.354	J.Zollor 瑞士工学研究所
粗砂	1.6×10^{0}	1.53	0.431	0.338	
砂砾	7.6×10^{-1}	1.83	0.327	0.251	
砂砾	1.7×10^{-1}	2.00	0.265	0.182	
砂砾	7.2×10^{-2}	1.75	0.335	0.161	
中粗砂	4.8×10^{-2}	1.65	0.394	0.18	
含黏土的砂	1.1×10^{-4}	1.64	0.397	0.0052	
含黏土(1%)的砂砾	2.3×10^{-5}	1.65	0.394	0.0036	
含黏土(16%)的砂砾	2.5×10^{-6}	1.79	0.342	0.0021	
重粉质壤土 $d_{50} = 0.02$mm	2×10^{-4}	1.48	0.442	0.007	南京水利科研所
中细砂 $d_{50} = 0.2$mm	$1.7 \times 10^{-3} \sim 6.1 \times 10^{-4}$	$1.49 \sim 1.61$	$0.438 \sim 0.392$	$0.074 \sim 0.039$	
粗砾 $d_{50} = 5$mm	6.13×10^{0}	1.61	0.392	0.36	
砂砾石料	2.4×10^{-3}	1.85	0.302	0.078	

续上表

岩土类别	渗透系数 k（cm/s）	干重度	孔隙率 n	给水度 μ	试验资料来源
砂砾石料	1.1×10^{-1}	1.95	0.264	0.096	
砂砾石料	1.15×10^{0}	1.84	0.306	0.22	
砂砾石料	2.5×10^{-1}	1.48	0.442	0.3	
砂砾石料	6.72×10^{-2}	1.70	0.358	0.21	
砂砾石				$0.025\sim0.35$	苏联
胶结砂岩				$0.02\sim0.03$	
裂隙石灰岩				$0.003\sim0.10$	

（3）影响半径 R 经验值

①根据颗粒直径确定影响半径经验值见表11.2-25。

影响半径经验值（按颗粒大小） 表11.2-25

地层	地层颗粒		R(m)
	粒径(mm)	占重量比(%)	
粉砂	$0.05\sim0.10$	<70	$25\sim50$
细砂	$0.10\sim0.25$	>70	$50\sim100$
中砂	$0.25\sim0.50$	>50	$100\sim300$
粗砂	$0.5\sim1.0$	>50	$300\sim400$
砾砂	$1\sim2$	>50	$400\sim500$
圆砾	$2\sim3$		$500\sim600$
砾石	$3\sim5$		$600\sim1500$
卵石	$5\sim10$		$1500\sim3000$

②《工程地质手册（第五版）》（工程地质手册编委会，2018年）中，根据单位出水量（即 q）和单位水位降低确定影响半径经验值，见表11.2-26。

影响半径经验值（按单位出水量与单位水位降低） 表11.2-26

单位出水量[L/(s·m)]	单位水位降低[m/(L·s)]	影响半径 R(m)
>2	≤0.5	$300\sim500$
$2\sim1$	$1\sim0.5$	$100\sim300$
$1\sim0.5$	$2\sim1$	$60\sim100$
$0.5\sim0.33$	$3\sim2$	$25\sim50$
$0.33\sim0.2$	$5\sim3$	$10\sim25$
<0.2	>5	<10

③《工程地质手册（第五版）》（工程地质手册编委会，2018年）中，中根据不同土类确定影响半径经验值，见表11.2-27。

影响半径经验值(按土类)　　　　　　　　表 11.2-27

岩性	主要颗粒粒径(mm)	影响半径(m)	岩性	主要颗粒粒径(mm)	影响半径(m)
粉砂	0.05~0.1	25~50	极粗砂	1.0~2.0	400~500
细砂	0.1~0.25	50~100	小砾	2.0~3.0	500~600
中砂	0.25~0.5	100~200	中砾	3.0~5.0	600~1500
细砂	0.5~1.0	300~400	大砾	5.0~10.0	1500~3000

注:《水利水电工程地质手册》认为,粗砂,粒径 0.5~2.0mm 时,R 为 100~150m。

④《铁路工程地质手册(第二版)》(铁道部第一勘察设计院,1999 年)中,根据钻孔单位涌水量 q 及不同土类确定的影响半径经验值,见表 11.2-28、表 11.2-29。

影响半径经验值(单位涌水量)　　表 11.2-28

单位涌水量 q[L/(s·m)]	影响半径 R(m)
≥2	300~500
1~2	100~300
0.5~1	50~100
0.33~0.5	25~50
0.2~0.33	10~25
<0.2	<10

影响半径经验值(按土类)　　表 11.2-29

名　称	影响半径 R(m)
黏砂土	10~20
粉砂	20~50
细砂	50~75
中砂	75~100
粗砂	100~150
卵石土(夹砂)	150~200

(4)给水度 μ:地下水位下降时,单位体积中释出水的体积与疏干体积的比值称为给水度,其经验值见表 11.2-30。

给 水 度 经 验 值　　　　　　　　　　　　表 11.2-30

岩　性	给水度 μ	岩　性	给水度 μ
粉砂与黏土	0.1~0.15	粗砂及砾石砂	0.25~0.35
细砂与流质砂	0.15~0.20	黏土胶结的砂岩	0.02~0.03
中砂	0.20~0.25	裂隙灰岩	0.008~0.1

(5)入渗系数 α 经验值见表 11.2-31。

入渗系数经验值　　　　　　　　　　　　　表 11.2-31

岩石名称	α 值	岩石名称	α 值	岩石名称	α 值
亚黏土	0.01~0.02	坚硬岩石(裂隙极少)	0.01~0.10	裂隙岩石(裂隙极深)	0.02~0.25
轻亚黏土	0.02~0.05				
粉砂	0.05~0.08	半坚硬岩石(裂隙较少)	0.10~0.15	岩溶化极弱的灰岩	0.01~0.10
细砂	0.08~0.12			岩溶化较弱的灰岩	0.10~0.15
中砂	0.12~0.18	裂隙岩石(裂隙度中等)	0.15~0.18	岩溶化中等的灰岩	0.15~0.20
粗砂	0.18~0.24			岩溶化较强的灰岩	0.20~0.30
砾砂	0.24~0.30	裂隙岩石(裂隙度较大)	0.18~0.20	岩溶化极强的灰岩	0.30~0.50
卵石	0.30~0.35				

(6)土层最大毛细上升高度参考值见表11.2-32。

土层最大毛细上升高度参考值 表11.2-32

岩石名称	最大毛细上升高度(cm)
粗砂(粒径:1~2mm)	2~12
中砂(粒径:0.5~1.0mm)	12~35
细砂(粒径:0.25~0.5mm)	35~70
粉砂(粒径:0.1~0.25mm)	70~150
亚砂土	70~250
亚黏土,黏性土	250~350
黏土	500~600

11.2.8 区域地下水资源、水源地地下水资源计算与评价方法

区域地下水资源、水源地地下水资源计算与评价方法选用见表11.2-33、表11.2-34。

区域地下水资源计算与评价方法选用说明表 表11.2-33

方法	具体方法	说明	适用条件	所需资料数据	限制因素
水量均衡法	1.补给量法 2.排泄量法 3.补排量法	评价各种条件下的地下水补给资源量,可计算不同水文年(丰、平、枯)条件和多年平均条件的补给资源量	理论上,适用于任何地下水系统的水资源评价,特别是水文地质条件复杂、其他方法难以应用条件	需掌握均衡区内补排量和对应参数	集中参数方法,难以精确给出地下水各要素随空间的变化;不能准确确定地下水的可开采资源量,很难给出具体地下水开发利用方案
水文分析法	1.基流分割法 2.泉域法	运用陆地水文学的方法评价地下水补给资源量和开采量	全排型流域,均衡区内其他排泄量占比例较小;水文地质条件复杂、研究程度又相对较低的地下水系统。如基岩山区,岩溶水系统、裂隙水系统	要求有较长系列的测流资料(泉流量、地表径流量)	集中参数方法(黑箱),不能详细描述系统状态随空间变化情况;无法准确评价地下水可采量;评价精度取决于测流和基流分割的精度
数值法	1.有限单元法 2.有限差分法 3.边界元法	建立在渗流理论基础上的一种求解微分方程定解问题的近似方法	可解决复杂水文地质条件和地下水开发利用条件下的地下水资源评价,可进行地下水补给资源量和可开采资源量的评价和预测	掌握模拟区内补排量和对应参数,水文地质参数与分区,长观孔观测数据,边界条件和边界量,含水层空间几何参数,初始流场分布	对于不连续的地下水系统、管道流(岩溶暗河系统),不适宜用目前的数值模型进行模拟
水文地质比拟法	1.开采模数比拟法 2.地下径流模数与地表径流模数之比值方法	以相似理论为基础的方法,可用水文地质比拟法近似解决地下水资源的区域评价问题	适用于水文地质工作程度较低的地区	与评价区水文地质条件类似区的勘察试验成果及开采统计数据	—

水源地地下水资源计算与评价方法选用说明表　　　　表 11.2-34

方法	具体方法	说　明	适用条件	所需资源数据	限制因素
开采试验法	1.开采抽水法 2.试验外推法 3.补偿疏干法	在未来水源地地段,进行较长时间的抽水试验,根据开采量-降深关系对地下水可开采资源量进行评价	主要适用于中小型水源地的地下水资源评价。水文地质条件复杂,一时难以查清而又急需做出水资源评价的地区。水文地质详勘阶段,进行了抽水试验	水源地水文地质条件以及抽水试验有关资料	—
解析法	1.井群干扰法 2.开采强度法	运用地下水解析解(井流公式)对含水层进行地下水可开采量进行评价的方法	含水层均质程度较高,边界条件简单,可概化利用已有计算公式要求的条件模式	水源地水文地质条件以及单井开采量、开采时间,计算开采方案下的水位降深数据等	水文地质条件复杂地区不适用,包括边界、空间结构、含水介质非均质性、各向异性等
数值法	1.有限单元法 2.有限差分法 3.边界元法	建立在渗流理论基础上的一种求解微分方程定解问题的近似方法	评价水源地地下水开采量构成及保证程度,预测各开采方案下地下水流场变化趋势,确定可采量以及开采后对环境的影响评价	掌握模拟区内补排和对应参数,水文地质分区参数,长观孔观测数据,边界条件与边界量,含水层空间几何参数,初始流场分布,水源地开采方案以及抽水试验资料	为了减少人为边界对地下资源评价的影响,应进行必要的边界灵敏度分析
相关分析法	1.简相关 2.复相关 3.多元相关	基于数理统计方法,通过寻找地下水开采量与地下水位或其他变量之间的相关关系,建立相关方程或回归方程,来推测可开采量	适用于稳定型或调节性地下水开采动态,或补给有余的已建成水源地扩大开采时的地下水资源评价	需一元、二元及多元变量数据系列	当利用回归方程外推开采量 Q 时,已知相关系列越长,精度越高

11.3　水和土的腐蚀性评价

《公路工程地质勘察规范》(JTG C20—2011)与《岩土工程勘察规范(2009年版)》(GB 50021—2001)相同,仅是局部文字表述略有差异,现以《岩土工程勘察规范(2009年版)》(GB 50021—2001)为据,摘录如下。

11.3.1　取样和测试

(1)当有足够经验或充分资料,认定工程场地及其附近的土或水(地下水或地表水)对建筑材料为微腐蚀时,可不取样试验进行腐蚀评价。否则,应取水试样或土试样进行试验,并按本节评定其对建筑材料的腐蚀性。

土对钢结构腐蚀性的评价可根据任务要求进行。

（2）采取水试样和土试样应符合下列规定：

①混凝土结构处于地下水位以上时，应取土试样做土的腐蚀性测试。

②混凝土结构处于地下水或地表水中时，应取水试样做水的腐蚀性测试。

③混凝土结构部分处于地下水位以上、部分处于地下水位以下时，应分别取土试样和水试样做腐蚀性测试。

④水试样和土试样应在混凝土结构所在的深度采取，每个场地不应少于2件。当土中盐类成分和含量分布不均匀时，应分区、分层取样，每区、每层不应少于2件。

（3）水和土腐蚀性的测试项目和试验方法应符合下列规定：

①水对混凝土结构腐蚀性的测试项目包括：pH值、Ca^{2+}、Mg^{2+}、Cl^-、SO_4^{2-}、HCO_3^-、CO_3^{2-}、侵蚀性CO_2、游离CO_2、NH_4^+、OH^-、总矿化度。

②土对混凝土结构腐蚀性的测试项目包括：pH值、Ca^{2+}、Mg^{2+}、Cl^-、SO_4^{2-}、HCO_3^-、CO_3^{2-}的易溶盐（土水比1∶5）分析。

③土对钢结构的腐蚀性的测试项目包括：pH值、氧化还原电位、极化电流密度、电阻率、质量损失。

（4）腐蚀性测试项目的试验方法应符合表11.3-1的规定。

腐蚀性测试项目试验方法　　　　　　　表11.3-1

序　号	试 验 项 目	试 验 方 法
1	pH值	电位法或锥形玻璃电极法
2	Ca^{2+}	EDTA容量法
3	Mg^{2+}	EDTA容量法
4	Cl^-	摩尔法
5	SO_4^{2-}	EDTA容量法或质量法
6	HCO_3^-	酸滴定法
7	CO_3^{2-}	酸滴定法
8	侵蚀性CO_2	盖耶尔法
9	游离CO_2	碱滴定法
10	NH_4^+	钠氏试剂比色法
11	OH^-	酸滴定法
12	总矿化度	计算法
13	氧化还原电位	铂电极法
14	极化电流密度	原位极化法
15	电阻率	四极法
16	质量损失	管罐法

11.3.2 腐蚀性评价

(1)水和土对建筑材料的腐蚀性,可分为微、弱、中、强四个等级。
(2)场地环境类型划分见表11.3-2。

场 地 环 境 类 型　　　　　　　　　　表11.3-2

环 境 类 型	场地环境地质条件
Ⅰ	高寒区、干旱区直接临水;高寒区、干旱区强透水层中的地下水
Ⅱ	高寒区、干旱区弱透水层中的地下水;各气候区湿、很湿的弱透水层湿润区直接临水;湿润区强透水层中的地下水
Ⅲ	各气候区稍湿的弱透水层;各气候区地下水位以上的强透水层

注:1.高寒区是指海拔高度大于或等于3000m的地区;干旱区是指海拔高度小于3000m,干燥度指数 K 值大于或等于1.5的地区。湿润区是指干燥度指数 K 值小于1.5的地区。
2.强透水层是指碎石土和砂土,弱透水层是粉土和黏性土。
3.含水率 $w<3\%$ 的土层,可视为干燥土层,不具有腐蚀环境条件。
4.当混凝土结构一边接触地面水或地下水,一边暴露在大气中,水可通过渗透或毛细作用在暴露大气中的一边蒸发时,应定为Ⅰ类。
5.当有地区经验时,环境类型可根据地区经验划分;当同一场地出现两种环境类型时,应根据具体情况选定。

编者补注:
1.《岩土工程勘察规范(2009年版)》(GB 50021—2001)条文说明:混凝土结构一侧与地表水或地下水接触,另一侧暴露在大气中,水通过渗透作用不断蒸发,如隧洞、坑道、竖井、地下洞室、路堑护面等,渗入面腐蚀轻微而渗出面严重,这种情况对混凝土腐蚀是最严重的,应定为Ⅰ类,大气越冷、越干燥,环境越恶劣。
2.干燥度:

$$K = 0.16 \sum t/r$$

式中:$\sum t$——日平均气温 $\geq 10℃$ 持续期间活动积温总和(℃);
r——同期降水量(mm)。

(3)受环境类型影响,水和土对混凝土结构的腐蚀性按表11.3-3评价。

受环境影响的腐蚀性评价标准　　　　　　表11.3-3

腐蚀等级	腐蚀介质	环 境 类 型		
		Ⅰ	Ⅱ	Ⅲ
微	硫酸盐含量 SO_4^{2-} (mg/L)	<200	<300	<500
弱		200~500	300~1500	500~3000
中		500~1500	1500~3000	3000~6000
强		>1500	>3000	>6000
微	镁盐含量 Mg^{2+} (mg/L)	<1000	<2000	<3000
弱		1000~2000	2000~3000	3000~4000
中		2000~3000	3000~4000	4000~5000
强		>3000	>4000	>5000

续上表

腐蚀等级	腐蚀介质	环境类型		
		Ⅰ	Ⅱ	Ⅲ
微	铵盐含量 NH_4^+（mg/L）	<100	<500	<800
弱		100~500	500~800	800~1000
中		500~800	800~1000	1000~1500
强		>800	>1000	>1500
微	苛性碱含量 OH^-（mg/L）	<35000	<43000	<57000
弱		35000~43000	43000~57000	57000~70000
中		43000~57000	57000~70000	70000~100000
强		>57000	>70000	>100000
微	总矿化度（mg/L）	<10000	<20000	<50000
弱		10000~20000	20000~50000	50000~60000
中		20000~50000	50000~60000	60000~70000
强		>50000	>60000	>70000

注：1. 表中的数值适用于有干湿交替作用的情况，Ⅰ、Ⅱ类腐蚀环境无干湿交替作用时，表中硫酸盐含量数值应乘以1.3的系数。
2. 表中数值适用于水的腐蚀性评价；对土的腐蚀性评价，应乘以1.5的系数，单位以mg/kg表示。
3. 表中苛性碱（OH^-）含量（mg/L）应为NaOH和KOH中的OH^-含量（mg/L）。

（4）受地层渗透性影响，水和土对混凝土结构的腐蚀性按表11.3-4评价。

受地层渗透性影响的腐蚀性评价标准　　　　表11.3-4

腐蚀等级	pH值		侵蚀性 CO_2（mg/L）		HCO_3^-（mmol/L）
	A	B	A	B	A
微	>6.5	>5.0	<15	<30	>1.0
弱	6.5~5.0	5.0~4.0	15~30	30~60	1.0~0.5
中	5.0~4.0	4.0~3.5	30~60	60~100	<0.5
强	<4.0	<3.5	>60	—	—

注：1. 表中A是指直接临水或强透水层中的地下水；B是指弱透水层的地下水。强透水层是指碎石土和砂土；弱透水层是指粉土和黏土。
2. HCO_3^-含量是指水的矿化度低于0.1g/L的软水时，该类水质HCO_3^-的腐蚀性。
3. 土的腐蚀性评价只考虑pH值指标；评价其腐蚀性时，A是指强透水土层；B是指弱透水土层。

（5）当按表11.3-3和表11.3-4评价的腐蚀等级不同时，应按下列规定综合评定：
①腐蚀等级中，只出现弱腐蚀，无中等腐蚀或强腐蚀时，应综合评价为弱腐蚀；
②腐蚀等级中，无强腐蚀；最高为中等腐蚀时，应综合评价为中等腐蚀；
③腐蚀等级中，有一个或一个以上为强腐蚀，应综合评价为强腐蚀。

（6）水和土对钢筋混凝土结构中钢筋的腐蚀性按表11.3-5评价。

钢筋腐蚀性评价标准　　　　　　　　　　表11.3-5

腐蚀等级	水中的Cl^-含量(mg/L)		土中的Cl^-含量(mg/kg)	
	长期浸水	干湿交替	A	B
微	<10000	<100	<400	<250
弱	10000~20000	100~500	400~750	250~500
中	—	500~5000	750~7500	500~5000
强	—	>5000	>7500	>5000

注：A是指地下水位以上的碎石土、砂土，稍湿的粉土，坚硬、硬塑的黏性土；B是湿、很湿的粉土，可塑、软塑、流塑的黏性土。

（7）土对钢结构的腐蚀性按表11.3-6评价。

土对钢结构的腐蚀性评价标准　　　　　　　表11.3-6

腐蚀等级	pH	氧化还原电位(mV)	视电阻率($\Omega\cdot m$)	极化电流密度(mA/cm^2)	质量损失(g)
微	>5.5	>400	>100	<0.02	<1
弱	5.5~4.5	400~200	100~50	0.02~0.05	1~2
中	4.5~3.5	200~100	50~20	0.05~0.20	2~3
强	<3.5	<100	<20	>0.20	>3

注：土对钢结构的腐蚀性评价，取各指标中腐蚀等级最高者。

11.3.3　水、土对建筑材料腐蚀的防护

水、土对建筑材料腐蚀的防护应符合现行国家标准《工业建筑防腐蚀设计标准》(GB 50046)的规定。

12 工程建设标准强制性条文摘录

12.1 《岩土工程勘察规范(2009年版)》(GB 50021—2001)摘录

其中,第1.0.3、4.1.11、4.1.17、4.1.18(1、2、3、4)、4.1.20(1、2、3)、4.8.5、4.9.1、5.1.1、5.2.1、5.3.1、5.4.1、5.7.2、5.7.8、5.7.10、7.2.2、14.3.3条(款)为强制性条文,必须严格执行。

1 总 则

1.0.3 各项建设工程在设计和施工之前,必须按基本建设程序进行岩土工程勘察。

4 各类工程的勘察基本要求

4.1 房屋建筑和构筑物

4.1.11 详细勘察应按单体建筑物或建筑群提出详细的岩土工程资料和设计、施工所需的岩土参数;对建筑地基作出岩土工程评价,并对地基类型、基础形式、地基处理、基坑支护、工程降水和不良地质作用的防治等提出建议。主要应进行下列工作:

1 搜集附有坐标和地形的建筑总平面图,场区的地面整平标高,建筑物的性质、规模、荷载、结构特点,基础形式,埋置深度,地基允许变形等资料;

2 查明不良地质作用的类型、成因、分布范围、发展趋势和危害程度,提出整治方案的建议;

3 查明建筑范围内岩土层的类型、深度、分布、工程特性,分析和评价地基的稳定性、均匀性和承载力;

4 对需进行沉降计算的建筑物,提供地基变形计算参数,预测建筑物的变形特征;

5 查明埋藏的河道、沟浜、墓穴、防空洞、孤石等对工程不利的埋藏物;

6 查明地下水的埋藏条件,提供地下水位及其变化幅度;

7 在季节性冻土地区,提供场地土的标准冻结深度;

8 判定水和土对建筑材料的腐蚀性。

4.1.17 详细勘察的单栋高层建筑勘探点的布置,应满足对地基均匀性评价的要求,且不应少于4个;对密集的高层建筑群,勘探点可适当减少,但每栋建筑物至少应有1个控制性勘探点。

4.1.18 详细勘察的勘探深度自基础底面算起,应符合下列规定:

1 勘探孔深度应能控制地基主要受力层,当基础底面宽度不大于5m时,勘探孔的深度对条形基础不应小于基础底面宽度的3倍,对单独柱基不应小于1.5倍,且不应小于5m;

2 对高层建筑和需作变形验算的地基,控制性勘探孔的深度应超过地基变形计算深度;高层建筑的一般性勘探孔应达到基底下0.5~1.0倍的基础宽度,并深入稳定分布的地层;

3 对仅有地下室的建筑或高层建筑的裙房,当不能满足抗浮设计要求,需设置抗浮桩或锚杆时,勘探孔深度应满足抗拔承载力评价的要求;

4 当有大面积地面堆载或软弱下卧层时,应适当加深控制性勘探孔的深度;

5 在上述规定深度内遇基岩或厚层碎石土等稳定地层时,勘探孔深度可适当调整。

4.1.20 详细勘察采取土试样和进行原位测试应满足岩土工程评价要求,并符合下列要求:

1 采取土试样和进行原位测试的勘探孔的数量,应根据地层结构、地基土的均匀性和工程特点确定,且不应少于勘探孔总数的1/2,钻探取土试样孔的数量不应少于勘探孔总数的1/3;

2 每个场地每一主要土层的原状土试样或原位测试数据不应少于6件(组),当采用连续记录的静力触探或动力触探为主要勘察手段时,每个场地不应少于3个孔;

3 在地基主要受力层内,对厚度大于0.5m的夹层或透镜体,应采取土试样或进行原位测试;

4 当土层性质不均匀时,应增加取土试样或原位测试数量。

4.8 基坑工程

4.8.5 当场地水文地质条件复杂,在基坑开挖过程中需要对地下水进行控制(降水或隔渗),且已有资料不能满足要求时,应进行专门的水文地质勘察。

4.9 桩基础

4.9.1 桩基岩土工程勘察应包括下列内容:

1 查明场地各层岩土的类型、深度、分布、工程特性和变化规律;

2 当采用基岩作为桩的持力层时,应查明基岩的岩性、构造、岩面变化、风化程度,确定其坚硬程度、完整程度和基本质量等级,判定有无洞穴、临空面、破碎岩体或软弱岩层;

3 查明水文地质条件,评价地下水对桩基设计和施工的影响,判定水质对建筑材料的腐蚀性;

4 查明不良地质作用,可液化土层和特殊性岩土的分布及其对桩基的危害程度,并提出防治措施的建议;

5 评价成桩可能性,论证桩的施工条件及其对环境的影响。

5 不良地质作用和地质灾害

5.1 岩溶

5.1.1 拟建工程场地或其附近存在对工程安全有影响的岩溶时,应进行岩溶勘察。

5.2 滑坡

5.2.1 拟建工程场地或其附近存在对工程安全有影响的滑坡或有滑坡可能时,应进行专门的滑坡勘察。

5.3 危岩和崩塌

5.3.1 拟建工程场地或其附近存在对工程安全有影响的危岩或崩塌时,应进行危岩和崩塌勘察。

5.4 泥石流

5.4.1 拟建工程场地或其附近有发生泥石流的条件并对工程安全有影响时,应进行专门的泥石流勘察。

5.7 场地和地基的地震效应

5.7.2 在抗震设防烈度等于或大于6度的地区进行勘察时,应确定场地类别。当场地位于抗震危险地段时,应根据现行国家标准《建筑抗震设计规范》(GB 50011)要求,提出专门研究的建议。

5.7.8 地震液化的进一步判别应在地面以下15m的范围内进行;对于桩基和基础埋深大于5m的天然地基,判别深度应加深至20m。对判别液化而布置的勘探点不应少于3个,勘探孔深应大于液化判别深度。

5.7.10 凡判别为可液化的场地,应按现行国家标准《建筑抗震设计规范》(GB 50011)的规定确定其液化指数和液化等级。

勘察报告除应阐明可液化的土层、各孔的液化指数外,尚应根据各孔液化指数综合确定场地液化等级。

7 地 下 水

7.2 水文地质参数的测定

7.2.2 地下水位的量测应符合下列规定:

1 遇地下水时应量测水位;
2 对工程有影响的多层含水层的水位量测,应采取止水措施,将被测含水层与其他含水层隔开。

14 岩土工程分析评价和成果报告

14.3 成果报告的基本要求

14.3.3 岩土工程勘察报告应根据任务要求、勘察阶段、工程特点和地质条件等具体情况编写,并应包括下列内容:

1 勘察目的、任务要求和依据的技术标准;
2 拟建工程概况;
3 勘察方法和勘察工作布置;
4 场地地形、地貌、地层、地质构造、岩土性质及其均匀性;
5 各项岩土性质指标,岩土的强度参数、变形参数、地基承载力的建议值;
6 地下水埋藏情况、类型、水位及其变化;
7 土和水对建筑材料的腐蚀性;
8 可能影响工程稳定的不良地质作用的描述和对工程危害程度的评价;
9 场地稳定性和适宜性的评价。

12.2 《建筑与市政地基基础通用规范》(GB 55003—2021)摘录

地基基础工程必须执行该规范,本手册只摘录有关部分。

2 基 本 规 定

2.1 基 本 要 求

2.1.1 地基基础应满足下列功能要求:

1 基础应具备将上部结构荷载传递给地基的承载力和刚度;

2 在上部结构的各种作用和作用组合下,地基不得出现失稳;

3 地基基础沉降变形不得影响上部结构功能和正常使用;

4 具有足够的耐久性能;

5 基坑工程应保证支护结构、周边建(构)筑物、地下管线、道路、城市轨道交通等市政设施的安全和正常使用,并应保证主体地下结构的施工空间和安全;

6 边坡工程应保证支挡结构、周边建(构)筑物、道路、桥梁、市政管线等市政设施的安全和正常使用。

2.1.2 地基基础工程设计前应进行岩土工程勘察,岩土工程勘察成果资料应满足地基基础设计、施工及验收要求。

2.1.3 地基基础设计应根据结构类型、作用和作用组合情况、勘察成果资料和拟建场地环境条件及施工条件,选择合理方案。设计计算应原理正确、概念清楚,计算参数的选择应符合实际工况,设计与计算成果应真实可靠,分析判断正确。

2.1.4 地基基础的设计工作年限应符合下列规定:

1 地基与基础的设计工作年限不应低于上部结构的设计工作年限;

2 基坑工程设计应规定工作年限,且设计工作年限不应小于 1 年;

3 边坡工程的设计工作年限,不应小于被保护的建(构)筑物、道路、桥梁、市政管线等市政设施的设计工作年限。

2.1.5 地在地基基础设计工作年限内,地基基础工程材料、构件和岩土性能应满足安全性、适用性和耐久性要求。

2.1.8 当地下水位变化对建设工程及周边环境安全产生不利影响时,应采取安全、有效的处治措施。

2.1.9 地下水控制工程应采取措施防止地下水水质恶化,不得造成不同水质类别地下水的混融;且不得危及周边建(构)筑物、地下管线、道路、城市轨道交通等市政设施的安全,影响其正常使用。

2.1.10 对特殊性岩土。存在不良地质作用和地质灾害的建设场地,应查明情况,分析其对生态环境、拟建工程的影响,提出应对措施,并对应对措施的有效性进行评价。

3 勘察成果要求

3.1 一般要求

3.1.1 拟建场地的岩土工程勘察成果应包括下列内容:

1 拟建场地的地形、地貌、地质构造条件,地基岩土分类及分布情况;

2 岩土的物理力学指标;

3 地基基础影响范围内地下水的埋藏条件、类型、水位及其变化;

4 地基土和地下水对地基和基础的主要建筑材料的腐蚀性分析与判定;

5 场地和地基的地震效应评价;

6 场地稳定性和工程建设适宜性的评价。

3.1.2 岩土工程勘察应综合拟建场地的岩土特性及其分布、拟建项目的设计条件,提供岩土设计参数和地基承载力建议值,提出地基、基础的方案建议和基坑支护体系、边坡支挡体系的选型建议。

3.2 特定要求

3.2.1 当场地与地基存在特殊性岩土时,岩土工程勘察成果除应符合本规范第 3.1 节规定外,尚应包括下列内容:

2 对膨胀土,应测定膨胀力,计算膨胀变形量、收缩变形量和胀缩变形量,确定胀缩等级、大气影响深度及场地类型;

5 对红黏土,应明确原生或次生类型,分析裂隙发育特征,评价地基均匀性;

6 对填土,应明确堆填或填筑的方式和形成时间,分析填料性质、分布范围,评价填土地基的密实度、均匀性和地基稳定性。

8 对风化岩和残积土,应查明母岩性质、风化程度,判断岩脉、孤石的分布情况,评价风化岩的均匀性。

3.2.2 当拟建场地及附近存在不良地质作用和地质灾害时,岩土工程勘察成果除应符合本规范第 3.1 节规定外,尚应包括下列内容:

1 应查明不良地质作用和潜在地质灾害的类型、成因、分布,分析其对工程的危害;

2 对溶洞、土洞和其他洞穴,应评价其稳定性对工程的影响,提出防治措施;

3 对潜在的崩塌、滑坡、泥石流等地质灾害,应查明其形成条件,分析其可能的发展及影响,提出防治要求与方案建议。

4 对存在的断裂,应明确其位置、活动性和对工程的影响,提出相关处理建议。

5 对采空区,应分析判定采空区的稳定性和工程建设的适宜性,并提出防治方案建议。

12.3 《建筑抗震设计规范(2016 年版)》(GB 50011—2010)摘录

其中,1.0.2、1.0.4、3.1.1、3.3.1、3.3.2、3.4.1、3.5.2、3.7.1、3.7.4、3.9.1、3.9.2、3.9.4、3.9.6、4.1.6、4.1.8、4.1.9、4.2.2、4.3.2、4.4.5、5.1.1、5.1.3、5.1.4、5.1.6、5.2.5、5.4.1、5.4.2、5.4.3、6.1.2、6.3.3、6.3.7、6.4.3、7.1.2、7.1.5、7.1.8、7.2.4、7.2.6、7.3.1、7.3.3、7.3.5、7.3.6、7.3.8、7.4.1、7.4.4、7.5.7、7.5.8、8.1.3、8.3.1、8.3.6、8.4.1、8.4.2、8.5.1、10.1.3、10.1.12、10.1.15、12.1.5、12.2.1 和 12.2.9 条为强制性条文,必须严格执行,本手册只摘录有关部分。

1 总 则

1.0.2 抗震设防烈度为 6 度及以上地区的建筑,必须进行抗震设计。

1.0.4 抗震设防烈度必须按国家规定的权限审批、颁发的文件(图件)确定。

3 基 本 规 定

3.1 建筑抗震设防分类和设防标准

3.1.1 抗震设防的所有建筑应按现行国家标准《建筑工程抗震设防分类标准》(GB 50223)确定其抗震设防类别及其抗震设防标准。

3.3 场地和地基

3.3.1 选择建筑场地时,应根据工程需要和地震活动情况、工程地质和地震地质的有关资料,对抗震有利、一般、不利和危险地段做出综合评价。对不利地段,应提出避开要求;

当无法避开时应采取有效的措施。对危险地段,严禁建造甲、乙类的建筑,不应建造丙类的建筑。

3.3.2 建筑场地为Ⅰ类时,对甲、乙类的建筑应允许仍按本地区抗震设防烈度的要求采取抗震构造措施;对丙类的建筑应允许按本地区抗震设防烈度降低一度的要求采取抗震构造措施,但抗震设防烈度为6度时仍应按本地区抗震设防烈度的要求采取抗震构造措施。

4 场地、地基和基础
4.1 场 地

4.1.6 建筑的场地类别,应根据土层等效剪切波速和场地覆盖层厚度按表4.1.6划分为四类,其中Ⅰ类分为I_0、I_1两个亚类。当有可靠的剪切波速和覆盖层厚度且其值处于表4.1.6所列场地类别的分界线附近时,应允许按插值方法确定地震作用计算所用的特征周期。

各类建筑场地的覆盖层厚度(m) 表4.1.6

岩石的剪切波速或土的等效剪切波速(m/s)	场地类别				
	I_0	I_1	Ⅱ	Ⅲ	Ⅳ
$v_s > 800$	0				
$800 \geq v_s > 500$		0			
$500 \geq v_{se} > 250$		<5	≥5		
$250 \geq v_{se} > 150$		<3	3~50	>50	
$v_{se} \leq 150$		<3	3~15	15~80	>80

注:表中v_s系岩石的剪切波速。

4.1.8 当需要在条状突出的山嘴、高耸孤立的山丘、非岩石和强风化的岩石的陡坡、河岸和边坡边缘等不利地段建造丙类及丙类以上建筑时,除保证其在地震作用下的稳定性外,尚应估计不利地段对设计地震动参数可能产生的放大作用,其水平地震影响系数最大值应乘以增大系数。其值应根据不利地段的具体情况确定,在1.1~1.6范围内采用。

4.1.9 场地工程岩土勘察,应根据实际需要划分对建筑有利、一般、不利和危险的地段,提供建筑的场地类别和岩土地震稳定性(含滑坡、崩塌、液化和震陷特性)评价,对需要采用时程分析法补充计算的建筑,尚应根据设计要求提供土层剖面、场地覆盖层厚度和有关的动力参数。

4.2 天然地基和基础

4.2.2 天然地基基础抗震验算时,应采用地震作用效应标准组合,且地基抗震承载力应取地基承载力特征值乘以地震抗震承载力调整系数计算。

4.3 液化土和软土地基

4.3.2 地面下存在饱和砂土和饱和粉土时,除6度外,应进行液化判别;存在液化土层的地基,应根据建筑的抗震设防类别、地基的液化等级,结合具体情况采取相应的措施。

注:本条饱和土液化判别要求不含黄土、粉质黏土。

4.4 桩　　基

4.4.5 液化土和震陷软土中桩的配筋范围,应自桩顶至液化深度以下符合全部消除液化沉陷所要求的深度,其纵向钢筋应与桩顶部相同,箍筋应加粗和加密。

5 地震作用和结构抗震验算

5.1 一般规定

5.1.1 各类建筑结构的地震作用,应符合下列规定:

1 一般情况下,应至少在建筑结构的两个主轴方向分别计算水平地震作用,各方向的水平地震作用应由该方向抗侧力构件承担。

2 有斜交抗侧力构件的结构,当相交角度大于15°时,应分别计算各抗侧力构件方向的水平地震作用。

3 质量和刚度分布明显不对称的结构,应计入双向水平地震作用下的扭转影响;其他情况,应允许采用调整地震作用效应的方法计入扭转影响。

4 8、9度时的大跨度和长悬臂结构及9度时的高层建筑,应计算竖向地震作用。

注:8、9度时采用隔震设计的建筑结构,应按有关规定计算竖向地震作用。

5.1.4 建筑结构的地震影响系数应根据烈度、场地类别、设计地震分组和结构自振周期以及阻尼比确定。其水平地震影响系数最大值应按表5.1.4-1采用;特征周期应根据场地类别和设计地震分组按表5.1.4-2采用,计算罕遇地震作用时,特征周期应增加0.05s。

注:周期大于6.0s的建筑结构所采用的地震影响系数应专门研究。

水平地震影响系数最大值　　表5.1.4-1

地震影响	6度	7度	8度	9度
多遇地震	0.04	0.08(0.12)	0.16(0.24)	0.32
罕遇地震	0.28	0.50(0.72)	0.90(1.20)	1.40

注:括号中数值分别用于设计基本地震加速度为0.15g和0.30g的地区。

特征周期值(单位:s)　　表5.1.4-2

设计地震分组	场地类别				
	I_0	I_1	Ⅱ	Ⅲ	Ⅳ
第一组	0.20	0.25	0.35	0.45	0.65
第一组	0.25	0.30	0.40	0.55	0.75
第一组	0.30	0.35	0.45	0.65	0.90

12.4 《市政工程勘察规范》(CJJ 56—2012)摘录

其中,1.0.3、4.4.1条为强制性条文,必须严格执行。

1 总　　则

1.0.3 市政工程必须按基本建设程序进行岩土工程勘察,并应搜集、分析、利用已有资料和建设经验,针对市政工程特点、各勘察阶段的任务要求和岩土工程条件,提出资料完整、评价正确的勘察报告。

4 勘察阶段的划分与基本工作内容
4.4 详细勘察

4.4.1 市政工程详细勘察应针对工程特点和场地岩土条件,进行岩土工程分析和评价,提供设计和施工所需的岩土体参数及有关的结论和建议。

12.5 《城市轨道交通岩土工程勘察规范》(GB 50307—2012)摘录

其中,7.2.3、7.3.6、7.4.5、10.3.2、11.1.1条为强制性条文,必须严格执行。

7 详细勘察
7.2 目的与任务

7.2.3 详细勘察应进行下列工作:

1 查明不良地质作用的特征、成因、分布范围、发展趋势和危害程度,提出治理方案的建议。

2 查明场地范围内岩土层的类型、年代、成因、分布范围、工程特性,分析和评价地基的稳定性、均匀性和承载能力,提出天然地基、地基处理和桩基等地基基础方案的建议,对需进行沉降计算的建(构)筑物、路基等,提供地基变形计算参数。

3 分析地下工程围岩的稳定性和可挖性,对围岩进行分级和岩土施工工程分级,提出对地下工程有不利影响的工程地质问题及防治措施的建议,提供基坑支护、隧道初期支护和衬砌设计与施工所需的岩土参数。

4 分析边坡的稳定性,提供边坡稳定性计算参数,提出边坡治理的工程措施建议。

5 查明对工程有影响的地表水体的分布、水位、水深、水质、防渗措施、淤积物分布及地表水与地下水的水力联系等,分析地表水体对工程可能造成的危害。

6 查明地下水的埋藏条件,提供场地的地下水类型、勘察时水位、水质、岩土渗透系数、地下水位变化幅度等水文地质资料,分析地下水对工程的作用,提出地下水控制措施的建议。

7 判定地下水和土对建筑材料的腐蚀性。

8 分析周边环境与工程的相互影响,提出环境保护措施的建议。

9 应确定场地类别,对抗震设防烈度大于6度的场地,应进行液化判别,提出处置措施的建议。

10 在季节性冻土区,应提供场地土的标准冻结深度。

7.3 地下工程

7.3.6 地下工程控制性勘探孔的数量不应少于勘探点总数的1/3。采取岩土试样及原位测试勘探孔的数量:车站工程不应少于勘探点总数的1/2,区间工程不应少于勘探点总数的2/3。

7.4 高架工程

7.4.5 高架工程控制性勘探孔的数量不应少于勘探点总数的1/3。取样及原位测试孔的数量不应少于勘探点总数的1/2。

10 地 下 水
10.3 水文地质参数的测定

10.3.2 勘察时遇地下水应测量水位。当场地存在对工程有影响的多层含水层时,应分层测量。

11 不良地质作用
11.1 一般规定

11.1.1 拟建工程场地或其附近存在对工程安全有不利影响的不良地质作用且无法规避时,应进行专项勘察工作。

12.6 特别说明

(1)《公路路线设计规范》(JTG D20—2017)、《公路桥涵地基与基础设计规范》(JTG D63—2019)、《公路隧道设计规范 第一册 土建工程》(JTG 3307.1—2018)、《公路工程地质勘察规范》(JTG C20—2011)、《公路路基设计规范》(JTG D30—2015)、《公路桥涵设计通用规范》(JTG D60—2015)、《公路工程抗震规范》(JTG B02—2013)、《公路桥梁抗震设计规范》(JTG/T 2231-01—2020)、《工程岩体分级标准》(GB/T 50218—2014)、《工程岩体试验方法标准》(GB/T 50266—2013)、《贵州建筑岩土工程技术规范》(DBJ52/T 046—2018)、《贵州建筑地基基础设计规范》(DBJ52/T 045—2018)都无"强制性条文"规定。

(2)重庆市城乡建设委员会在发布重庆工程建设标准《工程地质勘察规范》(DBJ50/T 043—2016)的通知中指出"现批准为我市工程建设推荐性标准"。规范中无"强制性条文"规定。

13 相关知识及资料

13.1 建设工程及建筑分类

13.1.1 建设工程分类

1) 根据《建设工程分类标准》(GB/T 50841—2013) 划分

(1) 建筑工程:民用建筑工程、工业建筑工程、构筑物工程及其他建筑工程等。

①民用建筑工程可分为居住建筑、办公建筑、旅馆酒店建筑、商业建筑、居民服务建筑、文化建筑、教育建筑、体育建筑、卫生建筑、科研建筑、交通建筑、人防建筑、广播电影电视建筑等;

②工业建筑工程可分为厂房(机房、车间)、仓库、辅助附属设施等;

③构筑物工程可分为工业构筑物、民用构筑物和水工构筑物等;

④除上述工程以外的其他建筑工程。

(2) 土木工程:道路工程、轨道交通工程、桥涵工程、隧道工程、水工工程、矿山工程、架线与管沟工程、其他土木工程。

①道路工程可分为公路工程,城市道路工程,机场场道工程,厂矿、林区专用道路工程,其他道路工程;

②轨道交通工程可分为铁路工程、城市轨道交通工程和其他轨道工程;

③桥涵工程可分为桥梁工程和涵洞工程两大类;

④隧道工程可分为洞身工程、洞门工程、辅助坑道工程及隧道其他工程;

⑤水工工程可分为水利水电工程、港口工程、航道工程及其他水工工程;

⑥矿山工程可分为地下矿山工程、露天矿山工程及矿山配套工程;

⑦架线与管沟工程可分为架线工程和管沟工程;

⑧除上述工程以外的其他土木工程。

(3) 机电工程:机械设备工程、静设备与工艺金属结构工程、电气工程、自动化控制仪表工程、建筑智能化工程、管道工程、消防工程、净化工程、通风与空调工程、设备及管道防腐蚀与绝热工程、工业炉工程、电子与通信及广电工程等。

①机械设备工程可分为通用设备安装工程、起重设备安装工程、锅炉设备安装工程、专用设备安装工程等;

②静置设备与工艺金属结构工程可分为静置设备工程,气柜工程,氧舱工程,工艺金属结构工程,铝制、铸铁、非金属设备安装工程,其他设备安装工程;

③电气工程可分为工业电气工程和建筑电气工程;

④自动化控制仪表工程可分为过程检测仪表工程,过程控制仪表工程,集中检测装置、仪表工程,集中监视与控制仪表工程,工业计算机安装与调试工程,仪表管路敷设工程,工厂通信、供电工程,仪表盘、箱、柜及附件安装工程,仪表附件安装工程;

⑤建筑智能化工程可分为智能化集成系统工程、信息设施系统工程、信息化应用系统工程、设备管理系统工程、公共安全系统工程、机房工程、环境工程;

⑥管道工程可分为长输(油气)管道工程(GA)、公用管道工程(GB)、工业管道工程(GC)、动力管道工程(GD);

⑦消防工程可分为火灾自动报警系统工程,消防给水系统工程,消火栓系统工程,自动喷水灭火系统工程,水喷雾灭火系统工程,细水雾灭火系统工程,气体灭火系统工程,泡沫灭火系统工程,干粉灭火系统工程,防排烟系统工程,防火门窗、防火卷帘工程,钢结构防火保护工程,防火封堵工程,消防系统调试工程,其他建筑消防设施工程;

⑧净化工程可分为净化工作台工程、风淋室工程、洁净室工程、内装工程、净化空调工程、净化设备安装工程、净化工艺管道工程;

⑨通风与空调工程可分为通风与空调设备及部件制作、安装工程,通风与空调风管系统工程,通风与空调水系统工程,通风与空调系统检测、调试工程;

⑩设备及管道防腐蚀与绝热工程可分为设备及管道防腐蚀工程,设备及管道绝热工程;

⑪工业炉工程可分为冶金炉工程、有色金属炉工程、化工炉工程、建材工业炉工程、其他专业炉工程、一般工业炉工程;

⑫电子与通信及广电工程可分为电子系统工程、电子设备工程、通信设备工程、计算机信息网络工程、通信机房与通信枢纽工程、通信线路工程、广播电影电视工程。

2)根据《建设工程质量管理条例》(国务院令第714号)划分

(1)土木工程:矿山、铁路、公路、隧道、桥梁、堤坝、电站、码头、飞机场、运动场、营造林、海洋平台等;

(2)建筑工程:指房屋建筑工程,即有顶盖、梁柱、墙壁、基础以及能够形成内部空间,满足人们生产、生活、公共活动的工程实体,包括厂房、剧院、旅馆、商店、学校、医院和住宅等工程;

(3)线路、管道和设备安装工程:电力、通信线路、石油、燃气、给水、排水、供热等管道系统和各类机械设备、装置的安装活动;

(4)装修工程:对建筑物内、外进行以美化、舒适化、增加使用功能为目的的工程建设活动。

13.1.2 建筑分类

(1)民用建筑按使用功能可分为居住建筑和公共建筑,居住建筑可分为住宅建筑和宿舍建筑。

(2)民用建筑按地上建筑高度或层数进行分类应符合下列规定:

①建筑高度不大于27.0m的住宅建筑、建筑高度不大于24.0m的公共建筑及建筑高度大于24.0m的单层公共建筑为低层或多层民用建筑;

② 建筑高度大于27.0m的住宅建筑和建筑高度大于24.0m的非单层公共建筑,且高度不大于100.0m的,为高层民用建筑;

③建筑高度大于100.0m为超高层建筑。

13.2 贵州省基础地质资料

13.2.1 贵州省地层综合区划

贵州省地层综合区划应根据《中国区域地质志·贵州志》(2017)中的贵州省地层综合区划图进行划分。

贵州省地层综合区划简表见表13.2-1。

13.2.2 贵州省地层序列表

贵州省地层序列见表13.2-2。

13.2.3 贵州省大地构造单元划分

贵州省大地构造单元应根据《中国区域地质志·贵州志》(2017)中的贵州省构造单元分区图进行划分。

13.2.4 贵州省岩浆岩

贵州省岩浆岩应根据《中国区域地质志·贵州志》(2017)确定。

13.2.4.1 新远古代梵净山、四堡时期火山岩

(1)梵净山群中的细碧岩—角斑岩—石英角斑岩见表13.2-3。

贵州省地层综合区划简表　　　　　　　　　表 13.2-1

大区		分区		小区	
名称	大地构造位	名称	主要特征	名称	突出特征
扬子地层区	羌塘—扬子—华南板块扬子陆块	黔北分区（Ⅰ）	出露最老地层为青白口系下江群。下江群为裂陷槽盆碎屑沉积，南华系有河湖相及冰川滨浅海相，震旦系、古生界及三叠系主要为滨浅海台地相，侏罗系为内陆盆地河湖相，白垩系有内陆盆地相及山间盆地相。因角度不整合及平行不整合，下江群、南华系、石炭系、二叠系、三叠系及下古生界发育不全。普遍缺泥盆系，南部地区缺志留系	赤水—习水小区（Ⅰ$_1$）	出露最老地层为志留系，分布最广的侏罗系和白垩系均为内陆盆地河湖相砂泥岩建造。地层间多平行不整合，缺泥盆系、石炭系、船山统、古近系及新近系，志留系及中上三叠统不全
				桐梓—沿河小区（Ⅰ$_2$）	出露最老地层为下江群，分布最广的是下古生界。上白垩统为山间盆地相磨拉石建造，与下伏不同地层角度不整合。另有若干地层平行不整合。缺泥盆系、船山统、下白垩统、古近系及新近系，下江群、南华系、志留系、上三叠统及南部地区奥陶系发育不全。寒武系—志留系为海相连续沉积，古生物化石丰富
				毕节—瓮安小区（Ⅰ$_3$）	出露最老地层为下江群，分布最广的是下古生界。上白垩统为山间盆地相磨拉石建造，与下伏不同地层角度不整合。另有若干地层平行不整合。缺志留系、泥盆系及下白垩统、古近系及新近系，下江群、南华系、奥陶系、石炭系、二叠系及上三叠统发育不全。下古生界遭剥蚀缺失较强。南部地区二叠系有基性火山岩
		黔南分区（Ⅱ）	出露最老地层为南华系。南华系有河湖相及冰川滨浅海相，震旦系及古生界有滨浅海、台地、斜坡—盆地相，上古生界及三叠系具河湖、滨浅海、台地、斜坡—盆地相，二叠系有基性火山岩，侏罗系主要为内陆盆地河湖相，上白垩统、古近系及新近系为山间盆地相。地层间有角度不整合或平行不整合，若干地层发育不全	威宁—兴义小区（Ⅱ$_1$）	出露最老地层为震旦系，分布最广的是上古生界及三叠系。上、下古生界平行不整合或角度不整合，上白垩统、古近系或新近系分别与下伏不同地层角度不整合，石炭系、二叠系、三叠系及侏罗系内部各自还有一些平行不整合，相关地层不同程度地缺失。震旦系及下古生界为滨浅海及台地相，上古生界及三叠系有河湖、滨浅海、台地不同相带，部分地区泥盆系—二叠系尚有斜坡—盆地相。多数地区二叠系有基性火山岩
				都匀—望谟小区（Ⅱ$_2$）	出露最老地层为南华系，分布最广的是上古生界及三叠系，缺古近系及新近系。上白垩统与下伏不同地层角度不整合，上、下古生界之间平行不整合或角度不整合。志留系与奥陶系之间，二叠系及三叠系内部尚有平行不整合。震旦系及下古生界有斜坡—盆地相。上古生界及三叠系有滨浅海、台地、斜坡—盆地不同相带，尤其在西南部，台、盆相嵌，显示同沉积断块构造活动背景。局部地带二叠系有基性火山岩
		黔东分区（Ⅲ）	出露最老地层为青白口系梵净山群及四堡群，为弧后盆地相碎屑岩及中—基性火山岩，下江群及丹洲群为裂陷槽盆滨浅海—盆地相，震旦系及下古生界为台缘斜坡—盆地相，上古生界及三叠系（仅存下统）主要为台地相，侏罗系（仅存中、下统）为内陆盆地河湖相，上白垩统及新近系为山间盆地相。因角度不整合及平行不整合，若干地层发育不全，缺泥盆系及古近系	铜仁—镇远小区（Ⅲ$_1$）	出露最老地层为梵净山群，分布最广的是下古生界。缺泥盆系、石炭系、三叠系、侏罗系及古近系。下江群、板溪群与梵净山群，上白垩统或新近系与下伏地层之间为角度不整合。南华系与下江群、板溪群之间为平行不整合或角度不整合，上、下古生界之间平行不整合。下江群和板溪群主要为滨浅海—斜坡相，上部大部缺失。震旦系—奥陶系为台地（主）及斜坡相
				台江—从江小区（Ⅲ$_2$）	出露最老地层为四堡群，分布最广的是下江群和丹洲群。缺志留系、泥盆系、古近系及新近系。丹洲群与四堡群、上、下古生界之间及上白垩统与下伏地层之间，均为角度不整合，南华系与下江群之间为平行不整合或角度不整合，还有若干地层间为平行不整合。下江群、丹洲群及南华系发育良好，下江群、丹洲群、震旦系及下古生界主要为斜坡—盆地相。石炭系、二叠系角度不整合于下江群—寒武系不同层位之上

贵州省地层序列总表

表 13.2-2

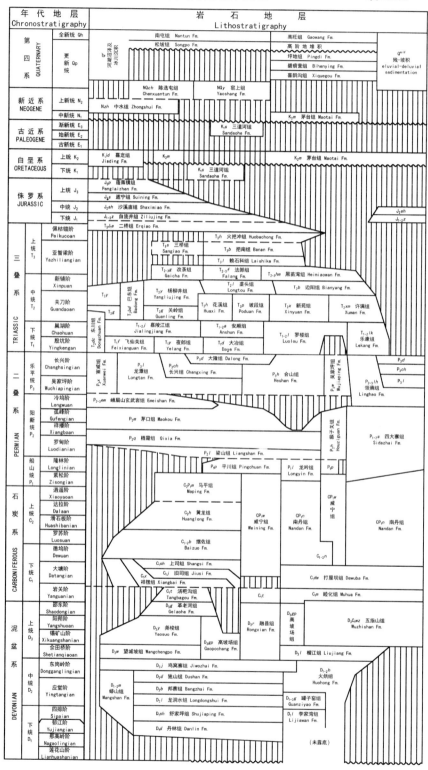

13 相关知识及资料

续上表

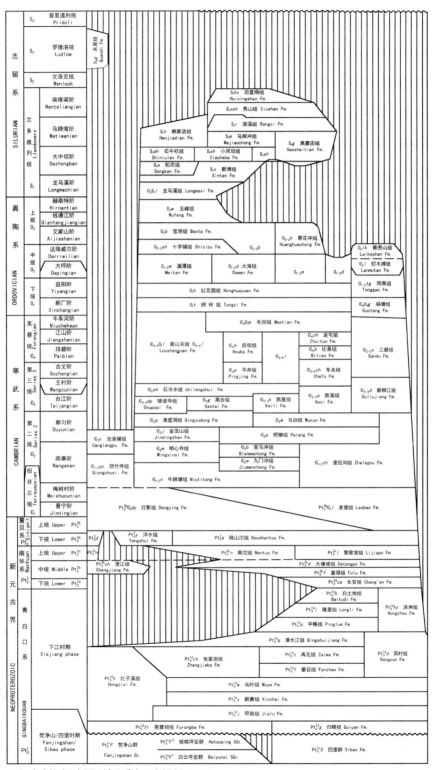

注：本表摘自《中国区域地质志·贵州志》(2017)。

梵净山群中细碧岩—角斑岩—石英角斑岩建造及主要伴生岩类　　　表 13.2-3

$\omega_{SiO_2}(\%)$	岩类	亚类或变种	主要特征	
基性(45~52)	细碧岩	枕状细碧岩	枕状构造,细碧结构	
		球颗细碧岩	球颗结构,杏仁状构造	
		角砾状细碧岩	角砾状结构,隐晶—玻璃质结构	
		块状细碧岩	块状构造,细碧结构	
中性(52~63)	角斑岩	角斑岩	斑状结构,显微斑状结构,玻基斑状结构,基质为交织结构,放射束状结构	
酸性(63~75)	石英角斑岩	钠长石斑晶亚类	斑状结构	基质具微晶结构,隐晶结构
		钠长石—石英斑晶亚类		基质具霏细结构,球颗结构
主要伴生岩类		火山集块岩 火山角砾岩	粗碎屑结构,角砾结构,累带构造	
		石英钠长斑岩	显微斑状或斑状结构,基质具显微鳞片结构,球颗结构	

注:为轻度变质火成结构,均可恢复原岩结构名称。

(2)四堡群中的基性火山岩如图 13.2-1 所示。

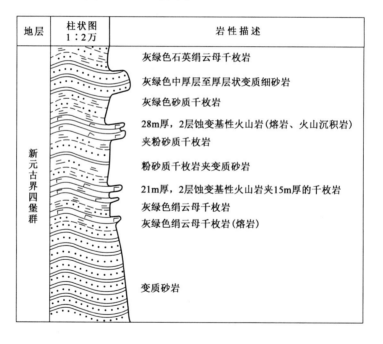

图 13.2-1　新元古界四堡群基性火山岩产出特征

13.2.4.2　新元古代下江时期火山岩

贵州境内该时期岩石蚀变强烈,宏观面貌颇似绿泥石千枚岩。矿物成分几乎均为蚀变矿物,以绿泥石为主,次为绢(白)云母、石英、方解石等,局部可见被绢云母或石英替代的长石板状斑晶假象。副矿物有磁铁矿、赤铁矿、钛铁矿、白钛矿、金红石、磷灰石等,据矿物组合推测其原岩为玄武岩。

13.2.4.3 阳新世—乐平世大陆溢流玄武岩及辉绿岩

(1)玄武质熔岩:粒玄岩、拉斑玄武岩、玄武玢岩、间隐玄武岩、玻基斑状玄武岩、交织玄武岩、玻璃质玄武岩、伊丁石化橄榄玄武岩、淬碎角砾状玄武岩、淬碎球状玄武岩。

(2)玄武质火山碎屑岩。

①玄武质熔结火山碎屑岩:玄武质熔结火山弹角砾岩、玄武质强熔结(全熔结)凝灰岩、玄武质弱熔结(半熔结)凝灰岩;

②玄武质火山碎屑岩:玄武质集块岩、玄武质火山角砾岩、玄武质凝灰岩、玄武质豆状凝灰岩;

③玄武质沉火山碎屑岩:玄武质沉火山角砾岩、含砾玄武质沉火山角砾岩、玄武质沉凝灰岩。

(3)辉绿岩。

13.2.4.4 阳新世偏碱性玄武岩和层状辉绿岩

(1)玄武岩多具拉斑玄武结构,表皮相出现有玻基斑状结构,并时具杏仁状构造;

(2)辉绿岩多具辉绿结构,次有嵌晶含长结构。

13.2.4.5 超基性—基性侵入岩

(1)梵净山地区新元古代梵净山时期超基性—基性侵入岩见表13.2-4。

产于梵净山群中超基性—基性侵入岩分类简表 表13.2-4

$\omega_{SiO_2}(\%)$	岩石名称	主要特征
超基性侵入岩 (<45)	辉石橄榄岩	包含结构,玻基斑状结构
	橄榄辉石岩	半自形—自形粒状结构,包含结构
	辉石岩	半自形—自形粒状结构,连斑结构
	含长辉石岩	半自形—自形粒状结构
基性侵入岩 (52~45)	辉长岩	辉长结构
	辉长—辉绿岩	辉长辉绿结构,杏仁状构造
	辉绿岩	辉绿结构、嵌晶含长结构,杏仁状构造
	辉绿玢岩	斑状结构,基质为显微辉绿结构

(2)从江地区新元古代下江时期超基性—基性侵入岩见表13.2-5。

从江地区中超基性—基性侵入岩分类简表 表13.2-5

$\omega_{SiO_2}(\%)$	岩石名称	主要特征
超基性侵入岩 (<45)	辉石橄榄岩	具变余包含结构、变余半自形—自形粒状结构或等轴粒状结构,以及鳞片纤维变晶结构
	橄榄辉石岩	具变余包含结构或纤维状变晶结构和鳞片纤维状变晶结构
基性侵入岩 (52~45)	辉绿岩	呈渐变过渡关系的上、下两个带

13.2.4.6 酸性侵入岩

(1)梵净山地区新元古代梵净山时期酸性侵入岩见表13.2-6。

梵净山地区花岗质岩石分类表　　　　表13.2-6

类　　别	岩　　石		结　　构
深成岩	白云母花岗岩	细—中粒白云母花岗岩	花岗结构
		中—细粒白云母花岗岩	
		细粒白云母花岗岩	
		似斑状白云母花岗岩	似斑状结构
脉岩	花岗伟晶岩		伟晶结构、文象结构
	钠长岩		半自形粒状结构
	长英岩		花岗变晶结构
	石英钠长斑岩		(显微)斑状结构

(2)从江地区新元古代四堡时期摩天岭酸性侵入岩见表13.2-7。

从江地区花岗质岩石分类表　　　　表13.2-7

岩　类	岩　　石	相带或部位
花岗岩	浅灰—灰白色粗粒—粗粒变斑状片麻状黑云母花岗岩	内部相岩石
	粗粒、中粗粒、粗中粒和中粒花岗变晶结构的黑云母花岗岩	
	浅灰—灰白色中粒—中粒变斑状黑云母花岗岩	过渡相岩石
	浅灰—灰白色细粒或细粒斑状片麻状黑云母花岗岩	边缘相岩石
酸性脉岩	细粒花岗岩脉	
	长英岩脉	
	长石脉	

(3)从江刚边及归林地区新元古代下江时期酸性侵入岩。

岩石种类单一,仅见花岗斑岩。其特征为灰—浅灰色,以斑状结构为主、偶见多斑结构,由斑晶及基质两部分构成。

13.2.4.7 煌斑岩

(1)镇远、施秉等地区志留纪煌斑岩。

①镁铝榴石云母钾镁煌斑岩;

②细粒云母钾镁煌斑岩;

③橄榄云煌岩及斑状云母橄榄岩;

④含金刚石钾镁煌斑岩。

(2)雷山等地区古近纪煌斑岩。

已发现的岩体不多,零星分布在雷山县高岩、牛兰、台江县南牛、从江县鸡脸等地,岩类主要是钙碱性煌斑岩系列的云煌岩、斜云煌岩。

(3)黔西南地区古近纪煌斑岩类。

分布于镇宁、贞丰、望谟三县交界地区的煌斑岩。

13.2.4.8 贵州构造—岩浆旋回

贵州境内的岩浆活动,基本概况大致见表13.2-8。

贵州构造—岩浆旋回基本特征 表 13.2-8

旋回	地质时代	代表性岩石组合		岩石系列		岩浆来源		构造环境	分布地区
喜马拉雅及新构造旋回	E	云煌岩、斜云煌岩		钙碱性煌斑岩系列		幔源		大陆板块内部	镇宁、贞丰、望谟三县交界地区以及雷山、台江等县境内
海西—印支—燕山构造旋回	P_{2-3}	大陆溢流玄武岩及以席状为主的辉绿岩		石英拉斑玄武质系列		幔源		大陆板块内部	中、西部地区
	P_2	偏碱性玄武岩及席状辉绿岩		橄榄拉斑玄武质系列		幔源		陆内裂谷	镇宁巴窝及望谟—罗甸一带
雪峰—加里东构造旋回	S	钾镁煌斑岩及超镁铁煌斑岩		钾镁煌斑岩系列		幔源		大陆板块内部	麻江隆昌及施秉—镇远一带
	$Pt_3^{1d}X$	超基性—基性侵入岩		拉斑玄武质系列		幔源		陆间裂谷	从江地区刚边、归林;九星、平正
		花岗斑岩	基性火山岩	过铝质花岗岩	拉斑玄武质系列	壳源	幔源	陆内裂谷	
武陵构造旋回	$Pt_3^{1c}F/S$	石英钠长斑岩花岗伟晶岩	酸性脉岩花岗岩	酸性脉岩	超酸性过铝质S型花岗岩	壳源		大陆板块内部	梵净山地区
		白云母花岗岩	—	超酸性过铝质A2型花岗岩	—			后碰撞	从江地区
		超基性—基性火山岩(包含细碧岩—角斑岩—石英角斑岩)—侵入岩		拉斑玄武质系列		幔源		弧后盆地—陆间裂谷	

13.2.5 火山碎屑岩分类

(1)按粒径大小分类,如图13.2-2所示。
(2)凝灰岩按碎屑物态分类,如图13.2-3所示。

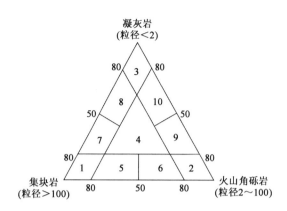
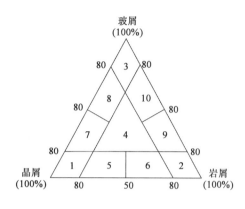

图 13.2-2 火山碎屑岩按粒径大小分类

1-集块岩;2-火山角砾岩;3-凝灰岩;4-混合火山碎屑岩;5-角砾集块岩;6-集块角砾岩;7-凝块集块岩;8-集块凝灰岩;9-凝灰角砾岩;10-角砾凝灰岩

图 13.2-3 凝灰岩按碎屑物态分类

1-晶屑凝灰岩;2-岩屑凝灰岩;3-玻屑凝灰岩;4-混合凝灰岩;5-岩屑晶屑凝灰岩;6-晶屑岩屑凝灰岩;7-玻屑晶屑凝灰岩;8-晶屑玻屑凝灰岩;9-玻屑岩屑凝灰岩;10-岩屑玻屑凝灰岩

13.2.6 贵州省地质图分幅图

（1）1∶50000、1∶200000 地质图分幅如图 13.2-4 所示。

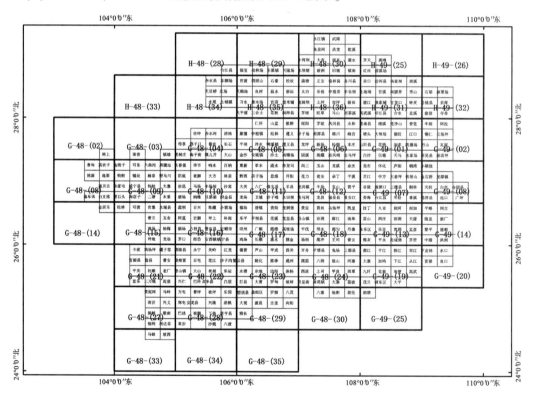

图 13.2-4 贵州省 1∶50000、1∶200000 地质图分幅图

（2）1∶250000 地质图分幅如图 13.2-5 所示。

图 13.2-5　贵州省 1∶250000 地质图分幅图

13.3　水文地质

13.3.1　渗透系数 k

根据《工程地质手册（第五版）》（工程地质手册编委会，2017 年），渗透系数计算公式见表 13.3-1、表 13.3-2。

潜水非完整井（非淹没过滤器井壁进水）　　　表 13.3-1

序号	图　形	计　算　公　式	适　用　条　件
①	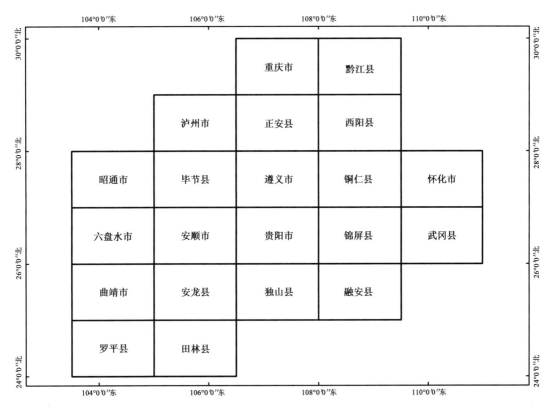	$k = \dfrac{0.73Q}{S_w\left(\lg\dfrac{R}{r_w}+\dfrac{l}{\lg\dfrac{0.66l}{r_w}}\right)} \cdot \dfrac{l+S_w}{}$	1.过滤器安置在含水层上部 2.$l<0.3H$ 3.含水层厚度很大

续上表

序号	图 形	计 算 公 式	适 用 条 件
②	$S<0.3H$ $l<0.3H$ $r_1<0.3H$	$k = \dfrac{0.16Q}{l'(S_w - S_1)}\left(2.31\lg\dfrac{1.6l'}{r_w} - \text{arsh}\dfrac{l'}{r_1}\right)$ 式中：$l' = l_0 - 0.5(S_w + S_1)$	1.过滤器安置在含水层上部 2.$l<0.3H$ 3.$S_w<0.3l_0$ 4.一个观测孔 $r_1<0.3H$
③	$l<0.3H$	$k = \dfrac{0.73Q}{S_w\left[\dfrac{l + S_w}{\lg\dfrac{R}{r_w}} + \dfrac{2m}{\dfrac{1}{2a}\left(2l\lg\dfrac{4m}{r_w} - A\right) - \lg\dfrac{4m}{R}}\right]}$ 式中：m——抽水时过滤器（进水部分）长度的中点至含水层底的距离 A——取决于 $\alpha = l/m$，由图 13.3-1 确定	1.过滤器安置在含水层上部 2.$l>0.3H$ 3.单孔
④		$k = \dfrac{0.366Q(\lg R - \lg r_w)}{H_1 S_w}$ 式中：H_1——至过滤器底部的含水层深度	单孔
⑤	$H_1<\dfrac{H}{2}$	$k = \dfrac{0.366Q}{lS_w}\lg\dfrac{0.66l}{r_w}$	1.河床下抽水 2.过滤器安置在含水层上部或中部 3.$c > \dfrac{l}{\ln\dfrac{l}{r_w}}$（一般 $c<2\sim3$m） 4.$H_1<0.5H$
⑥	$S<0.3H$ $c\approx(0.3\sim0.4)H$	$k = \dfrac{0.366Q}{lS_w}\lg\dfrac{0.66l}{r_w}$	1.过滤器安置在含水层中部 2.$l<0.3H$ 3.$c \cong (0.3\sim0.4)H$ 4.单孔

续上表

序号	图 形	计 算 公 式	适 用 条 件
⑦	(图形：$l<0.3H$，$c\approx(0.3\sim0.4)H$)	$k = \dfrac{0.16Q}{l(S_w - S_1)}\left(2.3\lg\dfrac{0.66l}{r_w} - \text{arsh}\dfrac{l}{2r_1}\right)$	1、2、3 条件同上 4.有一个观测孔
⑧		$k = \dfrac{0.366Q(\lg R - \lg r_w)}{(l + S_w)s}$	1.过滤器位于含水层中部 2.单孔
⑨		$k = \dfrac{0.366Q(\lg r_1 - \lg r_w)}{(S_w - S_1)(S - S_1 + l)}$	1.条件同上 2.一个观测孔
⑩		$k = \dfrac{0.73Q(\lg R - \lg r_w)}{S_w(H + l)}$	1.过滤器位于含水层下部 2.单孔

注：①~⑤是潜水非完整井(非淹没过滤器井壁进水)计算公式；⑥~⑩是潜水非完整井(淹没过滤器井壁进水)计算公式。

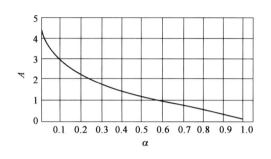

图 13.3-1 系数 A-α 曲线图

根据水位恢复速度计算渗透系数　　表 13.3-2

图　形	计算公式	适用条件	说　明
	$k = \dfrac{1.57 r_w (h_2 - h_1)}{t(S_1 + S_2)}$	1.承压水层 2.大口径平底井(或试坑)	求得一系列与水位恢复时间有关的数值 k，则可作 $k=f(t)$ 曲线，根据此曲线，可确定近于常数的渗透系数值，如下图 左列公式均作近似计算用
	$k = \dfrac{r_w (h_2 - h_1)}{t(S_1 + S_2)}$	1.条件同上 2.大口径半球状井底(或试坑)	
	$k = \dfrac{3.5 r_w^2}{(H + 2r)t} \ln \dfrac{S_1}{S_2}$	潜水完整井	
	$k = \dfrac{\pi r_w^2}{4t} \ln \dfrac{H - h_1}{H - h_2}$	1.潜水非完整井 2.大口径井底进水井壁不进水	

13.3.2 影响半径 R

《工程地质手册(第五版)》(工程地质手册编委会,2017年)中规定,根据计算公式确定影响半径 R,目前大多数只能给出近似值,常用公式见表 13.3-3。

影响半径 R 计算公式 表 13.3-3

计算公式		适用条件	备注
潜 水	承 压 水		
$\lg R = \dfrac{S_w(2H-S_w)\lg r_1 - S'(2H-S_1)\lg r_w}{(S_w-S_1)(2H-S_w-S_1)}$	$\lg R = \dfrac{S_w \lg r_1 - S_1 \lg r_w}{S_w - S_1}$	有一个观测孔完整井抽水时	精度较差，一般偏大
$\lg R = \dfrac{1.336k(2H-S_w)S_w}{Q} + \lg r_w$	$\lg R = \dfrac{2.73kmS_w}{Q} + \lg r_w$	无观测孔完整井抽水时	
$R = 2d$		近地表水体单孔抽水时	
$R = 2s\sqrt{Hk}$		计算松散含水层井群或基坑矿山巷道抽水初期的 R 值	对直径较大的井群和单井计算的 R 值过大，对矿坑基坑 R 值偏小
	$R = 10s\sqrt{k}$	计算承压水抽水初期的 R 值	得出的 R 值为概略值
$R = \sqrt{\dfrac{k}{W}(H^2 - h_0^2)}$		计算泄水沟和排水沟的影响宽度	要考虑大气降水补给潜水最强时期的 W 值为依据
$r = 1.73\sqrt{\dfrac{kHt}{\mu}}$		含水层无补给时，确定排水渠的影响宽度	得出近似的影响宽度值
$R = H\sqrt{\dfrac{k}{2W}\left[1 - \exp\left(-\dfrac{6Wt}{\mu H}\right)\right]}$		含水层有大气降水补给时，确定排水渠的影响宽度	
	$R = a\sqrt{at}$ $a = 1.1 \sim 1.7$	确定含水层中狭长坑道的影响宽度	a 为系数，取决于抽水状态

13.3.3 三角堰测流量表

根据《水文地质手册(第二版)》(中国地质调查局,2012年),三角堰测流量查算见表 13.3-4。

表 13.3-4

三角堰水头高度与流量查算表

单位

水头高度 h 的尾数 (cm)	0		0.1		0.2		0.3		0.4		0.5		0.6		0.7		0.8		0.9	
水头高度 h (cm)	L/s	m³/h	L/s	m³/h	L/s	m³/h	L/s	m³/h	L/s	m³/h	L/s	m³/h	L/s	m³/h	L/s	m³/h	L/s	m³/h	L/s	m³/h
1	0.014	0.051	0.018	0.065	0.022	0.081	0.027	0.0985	0.033	0.1185	0.039	0.14	0.046	0.165	0.054	0.192	0.062	0.222	0.071	0.254
2	0.8	0.289	0.091	0.326	0.102	0.367	0.114	0.41	0.128	0.456	0.14	0.505	0.155	0.557	0.17	0.612	0.186	0.67	0.203	0.732
3	0.221	0.797	0.24	0.865	0.26	0.936	0.281	1.011	0.303	1.09	0.325	1.712	0.349	1.257	0.374	1.346	0.4	1.439	0.427	1.535
4	0.454	1.636	0.483	1.74	0.513	1.85	0.544	1.96	0.577	2.08	0.61	2.2	0.644	2.32	0.68	2.45	0.717	2.58	0.755	2.72
5	0.794	2.86	0.828	2.98	0.869	3.13	0.912	3.28	0.955	3.44	1.00	3.6	1.046	3.77	1.094	3.94	1.142	4.11	1.192	4.29
6	1.243	4.476	1.296	4.665	1.35	4.86	1.405	5.06	1.461	5.26	1.519	5.47	1.578	5.68	1.638	5.9	1.7	6.12	1.763	6.35
7	1.828	6.58	1.894	6.82	1.961	7.06	2.03	7.31	2.1	7.561	2.172	7.82	2.245	8.08	2.32	8.35	2.396	8.63	2.473	8.9
8	2.552	9.19	2.633	9.48	2.715	9.77	2.798	10.07	2.884	10.38	2.97	10.69	3.058	11.01	3.148	11.33	3.239	11.66	3.332	11.99
9	3.426	12.33	3.522	12.68	3.62	13.03	3.719	13.39	3.82	13.75	3.922	14.12	4.026	14.49	4.132	14.88	4.239	15.26	4.348	15.65
10	4.459	16.05	4.539	16.34	4.652	16.75	4.767	17.16	4.883	17.58	5.002	18.01	5.121	18.44	5.243	18.87	5.366	19.32	5.492	19.77
11	5.618	20.23	5.747	20.69	5.887	21.16	6.009	21.63	6.143	22.11	6.279	22.6	6.416	23.1	6.555	23.6	6.696	24.11	6.839	24.62
12	6.984	25.14	7.13	25.67	7.278	26.2	7.428	26.74	7.58	27.29	7.734	27.84	7.89	28.4	8.047	28.97	8.206	29.54	8.368	30.12
13	8.531	30.71	8.696	31.3	8.862	31.9	9.031	32.51	9.202	33.13	9.375	33.75	9.55	34.38	9.726	35.01	9.904	35.66	10.084	36.3
14	10.267	36.96	10.451	37.63	10.638	38.3	10.826	38.97	11.016	39.66	11.209	40.35	11.403	41.05	11.599	41.76	11.797	42.47	11.998	43.19
15	12.2	43.92	12.316	44.34	12.521	45.07	12.727	45.82	12.936	46.57	13.148	47.33	13.361	48.1	13.576	48.87	13.793	49.65	14.012	50.44
16	14.234	51.24	14.457	52.05	14.683	52.86	14.91	53.68	15.14	54.5	15.372	55.34	15.606	56.18	15.842	57.03	16.08	57.89	16.32	58.75

续上表

水头高度 h 的尾数(cm)	0		0.1		0.2		0.3		0.4		0.5		0.6		0.7		0.8		0.9	
水头高度 h(cm)	L/s	m³/h	L/s	m³/h	L/s	m³/h	L/s	m³/h	L/s	m³/h	L/s	m³/h	L/s	m³/h	L/s	m³/h	L/s	m³/h	L/s	m³/h
17	16.563	59.63	16.808	60.51	17.054	61.4	17.303	62.29	17.554	63.2	17.808	64.11	18.063	65.03	18.321	65.96	18.581	66.89	18.842	67.83
18	19.107	68.79	19.374	69.75	19.642	70.71	19.913	71.687	20.186	72.67	20.462	73.66	20.74	74.66	21.019	75.67	21.302	76.69	21.585	77.71
19	21.872	78.74	22.161	79.78	22.453	80.83	22.746	81.89	23.042	82.95	23.34	84.02	23.64	85.11	23.943	86.19	24.248	87.3	24.555	88.4
20	24.865	89.51	24.996	89.99	25.308	91.11	25.622	92.24	25.939	93.38	26.258	94.53	26.58	95.69	26.903	96.85	27.229	98.02	27.558	99.21
21	27.889	100.4	28.222	101.6	28.557	102.81	28.895	104.02	29.236	105.25	29.579	106.48	29.924	107.73	30.271	108.98	30.621	110.24	30.973	111.5
22	31.328	112.78	31.685	114.07	32.045	115.36	32.407	116.67	32.772	117.98	33.139	119.3	33.508	120.63	33.88	121.97	34.254	123.32	34.631	124.67
23	35.011	126.04	35.392	127.41	35.777	128.8	36.163	130.19	36.553	131.6	36.944	132.99	37.339	134.42	37.736	135.85	38.135	137.29	38.537	138.73
24	38.941	140.19	39.348	141.65	39.757	143.13	40.169	144.61	40.584	146.1	41.001	147.6	41.421	149.11	41.843	150.63	42.268	152.16	42.695	153.7
25	43.125	155.25	43.242	155.67	43.674	157.23	44.109	158.79	44.546	160.36	44.985	161.95	45.428	163.54	45.873	165.14	46.32	166.75	46.77	168.37
26	47.223	170	47.678	171.64	48.136	173.29	48.597	174.95	49.06	176.62	49.526	178.29	49.995	179.98	50.466	181.68	50.94	183.38	51.416	185.1
27	51.895	186.82	52.378	188.56	52.862	190.3	53.35	192.06	53.839	193.82	54.332	195.6	54.827	197.38	55.325	199.17	55.826	200.97	56.329	202.78
28	56.835	204.61	57.344	206.44	57.856	208.28	58.37	210.13	58.887	212	59.406	213.86	59.929	215.74	60.454	217.63	60.982	219.54	61.513	221.45
29	62.046	223.7	62.582	225.3	63.121	227.24	63.663	229.19	64.208	231.15	64.755	233.12	55.306	235.1	65.858	237.09	66.414	239.09	66.973	241.1

单位

13.3.4 梯形堰测流量表

根据《水文地质手册(第二版)》(中国地质调查局,2012年),梯形堰测流量查算见表13.3-5。

梯形堰水头高度与流量查算表(堰底宽 $b=1m$)　　　　表13.3-5

$h(mm)$	$Q(L/s)$	$h(mm)$	$Q(L/s)$	$h(mm)$	$Q(L/s)$	$h(mm)$	$Q(L/s)$
20	5.26	116	73.49	212	181.56	308	317.94
22	6.7	118	75.39	214	184.13	310	321.04
24	6.92	120	77.32	216	186.72	312	324.15
26	7.80	122	79.26	218	189.32	314	327.27
28	8.71	124	81.22	220	191.93	316	330.40
30	9.66	126	83.19	222	194.56	318	333.54
32	10.65	128	85.18	224	197.19	320	336.70
34	11.66	130	87.18	226	199.84	322	339.86
36	12.70	132	89.20	228	202.50	324	343.03
38	13.78	134	91.24	230	205.17	326	346.21
40	14.88	136	93.29	232	207.85	328	349.40
42	16.01	138	95.35	234	210.54	330	352.60
44	17.17	140	97.43	236	213.25	332	355.81
46	18.35	142	99.53	238	215.96	334	359.03
48	19.56	144	101.64	240	218.69	336	362.26
50	20.80	146	103.76	242	221.43	338	365.50
52	22.06	148	105.90	244	224.18	340	368.75
54	23.34	150	108.06	246	226.94	342	372.01
56	24.65	152	110.22	248	229.27	344	375.28
58	25.98	154	112.41	250	232.50	346	378.55
60	27.34	156	114.60	252	235.30	348	381.84
62	28.71	158	116.81	254	238.10	350	385.14
64	30.12	160	119.04	256	240.92	352	388.44
66	31.54	162	121.28	258	243.75	354	391.76
68	31.98	164	123.53	260	246.59	356	385.08
70	34.45	166	125.80	262	249.44	358	398.42
72	35.93	168	128.08	264	252.30	360	401.76
74	37.44	170	130.37	266	255.17	362	405.11
76	38.97	172	132.68	268	258.06	364	408.47
78	40.52	174	135.00	270	260.95	366	411.85
80	42.09	176	137.34	272	263.86	368	415.23
82	43.68	178	139.68	274	266.77	370	418.62
84	45.28	180	142.04	276	269.70	372	422.01
86	46.91	182	144.42	278	272.63	374	425.42
88	48.56	184	146.80	280	275.58	376	428.84
90	50.22	186	149.20	282	278.54	378	432.27
92	51.90	188	151.62	284	281.51	380	435.70
94	53.60	190	154.04	286	284.49	382	439.15
96	55.32	192	156.48	288	287.48	384	442.60
98	57.06	194	158.93	290	290.48	386	446.06
100	58.82	196	161.40	292	293.49	388	449.53
102	60.59	198	163.87	294	296.51	390	453.01
104	62.38	200	166.36	296	299.54	392	456.50
106	64.19	202	168.87	298	302.58	394	460.00
108	66.02	204	171.38	300	305.63	396	463.51
110	67.86	206	173.91	302	308.69	398	467.02
112	69.72	208	176.44	304	311.76	400	470.55
114	71.59	210	179.00	306	314.84		

13.4 全国气候分区图

全国气候分区应根据《公路桥涵设计通用规范》(JTG D60—2015)中的全国气候分区图划分。

13.5 真倾角、视倾角、斜坡百分率

13.5.1 真倾角与视倾角换算

真倾角与视倾角换算见表13.5-1。

真倾角与视倾角换算表　　　　　　　　　　　　　　　表13.5-1

真倾角	地层走向与视倾角方向间所夹之角														
	80°	75°	70°	65°	60°	55°	50°	45°	40°	35°	30°	25°	20°	15°	10°	5°	1°
10°	9°51'	9°40'	9°24'	9°51'	8°41'	8°13'	7°41'	7°6'	6°28'	5°46'	5°2'	4°15'	3°27'	2°37'	1°45'	0°53'	0°10'
15°	14°47'	14°31'	14°8'	13°39'	13°34'	12°28'	11°36'	10°4'	9°46'	8°41'	7°36	6°28'	5°14'	3°33'	2°40'	1°20'	0°16'
20°	19°43'	19°23'	18°53'	18°15'	17°30'	16°36'	15°35'	14°25'	13°10'	11°48'	10°19'	8°45'	7°6'	5°23'	3°37'	1°49'	0°22'
25°	24°48'	24°15'	23°39'	22°55'	22°00'	20°54'	19°39'	18°15'	16°41'	14°58'	13°7'	11°9'	9°3'	6°53'	4°37'	2°20'	0°28'
30°	29°37'	29°9'	28°29'	27°37'	26°34'	25°18'	23°51'	22°12'	20°21'	18°19'	16°6'	13°43'	11°10'	8°30'	5°44'	2°53'	0°35'
35°	34°36'	34°4'	33°21'	32°24'	31°13'	29°50'	28°12'	26°20'	24°14'	21°53'	19°18'	16°29'	13°28'	10°16'	6°56'	3°30'	0°42'
40°	39°34'	39°2'	38°15'	37°15'	36°00'	34°30'	32°44'	30°41'	28°20'	25°42'	22°45'	19°31'	16°0'	12°16'	8°17'	4°11'	0°50'
45°	44°34'	44°1'	43°13'	42°11'	40°54'	39°19'	37°27'	35°16'	32°44'	29°50'	26°33'	22°55'	18°53'	14°30'	9°51'	4°59'	1°0'
50°	49°34'	49°1'	48°14'	47°12'	45°54'	44°17'	40°23'	40°7'	37°27'	34°21'	30°47'	26°44'	22°11'	17°9'	11°41'	5°56'	1°11'
55°	54°35'	54°4'	53°19'	52°18'	51°3'	49°29'	47°35'	45°17'	42°39'	39°20'	35°32'	31°7'	26°2'	20°17'	13°55'	7°6'	1°26'
60°	59°37'	59°8'	58°25'	57°30'	55°19'	54°49'	53°0'	50°46'	48°4'	44°47'	40°54'	36°14'	30°29'	24°8'	16°44'	8°35'	1°44'
65°	64°40'	64°14'	63°36'	62°46'	61°42'	60°21'	58°40'	56°36'	54°2'	50°53'	46°59'	42°11'	26°15'	29°2'	20°25'	10°35'	2°9'
70°	69°43'	69°21'	68°49'	68°7'	67°12	65°8'	64°35'	62°46'	60°29'	57°35'	53°57'	49°16'	43°12'	35°25'	25°30'	13°28'	2°45'
75°	74°47'	74°30'	74°5'	73°32'	72°48'	71°53'	70°43'	69°14'	67°22'	64°58'	61°49'	57°37'	51°55'	44°1'	32°57'	18°1'	3°44'
80°	79°51'	76°39'	79°22'	78°59'	78°29'	77°51'	77°2'	76°0'	74°40'	72°75'	70°34'	67°21'	62°43'	55°44'	44°33'	26°18'	6°31'
85°	84°56'	84°50'	84°41'	84°29'	84°14'	83°54'	83°29'	82°57'	82°15'	81°20'	80°5'	78°19'	75°39'	71°20'	63°15'	44°54'	11°17'
89°	88°59'	88°58'	88°56'	88°54'	88°51'	88°47'	88°42'	88°35'	88°27'	88°15'	88°0'	87°38'	87°6'	86°9'	84°15'	78°41'	44°15'

13.5.2 纵横比例尺不同时的视倾角换算

纵横比例尺不同时的视倾角换算见表13.5-2。

纵横比例尺不同时的倾角换算表　　　　表13.5-2

m	α								
	5°	10°	15°	20°	25°	30°	35°	40°	45°
2	9°55′	19°26′	28°11′	36°03′	43°0′	49°06′	54°28′	59°13′	63°26′
3	14°42′	27°53′	38°43′	47°31′	54°27′	60°0′	64°33′	68°20′	71°34′
4	19°17′	35°12′	46°59′	55°31′	61°48′	66°35′	70°21′	73°25′	75°58′
5	23°28′	41°24′	53°16′	61°13′	66°47′	70°54′	74°04′	76°36′	78°41′
6	27°42′	45°37′	58°07′	65°24′	70°20′	73°54′	76°37′	78°46′	80°32′
7	31°29′	50°59′	61°66′	68°34′	72°58′	76°06′	78°28′	80°20′	81°05′
8	34°59′	54°40′	64°59′	71°03′	74°59′	77°47′	79°53′	81°32′	82°53′
10	41°11′	60°26′	69°32′	74°38′	77°54′	80°10′	81°52′	83°12′	84°17′
15	52°42′	69°17′	76°02′	79°37′	81°52′	83°25′	84°34′	85°27′	86°11′
20	60°15′	74°10′	79°26′	82°11′	83°53′	85°03′	85°55′	86°35′	87°08′

m	α								
	50°	55°	60°	65°	70°	75°	80°	85°	
2	67°14′	70°42′	73°54′	76°53′	79°41′	82°22′	84°58′	86°35′	
3	74°22′	76°52′	79°06′	81°10′	83°05′	84°54′	86°38′	88°20′	
4	78°09′	80°04′	81°47′	83°21′	84°48′	86°10′	87°29′	88°45′	
5	80°28′	82°02′	83°25′	84°40′	85°50′	86°55′	87°59′	89°0′	
6	82°02′	83°21′	84°30′	85°33′	86°32′	87°27′	88°19′	89°10′	
7	83°10′	84°17′	85°17′	86°11′	87°02′	87°49′	88°33′	89°17′	
8	84°01′	85°0′	85°52′	86°40′	87°24′	88°05′	88°44′	89°22′	
10	85°12′	85°0′	86°42′	87°20′	87°55′	88°28′	88°59′	89°30′	
15	85°48′	87°20′	87°48′	88°13′	88°37′	88°59′	89°20′	89°40′	
20	87°86′	88°0′	88°21′	88°40′	88°57′	89°14′	89°30′	89°45′	

注：α-岩层真倾角；m-垂直比例尺和水平比例尺之比值（垂直比例尺放大倍数）。

13.5.3 斜坡百分率表

斜坡百分率表（倾角与倾斜坡度百分数相当值）见表13.5-3。

斜坡百分率表

表 13.5-3

倾角	倾斜坡度百分数	倾角	倾斜坡度百分数	倾角	倾斜坡度百分数	倾角	倾斜坡度百分数
35′	1.0	11°	19.4	20°3′	36.5	33°49′	67.0
52′	1.5	11°2′	19.5	20°18′	37.0	34°	67.4
1°9′	2.0	11°19′	20.0	20°48′	38.0	34°13′	68.0
1°26′	2.5	11°35′	20.5	21°	38.4	34°36′	69.0
1°43′	3.0	11°52′	21.0	21°18′	39.0	35°	70.0
2°	3.5	12°	21.3	21°48′	40.0	35°23′	71.0
2°17′	4.0	12°8′	21.5	22°	40.4	35°45′	72.0
2°35′	4.5	12°24′	22.0	22°18′	41.0	36°	72.6
2°52′	5.0	12°41′	22.5	22°47′	42.0	36°8′	73.0
3°	5.2	13°	23.0	23°	42.5	36°30′	74.0
3°17′	5.5	13°13′	23.5	23°16′	43.0	36°52′	75.0
3°26′	6.0	13°30′	24.0	23°45′	44.0	37°	75.4
3°43′	6.5	13°46′	24.5	24°	44.5	37°14′	76.0
4°	7.0	14°	24.9	24°14′	45.0	37°36′	77.0
4°17′	7.5	14°2′	25.0	24°42′	46.0	38°	78.0
4°34′	8.0	14°18′	25.5	25°	46.6	38°19′	79.0
4°52′	8.5	14°34′	26.0	25°10′	47.0	38°40′	80.0
5°	8.8	14°51′	26.5	25°39′	48.0	39°	81.0
5°9′	9.0	15°	26.8	26°	48.8	39°21′	82.0
5°29′	9.5	15°7′	27.0	26°6′	49.0	39°42′	83.0
5°43′	10.0	15°23′	27.5	26°34′	50.0	40°	84.0
6°	10.5	15°39′	28.0	27°	50.9	40°22′	85.0
6°17′	11.0	15°54′	28.5	27°1′	51.0	40°42′	86.0
6°34′	11.5	16°	28.7	27°29′	52.0	41°	87.0
6°51′	12.0	16°10′	29.0	27°56′	53.0	41°21′	88.0
7°	12.3	16°26′	29.5	28°	53.2	41°40′	89.0
7°8′	12.5	16°42′	30.0	28°22′	54.0	42°	90.0
7°24′	13.0	16°58′	30.5	28°49′	55.0	42°18′	91.0
7°41′	13.5	17°	30.6	29°	55.4	42°37′	92.0
7°58′	14.0	17°13′	31.0	29°15′	56.0	43°	93.0
8°15′	14.5	17°29′	31.5	29°41′	57.0	43°14′	94.0
8°32′	15.0	17°45′	32.0	30°	57.7	43°32′	95.0
8°49′	15.5	18°	32.5	30°7′	58.0	43°50′	96.0
9°	15.8	18°16′	33.0	30°33′	59.0	44°	96.5
9°5′	16.0	18°31′	33.5	31°	60.0	44°8′	97.0
9°22′	16.5	18°47′	34.0	31°23′	61.0	44°25′	98.0
9°39′	17.0	19°	34.4	31°48′	62.0	44°43′	99.0
9°56′	17.5	19°2′	34.5	32°	62.5	45°	100.0
10°	17.6	19°17′	35.0	32°13′	63.0		
10°12′	18.0	19°36′	35.6	32°37′	64.0		
10°44′	19.0	20°	36.4	33°26′	66.0		

13.6 三角函数表

三角函数见表13.6-1。

三角函数表　　　　表13.6-1

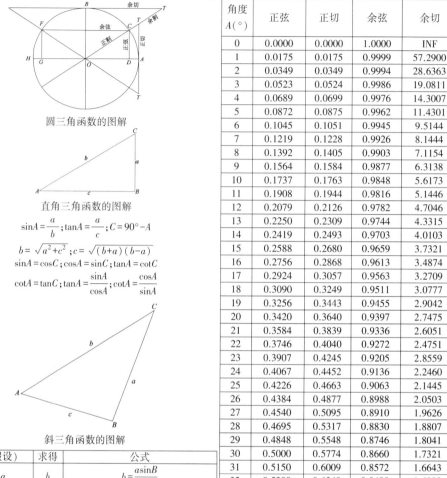

角度 A(°)	正弦	正切	余弦	余切	角度 C(°)
0	0.0000	0.0000	1.0000	INF	90
1	0.0175	0.0175	0.9999	57.2900	89
2	0.0349	0.0349	0.9994	28.6363	88
3	0.0523	0.0524	0.9986	19.0811	87
4	0.0689	0.0699	0.9976	14.3007	86
5	0.0872	0.0875	0.9962	11.4301	85
6	0.1045	0.1051	0.9945	9.5144	84
7	0.1219	0.1228	0.9926	8.1444	83
8	0.1392	0.1405	0.9903	7.1154	82
9	0.1564	0.1584	0.9877	6.3138	81
10	0.1737	0.1763	0.9848	5.6173	80
11	0.1908	0.1944	0.9816	5.1446	79
12	0.2079	0.2126	0.9782	4.7046	78
13	0.2250	0.2309	0.9744	4.3315	77
14	0.2419	0.2493	0.9703	4.0103	76
15	0.2588	0.2680	0.9659	3.7321	75
16	0.2756	0.2868	0.9613	3.4874	74
17	0.2924	0.3057	0.9563	3.2709	73
18	0.3090	0.3249	0.9511	3.0777	72
19	0.3256	0.3443	0.9455	2.9042	71
20	0.3420	0.3640	0.9397	2.7475	70
21	0.3584	0.3839	0.9336	2.6051	69
22	0.3746	0.4040	0.9272	2.4751	68
23	0.3907	0.4245	0.9205	2.8559	67
24	0.4067	0.4452	0.9136	2.2460	66
25	0.4226	0.4663	0.9063	2.1445	65
26	0.4384	0.4877	0.8988	2.0503	64
27	0.4540	0.5095	0.8910	1.9626	63
28	0.4695	0.5317	0.8830	1.8807	62
29	0.4848	0.5548	0.8746	1.8041	61
30	0.5000	0.5774	0.8660	1.7321	60
31	0.5150	0.6009	0.8572	1.6643	59
32	0.5300	0.6249	0.8480	1.6003	58
33	0.5446	0.6494	0.8387	1.5399	57
34	0.5592	0.6745	0.8290	1.4826	56
35	0.5736	0.7002	0.8192	1.4282	55
36	0.5878	0.7265	0.8090	1.3764	54
37	0.6018	0.7536	0.7986	1.3270	53
38	0.6157	0.7813	0.7880	1.2779	52
39	0.6293	0.8098	0.7772	1.2349	51
40	0.6428	0.8391	0.7660	1.1918	50
41	0.6560	0.8693	0.7547	1.1504	49
42	0.6691	0.9004	0.7431	1.1100	48
43	0.6820	0.9325	0.7314	1.0724	47
44	0.6947	0.9657	0.7193	1.0355	46
45	0.7071	1.0000	0.7071	1.0000	45

注：$C=90°-A$；INF 表示"无穷大"。

13.7 面积、体积、表面积

13.7.1 面积计算

设面积 F，多边形的边数 n，半周长 P，外接圆的半径 R，圆周长 L，内接圆的半径 r，面积计算公式见表 13.7-1。

面积计算公式表　　　　表 13.7-1

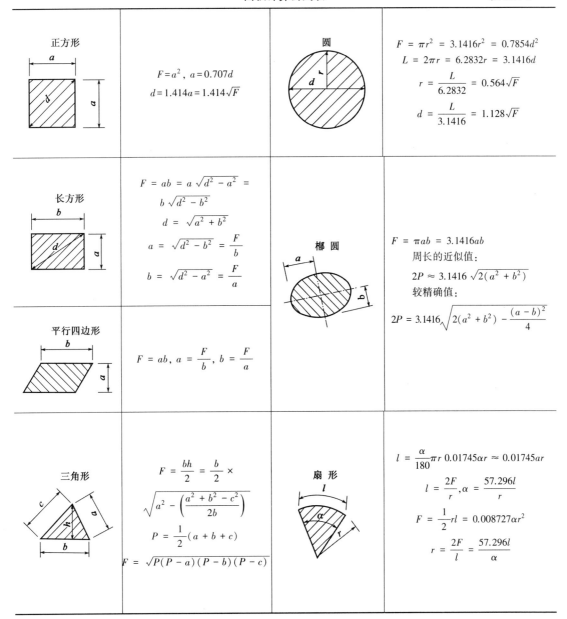

续上表

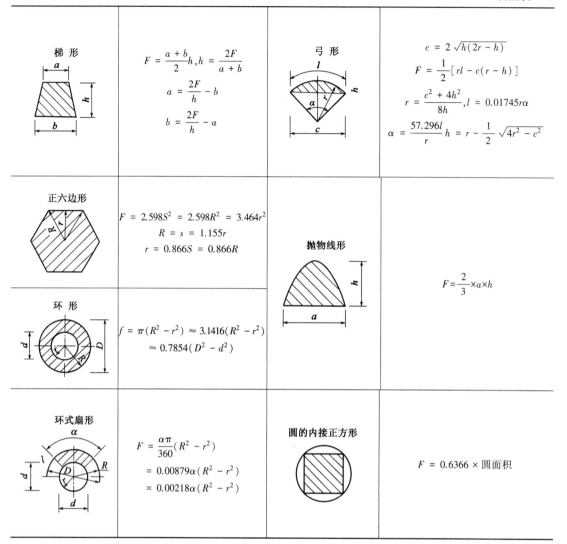

图形		图形	
梯形	$F = \dfrac{a+b}{2}h, h = \dfrac{2F}{a+b}$ $a = \dfrac{2F}{h} - b$ $b = \dfrac{2F}{h} - a$	弓形	$c = 2\sqrt{h(2r-h)}$ $F = \dfrac{1}{2}[rl - c(r-h)]$ $r = \dfrac{c^2 + 4h^2}{8h}, l = 0.01745r\alpha$ $\alpha = \dfrac{57.296l}{r}, h = r - \dfrac{1}{2}\sqrt{4r^2 - c^2}$
正六边形	$F = 2.598S^2 = 2.598R^2 = 3.464r^2$ $R = s = 1.155r$ $r = 0.866S = 0.866R$	抛物线形	$F = \dfrac{2}{3} \times a \times h$
环形	$f = \pi(R^2 - r^2) \approx 3.1416(R^2 - r^2)$ $\approx 0.7854(D^2 - d^2)$		
环式扇形	$F = \dfrac{\alpha\pi}{360}(R^2 - r^2)$ $= 0.00879\alpha(R^2 - r^2)$ $= 0.00218\alpha(R^2 - r^2)$	圆的内接正方形	$F = 0.6366 \times$ 圆面积

13.7.2 体积及表面积计算

体积及表面积计算公式见表 13.7-2。

体积及表面积计算表　　　　　表 13.7-2

图　形	表面积 S,侧面积 M	体积 V
正立方体	$S = 6a^2$	$V = a^3$

续上表

图 形	表面积 S,侧面积 M	体积 V
长立方体	$S = 2(ah + bh + ab)$	$V = abh$
平截方锥体		$V = \dfrac{h}{6}(2ab + ab_1 + a_1 b + 2a_1 b_1)$
圆柱	$M = 2\pi rh = \pi dh$	$V = \pi r^2 h = \dfrac{d^2 \pi}{4} h$
空心圆柱(管)	$M = $ 侧表面积 + 外侧表面积 $= 2\pi(r + r_1)h$	$V = \pi h(r^2 - r_1^2)$
斜低截圆柱	$M = \pi r(h + h_1)$	$V = \pi r^2 \dfrac{h + h_1}{2}$
圆环	$S = 4\pi^2 \times$ 大(环)半径 $\times$ 小(截面圆)半径 $= 4\pi^2 Rr$	$S = 4\pi^2 \times$ 大(环)半径 $\times$ 小(截面圆)半径^2 $= 4\pi^2 Rr^2$
圆锥	$M = \pi rl = \pi r\sqrt{r^2 + h^2}$	$V = \dfrac{h}{3}\pi r^2$

续上表

图　形	表面积 S,侧面积 M	体积 V
截头圆锥	$M = \pi l(r + r_1)$	$V = (r^2 + r_1^2 + rr_1)\dfrac{\pi h}{3}$
椭圆球		$V = \dfrac{\pi}{3} rab$
球	$S_{球} = 4\pi \times 半径^2 = \pi \times 直径^2$ $S_{球缺} = 2\pi rh_1 = \dfrac{\pi}{4}(4h_1^2 + 2d_1^2)$ $S_{球带} = 4\pi rh_2$	$V_{球} = \dfrac{4}{3}\pi \times 半径^3 = \dfrac{\pi}{6} \times 直径^3$ $V_{球缺} = \dfrac{\pi}{3}h_1^2(3r - h_1)$ $\qquad = \dfrac{\pi}{24}h_1(3d_1^2 + 4h_1^2)$ $V_{球带} = \dfrac{\pi}{24}h_2(3d_1^2 + 3d_2^2 + 4h_2^2)$

13.8　计量单位及其换算

13.8.1　我国法定计量单位

国务院于1984年发布的《关于在我国统一实行法定计量单位的命令》明确规定:我国的计量单位一律采用《中华人民共和国法定计量单位》。

1985年颁布的《中华人民共和国计量法》第三条规定:国家采用国际单位制。国际单位制计量单位和国家选定的其他单位为国家法定单位。非国家法定单位应当废除。

我国的法定计量单位包括:①国际单位制的基本单位(表13.8-1);②国际单位制的辅助单位(表13.8-2);③国际单位制中具有专门名称的导出单位(表13.8-3);④国家选定的非国际单位制单位(表13.8-4);⑤由以上单位所构成的组合形成单位;⑥由词头和以上单位所构成的十进倍数和分数单位的词头(表13.8-5)。

13 相关知识及资料

国际单位制的基本单位　　　　　　　　　　　　　　　　　　表 13.8-1

量 的 名 称	单 位 名 称	单 位 符 号
长度	米	m
质量	千克(公斤)	kg
时间	秒	s
电流	安[培]	A
热力学温度	开[尔文]	K
物质的量	摩[尔]	mol
发光强度	坎[德拉]	cd

国际单位制的辅助单位　　　　　　　　　　　　　　　　　　表 13.8-2

量 的 名 称	单 位 名 称	单 位 符 号
平面角	弧度	rad
立体角	球面度	sr

国际单位制中有专门名称的单位　　　　　　　　　　　　　　表 13.8-3

量 的 名 称	单 位 名 称	单 位 符 号	用 SI 基本单位和 SI 导出的单位表示
频率	赫兹	Hz	s^{-1}
力,重力	牛[顿]	N	$kg \cdot m/s^2$
压力,压强,应力	帕[斯卡]	Pa	N/m^2
能量,功,热量	焦[耳]	J	$N \cdot m$
功率,辐射通量	瓦[特]	W	J/s
电荷量	库[仑]	C	$A \cdot s$
电位,电压,电动势	伏[特]	V	W/A
电容	法[拉]	F	C/V
电阻	欧[姆]	Ω	V/A
电导	西[门子]	S	A/V
磁通量	韦[伯]	Wb	$V \cdot s$
磁通量密度,磁感应强度	特斯[拉]	T	Wb/m^2
电感	亨[利]	H	Wb/A
摄氏温度	摄氏度	℃	
光通量	流[明]	lm	$cd \cdot sr$
光照度	勒[克斯]	lx	lm/m^2
放射性活度	贝可[勒尔]	Bq	s^{-1}
吸收剂量	戈[瑞]	Gy	J/kg
剂量当量	希[沃特]	Sv	J/kg

国家选定的非国际单位制单位

表 13.8-4

量的名称	单位名称	单位符号	换算关系和说明
时间	分	min	1min = 60s
	[小]时	h	1h = 60min = 3600s
	天(日)	d	1d = 24h = 86400s
[平面]角	[角]秒	(″)	$1'' = (\pi/648000)$ rad(π 为圆周率)
	[角]分	(′)	$1' = 60'' = (\pi/10800)$ rad
	度	(°)	$1° = 60' = (\pi/180)$ rad
旋转速度	转每分钟	r/min	1 r/min = $(1/60)s^{-1}$
长度	海里	n mile	1n mile = 1852m(只用于航程)
速度	节	kn	1kn = 1n mile/h = (1852/3600)m/s(只用于航程)
质量	吨	t	1t = 10^3kg
	原子质量单位	u	1u ≈ $1.6605655×10^{-27}$kg
体积	升	L,(l)	1L = 1dm^3 = $10^{-3}m^3$
能	电子伏	eV	1eV ≈ $1.6021892×10^{-19}$J
级差	分贝	dB	
线密度	特[克斯]	tex	1tex = 10^{-6}kg/m

用于构成十进倍数和分数单位的词头

表 13.8-5

所表示的因数	词头名称	词头符号	所表示的因数	词头名称	词头符号
10^{24}	尧[它]	Y	10^{-1}	分	d
10^{21}	泽[它]	Z	10^{-2}	厘	c
10^{18}	艾[可萨]	E	10^{-3}	毫	m
10^{15}	拍[它]	P	10^{-6}	微	μ
10^{12}	太[拉]	T	10^{-9}	纳[诺]	n
10^{9}	吉[咖]	G	10^{-12}	皮[可]	p
10^{6}	兆	M	10^{-15}	飞[母托]	f
10^{3}	千	k	10^{-18}	阿[托]	a
10^{2}	百	h	10^{-21}	仄[普托]	z
10^{1}	十	da	10^{-24}	幺[科托]	y

注：1.周、月、年(年的符号为 a)为一般常用时间单位。

2."[ ]"内的字，是在不致混淆的情况下可以省略的字。

3."( )"内的字为前者的同义词。

4.角度单位度、分、秒的符号不处于数字后时，用括弧。

5.升的符号中，小写字母 l 为备用符号。

6.r 为"转"的符号。

7.人民生活和贸易中，质量习惯称为重量。

8.公里为千米的俗称，符号为 km。

9.10^4 称为万，10^8 称为亿，10^{12} 称为万亿，这类数词的使用不受词头名称的影响，但不应与词头混淆。

13.8.2 单位换算

(1)长度换算见表13.8-6。

长度换算表　　　　　　　　　　　　　表13.8-6

项目	千米(km)	米(m)	厘米(cm)	毫米(mm)	微米(um)	纳米(nm)	英尺(ft)	英寸(in)
千米	1	1×10^3	1×10^5	1×10^6	1×10^9	1×10^{12}	3.28084×10^3	3.93701×10^4
米	1×10^{-3}	1	1×10^2	1×10^3	1×10^6	1×10^9	3.28084	39.3701
厘米	1×10^{-5}	0.01	1	10	1×10^4	1×10^7	0.03281	0.393701
毫米	1×10^{-6}	1×10^{-3}	0.1	1	1×10^3	1×10^6	3.28084×10^{-3}	0.0393701
微米	1×10^{-9}	1×10^{-6}	1×10^{-4}	1×10^{-3}	1	1×10^3	3.28084×10^{-6}	3.93701×10^{-5}
纳米	1×10^{-12}	1×10^{-9}	1×10^{-7}	1×10^{-6}	1×10^{-3}	1	3.28084×10^{-9}	3.93701×10^{-8}
英尺	3.048×10^{-4}	0.3048	30.48	304.8	3.048×10^5	3.048×10^8	1	12
英寸	2.54×10^{-5}	0.0254	2.24	25.4	2.54×10^4	2.54×10^7	0.0833	1

注：英尺、英寸不是国家法定计量单位和国际单位制单位，且早于1977年7月国家标准计量局即已通知淘汰废除、停止使用。鉴于至今在生产、科研工作以及既有的科技文献实际应用中，仍难以避免使用，在此列入供参考。

(2)面积换算见表13.8-7。

面积换算表　　　　　　　　　　　　　表13.8-7

项目	平方千米(km²)	平方米(m²)	平方厘米(cm²)	公亩(a)	公顷(ha)	市亩	市顷
平方千米	1	1×10^6	1×10^{10}	1×10^4	100	1500	15
平方米	1×10^{-6}	1	1×10^4	0.01	1×10^{-4}	0.0015	1.5×10^{-5}
平方厘米	1×10^{-10}	1×10^{-4}	1				
公亩	1×10^{-4}	100		1	0.01	0.15	0.0015
公顷	0.01	1×10^4		100	1	15.0	0.15
市亩	6.67×10^{-4}	666.7		6.667	0.06667	1	0.01
市顷	0.06667	6.667×10^4		666.7	6.667	100	1

注：公亩、市亩、市顷是非国际计量单位或非我国法定计量单位，为方便其数值与法定计量单位换算，在此列入供参考。

(3)压力(应力、压强)换算见表13.8-8。

压力(应力、压强)换算表　　　　　　　　　　表13.8-8

项　目	Pa(N/m²)	N/cm²	mbar	atm	mmHg
帕斯卡[Pa(N/m²)]	1	1×10^{-4}	0.01	9.869×10^{-6}	7.501×10^{-3}
牛顿每平方厘米(N/cm²)	1×10^4	1	100	9.869×10^{-2}	75.01
毫巴(mbar)	100	0.01	1	9.869×10^{-4}	0.750062
标准大气压(atm)	1.01325×10^5	10.1325	1013.25	1	760
毫米汞柱(mmHg)	133.322	0.01332	1.33322	760	1

13.8.3 微量单位

(1)绝对含量微量单位见表13.8-9。

绝对含量微量单位　　　　表13.8-9

名　称	符　号	换算成克数
克	g	1
毫克	mg	10^{-3}
微克	μg 即 γ	10^{-6}
纤克	ng	10^{-9}
沙克(毫纤克、微微克)	pg	10^{-12}

(2)相对含量微量单位见表13.8-10。

相对含量微量单位　　　　表13.8-10

名　称	符　号	换算成百分数
百分之	%(Cg/g)	10^{-2}
千分之	‰(mg/g)	10^{-3}
百万分之	ppm(μg/g、γ/g、g/t)	10^{-6}
十亿分之	ppb(ng/g)	10^{-9}
百亿分之	ppt(pg/g)	10^{-10}

13.9　锚杆(索)岩体与锚固体强度特征值

13.9.1 《公路路基设计规范》(JTG D30—2015)的相关规定

(1)岩体与注浆体界面黏结强度设计值见表13.9-1。

岩体与注浆体界面黏结强度设计值　　　　表13.9-1

岩体类型	饱和单轴抗压强度 R_c=(MPa)	黏结强度 f_{rb}(kPa)
极软岩	$R_c<5$	150~250
软岩	$5 \leqslant R_c<15$	250~550
较软岩	$15 \leqslant R_c<30$	550~800
较硬岩	$30 \leqslant R_c<60$	800~1200
坚硬岩	$R_c \geqslant 60$	1200~2400

注:1.表中数据适用于注浆强度等级M30。
　　2.表中数据仅适用于初步设计,施工时应通过试验验证。
　　3.岩体结构面发育时,取表中下限值。

(2)土体与锚固体黏结强度设计值见表13.9-2。

土体与锚固体黏结强度设计值 表13.9-2

土 体 类 型	土 的 状 态	黏结强度f_{rb}(kPa)
黏性土	坚硬	60~80
	硬塑	50~60
	软塑	30~50
砂土	松散	90~160
	稍密	160~220
	中密	220~270
	密实	270~350
碎石土	稍密	180~240
	中密	240~300
	密实	300~400

注:1. 表中数据适用于注浆强度等级M30。
2. 表中数据仅适用于初步设计,施工时应通过试验验证。

(3)钢筋、钢绞线与砂浆之间的黏结强度设计值f_b见表13.9-3。

钢筋、钢绞线与砂浆之间的黏结强度设计值f_b 表13.9-3

锚 类 型	水泥浆或水泥砂浆强度等级	
	M30	M35
水泥砂浆与螺纹钢筋间	2.40	2.70
水泥砂浆与钢绞线、高强钢丝间	2.95	3.40

注:1. 当采用2根钢筋点焊成束的做法时,黏结强度应乘以折减系数0.85。
2. 当采用3根钢筋点焊成束的做法时,黏结强度应乘以折减系数0.7。

(4)预应力锚杆锚固体设计安全系数取值见表13.9-4。

预应力锚杆锚固体设计安全系数 表13.9-4

安全系数	公路等级	安全系数	
		锚杆服务年限≤2年(临时性锚杆)	锚杆服务年限>2年(永久性锚杆)
K_1	高速公路、一级公路	1.8	2.0
	二级及二级以下公路	1.6	1.8
K_2	高速公路、一级公路	1.8~2.0	2.0~2.2
	二级及二级以下公路	1.5~1.8	1.7~2.0

注:1. 当二级及二级以下公路在锚固工程附近有重点保护对象时,可按高速公路安全系数取值。
2. 土体或全风化岩中锚固体,K_2应取表中较高值。

13.9.2 《建筑边坡工程技术规范》(GB 50330—2013)的相关规定

(1)锚杆杆体抗拉安全系数取值见表13.9-5。

锚杆杆体抗拉安全系数 表13.9-5

边坡工程安全等级	安全系数	
	临时性锚杆	永久性锚杆
一级	1.8	2.2
二级	1.6	2.0
三级	1.4	1.8

（2）岩土锚杆锚固体抗拔安全系数取值见表13.9-6。

岩土锚杆锚固体抗拔安全系数 表13.9-6

边坡工程安全等级	安全系数	
	临时性锚杆	永久性锚杆
一级	2.0	2.6
二级	1.8	2.4
三级	1.6	2.2

（3）岩石与锚固体极限黏结强度标准值见表13.9-7。

岩石与锚固体极限黏结强度标准值 表13.9-7

岩石类别	f_{rbk}(kPa)
极软岩	270~360
软岩	360~760
较软岩	760~1200
较硬岩	1200~1800
坚硬岩	1800~2600

注：1.适用于注浆强度等级为M30。
2.仅适用于初步设计，施工时应通过试验检验。
3.岩体结构面发育时，取表中下限值。
4.岩石类别根据天然单轴抗压强度 f_r 划分：$f_r<5MPa$ 为极软岩，$5MPa \leqslant f_r<15MPa$ 为软岩，$15MPa \leqslant f_r<30MPa$ 为较软岩，$30MPa \leqslant f_r<60MPa$ 为较硬岩，$f_r \geqslant 60MPa$ 为坚硬岩。

（4）土体与锚固体极限黏结强度标准值见表13.9-8。

土体与锚固体极限黏结强度标准值 表13.9-8

土层种类	土的状态	f_{rbk}(kPa)
黏性土	坚硬	65~100
	硬塑	50~65
	可塑	40~50
	软塑	20~40
砂土	稍密	100~140
	中密	140~200
	密实	200~280

续上表

土层种类	土的状态	f_{rbk}(kPa)
碎石土	稍密	120~160
	中密	160~220
	密实	220~300

注:1.适用于注浆强度等级为M30。
2.仅适用于初步设计,施工时应通过试验检验。

(5)钢筋、钢绞线与砂浆之间的黏结强度设计值f_b见表13.9-9。

钢筋、钢绞线与砂浆之间的黏结强度设计值f_b(单位:MPa)　　表13.9-9

锚杆类型	水泥浆或水泥砂浆强度等级		
	M25	M30	M35
水泥砂浆与螺纹钢筋间的黏结强度设计值f_b	2.10	2.40	2.70
水泥砂浆与钢绞线、高强钢丝间的黏结强度设计值f_b	2.75	2.95	3.40

注:1.当采用两根钢筋点焊成束的做法时,黏结强度乘以折减系数0.85。
2.当采用三根钢筋点焊成束的做法时,黏结强度乘以折减系数0.7。
3.成束钢筋的根数不应超过三根,钢筋截面总面积不应超过锚孔面积的20%。当锚固段钢筋和注浆材料采用特殊设计,并经试验验证锚固效果良好时,可适当增加锚筋用量。

13.9.3 《建筑地基基础设计规范》(GB 50007—2011)的相关规定

砂浆与岩石间黏结强度特征值见表13.9-10。

砂浆与岩石间黏结强度特征值(MPa)　　表13.9-10

岩石坚硬程度	软岩	较软岩	硬质岩
黏结强度	<0.2	0.2~0.4	0.4~0.6

注:水泥砂浆强度为30MPa或细碎石混凝土强度等级为C30。

13.9.4 《建筑基坑支护技术规程》(JGJ 120—2012)的相关规定

锚杆的极限黏结强度标准值见表13.9-11。

锚杆的极限黏结强度标准值　　表13.9-11

土的名称	土的状态或密实度	q_{sk}(kPa)	
		一次常压注浆	二次压力注浆
填土	—	16~30	30~45
淤泥质土	—	16~20	20~30
黏性土	$I_L>1$	18~30	25~45
	$0.75<I_L\leq 1$	30~40	45~60
	$0.50<I_L\leq 0.75$	40~53	60~70
	$0.25<I_L\leq 0.50$	53~65	70~85
	$0<I_L\leq 0.25$	65~73	85~100
	$I_L\leq 0$	73~90	100~130

续上表

土 的 名 称	土的状态或密实度	q_{sk}(kPa) 一次常压注浆	q_{sk}(kPa) 二次压力注浆
粉土	$e>0.90$	22~44	40~60
粉土	$0.75 \leqslant e \leqslant 0.90$	44~64	60~90
粉土	$e<0.75$	64~100	80~130
粉细砂	稍密	22~42	40~70
粉细砂	中密	42~63	75~110
粉细砂	密实	63~85	90~130
中砂	稍密	54~74	70~100
中砂	中密	74~90	100~130
中砂	密实	90~120	130~170
粗砂	稍密	80~130	100~140
粗砂	中密	130~170	170~220
粗砂	密实	170~220	220~250
砾砂	中密、密实	190~260	240~290
风化岩	全风化	80~100	120~150
风化岩	强风化	150~200	200~260

注：1.采用泥浆护壁成孔工艺时，应按表取低值后再根据具体情况适当折减。
2.采用套管护壁成孔工艺时，可取表中的高值。
3.采用扩孔工艺时，可在表中数值基础上适当提高。
4.采用二次压力分段劈裂注浆工艺时，可在表中二次压力注浆数值基础上适当提高。
5.当砂土中的细粒含量超过总质量的30%时，按表取值后应乘以0.75的系数。
6.对有机质含量为5%~10%的有机质土，应按表取值后适当折减。
7.当锚杆锚固段长度大于16m时，应对表中数值适当折减。

13.9.5 重庆市《建筑地基基础设计规范》(DBJ50-047—2016)的相关规定

对地基基础安全等级为一级的建(构)筑物，单根锚杆抗拔承载力特征值 R_t 应通过现场试验确定；对安全等级为二级的建(构)筑物，单根锚杆抗拔承载力特征值 R_t 宜通过现场试验确定；初步设计时，单根锚杆抗拔承载力特征值 R_t 可按下式估算：

$$R_t = 0.8\pi d_1 lf$$

式中：f——水泥砂浆与岩石间或混凝土与岩石间的黏结强度特征值(MPa)，应通过试验确定，当无试验资料时可根据工程情况，按表13.9-12取值。

水泥砂浆或混凝土与岩石间的黏结强度特征值　　　表13.9-12

岩石类别	f(kPa)
极软岩	100~140
软岩	140~300
较软岩	300~480

续上表

岩石类别	$f(\text{kPa})$
较硬岩	480~720
坚硬岩	720~1000

注:1.适用于水泥砂浆强度不低于M30或混凝土强度不低于C30。
　2.岩体结构面发育时,取表中下限值。
　3.岩石类别根据天然状态单轴抗压强度标准值f_{rk}划分:$f_{rk}<5\text{MPa}$为极软岩,$5\text{MPa}\leqslant f_{rk}<15\text{MPa}$为软岩,$15\text{MPa}\leqslant f_{rk}<30\text{MPa}$为较软岩,$30\text{MPa}\leqslant f_{rk}<60\text{MPa}$为较硬岩,$f_{rk}\geqslant 60\text{MPa}$为坚硬岩。
　4.岩石风化程度为中等风化。

13.10 钢筋有关数据

13.10.1 《混凝土结构设计规范(2015版)》(GB 50010—2010)的相关规定

(1)普通钢筋的屈服强度标准值f_{yk}、极限强度标准值f_{stk}见表13.10-1。

普通钢筋强度标准值(单位:N/mm²)　　　　　表13.10-1

牌　号	符　号	公称直径$d(\text{mm})$	屈服强度标准值 f_{yk}	极限强度标准值 f_{stk}
HPB300	A	6~14	300	420
HRB335	B	6~14	335	455
HRB400 HRBF400 RRB400	C C_F C_R	6~50	400	540
HRB500 HRBF500	D D_F	6~50	500	630

(2)预应力钢丝、钢绞线和预应力螺纹钢筋的屈服强度标准值f_{pyk}、极限强度标准值f_{ptk}见表13.10-2。

预应力筋强度标准值(单位:N/mm²)　　　　　表13.10-2

种　类	符　号	公称直径$d(\text{mm})$	屈服强度标准值f_{pyk}	极限强度标准值f_{ptk}
中强度预应力钢丝	光面 螺旋肋	A^{PM} A^{HM}	5、7、9	620 780 980	800 970 1270
预应力螺纹钢筋	螺纹	A^T	18、25、32、40、50	785 930 1080	980 1080 1230

续上表

种　类		符　号	公称直径 d(mm)	屈服强度标准值 f_{pyk}	极限强度标准值 f_{ptk}
消除应力钢丝	光面	A^P	5	—	1570
				—	1860
	螺旋肋	A^H	7	—	1570
			9	—	1470
				—	1570
钢绞线	1×3（三股）	A^S	8.6、10.8、12.9	—	1570
				—	1860
				—	1960
	1×7（七股）		9.5、12.7、15.2、17.8	—	1720
				—	1860
				—	1960
			21.6	—	1860

注：极限强度标准值为1960N/mm² 的钢绞线作后张预应力配筋时，应有可靠的工程经验。

（3）普通钢筋的抗拉强度设计值 f_y、抗压强度设计值 f_y' 应按表13.10-3采用。

普通钢筋强度设计值（单位：N/mm²） 表13.10-3

牌　号	抗拉强度设计值 f_y	抗压强度设计值 f_y'
HPB300	270	270
HRB335	300	300
HRB400、HRBF400、RRB400	360	360
HRB500、HRBF500	435	435

（4）预应力筋的抗拉强度设计值 f_{py}、抗压强度设计值 f_{py}' 应按表13.10-4采用。

预应力筋强度设计值（单位：N/mm²） 表13.10-4

种　类	极限强度标准值 f_{ptk}	抗拉强度设计值 f_{py}	抗压强度设计值 f_{py}'
中强度预应力钢丝	800	510	410
	970	650	
	1270	810	
消除应力钢丝	1470	1040	410
	1570	1110	
	1860	1320	

续上表

种类	极限强度标准值 f_{ptk}	抗拉强度设计值 f_{py}	抗压强度设计值 f'_{py}
钢绞线	1570	1110	390
	1720	1220	
	1860	1320	
	1960	1390	
预应力螺纹钢筋	980	650	400
	1080	770	
	1230	900	

注：当预应力筋的强度标准值不符合表13.10-4的规定时，其强度设计值应进行相应的比例换算。

（5）普通钢筋和预应力筋的弹性模量 E_s 可按表 13.10-5 采用。

钢筋的弹性模量　　　　　　　　　　　　　　　表 13.10-5

牌号或种类	弹性模量 $E_s(\times 10^5 \text{N/mm}^2)$
HPB300	2.10
HRB335、HRB400、HRB500 HRBF400、HRBF500、RRB400 预应力螺纹钢筋	2.00
消除预应力钢丝、中强度预应力钢丝	2.05
钢绞线	1.95

注：必要时可采用实测的弹性模量。

（6）钢筋的公称直径、公称截面积及理论重量见表 13.10-6。

钢筋的公称直径、公称截面积及理论重量　　　　　　表 13.10-6

公称直径 (mm)	不同根数钢筋的公称截面积(mm²)									单根钢筋理论重量(kg/m)
	1	2	3	4	5	6	7	8	9	
6	28.3	57	85	113	142	170	198	226	255	0.222
8	50.3	101	151	201	252	302	352	402	453	0.395
10	78.5	157	236	314	393	471	550	628	707	0.617
12	113.1	226	339	452	565	678	791	904	1017	0.888
14	153.9	308	461	615	769	923	1077	1231	1385	1.21
16	201.1	402	603	804	1005	1206	1407	1608	1809	1.58
18	254.5	509	763	1017	1272	1527	1781	2036	2290	2.00(2.11)
20	314.2	628	942	1256	1570	1884	2199	2513	2827	2.47
22	380.1	760	1140	1520	1900	2281	2661	3041	3421	2.98
25	490.9	982	1473	1964	2454	2945	3436	3927	4418	3.85(4.10)

续上表

公称直径(mm)	不同根数钢筋的公称截面积(mm²)									单根钢筋理论重量(kg/m)
	1	2	3	4	5	6	7	8	9	
28	615.8	1232	1847	2463	3079	3695	4310	4926	5542	4.83
32	804.2	1609	2413	3217	4021	4826	5630	6434	7238	6.31(6.65)
36	1017.9	2036	3054	4072	5089	6107	7125	8143	9161	7.99
40	1256.6	2513	3770	5027	6283	7540	8796	10053	11310	9.87(10.34)
50	1963.5	3928	5892	7856	9820	11784	13748	15712	17676	15.42(16.28)

注:括号内为预应力螺纹钢筋的数值。

(7)钢绞线的公称直径、公称截面积及理论重量见表13.10-7。

钢绞线的公称直径、公称截面积及理论重量　　表13.10-7

种　类	公称直径(mm)	公称截面积(mm²)	理论重量(kg/m)
1×3	8.6	37.7	0.296
	10.8	58.9	0.462
	12.9	84.8	0.666
1×7 标准型	9.5	54.8	0.430
	12.7	98.7	0.775
	15.2	140	1.101
	17.8	191	1.500
	21.6	285	2.237

(8)钢丝的公称直径、公称截面面积及理论重量如表13.10-8。

钢丝的公称直径、公称截面面积及理论重量　　表13.10-8

公称直径(mm)	公称截面积(mm²)	理论重量(kg/m)
5.0	19.63	0.154
7.0	38.48	0.302
9.0	63.62	0.499

13.10.2 《公路隧道设计细则》(JTG/T D70—2010)的相关规定

(1)当按概率论极限状态法分项系数设计表达式进行设计时,钢筋抗拉强度的标准值应按表13.10-9的规定采用。

钢筋抗拉强度的标准值(单位:MPa)　　表13.10-9

钢筋种类	R235	HRB335	HRB400
抗拉强度的标准值f_{sk}	235	335($d=8\sim25$mm) 315($d=28\sim40$mm)	400($d=6\sim50$mm)

注:d为钢筋直径。

(2)当按极限状态法进行设计时,钢筋抗拉强度的标准值可按表13.10-10的规定采用。

钢筋抗拉强度的标准值(单位:MPa)　　　　表13.10-10

钢筋种类	R235	HRB335	HRB400
抗拉强度的标准值	240	340	400

(3)当按容许应力法进行设计时,钢筋的容许应力可按照表13.10-11的规定采用。

钢筋的容许应力(单位:MPa)　　　　表13.10-11

钢筋种类	主 要 荷 载	主要荷载+附加荷载
R235	130	160
HRB335	180	230

(4)普通钢筋的弹性模量应采用210GPa。

(5)当按概率论极限状态法分项系数设计表达式进行设计时,预应力钢筋强度的标准值f_{ptk}可按照表13.10-12的规定采用。

预应力钢筋强度标准值(单位:MPa)　　　　表13.10-12

种　　类	符　　号		d(mm)	f_{ptk}
钢绞线	1×3 (三股)	A^s	8.6、10.8	1860、1720、1570
			12.9	1720、1570
	1×7 (七股)		9.5、11.1、12.7	1860
			15.2	1860、1720
消除应力钢丝	光面螺旋肋	A^P A^H	4、5	1770、1670、1570
			6	1670、1570
			7、8、9	1570
	刻痕	A^I	5、7	1570
热处理钢筋	40Si2Mn	A^{HT}	6	1470
	48Si2Mn		8.2	
	45Si2Cr		10	

注:1.钢绞线直径d系指钢绞线外接圆直径,钢丝和热处理钢筋的直径d均指公称直径。
　　2.消除应力光面钢丝直径d为4~9mm,消除应力螺旋肋钢丝直径d为4~8mm。

13.10.3　《预应力混凝土用钢绞线》(GB/T 5224—2014)的相关规定

预应力锚索采用的钢绞线应符合国家标准《预应力混凝土用钢绞线》(GB/T 5224—2014)的规定。国标7丝标准型钢绞线参数见表13.10-13。

国标7丝标准型钢绞线参数表 表13.10-13

公称直径 (mm)	公称横截面积 (mm²)	每米理论质量 (g/m)	强度级别 (MPa)	破坏荷载 (kN)	屈服荷载 (kN)	最大力总伸长率(%)	初始负荷相当于实际最大的百分数(%)	1000h的应力松弛率(%)
9.50 (9.53)	54.8	430	1860	102	89.8	3.5	70	2.5
11.10 (11.11)	74.2	582	1860	138	121	3.5		
12.70	98.7	775	1860	184	162	3.5		
15.20 (15.24)	140.0	1101	1860	260	229	3.5	80	4.5
15.70	150	1178	1860	279	246	3.5		
17.80 (17.78)	191 (189.7)	1500	1860	355	311	3.5		
18.90	220	1727	1860	409	360	3.5		
21.60	285	2237	1860	530	466	3.5		

13.11 混凝土有关数据

13.11.1 《混凝土结构设计规范(2015版)》(GB 50010—2010)的相关规定

(1)混凝土轴心抗压、轴心抗拉强度标准值f_{ck}、f_{tk}见表13.11-1。

混凝土轴心抗压、轴心抗拉强度标准值(单位:N/mm²) 表13.11-1

强度种类	混凝土强度等级													
	C15	C20	C25	C30	C35	C40	C45	C50	C55	C60	C65	C70	C75	C80
f_{ck}	10.0	13.4	16.7	20.1	23.4	26.8	29.6	32.4	35.5	38.5	41.5	44.5	47.4	50.2
f_{tk}	1.27	1.54	1.78	2.01	2.20	2.39	2.51	2.64	2.74	2.85	2.93	2.99	3.05	3.11

(2)混凝土轴心抗压、轴心抗拉强度设计值f_c、f_t见表13.11-2。

混凝土轴心抗压、轴心抗拉强度设计值(单位:N/mm²) 表13.11-2

强度种类	混凝土强度等级													
	C15	C20	C25	C30	C35	C40	C45	C50	C55	C60	C65	C70	C75	C80
f_c	7.2	9.6	11.9	14.3	16.7	19.1	21.1	23.1	25.3	27.5	29.7	31.8	33.8	35.9
f_t	0.91	1.10	1.27	1.43	1.57	1.71	1.80	1.89	1.96	2.04	2.09	2.14	2.18	2.22

(3)混凝土受压或受拉的弹性模量 E_c 见表13.11-3。

混凝土受压或受拉的弹性模量(单位:$\times 10^4 \text{N/mm}^2$)　　表13.11-3

混凝土强度等级	C15	C20	C25	C30	C35	C40	C45	C50	C55	C60	C65	C70	C75	C80
E_c	2.20	2.55	2.80	3.00	3.15	3.25	3.35	3.45	3.55	3.60	3.65	3.70	3.75	3.80

注:1.当有可靠试验依据时,弹性模量可根据实测数值确定。
　　2.当混凝土中掺有大量矿物掺合料时,弹性模量可按规定龄期根据实测数据确定。

(4)混凝土的剪切变形模量 G_0 可按相应弹性模量值的40%采用。

(5)混凝土的泊松比 ν_c 可按0.2采用。

13.11.2 《公路隧道设计细则》(JTG/T D70—2010)的相关规定

(1)当隧道按概率论极限状态法的分项系数设计表达式进行设计时,钢筋混凝土受弯和受压构件配筋计算中,混凝土强度的标准值应按表13.11-4的规定采用。

混凝土强度的标准值(单位:MPa)　　表13.11-4

强度种类	混凝土强度等级					
	C15	C20	C25	C30	C40	C50
轴心抗压 f_{ck}	10	13.4	16.7	20.1	26.8	32.4
弯曲抗压 f_{cmk}	11	15	18.5	22	29.5	36
轴心抗拉 f_{ctk}	1.27	1.54	1.78	2.01	2.40	2.65

注:1.混凝土垂直浇筑,且一次浇筑层高度大于1.5m时,表中强度值应乘以系数0.9。
　　2.计算现浇钢筋混凝土轴心受压构件时,如截面中的边长或直径小于30cm,则表中强度应乘以系数0.8;当构件质量(如混凝土成型、截面和轴线尺寸等)确有保证时,则不受此限制。
　　3.离心混凝土的设计强度应按有关专门规定取用。

(2)当隧道按极限状态法设计时,混凝土结构计算中,混凝土强度的极限值可按表13.11-5的规定采用。

混凝土强度的极限值(单位:MPa)　　表13.11-5

强度种类	混凝土强度等级					
	C15	C20	C25	C30	C40	C50
轴心抗压强度 R_a	12.0	15.5	19.0	22.5	29.5	36.5
弯曲抗压强度 R_w	15.0	19.4	23.8	28.1	36.9	45.6
轴心抗拉强度 R_c	1.4	1.7	2.0	2.2	2.7	3.1

注:1.混凝土强度等级系指龄期28d,尺寸为20cm×20cm×20cm的标准立方体试件按标准方法测定的极限抗压强度。
　　2.片石混凝土的轴心抗压强度采用表中数值。
　　3.表中混凝土弯曲抗压强度按 $R_w = 1.25 R_a$ 换算。

(3)当隧道按容许应力法设计时,混凝土的容许应力可按表13.11-6的规定采用。

混凝土的容许应力（单位：MPa）　　　　表13.11-6

强度种类	混凝土强度等级					
	C15	C20	C25	C30	C40	C50
弯曲拉应力强度$[\sigma_{wl}]$	0.36	0.43	0.50	0.55		
中心受压强度$[\sigma_a]$	4.6	6.1	7.1	9.0	11.6	14.6
弯曲受压及偏心受压强度$[\sigma_w]$	6.1	7.8	9.6	11.2	14.7	18.2
直接剪应力$[\tau]$	0.7	0.85	1.00	1.10	1.35	1.55

注：计算主力加附加力时，中心受压、弯曲受压及偏心受压强度可较表中值提高30%。

(4) 混凝土的受压弹性模量 E_c 应按表13.11-7采用。混凝土的剪切弹性模量可按表13.11-7数值乘以0.43采用。混凝土的泊松比可采用0.2。

混凝土的受压弹性模量（单位：GPa）　　　　表13.11-7

混凝土强度等级	C15	C20	C25	C30	C40	C50
弹性模量 E_c	26	28	29.5	31	33.5	35.5

(5) 不同强度等级喷射混凝土的设计强度应按表13.11-8采用。

喷射混凝土的设计强度（单位：MPa）　　　　表13.11-8

强度种类	混凝土强度等级		
	C20	C25	C30
轴心抗压	10.0	12.5	15.0
弯曲抗压	11.0	13.5	16.5
抗拉	1.1	1.3	1.5

喷射混凝土与围岩的黏结强度：Ⅰ、Ⅱ级围岩不应低于0.8MPa，Ⅲ级围岩不应低于0.5MPa。喷射混凝土支护的厚度，最小不应低于50mm，最大不宜超过200mm。含水岩层中的喷射混凝土支护厚度，最小不应低于80mm。喷射混凝土的抗渗强度不应低于0.8MPa。喷射混凝土的体积密度可取2200kg/m³，弹性模量应按表13.11-9的规定采用。

喷射混凝土的弹性模量（单位：GPa）　　　　表13.11-9

喷射混凝土强度等级	C20	C25	C30
弹性模量	21	23	25

(6) 常用建筑材料的重度标准值可按表13.11-10的规定采用。

建筑材料的重度标准值　　　　表13.11-10

材料名称	混凝土	片石混凝土	钢筋混凝土（配筋率在3%以内）	钢材	浆砌片石	浆砌块石	浆砌粗料石
重度标准值（kN/m³）	23	23	25	78.5	22	23	25

注：钢筋混凝土配筋率大于3%时，其重度应计算确定。

13.11.3 《建筑边坡工程技术规范》(GB 50330—2013)的相关规定

(1)喷射混凝土强度等级,对永久性边坡不应低于C25,对防水要求较高的不应低于C30;对临时性边坡不应低于C20。喷射混凝土1d龄期的抗压强度设计值不应低于5MPa。

(2)喷射混凝土物理力学参数可按表13.11-11采用。

喷射混凝土物理力学参数　　　　　　　　　　表13.11-11

物理力学参数	喷射混凝土强度等级		
	C20	C25	C30
轴心抗压强度设计值(MPa)	9.60	11.90	14.30
抗拉强度设计值(MPa)	1.10	1.27	1.43
弹性模量(MPa)	2.10×10^4	2.30×10^4	2.50×10^4
重度(kN/m³)	22.00		

(3)喷射混凝土与岩面黏结力,对整体状和块状岩体不应低于0.8MPa,对碎裂状岩体不应低于0.4MPa。喷射混凝土与岩面黏结力试验应符合现行国家标准《锚杆喷射混凝土支护技术规范》(GB 50086)的规定。

13.12 样品加工中标准筛及磨矿细度换算

13.12.1 常见标准筛制表

常见标准筛制见表13.12-1。

常见标准筛制表　　　　　　　　　　表13.12-1

泰勒标准筛			国际标准筛	泰勒标准筛			国际标准筛
网目(孔/in)	孔(mm)	丝径(mm)	孔(mm)	网目(孔/in)	孔(mm)	丝径(mm)	孔(mm)
4	4.699	1.651	5	100	0.147	0.107	0.15
9	1.981	0.838	2	115	0.124	0.097	0.125
16	0.991	0.597	1	150	0.104	0.066	0.1
24	0.701	0.358	0.71	170	0.088	0.061	0.09
32	0.495	0.3	0.5	200	0.074	0.053	0.075
42	0.351	0.254	0.035	230	0.062	0.046	0.063
48	0.295	0.234	0.3	270	0.053	0.041	0.05
60	0.246	0.178	0.25	325	0.043	0.036	0.04
65	0.208	0.183	0.2	400	0.038	0.025	
80	0.175	0.162	0.18				

13.12.2 磨矿细度换算表

磨矿细度换算见表13.12-2。

磨矿细度换算表   表13.12-2

磨矿粒度(mm)	0.5	0.4	0.3	0.2	0.15	0.1	0.075
网目	32	35	48	65	100	150	200
-200目含量(%)	<35	35~40	45~55	55~65	70~80	80~90	>95

13.13 希腊字母

希腊字母见表13.13-1。

希腊字母表   表13.13-1

| 正体 | | 斜体 | | 近似读音 | 正体 | | 斜体 | | 近似读音 |
大写	小写	大写	小写		大写	小写	大写	小写	
A	α	A	α	啊耳发	N	ν	N	ν	纽
B	β	B	β	贝塔	Ξ	ξ	Ξ	ξ	克西
Γ	γ	Γ	γ	嘎马	O	o	O	o	奥密克
Δ	δ	Δ	δ	得耳塔	Π	π	Π	π	派
E	ε	E	ε	衣普西龙	P	ρ	P	ρ	洛
Z	ζ	Z	ζ	截塔	Σ	σ	Σ	σ	西格马
H	η	H	η	衣塔	T	τ	T	τ	滔
Θ	θ	Θ	θ	西塔	Y	υ	Y	υ	阿普西龙
I	ι	I	ι	约塔	Φ	φ	Φ	φ	费衣
K	κ	K	κ	卡帕	X	χ	X	χ	喜
Λ	λ	Λ	λ	兰姆达	Ψ	ψ	Ψ	ψ	普西
M	μ	M	μ	谬	Ω	ω	Ω	ω	欧米嘎

13.14 矿物(相对)硬度计

矿物(相对)硬度见表13.14-1。

摩氏硬度计   表13.14-1

矿物名称	滑石	石膏	方解石	萤石	磷灰石	正长石	石英	黄玉	刚玉	金刚石
摩氏硬度	1	2	3	4	5	6	7	8	9	10

13.15 稀盐酸鉴别岩石

根据《公路工程岩石试验规程》(JTG E41—2005),稀盐酸(浓度10%)滴于岩石新鲜面后状态见表13.15-1。

稀盐酸鉴别岩石 表13.15-1

沉积岩	岩石起泡者为石灰岩
	粉末起泡者为白云岩
	起泡后留下土状斑点者为泥灰岩
变质岩	起泡者为大理岩
	不起泡者为石英岩

13.16 常用材料和构件自重

根据《建筑结构荷载规范》(GB 50009—2012),常用材料和构件自重按木材,胶合板材,金属矿产,土,砂,砂砾,岩石,砖及砌块,石灰,水泥,灰浆及混凝土,沥青,煤灰,油料,杂项,食品,砌体,隔墙与墙面,屋架,门窗,屋顶,顶棚,地面,建筑用压型钢板,建筑墙板共17项,分别列出其自重。现择其有关者列于表13.16-1。

常用材料和构件自重表 表13.16-1

项次	名 称		自 重	备 注
1	木材 (kN/m^3)	杉木	4.0	随含水率而不同
		冷杉、云杉、红松、华山松、樟子松、铁杉、拟赤杨、红椿、杨木、枫杨	4.0~5.0	随含水率而不同
		马尾松、云南松、油松、赤松、广东松、桤木、枫香、柳木、檫木、秦岭落叶松、叶松、新疆落叶松	5.0~6.0	随含水率而不同
		东北落叶松、陆均松、榆木、桦木、水曲柳、苦楝、木荷、臭椿	6.0~7.0	随含水率而不同
		锥木(拷木)、石栎、槐木、乌墨	7.0~8.0	随含水率而不同
		青冈栎(椆木)、栎木(柞木)、桉树、木麻黄	8.0~9.0	随含水率而不同
		普通木板条、椽檩木料	5.0	随含水率而不同
		锯末	2.0~2.5	加防腐剂时为3kN/m^3
		木丝板	4.0~5.0	—
		软木板	2.5	—
		刨花板	6.0	—

续上表

项次	名 称		自 重	备 注
2	胶合板材 (kN/m³)	胶合三夹板(杨木)	0.019	—
		胶合三夹板(椴木)	0.022	—
		胶合三夹板(水曲柳)	0.028	—
		胶合五夹板(杨木)	0.030	—
		胶合五夹板(椴木)	0.034	—
		胶合五夹板(水曲柳)	0.040	—
		甘蔗板(按10mm厚计)	0.030	常用厚度为13mm,15mm,19mm,25mm
		隔声板(按10mm厚计)	0.030	常用厚度为13mm,20mm
		木屑板(按10mm厚计)	0.120	常用厚度为6mm,10mm
3	金属矿产 (kN/m³)	锻铁	77.5	—
		铁矿渣	27.6	—
		赤铁矿	25.0~30.0	—
		钢	78.5	—
		紫铜、赤铜	89.0	—
		黄铜、青铜	85.0	—
		硫化铜矿	42.0	—
		铝	27.0	—
		铝合金	28.0	—
		锌	70.5	—
		亚锌矿	40.5	—
		铅	114.0	—
		方铅矿	74.5	—
		金	193.0	—
		白金	213.0	—
		银	105.0	—
		锡	73.5	—
		镍	89.0	—
		水银	136.0	—
		钨	189.0	—
		镁	18.5	—
		锑	66.6	—
		水晶	29.5	—
		硼砂	17.5	—
		硫矿	20.5	—
		石棉矿	24.6	—
		石棉	10.0	压实

续上表

项次	名称		自重	备注
3	金属矿产 （kN/m³）	石棉	4.0	松散，含水率不大于15%
		石垩(高岭土)	22.0	—
		石膏矿	25.5	—
		石膏	13.0~14.5	粗块堆放 $\varphi=30°$
				细块堆放 $\varphi=40°$
		石膏粉	9.0	—
4	土、砂、砂砾、岩石 （kN/m³）	腐殖土	15.0~16.0	干，$\varphi=40°$；湿，$\varphi=35°$；很湿，$\varphi=25°$
		黏土	13.5	干，松，孔隙比为1.0
		黏土	16.0	干，$\varphi=40°$，压实
		黏土	18.0	湿，$\varphi=35°$，压实
		黏土	20.0	很湿，$\varphi=25°$，压实
		砂土	12.2	干，松
		砂土	16.0	干，$\varphi=35°$，压实
		砂土	18.0	湿，$\varphi=35°$，压实
		砂土	20.0	很湿，$\varphi=25°$，压实
		砂土	14.0	干，细砂
		砂土	17.0	干，粗砂
		卵石	16.0~18.0	干
		黏土夹卵石	17.0~18.0	干，松
		砂夹卵石	15.0~17.0	干，松
		砂夹卵石	16.0~19.2	干，压实
		砂夹卵石	18.9~19.2	湿
		浮石	6.0~8.0	干
		浮石填充料	4.0~6.0	—
		砂岩	23.6	—
		页岩	28.0	—
		页岩	14.8	片石堆置
		泥灰石	14.0	$\varphi=40°$
		花岗岩，大理石	28.0	—
		花岗岩	15.4	片石堆置
		石灰石	26.4	—
		石灰石	15.2	片石堆置
		贝壳石灰岩	14.0	—
		白云石	16.0	片石堆置 $\varphi=48°$
		滑石	27.1	—
		火石(燧石)	35.2	—
		云斑石	27.6	—

续上表

项次	名称		自重	备注
4	土、砂、砂砾、岩石 (kN/m³)	玄武岩	29.5	—
		长石	25.5	—
		角闪石、绿石	30.0	—
		角闪石、绿石	17.1	片石堆置
		碎石子	14.0~15.0	堆置
		岩粉	16.0	黏土质或石灰质的
		多孔黏土	5.0~8.0	作填充料用,$\varphi=35°$
		硅藻土填充料	4.0~6.0	—
		辉绿岩板	29.5	—
5	砖及砌块 (kN/m³)	普通砖	18.0	240mm×115mm×53mm(684块/m³)
		普通砖	19.0	机器制
		缸砖	21.0~21.5	230mm×110mm×65mm(609块/m³)
		红缸砖	20.4	—
		耐火砖	19.0~22.0	230mm×110mm×65mm(609块/m³)
		耐酸瓷砖	23.0~25.0	230mm×113mm×65mm(590块/m³)
		灰砂砖	18.0	砂:白灰=92:8
		煤渣砖	17.0~18.5	—
		矿渣砖	18.5	硬矿渣:烟灰:石灰=75:15:10
		焦渣砖	12.0~14.0	—
		烟灰砖	14.0~15.0	炉渣:电石渣:烟灰=30:40:30
		黏土坯	12.0~15.0	—
		锯末砖	9.0	—
		焦渣空心砖	10.0	290mm×290mm×140mm(85块/m³)
		水泥空心砖	9.8	290mm×290mm×140mm(85块/m³)
		水泥空心砖	10.3	300mm×250mm×110mm(121块/m³)
		水泥空心砖	9.6	300mm×250mm×160mm(83块/m³)
		蒸压粉煤灰砖	14.0~16.0	干重度
		陶粒空心砌块	5.0	长 600mm、400mm,宽 150mm、250mm,高 250mm、200mm
			6.0	390mm×290mm×190mm
		粉煤灰轻渣空心砌块	7.0~8.0	390mm×190mm×190mm,390mm×240mm×190mm
		蒸压粉煤灰加气混凝土砌块	5.5	—
		混凝土空心小砌块	11.8	390mm×190mm×190mm
		碎砖	12.0	堆置
		水泥花砖	19.8	200mm×200mm×24mm(1042块/m³)
		瓷面砖	17.8	150mm×150mm×8mm(5556块/m³)
		陶瓷马赛克	0.12kN/m²	厚5mm

续上表

项次	名　称		自　重	备　注
6	石灰、水泥、灰浆及混凝土（kN/m³）	生石灰块	11.0	堆置,$\varphi=30°$
		生石灰粉	12.0	堆置,$\varphi=35°$
		熟石灰膏	13.5	—
		石灰砂浆、混合砂浆	17.0	—
		水泥石灰焦渣砂浆	14.0	—
		石灰炉渣	10.0~12.0	—
		水泥炉渣	12.0~14.0	—
		石灰焦渣砂浆	13.0	—
		灰土	17.5	石灰:土=3:7,夯实
		稻草石灰泥	16.0	—
		纸筋石灰泥	16.0	—
		石灰锯末	3.4	石灰:锯末=1:3
		石灰三合土	17.5	石灰、沙子、卵石
		水泥	12.5	轻质松散,$\varphi=20°$
		水泥	14.5	散装,$\varphi=30°$
		水泥	16.0	袋装压实,$\varphi=40°$
		矿渣水泥	14.5	—
		水泥砂浆	20.0	—
		水泥蛭石砂浆	5.0~8.0	—
		石棉水泥浆	19.0	—
		膨胀珍珠岩砂浆	7.0~15.0	—
		石膏砂浆	12.0	—
		碎砖混凝土	18.5	—
		素混凝土	22.0~24.0	不振捣或振捣
		矿渣混凝土	20.0	—
		焦渣混凝土	16.0~17.0	承重用
		焦渣混凝土	10.0~14.0	填充用
		铁屑混凝土	28.0~65.0	—
		浮石混凝土	9.0~14.0	—
		沥青混凝土	20.0	—
		无砂大孔性混凝土	16.0~19.0	—
		泡沫混凝土	4.0~6.0	—
		加气混凝土	5.5~7.5	单块
		石灰粉煤灰加气混凝土	6.0~6.5	—
		钢筋混凝土	24.0~25.0	—
		碎砖钢筋混凝土	20.0	—
		钢丝网水泥	25.0	用于承重结构
		水玻璃耐酸混凝土	20.0~23.5	—
		粉煤灰陶砾混凝土	19.5	—

续上表

项次	名称		自重	备注
7	砌体 (kN/m³)	浆砌细方石	26.4	花岗石,方整石块
		浆砌细方石	25.6	石灰石
		浆砌细方石	22.4	砂岩
		浆砌毛方石	24.8	花岗石,上下面大致平整
		浆砌毛方石	24.0	石灰石
		浆砌毛方石	20.8	砂岩
		干砌毛石	20.8	花岗石,上下面大致平整
		干砌毛石	20.0	石灰石
		干砌毛石	17.6	砂岩
		浆砌普通砖	18.0	—
		浆砌机砖	19.0	—
		浆砌缸砖	21.0	—
		浆砌耐火砖	22.0	—
		浆砌矿渣砖	21.0	—
		浆砌焦渣砖	12.5~14.0	—
		土坯砖砌体	16.0	—
		黏土砖空斗砌体	17.0	中填碎瓦砾,一眠一斗
		黏土砖空斗砌体	13.0	全斗
		黏土砖空斗砌体	12.5	不能承重
		黏土砖空斗砌体	15.0	能承重
		粉煤灰泡沫砌块砌体	8.0~8.5	粉煤灰:电石渣:废石膏=74:22:4
		三合土	17.0	灰:砂:土=1:1:9~1:1:4

13.17 土石工程分级

《公路工程地质勘察规范》(JTG C20—2011)中规定的土、石工程分级见表13.17-1。

土、石工程分级表   表13.17-1

土石等级	土石类别	土、石名称	钻1m所需的净钻时间(min)			爆破1m³所需炮眼长度(m)		开挖方法
			湿式凿岩一字合金钻头	湿式凿岩普通淬火钻头	双人打眼(工日)	路堑	隧道导坑	
Ⅰ	松土	砂土、腐殖土、种植土,可塑、硬塑状的黏性土及粉土,松散的水分不大的黏土,含有30mm以下树根或灌木根的泥炭土						用铁锹挖,脚蹬一下到底的松散土层

续上表

土石等级	土石类别	土、石名称	钻1m所需的净钻时间(min)			爆破1m³所需炮眼长度(m)		开挖方法
			湿式凿岩一字合金钻头	湿式凿岩普通淬火钻头	双人打眼(工日)	路堑	隧道导坑	
Ⅱ	普通土	水分较大的黏土,半坚硬、硬塑状的粉土、黏性土、黄土,含有30mm以上的树根或灌木根的泥炭土、碎石土(不包括块石土或漂石土)						部分用镐刨松,再用锹挖,以脚蹬锹需连蹬数次才能挖动
Ⅲ	硬土	坚硬粉土、黏性土、黄土,含有较多的块石土及漂石的土,各种风化成土块的岩石						必须用镐整个刨过才能用锹挖
Ⅳ	软石	各种松软岩石、岩盐,胶结不紧的砾岩、泥质页岩、砂岩、煤,较坚实的泥灰岩、块石土及漂石土,软的节理多的石灰岩		7以内	0.2以内	0.2以内	2.0以内	部分用撬棍或十字镐及大锤开挖,部分用爆破法开挖
Ⅴ	次坚石	硅质页岩、砂岩、白云岩、石灰岩,坚实的泥灰岩、软玄武岩、片麻岩、正长岩、花岗岩	15以内	7~20	0.2~1.0	0.2~0.4	2.0~3.5	用爆破法开挖
Ⅵ	坚石	硬玄武岩、坚实的石灰岩、白云岩、大理岩、石英岩、闪长岩、粗粒花岗岩、正长岩	15以上	20以上	1.0以上	0.4以上	3.5以上	用爆破法开挖

13.18 隧道绝对瓦斯涌出量计算

《公路瓦斯隧道设计与施工技术规范》(JTG/T 3374—2020)规定的隧道绝对瓦斯涌出量计算方法如下。

勘察期绝对瓦斯涌出量 $Q_绝$ 为掘进隧道煤壁瓦斯涌出量 Q_1 与掘进隧道落煤的瓦斯涌出量 Q_2 之和。

$$Q_绝 = Q_1 + Q_2$$

(1)掘进隧道煤壁瓦斯涌出量 Q_1:

$$Q_1 = Dvq_0[(L/v)^{1/2} - 1]$$

式中:Q_1——掘进隧道煤壁瓦斯涌出量(m^3/min);

D——隧道断面内暴露煤壁面的周边长度(m);对于薄及中厚层,$D = 2m_0$,m_0 为开采层厚度;对于厚煤层,$D = 2h+b$,h、b 分别为隧道的高度和宽度;

v——隧道平均掘进速度(m/min);

L——未施作喷射混凝土段隧道长度(m);

q_0——煤壁瓦斯涌出强度[m³/(m²·min)],若无实测值可参考下式计算。

$$q_0 = 0.026(0.0004V_{ad}^2 + 0.16)W_0$$

式中:V_{ad}——煤中挥发分含量%;

W_0——煤层原始瓦斯含量(m³/t),其测定和计算可参见现行《地勘时期煤层瓦斯含量测定方法》(GB/T 23249)。

(2)掘进隧道落煤的瓦斯涌出量Q_2可按下式计算:

$$Q_2 = Sv\rho(W_0 - W_C)$$

式中:Q_2——掘进隧道落煤的瓦斯涌出量(m³/min);

S——掘进隧道断面积(m²);

ρ——煤的密度(t/m³);

W_C——运出隧道后煤的残存瓦斯含量(m³/t),如无实测值可按表13.18-1选取或计算。

纯煤的残存瓦斯含量取值表　　　　表13.18-1

挥发分 V_{ad}(%)	6~8	8~12	12~18	18~26	26~35	35~42	42~56
W_C[m³/(t·r)]	9~6	6~4	4~3	3~2	2	2	2

注:1.煤的残存瓦斯含量亦可近似地按煤在0.1MPa压力条件的瓦斯吸附量取值。

2.瓦斯含量<10m³/(t·r)的高变质煤残存瓦斯含量,按式$W_C = 10.385 e^{-7.207}/W_0$计算。

3.t为吨,r为可燃值瓦斯含量。

14 本手册摘录/涉及的规范、规程、标准、细则、指南及手册名录

以下名录以摘录先后为序。
1.《城乡规划工程地质勘察规范》(CJJ 57—2012)
2.《地质灾害危险性评估规范》(GB/T 40112—2021)
3.《公路工程地质勘察规范》(JTG C20—2011)
4.《公路工程地质勘察规范》(JTG 064—98,已被 JTG C20—2011 替代)
5.《岩土工程勘察规范(2009 版)》(GB 50021—2001)
6.《地质灾害防治条例》
7.《市政工程勘察规范》(CJJ 56—2012)
8.《城市轨道交通岩土工程勘察规范》(GB 50307—2012)
9.《火力发电厂岩土工程勘察规范》(GB/T 51031—2014)
10.《建筑抗震设计规范(2016 版)》(GB 50011—2010)
11.《大中型火力发电厂设计规范》(GB 50660—2011)
12.《关于进一步加强公路勘察设计工作的若干意见》(交公路发〔2011〕504 号)
13.《房屋建筑和市政基础设施工程勘察文件编制深度规定(2020 年版)》
14.《公路隧道设计规范 第一册 土建工程》(JTG 3370.1—2018)
15.《建筑地基基础设计规范》(GB 50007—2011)
16.《公路桥涵地基与基础设计规范》(JTG 3363—2019)
17.《公路桥涵地基与基础设计规范》(JTJ 024—85,依次被 JTG D63—2007、JTG 3363—2019 替代)
18.《工程岩体分级标准》(GB/T 50218—2014)
19.《公路隧道设计细则》(JTG/T D70—2010)
20.《工程岩体试验方法标准》(GB/T 50266—2013)
21.《岩土工程勘察术语标准》(JGJ/T 84—2015)
22.《岩土工程勘察规范》(GB 50021—94,已被 GB 50021—2001 替代)
23.《建筑岩土工程勘察基本术语标准》(JGJ 84—92)
24.《贵州建筑岩土工程技术规范》(DBJ52/T 046—2018)
25.《铁路工程地质勘察规范》(TB 10012—2019)
26.《建筑地基基础设计规范》(GB 50007—2002,已被 GB 50007—2011 替代)
27.《建筑地基基础设计规范》(GBJ 7-89,依次被 GB 50007—2002、GB 50007—2011 替代)
28.《贵州建筑地基基础设计规范》(DBJ52/T 045—2018)
29.重庆市《工程地质勘察规范》(DBJ50/T-043—2016)

30.《土工试验方法标准》(GB/T 50123—2019)
31.《建筑桩基技术规范》(JGJ 94—2008)
32.重庆市《工程地质勘察规范》(DBJ50-043—2005)
33.重庆市《建筑地基基础设计规范》(DBJ50-047—2016)
34.《公路路基设计规范》(JTG D30—2015)
35.《建筑边坡工程技术规范》(GB 50330—2013)
36.《区域地质图图例》(GB/T 958—2015)
37.《工程地质手册(第五版)》
38.《公路土工试验规程》(JTG 3430—2020)
39.《公路土工试验规程》(JTJ 051—93 已被 JTG 3430—2020 取代)
40.《成都地区建筑地基基础设计规范》(DB51/T 5026—2001)
41.《岩土工程手册(第三版)》
42.《铁路工程地质原位测试规程》(TB 10018—2018)
43.《工业与民用建筑工程地质勘察规范》(TJ 21—77)
44.《油气管道工程地质勘察技术规定》
45.《铁路桥涵地基和基础设计规范》(TB 10093—2017)
46.《铁路工程地质勘察规范》(TB 10012—2001,已被 TB 10012 2007 替代)
47.《铁路工程地质手册(第二版)》(铁道部第一勘察设计院,1999 年)
48.《公路桥涵地基与基础设计规范》(JTG D63—2007,已被 JTG 3363—2019 替代)
49.《公路沥青路面设计规范》(JTG D50—2017)
50.《公路水泥混凝土路面设计规范》(JTG D40—2011)
51.《城市道路工程设计规范》(CJJ 37—2012)
52.《贵州建筑地基基础设计规范》(DB22/45—2004,已被 DBJ52/T 045—2018 替代)
53.《公路路基设计规范》(JTG D30—2004,已被 JTG D30—2015 替代)
54.《公路路线设计规范》(JTG D20—2017)
55.《铁路路基设计规范》(TB 10001—2016)
56.《建筑边坡工程技术规范》(GB 50330—2002,已被 GB 50330—2013 替代)
57.《公路工程抗震规范》(JTG B02—2013)
58.《贵州省水文地质志》(贵州省地矿局,1996 年)
59.《岩溶地区公路工程地质勘察技术指南》(贵州省交通厅,2007 年)
60.《岩溶地区公路基础设计与施工技术指南》(黔交建设〔2007〕123 号)
61.《广西岩溶地区建筑地基基础技术规范》(DBJ/T45—2016)
62.《公路滑坡防治设计规范》(JTG/T 3334—2018)
63.《滑坡防治工程勘查规范》(GB/T 32864—2016)
64.《滑坡防治工程设计与施工技术规范》(DZ/T 0219—2006)
65.《公路工程水文勘测设计规范》(JTG C30—2015)
66.《滑坡防治设计规范》(GB/T 38509—2020)
67.《预应力混凝土用钢绞线》(GB/T 5224—2014)

68.《岩土锚杆与喷射混凝土支护工程技术规范》(GB 50086—2015)
69.《公路桥涵设计通用规范》(JTG D60—2015)
70.《公路桥梁抗震设计规范》(JTG/T 2231-01—2020)
71.《高层建筑岩土工程勘察规范》(JGJ/T 72—2017)
72.重庆市《建筑地基基础设计规范》(DBJ50-047—2006,已被 DBJ50-047—2016 替代)
73.《贵州山区复杂地质条件公路桥梁桩基设计指导书(试行)》(JTT 52/01—2015)
74.《广东省岩溶地区桩基设计与施工技术指南》
75.《建筑基坑支护技术规程》(JGJ 120—2012)
76.《建筑基坑支护技术规程》(JGJ 120—99,已被 JGJ 120—2012 替代)
77.《公路瓦斯隧道设计与施工技术规范》(JTG/T 3374—2020)
78.《采空区公路设计与施工技术细则》(JTG/T D31-03—2011)
79.《公路隧道施工技术规范》(JTG/T 3660—2020)
80.《公路隧道设计规范》(JTG D70—2004)
81.《建筑物、水体、铁路及主要井巷煤柱留设与压煤开采规范(2017 年版)》
82.《中国地震动参数区划图》(GB 18306—2015)
83.《中国1∶1 000 000 地貌图制图规范(试行)》(中国科学院地理研究所主编,1987 年)
84.《水文地质手册(第二版)》(中国地质调查局,2010 年)
85.《固体矿产地质勘查规范总则》(GB/T 13908—2020)
86.《矿区水文地质工程地质勘探规范》(GB 12719—91)
87.《地质岩心钻探规程》(DZ/T 0227—2010)
88.《水利水电工程地质手册》
89.《工业建筑防腐蚀设计标准》(GB 50046—2018)
90.《建筑与市政地基基础通用规范》(GB 55003—2021)
91.《建筑工程抗震设防分类标准》(GB 50223—2008)
92.《建设工程分类标准》(GB/T50841—2013)
93.《建设工程质量管理条例》(国务院令第 714 号)
94.《中国区域地质志·贵州志》(贵州省地质调查院,2017 年)
95.《固体矿产勘查地质图图例》(GDK01—2003)
96.《关于在我国统一实行法定计量单位的命令》
97.《中华人民共和国法定计量单位》
98.《中华人民共和国计量法》
99.《混凝土结构设计规范(2015 版)》(GB 50010—2010)
100.《公路工程岩石试验规程》(JTG E41—2005)
101.《建筑结构荷载规范》(GB 50009—2012)
102.《地勘时期煤层瓦斯含量测定方法》(GB/T 23249—2009)
103.《固体矿产勘查原始地质编录规程》(DZ/T 0078—2015)

15 附 录

15.1 公路工程地质勘察常用图例

以《公路工程地质勘察规范》(JTJ 064—98)附录C为基础,结合贵州建筑岩土工程勘察报告常用图例编制本图例,仅供参考。

15.1.1 第四系地层分层及代号

第四系地层分层及代号见表15.1-1。

第四系地层分层及代号 表15.1-1

地层		国标	工程勘察/岩土工程勘察	说 明	
全新统		Qh	Q_4	残积、坡积、冲积、洪积层,底界时限距今0.01百万年	
更新统	上统	Q_{P_3}	Q_3	0.126Ma 0.781Ma	河流阶地及剥离面堆积,底界时限距今2.6百万年
	中统	Q_{P_2}	Q_2		
	下统	Q_{P_1}	Q_1		

15.1.2 第四系地层成因类型及符号

Q^{el} 残积层　　　　　　Q^{dl} 坡积层

Q^{pl} 洪积层　　　　　　Q^{al} 冲积层

Q^{c} 崩积层　　　　　　Q^{me} 填土

Q^{del} 滑坡堆积层　　　　Q^{sef} 泥石流堆积层

Q^{yd} 岩堆体　　　　　　Q^{el} 错落体

Q^{r} 软土

15.1.3 土层/覆盖层图例

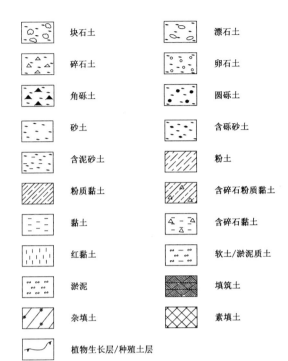

15.1.4 岩石图例

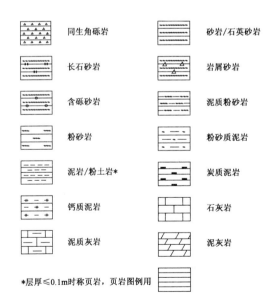

*层厚≤0.1m时称页岩，页岩图例用

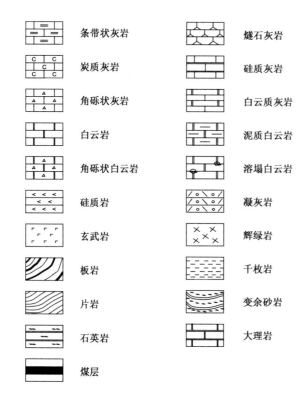

15.1.5 地质构造图例

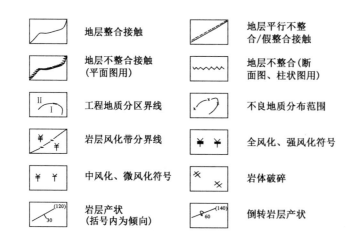

以上符号：实测用实线，推测用虚线，推测虚线长度(mm)：$\frac{10}{3}\frac{10}{}$
褶皱着墨绿色、断层着红色。

15.1.6 地貌、水文地质、不良地质

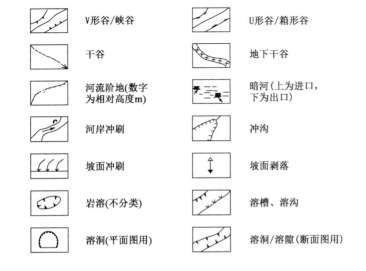

符号	名称	符号	名称
⊘	陷穴	⊙	岩溶塌陷
⊗	漏斗	⌒	落水洞
※	竖井	⌒	溶蚀洼地
⌒	坡立谷	∩	土洞
⫽⫽	石笋及钟乳石	～	沼泽
△	洪积扇	△	冲积堆
△	古冲积堆	△	泥石流
⌒	崩塌	△	岩堆
⌒	错落	⌒	古错落
⌒	滑坡	⌒	古/老滑坡
／	坡面裂缝	淡黄色	第四系松散堆积物含水层
紫色	基岩裂隙水含水层	绿色	基岩孔隙水含水层
蓝色	岩溶含水层	灰色	隔水层
♀ $\frac{1}{0.5}$	下降泉($\frac{编号}{流量(L/S)}$)	♀ $\frac{2}{0.8}$	上升泉
♀♀	泉群	⊞ $\frac{3}{1.0}$	水井(有水的)
⊠	水井(干枯的)	▨ 850	地下水等水位线(数字为水位标高)
—▽—	地下水水位线(断面图用)	↘	地下水流向
Ⅰ／Ⅱ	水文地质分区界线及分区编号	⌒	地表分水岭
／／	地下水分水岭	⌒	积水区

15.1.7 地质勘探图例

15.2 公路工程工点勘察报告

这里列出的勘察报告格式是一个公路工程项目内的工点勘察报告的基本内容,是为各设计阶段提供的相应的工程地质勘察报告。若是独立项目,应按公路工程勘察、设计有关规范要求另行拟定报告格式,如应补充执行规范、规程,详述工作方法,质量情况等。

若为市政道路工程,应按住房和城乡建设部《房屋建筑和市政基础设施工程勘察文件编制深度规定》(2020年版)的要求编制勘察报告。

下列报告内容均是详细勘察阶段工程勘察报告的基本内容,初勘及施工勘察可参照执行。

15.2.1 桥位勘察报告

××高速公路××段第×合同段
××大桥/特大桥/中桥①
(中心桩号:左幅 ZK××+××× 右幅 YK××+×××)
工程地质勘察报告
(详细勘察)

1 前言
 1.1 任务依据、工程概况
 1.2 勘察目的、方法及设备
 1.3 起讫时间、完成实物工作量
2 自然地理
 2.1 地形、地貌
 2.2 水文、气候②
3 工程地质条件
 3.1 地层岩性③
 3.2 地质构造与地震④
 3.3 岩土构成⑤
  3.3.1 覆盖层
  3.3.2 基岩
 3.4 水文地质
4 不良地质及处治建议⑥
5 工程地质评价
 5.1 场地稳定性、建设适宜性评价⑦
 5.2 岩土工程特性及持力层选择
 5.3 推荐岩土体物理力学指标
 5.4 建议基础形式⑧
6 结论与建议
 6.1 结论⑨
 6.2 建议⑩

注:
①初勘阶段加线位,如××大桥(×线)。
②河流、泉井等应在这里叙述。
③是指场区(1:2000工程地质调绘范围)地层岩性,简述。
④先简述区域大地构造位置,后场区构造。
⑤是指桥位区岩土层,详述;列出室内试验成果;有原位测试的,应写出测试成果。
⑥无不良地质的,此节不要。此时,"工程地质评价"一节改作4、"结论与建议"一节改作5。

⑦有岸坡稳定性专项评估的在这里写出结论。

⑧通常采用列表形式,分别列出桥台、桥墩基础形式建议。

⑨结论中至少应有:

A.场地稳定性及建设适宜性。

B.场区地震基本烈度。

C.水文地质条件及水/土的腐蚀性评价。

⑩建议中:

A.若有设计而未能施工的钻孔,"建议"第一条应是对其是否采取平场补钻/钎探/其他等措施有明确意见。

B.桩位未有工程控制的,"建议"第二条应是"未施钻的桩位,开挖至设计标高,需确认持力层承载力及嵌岩深度均满足设计要求后方可下基"。

C.以碳酸盐岩作基础持力层的,需说明"开挖至设计标高,应验证持力层强度、嵌岩深度均满足设计要求,并经检验基底持力层内无影响基础稳定的溶洞/裂隙存在后方可下基"。

D.其他重要工程地质问题在建议中也应说明,如岩溶强度发育、引道有高边坡,桥台/桩基开挖存在不稳定边坡、洪水对桥墩有强冲刷等都应提出注意或处治建议。

15.2.2 隧址勘察报告

××高速公路××段第×合同段

××隧道①

(中心桩号:左幅 ZK××+××× 右幅 YK××+×××)

工程地质勘察报告

(详细勘察)

1 前言

 1.1 任务依据、工程概况

 1.2 勘察目的、方法及设备

 1.3 起讫时间、完成实物工作量

2 自然地理

 2.1 地形、地貌

 2.2 水文、气候②

3 工程地质条件

 3.1 地层岩性③

 3.2 地质构造④

 3.3 水文地质

  3.3.1 地下水类型及补径排条件

  3.3.2 隧道涌水量预测

  3.3.3 水的腐蚀性评价

 3.4 地震及区域稳定性

3.5 不良地质及处治建议⑤
4 岩土体工程地质特征及隧道围岩级别划分
　　4.1 岩土体工程地质特性⑥
　　　　4.1.1 土体工程地质特征⑦
　　　　4.1.2 岩体工程地质特征⑧
　　4.2 隧道围岩分级⑨

据隧道岩石坚硬程度及岩体完整程度划分围岩级别。多数情况下，[BQ]只考虑K_1(地下水状态影响修正系数)修正。

描述内容有：起讫桩号、分段长度、埋深。围岩名称、坚硬程度及R_c；岩体完整程度、K_v及结构；地下水状态(干燥、潮湿、点滴状出水、淋雨状出水、涌流状出水、岩溶突水等)及K_1取值⑩；围岩自稳能力判断；[BQ]值及确定的围岩级别。有偏压、瓦斯、需做超前地质预报等重大问题应在这里做补充叙述。

　　4.3 各级围岩基本物理力学参数取值建议见表×。

各级围岩基本物理力学参数取值建议表　　　　表×

幅位	序号	起讫桩号	段长(m)	围岩级别	γ	K	E	μ	φ_c	备注

注：γ-重度(kN/m³)；K-弹性抗力系数(MPa/m)；E-变形模量(GPa)；μ-泊松比；φ_c-计算摩擦角(°)。

5 隧道进出口工程地质评价
　　5.1 ××端洞口边/仰坡稳定性评价
　　5.2 ××端洞口边/仰坡稳定性评价
6 隧道施工对环境影响评价

如：洞口仰坡、边坡放坡可能对环境的破坏；
　　弃渣堆放可能影响的环境地质问题；
　　隧道开挖后可能导致地下水平衡破坏引发的地表水枯竭；
　　煤层瓦斯的影响及建议。

7 结论与建议
　　7.1 结论⑪
　　7.2 建议⑫

注：
①初勘阶段加线位，如××隧道(×线)。
②地表水写在本节。
③简述1:2000测区内地层岩性，并指出哪些是隧道围岩。
④先简述区域大地构造位置，然后按褶皱、断层、节理序次叙述。
⑤初勘物探发现的溶洞或低阻异常区在此一定要有所反应；若为瓦斯隧道，这里应详述。若无不良地质，此节不要。
⑥只写隧道围岩的岩土体特征。
⑦黏性土写明塑性状态，有室内试验的要列表统计物理力学试验成果；粉土、砂土、碎石土

写明密实度及潮湿度，粉土密实度据室内试验孔隙比确定，砂土、碎石土密实度据 N、$N_{63.5}$ 或 N_{120} 确定。

⑧岩石坚硬程度及 R_c 值，岩体完整程度、K_v 值及结构。描述完一类岩石就列出该岩石物理力学试验指标统计表及声波测试统计表。

⑨按本手册表2.3-17对岩质围岩进行分级，分Ⅰ、Ⅱ、Ⅲ₁、Ⅲ₂、Ⅳ₁、Ⅳ₂、Ⅳ₃、Ⅴ₁、Ⅴ₂级，注意，有修正的，应用[BQ]值；对土质围岩分为Ⅳ₃、Ⅴ₁、Ⅴ₂及Ⅵ级。初勘阶段也可按《公路隧道设计规范 第一册 土建工程》(JTG 3370.1—2018)的规定，采用定性划分围岩级别。

⑩若有 K_2、K_3 修正，在 K_1 之后叙述。

⑪"结论"内容与桥位报告相似。

⑫A.建议第一条应是"认真执行动态法设计，信息化施工的原则"。

B.对重大地质问题提出注意和建议，如岩溶发育段作超前地质预报，洞口段存在偏压，断层带/向斜附近涌水，按地表产状推定的岩层界线可能因局部产状变化而变位，从而导致围岩级别分段位置变化等。

15.2.3 滑坡勘察报告

××高速公路××段第×合同段
K××+×××～K×××滑坡
工程地质勘察报告
（详细勘察）

1 前言
　1.1 任务依据、工程概况
　1.2 勘察目的、方法及设备
　1.3 起讫时间、完成工作量
2 地质环境条件
　2.1 地形、地貌

在描述地貌成因类型的基础上，更应注意对斜坡形态、类型、结构、坡度和悬崖、沟谷、河谷、河漫滩、阶地、沟谷、冲积扇等微地貌特征的描述。

　2.2 水文、气候

重点是多年平均降雨量，暴雨及主要降雨时段，最大日连续暴雨量；溪谷最大洪流量、最高洪水位。

　2.3 地层岩性

特别注意易滑地层的分布与岩性特征和接触关系，以及可能形成滑动带的标志性岩土层。

反映岩体产状、结构和工程地质性质，划分工程岩组类型及其与滑坡灾害的关系，确定软弱夹层和易滑岩组。

　2.4 地质构造
　　2.4.1 区域地质构造

简述、准确。

　　2.4.2 场区构造

按褶皱、断层、节理顺序叙述。

调查上述各种结构面和风化卸载裂隙结构面产状、形态、规模、性质、密度及其相互切割关系,分析各种结构面与滑坡几何关系及对稳定性的影响程度。

2.5 地震

以资料收集为主,了解区域断裂活动性、活动强度和特征;区域地应力、地震活动、地震加速度和基本烈度。分析新构造运动、地震活动以及区域地应力特征。

核实调查活动断层规模、性质、方向、活动强度特征及地貌地质证据,分析活动断层与滑坡灾害的关系。

3 滑坡区工程地质特征

3.1 表面特征

后壁位置、产状、高度及其壁上擦痕方向;滑坡两侧界线位置与性状;前缘出露位置、形态、临空面及剪出情况;滑坡后缘洼地、反坡、台坎,前缘鼓胀、侧缘翻边埂,中部鼓丘与洼地、裂缝。

对滑坡裂缝分布、长度、宽度、性状、力学属性及组合形态和建(构)筑物开裂、鼓胀或压缩变形进行测绘,现场作出与滑坡关系的判断。

滑坡体上植被类型及持水特性,马刀树和醉汉林分布部位。

3.2 滑坡体结构

周边地层,滑坡岩体结构与产状或堆积体成因类型及岩性,软硬岩组合分布,层间错动,风化与卸荷带,红黏土膨胀性,滑带(面)层位、岩性及位置,滑床岩(土)体结构。

3.3 水文地质

3.3.1 地表水

入渗情况,产流条件,径流强度,冲刷作用以及地表水的活动情况,灌溉,库水位及升降。

3.3.2 地下水

类型、富水性、渗水性、地下水位及变化趋势,隔水层的岩性、厚度和分布、泉点、地下水溢出带、斜坡潮湿带分布及动态,地下水流向、径流和排泄条件,地下水化学特征。

3.4 人类工程活动及引发地质灾害

如开挖切脚与斩腰,道路与车载,人工沟渠,工程弃渣及堆载,采矿或爆破,人防工程等。

4 滑坡变形破坏及稳定性评价

4.1 滑坡体空间几何特征及规模

4.2 变形破坏特征及滑动面/带特征

提出滑动面物理力学指标。抗剪强度指标应是充分考虑地表水、地下水等影响的最不利工况条件下推荐值。

4.3 稳定性评价及推力计算

4.3.1 滑坡形成因素分析

4.3.2 稳定性评价及推力计算

5 结论与建议

提出防治方案的意见和建议,论证各项防治措施的针对性、合理性、可靠性及滑坡稳定性。

设计与施工中应注意的问题,重点提出道路施工次序,要求从上至下边坡逐级开挖、逐级防护,采用光面爆破,需设抗滑支挡时需跳槽开挖等,评价公路运营时滑坡对工程的影响。

提出监测要求(有必要时做)。如地表变形/位移、地表倾斜、裂缝、地下水位和孔隙水压力变化等的监测。

根据实际情况增加相应的地质评价。

15.2.4 高路堤/陡坡路堤勘察报告

××高速公路××段第×合同段
K××+×××～K×××高路堤/陡坡路堤
工程地质勘察报告
(详细勘察)

1 前言
  1.1 任务依据、工程概况
  1.2 勘察目的、方法及设备
  1.3 起讫时间、完成工作量
2 自然地理
  2.1 地形、地貌
  2.2 水文、气候
3 工程地质条件
  3.1 地层岩性
  3.2 地质构造与地震
  3.3 岩土构成
    3.3.1 覆盖层
    3.3.2 基岩
  3.4 水文地质

重点是地表水活动情况和地下水埋藏及渗流情况。

4 不良地质及处治建议

若本工点无不良地质现象,此节不要,将以下第 5 节、第 6 节依次改为第 4 节和第 5 节。

5 工程地质评价
  5.1 场地稳定性评价

判定在路堤附加荷载作用下,地基沉降和滑移的稳定性。顺倾结构面、软土、软弱夹层是三大重点。若浅层岩溶发育,亦应评价其对路基稳定影响程度。

  5.2 持力层及承载力
  5.3 推荐岩土物理力学指标

分岩土层分别给出 γ 值、强度指标 c、φ 值和变形指标 E_s 或 E_0 值。陡坡路堤需要时还应提出岩土界面或潜在滑动面抗滑、抗剪指标。

6 结论与建议
  6.1 结论
  6.2 建议

对存在沉降或滑移问题的工点,提出处理方案建议;有岩溶发育、地表水/地下水或陡坡坡面等影响路堤稳定因素工点提出处治建议。

15.2.5 深路堑/高边坡勘察报告

××高速公路××段第×合同段
K×××+×××~K×××深路堑/高边坡
工程地质勘察报告
（详细勘察）

1 前言
  1.1 任务依据、工程概况
  1.2 勘察目的、方法及设备
  1.3 起讫时间、完成工作量
2 自然地理
  2.1 地形、地貌
  2.2 水文、气候
3 工程地质条件
  3.1 地层岩性
  3.2 地质构造与地震
  3.3 岩土构成
    3.3.1 覆盖层
    3.3.2 基岩
  3.4 水文地质
重点是地表水活动情况和地下水埋藏及渗流情况。
4 不良地质及处治建议
若本工点无不良地质现象，此节不要，将以下第5、第6节依次改为第4节和第5节。
5 工程地质评价
  5.1 场地及边坡稳定性评价
(1)现状评估。
(2)开挖后边坡土层、岩层及软弱结构面滑动稳定性评估。
  5.2 边坡类型
(1)首先确定是土质边坡/土岩混合边坡/岩质边坡。
(2)从贵州实际情况看，大部分边坡属于岩质边坡，此时，应根据边坡岩体完整程度、结构面结合程度、结构面产状确定边坡岩体岩体类型。
(3)对组成边坡的岩土层岩性、风化程度、厚度、软弱夹层、岩土界面坡度和倾向、结构面产状进行描述，分岩土层及结构面和可能的滑动面提出 γ、c、φ 值，土质地基持力层应提出 $[f_{a0}]$ 和 E_s 值。
  5.3 处治方案建议
计算路基开挖后的边坡体的稳定安全系数，并根据有关规范的相关指标确定边坡是否会失稳并提出相应处治方案的意见和建议。

6 结论与建议

与滑坡勘察报告大体相似。

15.2.6 岩溶路基勘察报告

××高速公路××段第×合同段
K××+×××~K×××段岩溶路基
工程地质勘察报告
（详细勘察）

1 前言
   1.1 任务依据、工程概况
   1.2 勘察目的、方法及设备
   1.3 起讫时间、完成工作量
2 自然地理
   2.1 地形、地貌
   2.2 水文、气候
3 工程地质条件
   3.1 地层岩性
   3.2 地质构造与地震
   3.3 岩土构成
      3.3.1 覆盖层
      3.3.2 基岩
   3.4 水文地质

重点是岩溶水的类型（裂隙水/溶洞水/管道水），埋藏特点，富水程度，补给、径流、排泄条件，地下水位标高和水位变化特点。

4 不良地质及处治建议

这里所指是除岩溶外的不良地质现象，若无，此节不要，将以下第5、第6节依次改为第4节和第5节。

5 工程地质评价
   5.1 岩溶微地貌
   5.2 岩溶特征与场区岩溶发育程度

（1）岩溶位置、形态、规模、埋深、充填情况及充填物性状。

（2）洞穴顶板岩土体厚度及强度。

（3）地下水动力特征、水位变化幅度及其对溶洞充填物是否有潜蚀、掏空等影响路基稳定性的因素。

   5.3 岩溶路基稳定性分析[①]
6 结论与建议
   6.1 场地稳定性评价
   6.2 岩溶地基处治建议

6.3 其他简要说明的问题

注：①岩溶发育程度划分，岩溶地基稳定性分析，岩溶地基的处理与利用等应参照本手册6.1节有关规定，并结合本工点实际进行综合考虑。

15.2.7 软土路基勘察报告

××高速公路××段第×合同段
K×××+×××~K×××段软土路基
工程地质勘察报告
（详细勘察）

1 前言
   1.1 任务依据、工程概况
   1.2 勘察目的、方法及设备
   1.3 起讫时间、完成工作量
2 自然地理
   2.1 地形、地貌
   2.2 水文、气候
3 工程地质条件
   3.1 地层岩性
   3.2 地质构造与地震
   3.3 岩土构成
      3.3.1 覆盖层
      3.3.2 基岩
   3.4 水文地质
      3.4.1 地表水

着重地表水对软土形成和工程特性影响的叙述。

      3.4.2 地下水

着重地下水位升降对软土工程特性影响的叙述。

   3.5 不良地质
4 软土特征
   4.1 空间分布

描述软土平面分布范围，柱状方向厚度及其变化特点。有硬壳层、夹层、排水砂层的应详细描述其形状。

   4.2 软土类型及物理力学特征

类型是指按照本手册3.5.2(2)条规定的软土分类。

物理力学室内试验指标通常用列表形式反映，常规项目有天然含水率、重度、孔隙比、液限、塑限、液性指数、塑性指数、不排水剪抗剪强度、压缩模量及压缩系数和有机质含量。

原位测试(标贯、静力触探)成果及利用。

5 工程地质评价

5.1 场地稳定性评价

5.2 岩土工程特性及持力层选择

5.3 地基岩土体物理力学指标

(1)软土层。

提出重度、不排水剪抗剪强度指标推荐值,以便设计计算确定承载力容许设计值$[f_a]$。

也可根据《公路桥涵地基与基础设计规范》(JTG 3363—2019)规定,以软土天然含水率查表列出地基承载力特征值f_{a0},由设计计算确定f_a值,f_{a0}值列于本手册表3.5-11。

提出压缩模量值,便于设计进行沉降计算。

(2)其他岩土持力层,一般情况下,只提f_{a0}值。

5.4 软土地基工程地质评价

主要从承载力、路堤沉降控制及稳定性三个方面对软土路基作出评价。

在上述评价基础上,提出对软土地基处治方案建议。

通常的处治方法主要是换填与加固,前者适用于软土层薄的地段;加固措施中通常采用抛石排淤碾压/夯实、换填、砂垫层、碎石桩、砂桩、砂井及旋喷桩等。

6 结论与建议

6.1 结论

6.2 建议

15.2.8 采空区勘察报告

××高速公路××段第×合同段
K××+×××~K×××段采空区
工程地质勘察报告
(详细勘察)

1 前言

1.1 任务依据、工程概况

1.2 勘察目的、方法及设备

1.3 起讫时间、完成工作量

2 自然地理

2.1 地形、地貌

2.2 水文、气候

3 工程地质条件

3.1 地层岩性

3.2 地质构造与地震

3.3 岩土构成

3.3.1 覆盖层

3.3.2 基岩

3.4 水文地质

4 不良地质

这里所指不良地质是指场区除采空区之外的其他不良地质现象。

5 采空区特征

5.1 开采历史、现状

矿山名称、开采矿种、开采规模、开采方式、回采率、顶板管理方法及开采起讫时间等。

5.2 采空区现状

(1)采空区埋深、采高、开采范围、空间形态、顶板支护方式及塌落情况。

(2)矿井瓦斯级别及矿区突水、冒顶和瓦斯等灾害性事故情况。

5.3 地表变形

地表变形程度、影响范围和地表移动盆地特征,如:地表陷坑、塌陷台阶、塌陷裂隙的位置、形状、规模、深度、延伸方向、发展趋势;地表变形、塌陷与采空区、区域地质构造、开采边界、工作面推进方向的关系;采空影响地表塌陷或坡体失稳等不良地质现象的类型、分布位置、规模。

5.4 地表建(构)筑物的类型、基础形式、变形破坏情况及其原因。

6 工程地质评价

6.1 场地稳定性分析与评价

据采空区地表剩余下沉量/采深采厚比/停采时间等评价场地稳定性,场地稳定性分为稳定、基本稳定、欠稳定、不稳定四类。

采空区公路地基稳定性评价,应根据本手册9.3.2节有关规定进行。

6.2 地基评价

根据拟设构筑物(路基、高边坡、桥、隧)分别提出持力层、基础底埋深、承载力或围岩级别划分并相应提出所需物理力学指标。

7 结论与建议

7.1 结论

7.2 建议

(1)采空区处治建议。

(2)预留保护带位置、宽度及坐标。

(3)监测、检测要求。

(4)其他简要说明的问题或建议。

15.3 岩土工程勘察纲要

《房屋建筑和市政基础设施工程勘察文件编制深度规定(2020年版)》岩土工程勘察中"勘察纲要"包括下列内容:

1.工程概况

2.概述拟建场地环境、工程地质条件、附近参考地质资料(如有)

3.勘察目的、任务要求及需解决的主要技术问题

4.执行的技术标准

5.选用的勘探方法

6.勘察工作布置

7.勘探完成后的现场处理
8.拟采取的质量控制、安全保证和环境保护措施
9.拟投入的仪器设备、人员安排、勘察进度计划等
10.勘察安全、技术交底及验槽等后期服务
11.拟建工程勘探点平面布置图

15.4 房屋建筑工程岩土工程勘察报告

《房屋建筑和市政基础设施工程勘察文件编制深度规定(2020年版)》房屋建筑详细勘察阶段岩土工程勘察报告内容:
1 工程与勘察工作概况
　　1.1 拟建工程概况
　　1.2 勘察目的、任务要求和依据的技术标准
　　1.3 岩土工程勘察等级
　　1.4 勘察方法及勘察工作完成情况
　　1.5 其他说明
2 场地环境与工程地质条件
　　2.1 根据工程需要描述区域地质构造、气象、水文情况
　　2.2 工程周边环境条件
　　2.3 场地地形、地貌
　　2.4 不良地质作用及地质灾害的种类、分布、发育程度
　　2.5 岩土描述(应包括场地地层的岩土名称、年代、成因、分布、工程特性,岩体结构、岩石风化程度以及出露岩层的产状、构造等)
　　2.6 埋藏的河道、浜沟、池塘、墓穴、防空洞、孤石及溶洞等对工程不利的埋藏物的特征、分布
　　2.7 场地的地下水和地表水。
3 岩土参数统计
4 岩土工程评价[①]
　　4.1 场地稳定性、适宜性评价
　　4.2 场地地震效应评价
　　4.3 地下水和地表水评价
　　4.4 地基基础评价
　　4.5 地下工程与周围环境的相互影响评价
5 结论与建议
　　5.1 岩土工程评价的重要结论
　　5.2 工程设计施工应注意的问题
　　5.3 工程施工对环境的影响及防治措施的建议
　　5.4 其他相关问题及处置建议
注:①各项分析与评价要求详见该文有关规定。

15.5　房屋建筑和构筑物主要基础类型

根据《工程地质手册(第五版)》。

15.5.1　浅基础(按基础构造和形式分)

1. 条形基础
一般指墙下条形基础

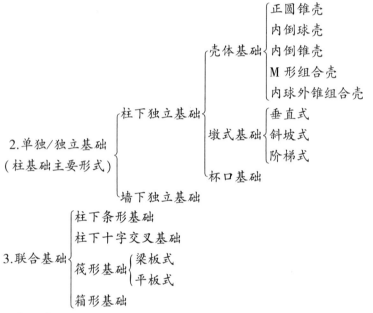

4. 实体基础

15.5.2　深基础(按承载性状划分)

1. 桩基础
   - 摩擦桩
   - 端承摩擦桩(以摩擦力为主)
   - 摩擦端承桩(以端承力为主)
   - 端承桩

2. 沉井

15.6　探槽、探井(坑)、坑道原始编录及图式

探槽、探井(坑)、坑道原始地质编录及图式,建议参照《固体矿产勘查原始地质编录规程》(DZ/T 0078—2015)的规定,并结合工程勘察特点进行。

地质编录的基本内容包括现场编录和整理两个方面,其基本要求是真实、客观、全面、及时。编录工作必须在现场进行,严禁事后记录。